CHRISTIANE SIEMES

Teilzeitarbeit in der Republik Irland

Münsterische Beiträge zur Rechtswissenschaft

Herausgegeben im Auftrag der Rechtswissenschaftlichen Fakultät
der Westfälischen Wilhelms-Universität in Münster durch die Professoren
Dr. Hans-Uwe Erichsen   Dr. Helmut Kollhosser   Dr. Jürgen Welp

Band 80

Teilzeitarbeit
in der Republik Irland

Die Stellung der Teilzeitbeschäftigten
im irischen Arbeits- und Sozialrecht

Von

Christiane Siemes

Duncker & Humblot · Berlin

Die Deutsche Bibliothek – CIP-Einheitsaufnahme

Siemes, Christiane:
Teilzeitarbeit in der Republik Irland : die Stellung der
Teilzeitbeschäftigten im irischen Arbeits- und Sozialrecht /
von Christiane Siemes. – Berlin : Duncker und Humblot, 1993
   (Münsterische Beiträge zur Rechtswissenschaft ; Bd. 80)
   Zugl.: Münster (Westfalen), Univ., Diss., 1992/1993
   ISBN 3-428-07760-1
NE: GT

D 6

ISSN 0935-5383
ISBN 3-428-07760-1

Meinen Eltern

Vorwort

Die hier veröffentlichte Arbeit lag der Rechtswissenschaftlichen Fakultät der Westfälischen Wilhelms-Universität Münster im Wintersemester 1992/93 als Dissertation vor.

Mein besonderer Dank gilt Herrn Professor Dr. *Peter Schüren*, Direktor des Instituts für Arbeits-, Sozial- und Wirtschaftsrecht. Er hat die Untersuchung angeregt und sie engagiert betreut. Herrn Professor Dr. *Wilfried Schlüter* danke ich für die Zweitkorrektur. Darüber hinaus danke ich den Herausgebern der Münsterischen Beiträge zur Rechtswissenschaft, insbesondere Herrn Professor Dr. *Helmut Kollhosser*, für die Aufnahme der Arbeit in die Schriftenreihe.

Danken möchte ich außerdem Herrn Dr. *Gerry Whyte*, Dozent am Trinity College in Dublin, der die Arbeit während meiner Aufenthalte in Irland freundlich unterstützt hat.

Münster, im Mai 1993

Christiane Siemes

Inhaltsverzeichnis

Einleitung

§ 1 Thematik 21

§ 2 Gang der Darstellung 25

1. Kapitel
Die soziale und wirtschaftliche Bedeutung der Teilzeitarbeit
in der Republik Irland

§ 1 Vor- und Nachteile der Teilzeitarbeit aus Sicht von Arbeitnehmern und Arbeit-
    gebern 27

  I. Arbeitnehmer 27
    1. Vorteile 27
    2. Nachteile 29

 II. Arbeitgeber 30
    1. Vorteile 30
    2. Nachteile 31

§ 2 Teilzeitarbeit in der Republik Irland von 1975 - 1988 32

  I. Die Ausweitung der Teilzeitarbeit 32

 II. Mögliche Ursachen 34

§ 3 Ausblick 37

2. Kapitel
Die Grundlagen des irischen Arbeits- und Sozialrechts

§ 1 Grundlagen des Arbeitsrechts 39

  I. Geschichtliche Entwicklung 39

II. Rechtsquellen 44

    1. Nationales Recht 44

        a) Die Verfassung 44

        b) Arbeitsrechtsgesetze 46

        c) Das Common Law 47

        d) Collective Agreements 48

        e) Custom and Practice 50

        f) Das Rangverhältnis der einzelnen Rechtsquellen 50

    2. Internationales Recht 52

        a) Völkerrechtliche Vereinbarungen 52

        b) Europäisches Gemeinschaftsrecht 53

            aa) Die unmittelbare Geltung des europäischen Gemeinschaftsrechtes in der Republik Irland 53

                (1) Notwendigkeit einer Verfassungsänderung 54

                (2) Die Aufnahme des europäischen Gemeinschaftsrechtes in die irische Rechtsordnung 57

            bb) Rechtsnormen 58

            cc) Die Rechtsprechung des Europäischen Gerichtshofs und ihre Bindungswirkung 61

            dd) Der Vorrang des europäischen Gemeinschaftsrechtes 64

III. Das Individualarbeitsrecht 66

    1. Der Arbeitsvertrag 66

        a) Begriff 67

        b) Vertragsschluß 69

        c) Form 69

    2. Das gesetzliche Schutzssystem 70

        a) Der Holidays (Employees) Act, 1973 71

        b) Der Anti-Discrimination (Pay) Act, 1974 72

        c) Der Employment Equality Act, 1977 73

        d) Der Pensions Act, 1990 74

        e) Der Maternity Protection of Employees Act, 1981 75

        f) Der Unfair Dismissals Act, 1977 76

        g) Der Minimum Notice and Terms of Employment Act, 1973 79

        h) Die Redundancy Payments Acts, 1967 - 1984 80

        i) Der Protection of Employees (Employers' Insolvency) Act, 1984 81

        j) Der Worker Protection (Regular Part-Time Employees) Act, 1991 82

IV. Das kollektive Arbeitsrecht 82

    1. Einführung 82

    2. Der Begriff der Koalition 83

    3. Die Koalitionsfreiheit 85

    4. Die Rechtssetzung auf kollektiver Ebene 88

V. Das Recht der Arbeitnehmermitbestimmung im Betrieb und Unternehmen 91

VI. Die Arbeitsgerichtsbarkeit 92

1. Einführung 92
2. Der Labour Court 93
   a) Zuständigkeit zur Schlichtung von trade disputes 93
   b) Zuständigkeit zur Verwirklichung gesetzlicher Ansprüche auf Gleichbehandlung 99
3. Der Employment Appeals Tribunal 102

§ 2 Grundlagen des Sozialrechts 105

I. Geschichtliche Entwicklung 105

II. Rechtsquellen 111
   1. Nationales Recht 111
      a) Die Verfassung 111
      b) Sozialgesetze 112
      c) Das Common Law 113
   2. Internationales Recht 114
      a) Völkerrechtliche Vereinbarungen 114
      b) Europäisches Gemeinschaftsrecht 115
         aa) Rechtsnormen 115
         bb) Die Rechtsprechung des Europäischen Gerichtshofs 116

III. Die sozialen Rechte der Arbeitnehmer 116
   1. Sozialversicherungsleistungen 116
   2. Sozialhilfeleistungen 124

IV. Rechtsschutz 128

V. Kritische Würdigung 130

3. Kapitel
Die Stellung der Teilzeitbeschäftigten im irischen Arbeitsrecht

§ 1 Grundfragen der Teilzeitarbeit 132

I. Das Teilzeitarbeitsverhältnis 132
   1. Begriff der Teilzeitarbeit 132
   2. Vertragsschluß und Form 139
   3. Erscheinungsformen der Teilzeitarbeit 140
      a) Regular Part-time Employment / Occasional Part-time Employment 140
      b) Permanent Part-time Employment / Temporary Part-time Employment 141
      c) Job Sharing 142
      d) Part-time Employment on Call 144

II. Rechtliche Grundlagen der Teilzeitarbeit 145
   1. Europäisches Gemeinschaftsrecht 145
      a) Richtlinienentwürfe 145

aa) Der Richtlinienentwurf von 1982 / 83 145
bb) Die Richtlinienentwürfe von 1990 147
b) Rechtsnormen zur Gleichbehandlung von Männern und Frauen 150

2. Nationales Recht 151
a) Gesetzliche Grundlagen 151
aa) Einführung 151
bb) Geschichtliche Entwicklung 152
(1) Die geschichtliche Entwicklung bis zum Erlaß des Protection of Employees (Employers' Insolvency) Act, 1984 152
(2) Der Weg zur Reform 158
(3) Der Worker Protection (Regular Part-Time Employees) Act, 1991 . . . 164
b) Kollektivvereinbarungen und Common Law 170

III. Die Ungleichbehandlung der Teilzeitbeschäftigten 171
1. Einführung 171
2. Ungleichbehandlung durch Arbeits- und Tarifvertrag 172
a) Allgemeiner Anspruch auf Gleichbehandlung? 172
b) Ungleichbehandlung wegen des Geschlechts 176
aa) Verfassungsrechtlicher oder richterrechtlicher Anspruch auf Gleichbehandlung? 176
bb) Ungleichbehandlung im Entgeltbereich 179
(1) Das Verbot der unmittelbaren und mittelbaren Geschlechterdiskriminierung im europäischen Recht 179
(a) Art. 119 EWGV 179
(b) Die Richtlinie 75 / 117 / EWG 184
(c) Die Richtlinie 86 / 378 / EWG 185
(2) Das Verbot der unmittelbaren und mittelbaren Geschlechterdiskriminierung im nationalen Recht 187
(a) Der Anti-Discrimination (Pay) Act, 1974 187
(aa) Entstehungsgeschichte 187
(bb) Unmittelbare Geschlechterdiskriminierung 189
(cc) Mittelbare Geschlechterdiskriminierung 189
(dd) Reichweite des Diskriminierungsverbotes 192
(ee) Rechtsfolgen eines Verstoßes' gegen das Diskriminierungsverbot 195
(b) Insbesondere der Pensions Act, 1990 196
(3) Zusammenfassung 199
cc) Ungleichbehandlung hinsichtlich der sonstigen Arbeitsbedingungen 199
(1) Das Verbot der unmittelbaren und mittelbaren Geschlechterdiskriminierung im europäischen Recht: Die Richtlinie 76 / 207 / EWG 199
(2) Das Verbot der unmittelbaren und mittelbaren Geschlechterdiskriminierung im nationalen Recht: Der Employment Equality Act, 1977 . . . 201
(a) Entstehungsgeschichte 201
(b) Unmittelbare Geschlechterdiskriminierung 201
(c) Mittelbare Geschlechterdiskriminierung 201
(d) Reichweite des Diskriminierungsverbotes 206
(e) Rechtsfolgen eines Verstoßes gegen das Diskriminierungsverbot . . 208
(3) Zusammenfassung 211
dd) Die Durchsetzbarkeit der Diskriminierungsverbote 211
ee) Zusammenfassung und Bewertung 215

3. Ungleichbehandlung durch Gesetz 216

§ 2 Arbeitsrechtliche Rahmenbedingungen 219

I. Die Pflichten des Arbeitnehmers im Teilzeitarbeitsverhältnis 219
    1. Arbeitspflicht 219
    2. Befreiung von der Arbeitspflicht 220
        a) Annual Leave und Public Holidays 220
        b) Maternity Leave 223
        c) Weitere Befreiungsgründe 224
    3. Sonstige Pflichten 225

II. Die Pflichten des Arbeitgebers im Teilzeitarbeitsverhältnis 225
    1. Lohnzahlungspflicht 225
        a) Allgemeines 226
            aa) Lohnhöhe 226
                (1) Rechtliche Grundlagen 226
                (2) Grundsatz der Lohngleichheit 228
            bb) Art und Weise der Lohnzahlung 229
        b) Lohnnebenleistungen 230
            aa) Sonderzuwendungen 230
            bb) Betriebliche Altersversorgung 231
        c) Die Vergütung zusätzlicher Arbeitszeit 233
        d) Lohnfortzahlung im Krankheitsfalle 237
        e) Urlaubsentgelt 239
        f) Mutterschaftsgeld 239
        g) Zahlungen im Falle der Insolvenz des Arbeitgebers 240
    2. Sonstige Pflichten 241

III. Die Beendigung des Teilzeitarbeitsverhältnisses 242
    1. Einführung 242
    2. Dismissal with Notice 242
    3. Dismissal without Notice 245
    4. Der Kündigungsschutz 247
        a) Allgemeiner Kündigungsschutz 247
        b) Besonderer Kündigungsschutz 250
    5. Redundancy Payments 250
    6. Zusammenfassung 253

IV. Die kollektive Vertretung der Teilzeitbeschäftigten 254

V. Die Mitbestimmung der Teilzeitbeschäftigten im Betrieb und Unternehmen 257

§ 3 Zusammenfassung und Bewertung 259

4. Kapitel

Die Stellung der Teilzeitbeschäftigten im irischen Sozialrecht

§ 1 Sozialrechtliche Rahmenbedingungen 265

I. Die Ansprüche Teilzeitbeschäftigter auf Sozialleistungen 265
  1. Sozialversicherungsleistungen 265
    a) Allgemeines 265
      aa) Anspruchsvoraussetzungen 265
        (1) Sozialversicherungspflicht 265
          (a) Geschichtliche Entwicklung 265
          (b) Geltendes Recht 273
        (2) Beitragsvoraussetzungen 277
        (3) Die freiwillige Sozialversicherung 280
      bb) Das Verhältnis zwischen Beitragsleistungen und Anspruchshöhe 281
    b) Einzelne Leistungen 284
      aa) Unemployment Benefit 284
      bb) Disabiltiy Benefit und Invalidity Pension 286
      cc) Treatment Benefits und Leistungen des Gesundheitswesens 287
      dd) Occupational Injuries Benefits 288
      ee) Widow's Pension 289
      ff) Retirement Pension und Old Age Pension 289
  2. Sozialhilfeleistungen 290

II. Die Teilzeitarbeit neben dem Bezug von Sozialleistungen 293

§ 2 Die Ungleichbehandlung der Teilzeitbeschäftigten durch das geltende Sozialrecht 296

I. Einführung 296

II. Das europäische Gleichbehandlungsgebot: Die Richtlinie 79 / 7 / EWG 297
  1. Geltungsbereich 297
  2. Unmittelbare und mittelbare Geschlechterdiskriminierung 299
  3. Unmittelbare Anwendbarkeit 301

III. Die Vereinbarkeit des nationalen Rechts mit dem europäischen Gleichbehandlungsgebot 302
  1. Unmittelbare Geschlechterdiskriminierung 302
  2. Mittelbare Geschlechterdiskriminierung 303

§ 3 Zusammenfassung und Bewertung 306

Schlußbetrachtung 311

Anhang

Worker Protection (Regular Part-Time Employees) Act, 1991 316

S.I. No. 72 of 1991: Social Welfare (Employment of Inconsiderable Extent) (No.2) Regulations, 1991 323

S.I. No 73 of 1991: Social Welfare (Subsidiary Employments) Regulations, 1991 325

Literaturverzeichnis 326

Abkürzungsverzeichnis

ABl. EG	Amtsblatt der Europäischen Gemeinschaften
Abs.	Absatz
A.C.	Appeal Cases (Großbritannien)
AFG	Arbeitsförderungsgesetz
All E.R.	All England Reports (Großbritannien)
Anm.	Anmerkung
AP	Hueck / Nipperdey / Dietz, Nachschlagewerk des Bundesarbeitsgerichts - Arbeitsrechtliche Praxis
AR-Blattei	Arbeitsrecht-Blattei
ArbuR	Arbeit- und Recht (Zeitschrift)
Art.	Artikel
Aufl.	Auflage
AVG	Angestelltenversicherungsgesetz
AZO	Arbeitszeitordnung
BAG	Bundesarbeitsgericht
BB	Betriebsberater (Zeitschrift)
Bd.	Band
Beil.	Beilage
BeschFG	Beschäftigungsförderungsgesetz
BetrVG	Betriebsverfassungsgesetz
BGB	Bürgerliches Gesetzbuch
BGBl.	Bundesgesetzblatt
BUrlG	Bundesurlaubsgesetz
BVerfG	Bundesverfassungsgericht
bzw.	beziehungsweise
c.	column
cc.	columns
Ch.	chapter
Ch	Chancery (Großbritannien)
C.M.L.R.	Common Market Law Reports
C.M.L.Rev.	Common Market Law Review
dass.	dasselbe
DB	Der Betrieb (Zeitschrift)
ders.	derselbe
dies.	dieselbe

Diss.	Dissertation
D.L.R.	Dallas Law Reports
DRiZ	Deutsche Richterzeitung (Zeitschrift)
D.U.L.J.	Dublin University Law Journal (Zeitschrift)
EAT	Employment Appeals Tribunal
EEC	European Economic Community
EG	Europäische Gemeinschaft
Einl.	Einleitung
endg.	endgültig
ESC	Europäische Sozialcharta
EuGH	Europäischer Gerichtshof
EuZW	Europäische Zeitschrift für Wirtschaftsrecht (Zeitschrift)
EWG	Europäische Wirtschaftsgemeinschaft
EWGV	Vertrag zur Gründung der Europäischen Wirtschaftsgemeinschaft vom 25. März 1957
FAS	Foras Aiseanna Saothair
ff.	fortfolgende
FIE	Federation of Irish Employers
FLAC	Free Legal Advice Centre Ltd.
Fn	Fußnote
Fs	Festschrift
gem.	gemäß
GG	Grundgesetz
GK-TzA	Gemeinschaftskommentar zum Teilzeitarbeitsrecht
gr	Gewerkschaftsreport (Zeitschrift)
H.C.	High Court, unreported judgements
h.M.	herrschende Meinung
Hrsg.	Herausgeber
I.C.R.	Industrial Cases Reports (Großbritannien)
ICTU	Irish Congress of Trade Unions
IDATU	Irish Distributive and Administrative Union
I.J.	Irish Jurist (Zeitschrift)
Ir.Jur.Rep.	Irish Jurist Reports
I.L.R.M.	Irish Law Reports Monthly
I.L.T.	Irish Law Times (Zeitschrift)
I.L.T.R.	Industrial Law Times Reports
I.R.	Irish Reports
i.S.d.	im Sinne des (- der)
i.S.v.	im Sinne von
I.T.R.	Industrial Tribunal Reports (Großbritannien)
i.V.m.	in Verbindung mit
JbÖR N.F.	Jahrbuch für Öffentliches Recht, Neue Fassung

J.I.S.E.L.	Journal of the Irish Society for European Law (Zeitschrift)
J.I.S.L.L.	Journal of the Irish Society for Labour Law (Zeitschrift)
JZ	Juristenzeitung (Zeitschrift)
KB	King's Bench (Großbritannien)
KJ	Kritische Justiz (Zeitschrift)
KOM	Dokumente der Kommission der Europäischen Gemeinschaft
KSchG	Kündigungschutzgesetz
KSE	Kölner Schriften zum Europarecht
LAG	Landesarbeitsgericht
LCR	Labour Court Recommendation
ltd.	private company (GmBH nach englischem und irischem Recht)
lit.	litera
LohnfortzG	Lohnfortzahlungsgesetz
MuSchG	Mutterschutzgesetz
No.	Numero
Nr.	Nummer
NJW	Neue Juristische Wochenschrift (Zeitschrift)
NZA	Neue Zeitschrift für Arbeitsrecht (Zeitschrift)
PRSI	Pay-Related Social Insurance-System
Q.B.	Queen's Bench (Großbritannien)
RabelsZ	Rabels Zeitschrift für ausländisches und internationales Privatrecht
RdA	Recht der Arbeit (Zeitschrift)
Rdnr.(-n)	Randnummer (-n)
Rs	Rechtssache
RTE	Radio Telefis Eireann
Rz.	Randziffer
RVO	Reichsversicherungsordnung
S.	Seite
SGB	Sozialgesetzbuch
S.I.	Statuary Instruments
SIPTU	Services Industrial Professional Technical Union
Slg.	Sammlung der Entscheidungen des Europäischen Gerichtshofs
SozR	Sozialrecht
SW	Social Welfare
T.C.D.	Trinity College Dublin
T.D.	Teachta Dála (Mitglied des irischen Parlaments)
TVG	Tarifvertragsgesetz

Urt. v.	Urteil vom
US	United States
v.	versus
vgl.	vergleiche
Vol.	Volume
Vorbem.	Vorbemerkung
ZfA	Zeitschrift für Arbeitsrecht (Zeitschrift)
ZIAS	Zeitschrift für ausländisches und internationales Arbeits- und Sozialrecht (Zeitschrift)

Zitierweise von Entscheidungen der irischen Arbeitsgerichtsbarkeit

DEE 21 / 80   Entscheidung des *Labour Court* aufgrund des *Employment Equality Act, 1977*

DEP 7 / 1977   Entscheidung des *Labour Court* aufgrund des *Anti-Discrimination (Pay) Act, 1974*

EE oder
EP 5 / 1987   Entscheidung eines *Equality Officer*

LCR No. 9788   Entscheidung des *Labour Court* aufgrund der *Industrial Relations Acts, 1946 - 1990*

M 315 / 1979   Entscheidung des *Employment Appeals Tribunal* aufgrund des *Minimum Notice and Terms of Employment Act, 1973*

UD 37 / 1979   Entscheidung des *Employment Appeals Tribunal* aufgrund des *Unfair Dismissals Act, 1977*

196 / 1981   Entscheidung des *Employment Appeals Tribunal* aufgrund der *Redundancy Payments Acts, 1967-1984*

Die Entscheidungen der irischen Arbeitsgerichtsbarkeit sind unveröffentlicht.

The flowing tide of Community Law is coming in fast. It has not stopped at highwater mark. It has broken the dykes and the banks. It has submerged the surrounding land. So much that we have to learn to become amphibous if we wish to keep our heads above water.

Lord Denning[1]

Einleitung

§ 1 Thematik

Die soziale Dimension Europas ist angesichts der nahenden Verwirklichung des Europäischen Binnenmarktes am 31. Dezember 1992 nicht länger zu vernachlässigen; die Verbesserung der Lebens- und Arbeitsbedingungen der Arbeitnehmer der Gemeinschaft ist für eine erfolgreiche wirtschaftliche Integration unverzichtbar[2].

Ein politisches Signal setzte die Gemeinschaftscharta der sozialen Grundrechte der Arbeitnehmer, die elf der zwölf Mitgliedstaaten am 9. Dezember 1989 in Straßburg verabschiedeten[3]. Gem. Art. 7 ist es wesentliche Aufgabe europäischer Sozialpolitik, die Lebens- und Arbeitsbedingungen der Arbeitnehmer, die nicht als Vollzeitarbeitnehmer in einer Dauerstellung tätig sind, anzugleichen. Wettbewerbsvorteile auf Kosten von Randbelegschaften durch soziales Dumping sollen im Wege einer Fortschrittsangleichung verhindert werden[4].

Flexible Beschäftigungsformen gewinnen in allen Mitgliedstaaten der Europäischen Gemeinschaft zunehmend an Bedeutung. Insbesondere die Teilzeitar-

---

[1] Shields v. E Coomes (Holdings) Ltd. [1978] I.C.R. 1159, 1167.

[2] European Foundation for the Improvement of Living and Working Conditions, Part-time Work in the European Community: Laws and Regulations, S. 10.

[3] Commission of the European Communities (Hrsg.), Community Charter of Fundamental Social Rights of Workers.

[4] Vgl. Kommission der Europäischen Gemeinschaften (Hrsg.), Mitteilung der Kommission über ihr Aktionsprogramm zur Anwendung der Gemeinschaftscharta der sozialen Grundrechte, KOM (89) 568 endg., S. 17.

beit liegt im Trend. Der Anteil der Teilzeitbeschäftigten an der Gesamtzahl der Erwerbstätigen ist EG-weit innerhalb von zehn Jahren um 70 % gestiegen. Jeder siebte Europäer arbeitet heute kürzer als die regelmäßige tarifliche Arbeitszeit[5]. Charakteristisch für die Teilzeitarbeit ist in allen Mitgliedstaaten der hohe Anteil der weiblichen Teilzeitbeschäftigten; etwa 77,4 % aller Teilzeitkräfte in der Europäischen Gemeinschaft sind Frauen[6].

Die Kommission der Europäischen Gemeinschaften hat zur Verwirklichung der Fortschrittsangleichung dem Rat am 29. Juni 1990 zwei Richtlinienentwürfe vorgelegt, die auf die Sicherung eines sozialen Mindeststandards für Teilzeitbeschäftigte abzielen[7]. Bereits 1982 hatte die Kommission eine Richtlinie vorgeschlagen[8], deren Annahme im Rat am Widerstand Großbritanniens und Dänemarks scheiterte[9].

Die Darstellung der arbeits- und sozialrechtlichen Stellung der Teilzeitbeschäftigten in der Republik Irland ist in das Forschungsprojekt „Soziale Sicherung betrieblicher Randgruppen in Europa" eingebunden. Ohne eine detaillierte Kenntnis der Unterschiede und Gemeinsamkeiten der arbeits- und sozialrechtlichen Rahmenbedingungen der Teilzeitarbeit in den einzelnen Mitgliedstaaten der Europäischen Gemeinschaft kann eine Rechtsangleichung nicht gelingen[10]. Gerade hinsichtlich der Republik Irland besteht ein Informationsdefizit. In übergreifenden Darstellungen des Arbeits- und Sozialrechts der Mitgliedstaaten der Europäischen Gemeinschaft tritt das irische Recht allzu oft hinter dem englischen Recht zurück. Umfassende Untersuchungen des Rechtes der Teilzeitarbeit in der Republik Irland sind weder in der Bundesrepublik noch in Irland selbst vorhanden.

Eine bloße Beschreibung der gegenwärtigen Rechtslage wäre aufgrund der fortschreitenden Europäisierung des innerstaatlichen Arbeits- und Sozialrechts unzureichend. Vor allem die Richtlinien zur Gleichbehandlung von Männern und Frauen[11] sowie die Rechtsprechung des EuGH zur mittelbaren Geschlech-

---

[5] IWD, Informationsdienst des Instituts der deutschen Wirtschaft, 17. Oktober 1991, S. 4

[6] IWD, S. 4.

[7] ABl. EG 1990 Nr. C 224 / 4; ABl. EG 1990 Nr. C 224 / 6, modifizierend ABl. EG 1990 Nr. C 305 / 8.

[8] ABl. EG 1982 Nr. C 62 / 7, modifizierend ABl. EG 1983 Nr. C 18 / 5.

[9] GK-TzA-Lipke, Einl., Rdnr. 60.

[10] Vgl. Zweigert, Die Rechtsvergleichung im Dienste der Europäischen Rechtsvereinheitlichung, RabelsZ 16 (1951) 387, 389; Mansel, Rechtsvergleichung und Europäische Rechtseinheit, JZ 1991, 529, 530.

[11] ABl. EG 1975 Nr. L 45 / 19, ABl. EG 1976 Nr. 39 / 40, ABl. EG 1976 Nr. L 225 / 40, ABl. EG 1978 Nr. L 6 / 24.

terdiskriminierung teilzeitbeschäftigter Arbeitnehmerinnen[12] haben die rechtlichen Rahmenbedingungen der Teilzeitarbeit in den Mitgliedstaaten der Europäischen Gemeinschaft geprägt. Ebenso können die Richtlinienvorschläge der Kommission über bestimmte Arbeitsverhältnisse die Entwicklung des nationalen Rechts beeinflussen[13].

Im Mittelpunkt der Untersuchung steht daher die Frage, inwieweit der irische Gesetzgeber und die Gerichte das europäische Recht umgesetzt haben. Wesentliche Unterschiede zur Umsetzung und Anwendung des Gemeinschaftsrechts in der Bundesrepublik, die zu einem unterschiedlichen sozialen Mindeststandard führen, werden aufgezeigt. Die gewonnenen Ergebnisse können einerseits dazu beitragen, Lösungsansätze für die europäische Rechtsangleichung zu entwickeln; neben der sozialpolitischen Zielvorgabe fließt immer auch das nationale Recht in den innergemeinschaftlichen Prozeß der Willensbildung ein[14]. Ebenso schafft die Rechtsvergleichung die Voraussetzung für eine rechtsvergleichende Auslegung harmonisierten Rechts[15].

Ein unterschiedliches Niveau des sozialen Schutzes des Teilzeitarbeitsverhältnisses scheint trotz aller — bislang erfolgloser — Bestrebungen nach Rechtsangleichung vorprogrammiert. Während der EuGH in der Rechtssache *Rinner-Kühn / FWW Spezial-Gebäudereinigung GmbH & Co. KG*[16] den Ausschluß geringfügig beschäftigter Arbeiter von der Lohnfortzahlung im Krankheitsfalle gem. § 1 Abs. 3 Nr. 2 LohnfortzG wegen eines Verstoßes gegen das Verbot der mittelbaren Geschlechterdiskriminierung aus Art. 119 EWGV grundsätzlich für unzulässig hielt, besteht nach Auffassung der Kommission kein Harmonisierungsbedarf hinsichtlich solcher Teilzeitbeschäftigter, die weniger als acht Stunden in der Woche arbeiten[17].

Eben dieses Spannungsverhältnis zwischen den Richtlinienvorschlägen der Kommission und der Rechtsprechung des EuGH spiegeln die jüngsten Entwicklungen im deutschen und irischen Recht wider: Seit dem Urteil des BAG vom

---

[12] Grundlegend: EuGH, Urt. v. 31. 3. 1981, Jenkins / Kinsgate, Rs 96 / 80, Slg. 1981, 911; EuGH, Urt. v. 13. 5. 1986, Rs 170 / 84, Slg. 1986, 1607; Ruzius-Wilbrink / Bestuur van de Bedrijsvereniging voor Overheidsdiensten, Urt. v. 13. 12. 1989, Rs C-102 / 88, Slg. 1989, 4311.

[13] Vgl. Pipkorn, Die Bedeutung der Rechtsvergleichung für die Harmonisierung sozialrechtlicher Normen in den Europäischen Gemeinschaften, in: Zacher (Hrsg.), Sozialrechtsvergleich im Bezugrahmen internationalen und supranationalen Rechts, 229, 235, 236.

[14] von der Groeben, Die Politik der Europäischen Kommission auf dem Gebiet der Rechtsangleichung, NJW 1970, 359, 363, 364; vgl. Pipkorn, 229, 235, 236.

[15] Mansel, 529, 531.

[16] EuGH, Urt. v. 13. 7. 1989, Rs 171 / 88, Slg. 1989, 2743.

[17] Siehe jeweils Art. 1 Abs. 3 Der Richtlinienvorschläge vom 29. Juni 1990.

9. Oktober 1991 zu § 1 Abs. 3 Nr. 2 LohnfortzG[18] ist der Ausschluß Teilzeitbeschäftigter vom Anwendungsbereich gesetzlicher Regelungen in der Bundesrepublik nicht mehr haltbar. Nach der Rechtsprechung des BAG, der die Auslegung des Art. 119 EWG in *Rinner-Kühn / FWW Spezial-Gebäudereinigung GmbH & Co. KG* zugrunde liegt, ist § 1 Abs. 3 Nr. 2 LohnfortzG wegen der sich daraus ergebenden mittelbaren Geschlechterdiskriminierung im Streitfalle nicht anzuwenden. Der irische Gesetzgeber hat demgegenüber in dem *Worker Protection (Regular Part-Time Employees) Act, 1991*, der wichtige Arbeitsrechtsgesetze reformierte, abermals eine Stundengrenze festgeschrieben. In Anlehnung an die Richtlinienvorschläge der Kommission vom 29. Juni 1990 gelten diejenigen Gesetze, die für Arbeitnehmer mit einer wöchentlichen Arbeitszeit von mindestens 18 Stunden anwendbar waren, heute nicht für Teilzeitbeschäftigte, die gewöhnlich weniger als acht Wochenstunden arbeiten.

Nicht zuletzt zeigt der Vergleich zwischen der Bundesrepublik und der Republik Irland, inwieweit die jeweilige wirtschaftliche Situation den Mindeststandard der sozialen Sicherung mitbestimmt. Während die Bundesrepublik zu den Mitgliedstaaten mit geringer Arbeitslosigkeit zählt[19], ist seit Mitte der 80er Jahre die Arbeitslosigkeit das zentrale wirtschaftliche und soziale Problem in Irland. Die Zahl der Arbeitslosen hat sich von 1979 bis 1986 nahezu verdreifacht[20]. Für 1992 wird eine Arbeitslosenquote von etwa 20 % erwartet; 1990 lag sie noch bei 17,25 %[21]. Da die Regulierung des Arbeitsverhältnisses traditionell als beschäftigungshemmend eingeschätzt wird, stellte sich in der Republik Irland vieldiskutierte Interessenkonflikt zwischen dem Streben nach mehr Beschäftigung und Flexibilität auf der einen Seite und der Schutzbedürfigkeit der Teilzeitbeschäftigten auf der anderen Seite bei der jüngsten Reformierung des Arbeits- und Sozialrechts wie in keinem anderen Mitgliedstaat der Europäischen Gemeinschaft.

---

[18] NZA 1992, 259.

[19] Kommission der Europäischen Gemeinschaften, Generaldirektion Beschäftigung, Arbeitsbedingungen und Soziale Angelegenheiten, Soziales Europa 3 / 90, Der Arbeitsmarkt, Sozialer Bereich: 1990-Initiativen und angenommene Texte, S. 26.

[20] Kennedy / Giblin, Employment, in: O'Hagan (Hrsg.), The Economy of Ireland, Ch. 8, S. 276, 289.

[21] Central Bank of Ireland (Publications), Quarterly Report, Spring 1992, Irish Economic Statistics, Table 7, S. 10.

§ 2 Gang der Darstellung

Die Arbeit beginnt im 1. Kapitel mit der Darstellung der sozialen und wirtschaftlichen Bedeutung der Teilzeitarbeit. Vor- und Nachteile der Teilzeitarbeit aus Sicht von Arbeitgebern und Arbeitnehmern sowie die Entwicklung der Teilzeitarbeit zwischen 1975 und 1988 werden aufgezeigt. Die soziale und wirtschaftliche Bedeutung, die die Teilzeitarbeit während dieser Jahre gewonnen hat, war nicht ohne Einfluß auf die Änderung ihrer arbeits- und sozialrechtlichen Regelung.

Das 2. Kapitel gibt einen Überblick über die Grundlagen des irischen Arbeits- und Sozialrechts. Erst die Kenntnis des allgemeinen Systems ermöglicht das Verständnis des Ausschnitts der Teilzeitarbeit. Dabei stößt die schlichte Übersetzung irischer Rechtsterminologie jedenfalls dort an Grenzen, wo die Grundlagen des irischen Arbeitsrechtes auf das *common law* zurückgehen. Daher wird von einem funktionellen Verständnis der Rechtsbegriffe ausgegangen[1]. Entsprechendes gilt hinsichtlich der Organe der irischen Judikative, die erhebliche funktionelle Unterschiede zu den deutschen Gerichten aufweisen. Auf eine wörtliche Übersetzung der Rechtsterminologie wird weitgehend verzichtet.

Im 3. Kapitel erfolgt auf der Grundlage der im 2. Kapitel gewonnenen Erkenntnisse eine detaillierte Auseinandersetzung mit der Stellung der Teilzeitbeschäftigten im irischen Arbeitsrecht. Nach einer Auseinandersetzung mit den Grundfragen der Teilzeitarbeit, die sowohl im irischen als auch im deutschen Recht den Mittelpunkt der rechtlichen Diskussion der Teilzeitarbeit bilden, werden die einzelnen arbeitsrechtlichen Rahmenbedingungen der Teilzeitarbeit dargestellt. Eines der Grundprobleme der Teilzeitarbeit ist die mittelbare Geschlechterdiskriminierung weiblicher Teilzeitbeschäftigter. Die Lösungsansätze des irischen Gesetzgebers und der Rechtsprechung werden rechtsvergleichend anhand des europäischen Gemeinschaftsrechtes überprüft.

Daneben ist die geschichtliche Entwicklung der gesetzlichen Regelungen der Teilzeitarbeit, die im März 1991 zu der Verabschiedung des *Worker Protection (Regular Part-Time Employees) Act, 1991* führte von besonderem rechtspolitischen Interesse. Die Untersuchung der Erwägungen, die den einzelnen Gesetzen zugrunde liegen, stützt sich im wesentlichen auf die begleitenden parlamentarischen Debatten und auf persönliche Auskünfte der beteiligten Interessenvertreter. Die irische Rechtslehre hat sich bislang kaum mit der Frage nach der sachlichen Rechtfertigung unterschiedlicher Regelungen für Teilzeit- und Vollzeitbeschäftigte auseinandergesetzt.

---

[1] Vgl. Neumayer, Grundriß der Rechtsvergleichung, in: David / Grasmann (Hrsg.), Einführung in die großen Rechtssysteme der Gegenwart, Erster Teil, IV., S. 1, 32; vgl. Zweigert, 387, 395.

Die Stellung der Teilzeitbeschäftigten im irischen Sozialrecht wird schließlich im 4. Kapitel behandelt. Das im 2. Kapitel beschriebene komplexe System der sozialen Sicherheit bildet dafür die Grundlage. Unterschiedliche sozialrechtliche Rahmenbedingungen für Teilzeit- und Vollzeitbeschäftigte können sich einerseits aus besonderen Regelungen der Sozialversicherungspflicht des Teilzeitarbeitsverhältnisses, andererseits daraus ergeben, daß das irische System der sozialen Sicherheit gerade erst beginnt, Teilzeitbeschäftigte einzubeziehen. Die jüngsten Entwicklungen zur Reformierung von Anspruchsvoraussetzungen und - inhalt der Sozialversicherungsleistungen werden aufgezeigt. Das Problem des Informationsdefizits stellte sich hier in besonderem Maße; aktuelle Darstellungen des irischen Sozialrechts sind in der Republik nicht vorhanden. Die vorgefundenen sozialrechtlichen Rahmenbedingungen der Teilzeitarbeit werden in einem zweiten Teil daraufhin untersucht, ob sie mit der Richtlinie 79 / 7 / EWG zur schrittweisen Verwirklichung der Gleichbehandlung von Männern und Frauen im Bereich der sozialen Sicherheit[2] sowie der dazu ergangenen Rechtsprechung des EuGH vereinbar sind; das Problem der mittelbaren Geschlechterdiskriminierung teilzeitbeschäftigter Arbeitnehmerinnen stellt sich auch hinsichtlich der sozialen Sicherung der Teilzeitbeschäftigten.

---

[2] ABl. EG 1978 Nr. L 6 / 24.

1. Kapitel
Die soziale und wirtschaftliche Bedeutung
der Teilzeitarbeit in der Republik Irland

Die arbeits- und sozialrechtliche Regelung der Teilzeitarbeit in Irland wird beeinflußt durch ihre soziale und wirtschaftliche Bedeutung. Die rechtliche Stellung der Teilzeitbeschäftigten kann daher nicht losgelöst von dem tatsächlichen Hintergrund der Teilzeitarbeit betrachtet werden.

§ 1 Vor- und Nachteile der Teilzeitarbeit aus Sicht
von Arbeitnehmern und Arbeitgebern

Teilzeitarbeit hat Vor- und Nachteile für Arbeitnehmer und Arbeitgeber; sie wird aus der Sicht von Arbeitnehmern und Arbeitgebern traditionell unterschiedlich beurteilt.

I. Arbeitnehmer

1. Vorteile

Teilzeitarbeit[1] gestattet Personen, die aufgrund ihrer Lebensumstände keine Vollzeitbeschäftigung ausüben können, am Erwerbsleben teilzunehmen. Insbesondere bei verheirateten Frauen mit Kindern besteht ein Bedarf an Teilzeitarbeit: 1988 waren 79 % der weiblichen Teilzeitbeschäftigten — verglichen zu 43 % der männlichen Teilzeitbeschäftigten — verheiratet oder verwitwet oder lebten getrennt. 29 % der verheirateten Frauen lehnten eine Vollzeitbeschäftigung ab; 49 % begründeten ihre Wahl mit familiären Verpflichtungen, während sich nur 3 % der Männer darauf beriefen[2]. Die Teilzeitarbeit wird daher für Frauen oft als „freiwillig" bezeichnet[3]. Demgegenüber ist die Teilzeitbeschäfti-

---

[1] Dem Begriff der Teilzeitarbeit liegt in diesem Kapitel die Selbsteinschätzung der untersuchten Personengruppe als Teilzeitarbeitnehmer zugrunde.

[2] Drew, Who needs Flexibility?, Ch. 2, S. 11; vgl. Redmond, Beyond the Net - Protecting the Individual Worker (1983) 2 J.I.S.L.L. 1.

[3] Blackwell, The Changing Role of Part-time Work and its Implications (1990) 1 Labour Market Review 1, 11; Callendar, Women and Work: The Appearance and Reality of Change (1990) 1

gung der Männer eher „unfreiwillig": 63 % der männlichen Teilzeitarbeitnehmer konnten keine Vollzeitstelle finden[4]. Die Teilzeitarbeit kann daher für viele Arbeitnehmer einen Ausweg aus der weitverbreiteten Arbeitlosigkeit bieten. Die Aufnahme einer Teilzeitbeschäftigung und der Bezug von Arbeitslosengeld schließen sich nicht automatisch aus; sozialrechtliche Regelungen gestatten unter näheren Voraussetzungen, die Sozialleistung durch Einkünfte aus der Teilzeitarbeit zu ergänzen[5].

Daneben ermöglicht die Teilzeitarbeit älteren Arbeitnehmern einen gleitenden Übergang in den Ruhestand. 1988 waren 12 % der männlichen Teilzeitbeschäftigten 65 Jahre und älter[6]. Tarifliche Vorruhestandsvereinbarungen, wie sie in der Bunderepublik getroffen werden[7], sind in Irland nicht bekannt; in der Regel wird die Arbeitszeit der Beschäftigten bei der Erreichung des 66. Lebensjahres von 40 auf 0 Arbeitsstunden reduziert[8]. Einen Anreiz zur Altersteilzeitarbeit können jedoch die gesetzlichen Vorschriften zur beitragsabhängigen Altersrente bieten, die für den Anspruch des Versicherten keine Aufgabe der Berufstätigkeit verlangen[9].

Schüler, Studenten und Schulabgänger, die gleichzeitig einer Ausbildung und einer Teilzeitbeschäftung nachgehen, sind eine weitere Zielgruppe für die Teilzeitarbeit[10]. 1988 waren 29% der männlichen Teilzeitarbeitnehmer und 60 % der unverheirateten Teilzeitarbeitnehmerinnen zwischen 15 und 24 Jahren alt[11].

Ein wesentlicher Vorteil der Teilzeitarbeit besteht außerdem in der Flexibilisierung der Arbeitszeit. Sie verleiht den Beschäftigten eine gewisse Zeitsouveränität, da sie im Vergleich zu Vollzeitarbeitarbeitnehmern größeren Einfluß auf die Lage ihrer wöchentlichen Arbeitszeit nehmen können. Entsprechend breit ist das Spektrum der Vertragsgestaltungen: Es reicht von Halbtagsarbeit, wöchent-

---

Labour Market Review 18, 29. Die Autoren bezweifeln allerdings zu Recht, ob die Teilzeitarbeit verheirateter Frauen tatsächlich freiwillig ist. Würden die familiären Verpflichtungen zwischen den Ehepartnern geteilt oder stünden bessere Möglichkeiten zur Beaufsichtigung von Kindern zur Verfügung, wäre auch die Nachfrage verheirateter Frauen nach Vollzeitarbeit größer, Blackwell, 1, 13; Callendar, 18, 29, 30.

[4] Blackwell, S. 12.

[5] Siehe unten 4. Kapitel, § 1 II.

[6] Drew, Ch. 2, S. 11.

[7] Siehe GK-TzA-Lipke, Einl., Rdnrn. 14, 15.

[8] Blackwell, 1, 4.

[9] Siehe *Section 78 - 82* des *Social Welfare (Consolidation) Act, 1981.*

[10] Blackwell, The Changing Role of Part-time Work, 1, 3; Drew, Ch. 2, S. 11.

[11] Blackwell, The Changing Role of Part-time Work, 1, 4.

lich wechselnden Arbeitsschichten *(half a week on / half a week off)*, Früh- und Abendschichten bis hin zu *job sharing*[12]. Nicht selten werden mehrere Teilzeitbeschäftigungen nebeneinander ausgeübt[13].

Davon abgesehen deuten Untersuchungen aus Großbritannien darauf hin, daß unter den Teilzeitbeschäftigten ein größeres Maß beruflicher Zufriedenheit herrscht als unter Vollzeitbeschäftigten. Denn berufliche und private Interessen lassen sich besser in Einklang bringen; eine Monotonie der Tätigkeit stellt sich — wenn überhaupt — erst später ein[14].

2. Nachteile

Diesen Vorteilen stehen verschiedene Nachteile gegenüber, die sich auf die Attraktivität der Teilzeitarbeit für Arbeitnehmer auswirken können: Die vertraglichen und gesetzlichen Arbeitsbedingungen vieler Teilzeitbeschäftigter sind schlechter als die vergleichbarer Vollzeitbeschäftigter. Eine Untersuchung des Lohnniveaus von Teilzeitbeschäftigten ergab, daß 65 % der Befragten weniger als £ 130 und 60 % weniger als £ 100 in der Woche verdienen; insbesondere Frauen müssen eine Minderung des Lohnes hinnehmen[15]. Auch haben Teilzeitbeschäftigte aufgrund der geltenden Tarifpraxis in der Regel keine Ansprüche auf Überstundenzuschläge[16]. Darüberhinaus differenzieren die wichtigsten arbeitsrechtlichen Gesetze nach dem Umfang der Beschäftigung; sie regeln nur dann Mindestarbeitsbedingungen, wenn der Teilzeitbeschäftigte wöchentlich nicht weniger als acht Stunden arbeitet und seit mindestens 13 Wochen bei dem Arbeitgeber beschäftigt ist[17]. Der sozialversicherungsrechtliche Schutz des Teilzeitarbeitsverhältnisses hängt im wesentlichen davon ab, ob das Einkommen des Arbeitnehmers £ 25 in der Woche erreicht[18].

---

[12] Blanpain, General Report, Part I, S. 1, 79, 80 in: European Foundation for the Improvement of Living and Working Conditions (Hrsg.), Legal and Contractual Limitations to Working Time in the European Community Member States; Drew, Ch. 2, S. 11.

[13] Drew, Ch. 2, S. 12.

[14] Drew, Ch. 2, S. 11.

[15] Blackwell / Nolan, Low Pay - The Irish Expierence, in: The Combat Poverty Agency and the Irish Congress of Trade Unions (Hrsg.), Low Pay — The Irish Experience, Ch. 2, S. 1, 11. Im Rahmen der Untersuchung von Blackwell / Nolan gelten Arbeitnehmer, die nicht mindestens 30 Stunden arbeiten, als Teilzeitbeschäftigte.

[16] Drew, Ch. 2, S. 13; vgl. Daly, The hidden workers: The work lives of part-time women cleaners, Ch. 1, S. 9.

[17] Siehe den *Worker Protection (Regular Part-Time Employees) Act, 1991.*

[18] Siehe die *Social Welfare (Employment of Inconsiderable Extent) Regulations, 1991 (S. I. No. 72 of 1991).*

Der größte Bedarf an Teilzeitkräften besteht in der Republik Irland für Tätigkeiten, die keine oder nur eine geringe Ausbildung verlangen. Qualifiziertere Vollzeitstellen lassen sich weniger problemlos in Teilzeitstellen umwandeln. 1986 waren daher 64 % der weiblichen Teilzeitbeschäftigten als angelernte oder ungelernte Arbeiterinnen tätig, während nur 18 % der Vollzeitarbeitnehmerinnen gering qualifizierten Beschäftigungen ausübten[19]. Deshalb ist die Teilzeitarbeit häufig mit niedrigem Beschäftigungsstatus und geringem sozialen Ansehen verbunden[20]. Zudem werden Teilzeitbeschäftigte hinsichtlich der betriebsinternen Fortbildung und des beruflichen Aufstiegs gegenüber Vollzeitbeschäftigten benachteiligt[21].

Es läßt sich nicht pauschal feststellen, ob aus Sicht der Arbeitnehmer die Vor- oder Nachteile der Teilzeitarbeit überwiegen. Dies kann nur auf der Grundlage der individuellen Lebensumstände und der einzelnen Arbeitsbedingungen entschieden werden.

II. Arbeitgeber

1. Vorteile

Die mit der Teilzeitarbeit zusammenhängende Flexibilisierung der Arbeitszeit ermöglicht Arbeitgebern eine rasche Anpassung an Nachfrageschwankungen. Durch den Einsatz von Teilzeitkräften können Arbeitsspitzen bewältigt werden, ohne daß Vollzeitbeschäftigten Überstundenzuschläge zu zahlen sind[22]. Arbeitgeber halten ein Maximum an Flexibilität für erforderlich, um in einer Zeit zunehmender wirtschaftlicher Unsicherheit mit ausländischen Unternehmen konkurrieren zu können[23]. Diese Flexibilität wirkt sich — ebenso wie geringere Fehlzeiten der Teilzeitarbeitnehmer — positiv auf die Ausschöpfung von Produktionskapazitäten aus[24].

Die vergleichsweise schlechteren Arbeitsbedingungen vieler Teilzeitbeschäftigter können auf seiten der Arbeitgeber zu Kostenersparnissen führen: Beispielsweise haben nicht alle Arbeitnehmer einen gesetzlichen Anspruch auf Urlaubsgeld, Mutterschaftsurlaub und Zahlung einer Abfindung im Falle der

---

[19] Dineen, Changing Employment Patterns in Ireland, 3., S. 23.

[20] Drew, Ch. 2, S. 12; Blackwell, The Changing Role of Part-time Work, 1, 7.

[21] Drew, Ch. 2, S. 13.

[22] Blackwell, 1, 14; Dineen, 3.2.1.1., S. 39; Drew, Ch. 2, S. 13.

[23] FIE, Bulletin, August / September 1991, S. 1.

[24] Drew, Ch. 2, S. 13, 14; Blanpain, General Report, S. 79.

Entlassung wegen Arbeitsmangels. Auch das niedrigere Lohnniveau ist ein Vorteil für Arbeitgeber[25].

Ist der Teilzeitbeschäftigte aufgrund seines niedrigen Einkommens nicht sozialversicherungspflichtig, sind anstelle des vollen Arbeitgeberanteiles von 12,2 % nur 0,5 % des anrechenbaren Einkommens als Sozialbeiträge zu leisten[26]. Anderenfalls ist die Teilzeitarbeit hinsichtlich der Sozialversicherung im Vergleich zur Vollzeitarbeit kostenneutral. Da der Arbeitgeberanteil auch bei steigendem Einkommen 12,2 % beträgt, kosten zwei sozialversicherungspflichtige Teilzeitarbeitsplätze soviel wie ein Vollzeitarbeitsplatz.

2. Nachteile

Die möglichen finanziellen Vorteile der Teilzeitarbeit können durch zusätzliche Kosten aufgezehrt werden, die infolge der Schaffung von Teilzeitarbeitsplätzen entstehen: Die Einstellung und Beschäftigung von Teilzeitkräften fordert in der Regel einen höheren Verwaltungsaufwand; auch steigen die Kosten der betrieblichen Einrichtung. Daneben kann die Eingliederung Teilzeitbeschäftigter in den Arbeitsablauf zu organisatorischen Schwierigkeiten führen. Spannungen zwischen Vollzeit- und Teilzeitarbeitnehmern sind nicht auszuschließen[27].

Im Ergebnis ist festzuhalten, daß sich die Attraktivität der Teilzeitarbeit für Arbeitgeber nach der Art des Unternehmens, seiner Größe und Organisationsstruktur bestimmt. Insbesondere der Dienstleistungssektor kann sich die Flexibilität der Teilzeitarbeit zunutze machen[28]. Schwieriger sind Teilzeitbeschäftigte in komplizierte Arbeitsabläufe einzugliedern; qualifizierte Vollzeitarbeitsplätze werden nur selten durch entsprechende Teilzeitarbeitsplätze ersetzt[29].

---

[25] Blackwell, 1, 13, 14; Drew, Ch. 2, S. 14; Dineen, 3.2.1.1, S. 39.

[26] Department of Social Welfare, PRSI, Rates of Contributions for the Income Tax Year 1990-91.

[27] Drew, Ch. 2, S. 14.

[28] Drew, Ch. 2, S. 13; Dineen, 3.2.1.1, S. 39.

[29] Vgl. Drew, Ch. 2, S. 14.

§ 2 Teilzeitarbeit in der Republik Irland von 1975 - 1988

I. Die Ausweitung der Teilzeitarbeit

Die Teilzeitarbeit in Irland hat von 1975 bis 1988 an Bedeutung gewonnen. Während 1975 71.500 Arbeitnehmer teilzeitbeschäftigt waren, lag die Zahl der Teilzeitkräfte 1988 bei 87.200. Dies entspricht einem Zuwachs von 22 %. Dennoch hat sich der Anteil der Teilzeitbeschäftigten an der Erwerbsbevölkerung nicht erheblich geändert. 1975 gingen 6,7 % aller Arbeitnehmer einer Teilzeitbeschäftigung nach; 1988 waren es 7,8 %[1]. Damit gehört Irland neben Griechenland, Italien und Portugal zu den Mitgliedstaaten der Europäischen Gemeinschaft mit dem geringsten Anteil Teilzeitbeschäftigter. Im Nachbarland Großbritannien waren dagegen 1988 21 % aller Beschäftigten Teilzeitkräfte[2]; in der Bundesrepublik vermutet man einen Anteil von mehr als 10 %[3].

Seit 1975 hat sich ein Wandel von gelegentlicher zu regelmäßiger Teilzeitbeschäftigung vollzogen. Der Anteil regelmäßiger Teilzeitbeschäftigter an der Gesamtzahl der Teilzeitkräfte ist bis 1988 von 59 % auf 83 % angestiegen[4]. Dieser Zuwachs um 69% deutet auf eine größere Stabilität der Teilzeitarbeitsverhältnisse hin; Arbeitgeber ziehen dem Abschluß von Saisonarbeitsverhältnissen dauerhafte Beschäftigungsverhältnisse vor[5].

Bemerkenswert groß ist in Irland der Anteil der männlichen Teilzeitbeschäftigten. 1988 waren 31 % aller Teilzeitstellen mit Männern besetzt[6]. Die Zahl der männlichen und weiblichen Teilzeitbeschäftigten ist in der Altersgruppe von 15 bis 24 Jahren nahezu gleich. Bei den über Vierundsechzigjährigen zeigt sich eine Präferenz der Männer für die Teilzeitarbeit. Etwa drei Viertel der Teilzeitarbeitnehmer im Alter zwischen 25 und 64 Jahren sind Frauen. Es liegt daher nahe, daß vor allem Männer eine Teilzeitbeschäftigung aufnehmen, um in das Berufsleben einzutreten oder in den Ruhestand überzugehen[7]. Für Frauen stellt sie eher eine Möglichkeit dar, berufliche und familiäre Interessen miteinander zu vereinbaren. 1988 waren 70 % der Teilzeitarbeitnehmerinnen im Vergleich zu 39,6 % der Teilzeitarbeitnehmer verheiratet[8]. Außerdem besteht ein

---

[1] Drew, Ch. 3, S. 18.

[2] Blackwell, 1, 2; vgl. Dineen, 3.2.1, S. 34.

[3] GK-TzA-Lipke, Einl., Rdnr. 11.

[4] Drew, Ch. 3, S. 18; vgl. Blackwell, 1, 5.

[5] Dineen, 3.2.1, S. 36.

[6] Drew, Ch. 3, S. 20.

[7] Drew, Ch. 3, S. 20.

[8] Drew, Ch. 3, S. 18, Table 3.1.

Zusammenhang zwischen der vergleichsweise großen Anzahl männlicher Teilzeitbeschäftigter und der Arbeitslosenquote in der Republik Irland: 57 % der männlichen Teilzeitbeschäftigten begründeten die Wahl einer Teilzeitstelle damit, daß sie keine Vollzeitstelle finden konnten; demgegenüber nannten nur 22,8 % der Teilzeitarbeitnehmerinnen diesen Grund[9].

Das Altersprofil der Teilzeitbeschäftigten hat sich seit 1975 geändert. 1988 waren weitaus mehr Arbeitnehmer im Alter zwischen 15 und 24 Jahren. Allerdings hat sich die Zahl der Arbeitnehmer in der höchsten Altersgruppe im Vergleich zu 1988 reduziert[10].

Die Untersuchung der Verbreitung der Teilzeitarbeit in den verschiedenen Wirtschaftsbereichen und Berufen läßt erkennen, daß sich auch die Art der Teilzeitbeschäftigung von 1975 bis 1988 gewandelt hat: Der Anteil der in der Landwirtschaft beschäftigten Teilzeitkräfte sank von 36 % auf 13,5 %. Demgegenüber stieg der Anteil der Teilzeitarbeitnehmer im Dienstleistungssektor von 52 % auf 74 % an[11]. Insbesondere zwischen 1984 und 1988 ist dort eine sprunghafte Zunahme der Teilzeitarbeitsplätze zu beobachten: 1988 waren 10 % aller Arbeitsplätze mit Teilzeitkräften besetzt; 1984 waren es noch 6 %. Diese Entwicklung wird als Indiz für den Ersatz von Vollzeitarbeitsplätzen durch Teilzeitarbeitsplätze im Tertiärsektor betrachtet[12]. Die sektorale Verschiebung der Teilzeitarbeit vom Primärsektor auf den Tertiärsektor spiegelt — wenn auch zeitlich verzerrt — die allgemeine Beschäftigungsentwicklung in den beiden Wirtschaftszweigen wider[13].

Unterscheidet man innerhalb des Dienstleistungssektors zwischen den verschiedenen Beschäftigungen, ist festzustellen, daß die *service workers,* wie beispielsweise Reinigungskräfte und Verkäufer, mit 22 % die stärkste Berufsgruppe bildeten. Ihnen folgt die Tätigkeit im Handel, bei Banken und Versicherungen, der 18,3 % der Teilzeitbeschäftigten nachgingen. 16,2 % der Teilzeitbeschäftigten waren 1988 als *professional* und *technical workers* tätig. 12 % der Teilzeitarbeitnehmer waren Bürokräfte. Im Unterschied zur Bundesrepublik[14] ist der öffentliche Dienst als Arbeitgeber für Teilzeitbeschäftigte nur von geringer Bedeutung; 3,3 % waren 1988 dort tätig[15]. Daran hat auch die Einführung von

---

[9] Drew, Ch. 4, S. 32.

[10] Drew, Ch. 3, S. 20.

[11] Drew, Ch. 3, S. 23.

[12] Drew, Ch. 3, S. 20.

[13] Drew, Ch. 3, S. 23.

[14] Siehe GK-TzA-Lipke, Einl., Rdnr. 32.

[15] Drew, Ch. 3, S. 23; vgl. Blackwell, 1, 7.

job sharing im öffentlichen Dienst 1984[16] nichts geändert. Der Anteil der weiblichen Teilzeitkräfte ist im Dienstleistungssektor besonders groß. 1988 waren 48.700 weibliche Teilzeitkräfte und 15.600 männliche Teilzeitkräfte in diesem Bereich beschäftigt[17].

Die Industrie hat als Arbeitgeber für Teilzeitkräfte die geringste Bedeutung. Obwohl 1988 27,2 % aller Erwerbstätigen in der Industrie beschäftigt waren, betrug der Anteil der in diesem Bereich arbeitenden Teilzeitkräfte nur 8,7 %[18]; er ist von 1977 bis 1988 nahezu konstant geblieben. Jährliche Schwankungen der Anzahl der Teilzeitbeschäftigten werden auf Veränderungen in der irischen Wirtschaft zurückgeführt, die durch den flexiblen Einsatz von Teilzeitarbeit aufgefangen wurden[19].

Die Charakteristika der Teilzeitarbeit in Irland lassen sich dahingehend zusammenfassen, daß der typische Teilzeitarbeitnehmer weiblich und verheiratet, im Alter zwischen 25 und 44 Jahren ist, Kinder hat und eine regelmäßige Teilzeitbeschäftigung ausübt[20].

Fraglich ist, ob die Ausweitung der Teilzeitarbeit einen Ersatz von Vollzeitarbeitsplätzen zur Folge hatte oder ob sie nur die wachsende Bedeutung des Dienstleistungssektors widerspiegelt, der traditionell ein Arbeitgeber für Teilzeitbeschäftigte ist. Bei allen Beschäftigungen — mit Ausnahme der Landwirtschaft — konnte von 1975 bis 1988 ein Anstieg des Anteils der regelmäßigen Teilzeitstellen an der Gesamtzahl der Stellen beobachtet werden. Daneben hat in vier von drei Beschäftigungszweigen, in denen der Anteil der Teilzeitbeschäftigung gewachsen ist, die Vollzeitbeschäftigung abgenommen[21]. Daher wird davon ausgegangen, daß sich in den letzten Jahren in allen Bereichen ein Wandel von der Vollzeitarbeit zu regelmäßiger Teilzeitarbeit vollzogen hat[22].

II. Mögliche Ursachen

Die Ausweitung der Teilzeitarbeit während der letzten Jahre wird zum einen auf die Expansion des Dienstleistungssektors zurückgeführt. Von 1975 bis 1988

---

[16] Siehe Department of the Public Service, Circular 3 / 84: Pilot Job Sharing Scheme.

[17] Drew, Ch. 3, S. 23, Table 3.4.

[18] Drew, Ch. 3, S. 20, 21, Table 3.3(b).

[19] Drew, Ch. 3, S. 23.

[20] Drew, Ch. 3, S. 28.

[21] Blackwell, 1, 10, Table 9.

[22] Blackwell, 1, 9; vgl. Dineen, 4.1.2, S. 70.

ist dort die Gesamtzahl der Beschäftigten von 484.900 auf 625.700 gewachsen[23]. Da der größte Anteil der Teilzeitbeschäftigten üblicherweise im Dienstleistungssektor tätig ist[24], war die Zunahme der Beschäftigung in diesem Bereich mit einem Anstieg der Teilzeitbeschäftigung verbunden. Außerdem besteht gerade im Dienstleistungssektor große Nachfrage nach Teilzeitkräften, deren Einsatz eine Anpassung an saisonale und wöchentliche Absatzschwankungen ermöglicht[25].

Zum anderen werden Einsparungen bei den Lohn- und Lohnnebenkosten durch die Beschäftigung von Teilzeitkräften für die Ausweitung der Teilzeitarbeit verantwortlich gemacht[26]. Zwar waren Teilzeitbeschäftigte, die weniger als 18 Wochenstunden arbeiteten, schon immer vom Anwendungsbereich der wichtigsten arbeitsrechtlichen Gesetze ausgenommen. Doch hat die wirtschaftliche Rezession während der letzten Jahre den Bedarf der Arbeitgeber an günstigeren Arbeitskräften verstärkt[27]. Darüberhinaus war es seit Einführung des *Pay-Related Social Insurance-System* im April 1979 preiswerter, Teilzeitarbeitnehmer zu beschäftigen. Während bis dahin die meisten Teilzeitbeschäftigten der Sozialversicherungspflicht unterlagen, nahmen die neuen *Social Welfare (Employment of Inconsiderable Extent) Regulations, 1991*[28] die meisten Teilzeitarbeitnehmer, die für weniger als 18 Stunden in der Woche beschäftigt waren, von der Sozialversicherungspflicht aus.

Außerdem geht man davon aus, daß das Streben der Arbeitgeber nach mehr Flexibilität, das durch zunehmende wirtschaftliche Unsicherheit und die Arbeitnehmerschutzgesetzgebung verursacht ist, die Zunahme der Teilzeitarbeit in allen Mitgliedstaaten der Europäischen Gemeinschaft begünstigt hat[29]. Allerdings ergab eine Untersuchung des Arbeitsministeriums von 1986, daß nur ein sehr begrenzter Zusammenhang zwischen dem Umfang der Beschäftigung und dem gesetzlichen Schutz des Arbeitsverhältnisses besteht[30].

Einige Maßnahmen der Regierung haben zudem mehr Teilzeitarbeitsplätze geschaffen[31]: Das *Social Employment Scheme* eröffnet Langzeitarbeitslosen für

---

[23] Drew, Ch. 3, Table 3.3, S. 20.

[24] Bereits 1975 waren 52 % aller Teilzeitkräfte im Dienstleistungssektor beschäftigt, Drew, Ch. 3, S. 23.

[25] Blackwell, 1, 13; Dineen, 3.2.1.1, S. 39.

[26] Blackwell, 1, 13; Dineen, 3.2.1, S. 39.

[27] Vgl. Blackwell, 1, 13.

[28] *S. I. No. 72 of 1991.*

[29] Blackwell, The Changing Role of Part-time Work, 1, 14; Dineen, 3.2.1.1, S. 39.

[30] Department of Labour, Employers' Perception of the Effect of Labour Legislation, 3.7, S. 36.

[31] Blackwell, 1, 14.

die Dauer von einem Jahr die Möglichkeit, durchschnittlich zweieinhalb Tage in der Woche zu arbeiten. Dafür wird ihnen anstelle des Arbeitslosengeldes oder der Arbeitslosenhilfe ein Wochenlohn von £ 60 gezahlt[32]. 1990 waren 12.279 Personen aufgrund des *Social Employment Scheme* beschäftigt[33] Arbeitslose, die an dem *Part-time Job Incentive Scheme* teilnehmen, können bis zu 23 Stunden in der Woche arbeiten, ohne den Anspruch auf eine finanzielle Unterstützung zu verlieren[34]. Seit 1984 wird im öffentlichen Dienst *job sharing* praktiziert[35]. Jedoch hat das *job sharing*-Programm bisher keinen großen Zulauf gefunden. Während die Regierung mit der Einführung von „Job Sharing" im öffentlichen Dienst den Bedürfnissen der Arbeitnehmer entgegenkommen wollte, bezwecken die beiden anderen Maßnahmen in erster Linie, einen Übergang zur Vollzeitarbeit zu schaffen. Sie sind daher nicht Ausdruck einer staatlich gelenkten Politik zur Förderung der Teilzeitbeschäftigung.

Als weiterer Grund für die Ausweitung der Teilzeitarbeit auf seiten der Arbeitnehmer wird die zunehmende Beteiligung von Frauen am Erwerbsleben genannt[36]. Von 1975 bis 1987 ist der Anteil der Frauen an der Gesamtzahl der Beschäftigten um etwa 18 % gestiegen[37].

Die meisten dieser Ursachen haben auch in den anderen europäischen Ländern zu einer Zunahme der Teilzeitbeschäftigung geführt. Eine außergewöhnliche Entwicklung hat sich daher in der Republik Irland nicht vollzogen. Fraglich bleibt aber, warum der Anteil der Teilzeitbeschäftigten, gemessen am Durchschnitt der EG, relativ gering ist. 1988 waren 7,8 % aller Arbeitnehmer teilzeitbeschäftigt[38]. Verschiedene Gründe werden dafür verantwortlich gemacht: Anders als beispielsweise Großbritannien, Dänemark und die Bundesrepublik hatte Irland während dieses Jahrhunderts selbst in der Zeit des wirtschaftlichen Aufschwungs nie einen Mangel an Arbeitskräften[39]. Im Gegenteil besteht seit der Rezession ein erheblicher Überschuß, der 1990 zu einer Arbeitslosenquote von 17 % und der Emigration von 25.000 Arbeitswilligen führte[40].

Obwohl die Ausweitung des Dienstleistungssektors die Zunahme der Teilzeitbeschäftigung in Irland begünstigt hat, wurden in diesem Bereich nicht im

---

[32] FAS, Social Employment Scheme, Temporary Information Brochure.

[33] Department of Labour, Annual Report 1990, Ch. 10, S. 59, Table 11.

[34] Department of Social Welfare, The Part-time Job Incentive, SW 69.

[35] Department of the Public Service, Circular 3 / 84: Pilot Job Sharing Scheme.

[36] Blackwell, 14; Dineen, 3.2.1.1, S. 40.

[37] Dineen, 3.2.1, S. 26.

[38] Drew, Ch. 3, S. 18.

[39] Drew, Ch. 4, S. 32.

[40] Department of Labour, Annual Report 1990, Ch. 3, S. 21, 25.

selben Umfang wie in anderen Ländern Teilzeitarbeitsplätze geschaffen. Insbesondere die öffentliche Verwaltung hat nur langsam auf die Nachfrage der Beschäftigten auf Teilzeitarbeit reagiert[41].

Daneben besteht ein Zusammenhang zwischen dem vergleichsweise niedrigen Anteil der Teilzeitkräfte und dem Anteil der erwerbstätigen Frauen. Mit einer Quote von 29 % hat Irland die zweitniedrigste Erwerbstätigkeitsrate von Frauen in der Europäischen Gemeinschaft[42]. Die Ursachen dafür liegen in religiösen und kulturellen Anschauungen, die an der traditionellen Rollenverteilung zwischen Mann und Frau festhalten. Art. 41 der irischen Verfassung von 1937 bringt zum Ausdruck, daß die wesentliche Aufgabe der Frau ihre Verantwortlichkeit für die Familie ist. Bis zur Mitte der 70er Jahre verhinderten *marriage bars* die Beschäftigung verheirateter Frauen in einigen Bereichen des öffentlichen Dienstes und halbstaatlichen Unternehmen[43].

Auch die Position der irischen Gewerkschaften zur Teilzeitarbeit beeinflußte deren quantitative Entwicklung. Während die Teilzeitarbeit inzwischen aus Sicht der Gewerkschaften eine ernstzunehmende Alternative zur Vollzeitarbeit ist, wurde sie bis in die Mitte der 80er Jahre eher als eine Bedrohung für gewerk-schaftlich organisierte Arbeitnehmer in Vollzeitarbeitsverhältnissen verstanden[44]. Diese Haltung wirkte sich negativ auf die Bereitschaft von Arbeitgebern aus, Teilzeitstellen zu schaffen. Abgesehen davon vermutet man, daß Arbeitgeber die Teilzeitarbeit aufgrund der damit verbundenen Nachteile für wenig attraktiv halten, da sie eine relativ neue Beschäftigungsform in Irland darstellt[45].

§ 3 Ausblick

Die Ausweitung der Teilzeitarbeit während der letzten Jahre ist kein nur temporäres Phänomen. Auch mittelfristig wird eine weitere Zunahme der Zahl der Teilzeitbeschäftigten erwartet[1]. Die wachsende Bedeutung des Dienstlei-stungssektors und der steigende Anteil der Frauen an der Erwerbsbevölkerung

---

[41] Drew, Ch. 4, S. 32.

[42] Drew, Ch. 4, S. 32.

[43] Drew, Ch. 4, S. 33.

[44] Redmond, Beyond the Net (1983) 2 J.I.S.L.L. 1, 2; Thurman / Trah, Part-time Work in international perspective (1990) 129 International Labour Review 23, 26.

[45] Drew, Ch. 4, S. 33.

[1] Blackwell, 1, 15; Dineen, 5.3, S. 94.

tragen dazu bei[2]. Zudem wird vermutet, daß immer mehr Langzeitarbeitslose staatlich geförderte Teilzeitstellen einnehmen[3]. Aufgrund der begrenzten Beschäftigungsmöglichkeiten insbesondere für Frauen ist es jedoch wenig wahrscheinlich, daß der Anteil der Teilzeitarbeitnehmer an der Gesamtzahl der Beschäftigten bis zum 21. Jahrhundert 10 % übersteigt[4].

Die vorliegenden Untersuchungen über die Entwicklung der Teilzeitarbeit lassen die jüngste Gesetzgebung im Arbeits- und Sozialrecht unberücksichtigt, durch die der arbeits- und sozialrechtliche Schutz des Teilzeitarbeitsverhältnisses verstärkt wurde[5]. Während nur ein geringer Einfluß der Arbeitnehmerschutzgesetzgebung auf die Schaffung von Arbeitsplätzen festgestellt wurde[6], betrachten die meisten Arbeitgeber die Höhe der Sozialversicherungsbeiträge als Hindernis für die Einstellung von Arbeitnehmern[7]. Da nun diejenigen Beschäftigten der Sozialversicherungspflicht unterliegen, die nicht weniger als £ 25 in der Woche verdienen[8], haben sich die Kosten der Teilzeitarbeit im Vergleich zu früher erhöht. Ein finanzieller Anreiz zur Einstellung von Teilzeitkräften besteht nun nicht mehr in dem Maße wie vor der Gesetzesänderung. Daraus könnte sich in Zukunft eine Einschränkung der Beschäftigungsmöglichkeiten für Teilzeitkräfte ergeben. Andererseits könnte die Neuregelung Arbeitgeber veranlassen, eine größere Anzahl sozialversicherungsfreier Teilzeitarbeitsverhältnisse abzuschließen. Es wird von der Organsationsstruktur des einzelnen Unternehmens abhängen, ob die Einstellung solcher geringfügig Beschäftigter praktisch durchführbar ist.

---

[2] Dineen, 5.1.1, S. 85.

[3] Blackwell, The Changing Role of Part-time Work, 1, 15.

[4] Dineen, 5.3, S. 94.

[5] Siehe den Worker Protection (Regular Part-Time Employees) Act, 1991 und die Social Welfare (Employment of Inconsiderable Extent) Regulations, 1991, Social Welfare (Subsidiary Employment) Regulations, 1991 (S. I. No. 72 of 1991).

[6] Vgl. oben 1. Kapitel, § 2 II.

[7] Department of Labour, Employers' Perception of Employment Legislation, 3.5, S. 34.

[8] Siehe die Social Welfare (Employment of Inconsiderable Extent) Regulations, 1991.

2. Kapitel
Die Grundlagen des irischen Arbeits- und Sozialrechts

§ 1 Grundlagen des Arbeitsrechts

I. Geschichtliche Entwicklung

Noch heute sind zahlreiche Parallelen zwischen irischem und englischem Recht sichtbar. Ursache dafür ist die politische Herrschaft Großbritanniens über Irland, die insgesamt 800 Jahre andauerte. Erst 1922 konnte die heutige Republik endgültig ihre Unabhängigkeit erlangen[1].

Nicht nur die Grundsätze des *common law*, sondern auch das britische Gesetzesrecht hat Eingang in die irische Rechtsordnung gefunden. Die meisten der vom britischen Parlament erlassenen kollektivrechtlichen Normen bilden auch nach der Unabhängigkeit die Grundlage für die Arbeitsbeziehungen zwischen den Sozialpartnern[2]. Am Beginn der Entwicklung des kollektiven Arbeitsrechts steht der *Trade Union Act, 1871*, der zu einer rechtlichen Anerkennung der Gewerkschaften führte. Vor Erlaß des Gesetzes galten Gewerkschaften aufgrund gesetzlicher Vorschriften und des *common law* als kriminelle Vereinigungen, da sie den Wettbewerb beschränkten[3]. Der *Trade Union Act, 1871* eröffnete den Gewerkschaften außerdem die Möglichkeit, sich registrieren zu lassen[4]. Die Eintragung verleiht ihnen einen quasi-körperschaftlichen Status[5].

Dem *Trade Union Act, 1871* folgte bald die Verabschiedung des *Conspiracy and Protection of Property Act, 1887*. Das Gesetz entzog Maßnahmen, die im Zusammenhang mit einem Arbeitskampf ergriffen wurden, der strafrechtlichen

---

[1] Redmond, Labour Law and Industrial Relations in Ireland, Introduction, III., S. 48.

[2] Stationery Office (Hrsg.),Report of the Commission of Inquiry on Industrial Relations, Ch. 2, S. 8. Siehe Art. 50.1 der irischen Verfassung von 1937, der bestimmt, daß vorkonstitutionelle verfassungsmäßige Gesetze in der Republik Irland anwendbar sind, es sei denn, sie werden durch ein Parlamentsgesetz aufgehoben.

[3] Redmond, Labour Law, Part II, Ch. I, S. 137; Hillery, An Overview of the Irish Industrial Relations System, in: Department of Industrial Relations, Faculty of Commerce, University College Dublin (Hrsg.), Industrial Relations in Ireland, Contemporary Issues and Developments, S. 1, 2.

[4] Siehe *Section 6* des *Trade Union Act, 1941*.

[5] *Taff Vale Railway Co. v. Amalgamated Society of Railway Servants [1901] A.C. 426.*

Verfolgbarkeit. Darüberhinaus gestattete es unter näheren Voraussetzungen das Stehen als Streikposten[6].

Besondere Bedeutung für die Regelung der Arbeitsbeziehungen hatte der *Trade Disputes Act, 1906;* er wurde auch als *„bill of rights"* bezeichnet[7]. Das Arbeitskampfgesetz schützte Arbeitnehmer vor einer zivilrechtlichen Haftung aus unerlaubter Handlung, die nach dem *common law* wegen *conspiracy* bestand[8].

Der *Trade Union Act, 1941* führte als Voraussetzung für die Tariffähigkeit der Gewerkschaften das Erfordernis einer Verhandlungsgenehmingung ein. Dadurch sollte der Aufspaltung der irischen Gewerkschaftsbewegung in eine Vielzahl kleinerer Gewerkschaften begegnet werden[9]. Abgesehen davon verabschiedete das irische Parlament in den folgenden Jahren weitere Gewerkschaftsgesetze, die die britischen *Trade Union Acts, 1871 - 1913* modifizierten[10].

Der *Industrial Relations Act, 1946* gewährleistet den Grundsatz der Freiheit von Kollektivverhandlungen; die Rolle des Staates ist darauf beschränkt, die Arbeitnehmer- und Arbeitgeberseite bei der Lösung ihres Interessenkonfliktes zu unterstützen[11]. Zu diesem Zwecke sah *Section 10* des *Industrial Relations Act, 1946* die Einsetzung des *Labour Court* vor, der im Falle eines Arbeitskampfes für die Durchführung eines freiwilligen Schlichtungsverfahrens zuständig ist. Zudem ist das Gericht ermächtigt, *Joint Labour Committees* zu berufen und Kollektivvereinbarungen einzutragen[12]. Der *Industrial Relations Act, 1946* wurde später durch die *Industrial Relations Acts, 1969, 1979 und 1990* geändert. Die größte Bedeutung hatte der Erlaß des *Industrial Relations Act, 1990,* der das Schlichtungsverfahren modifizierte. Darüberhinaus erklärte das Gesetz den *Trade Disputes Act, 1906* für nichtig; an die Stelle des britischen Arbeitskampfgesetzes traten die Vorschriften des *Industrial Relations Act, 1990*[13]. Ebenso wurden einige Regelungen der *Trade Union Acts* durch den *Industrial Relations Act, 1990* modifiziert[14].

---

[6] „Picketing", Redmond, Labour Law, Part II, Ch. I, S. 138.

[7] Hillery, S. 1, 3.

[8] *Section 1* des *Trade Disputes Act, 1906.*

[9] Stationery Office (Hrsg.), Report of the Commission on Inquiry, Ch. 2, S. 8.

[10] Siehe die *Trade Union Acts, 1942, 1947, 1952, 1971* und *1975.*

[11] Kerr / Whyte, Irish Trade Union Law, Preface, X; vgl. Department of Labour, A Guide to the Industrial Relations Act, 1990, S. 1.

[12] Siehe *Section 35 - 41* des *Industrial Relations Act, 1946; Section 44 - 50* des *Industrial Relations Act, 1990; Section 27* des *Industrial Relations Act, 1946.*

[13] Siehe *Section 7* i.V.m. der *Second Schedule* des *Industrial Relations Act, 1990* und *Section 8 - 19* des *Industrial Relations Act, 1990.*

[14] Siehe *Section 20 - 22* des *Industrial Relations, Act, 1990.*

Die Zurückhaltung des Gesetzgebers, positive Rechte der Gewerkschaften zu normieren und ein verpflichtendes Schlichtungsverfahren vorzuschreiben, findet ihre Ursache in der Tradition des *voluntarism*[15]. Danach soll das Recht so wenig wie möglich auf Kollektivverhandlungen und Arbeitskämpfe einwirken; die Regelung der Arbeitsbeziehungen ist in erster Linie der Arbeitnehmer- und Arbeitgeberseite überlassen[16].

Große Bedeutung hatte 1946 die Schaffung des Arbeitsministeriums, auf dessen Gesetzesentwürfe heute die wesentlichen arbeitsrechtlichen Regelungen zurückgehen[17].

Seit Beginn der 70er Jahre hat sich die Struktur des irischen Arbeitsrechts erheblich gewandelt. Das Individualarbeitsrecht war zuvor — abgesehen von Vorschriften, die die Sicherheit am Arbeitsplatz[18] und die Arbeitszeiten für bestimmte Arbeitnehmergruppen[19] betreffen — nicht gesetzlich geregelt. Für den Inhalt des Arbeitsverhältnisses war allein das *common law* maßgeblich[20], das nur einen sehr begrenzten Schutz des Arbeitsverhältnisses kennt[21].

Heute wird die Vertragsfreiheit, die auch das Verhältnis zwischen den Arbeitsvertragsparteien bestimmt[22], durch zahlreiche gesetzliche Vorschriften eingeschränkt. Sie normieren Mindestarbeitsbedingungen, wenn zwischen dem Arbeitnehmer und dem Arbeitgeber weder günstigere einzelvertragliche Vereinbarungen getroffen wurden, noch Kollektivvereinbarungen gelten[23].

Die Entwicklung eines kodifzierten Individualarbeitsrechts begann mit der Verabschiedung des *Redundancy Payments Act, 1967*. Das Gesetz, das sich an den britischen *Redundancy Payments Act, 1965* anlehnt, sieht vor, daß im Falle der Entlassung wegen Arbeitsmangels eine Entschädigungszahlung an den Arbeitnehmer zu leisten ist. Der *Redundancy Payments Act, 1967* normiert damit

---

[15] Auch „legal abstention" oder „*collective laissez-faire*" genannt, von Prondzynski, The Changing Functions of Labour Law, in: Fosh / Littler (Hrsg.), Industrial Relations and the Law in the 1980s, Ch. 7, S. 176, 178.

[16] von Prondzynski / McCarthy, Employment Law in Ireland, Ch. 1, S. 1; Stationery Office (Hrsg.), Report of the Commission on Inquiry, Ch. 2, S. 10.

[17] Redmond, Labour Law, Part I, S. 49.

[18] *Factories Act, 1955, Office Premises Act, 1958, Road Traffic Acts, 1961* und *1968* (geändert 1978), *Mines and Quarries Act, 1965, Dangerous Substances Act, 1972*.

[19] *Conditions of Employment Acts, 1936-1940, Shops (Conditions of Employment) Acts, 1936-1942, Night Works (Bakeries) Act, 1936*.

[20] Doolan, Principles of Irish Law, Ch. 1. S. 3.

[21] Redmond, Labour Law, Part I, Ch. II, S. 73.

[22] Allen v. Flood [1898] A.C. 171.

[23] Vgl. Redmond, Labour Law, Part I, IV., S. 57.

erstmals einen Anspruch des Arbeitnehmers gegen den Arbeitgeber, der auf der Anerkennung eines Arbeitnehmerinteresses am Bestand seines Arbeitsverhältnisses beruht. Aufgrund von *Section 39* des *Redundancy Payments Act, 1967* wurde ein weiteres Arbeitsgericht, der *Redundancy Appeals Tribunal*, eingerichtet. Es war zunächst nur für Klagen wegen der Verletzung von Vorschriften des *Redundancy Payments Act, 1967* zuständig. 1977 wurde das Gericht in den *Employment Appeals Tribunal* umbenannt[24]; heute sind ihm weitere Kompetenzen zugewiesen[25].

Der *Holidays (Employees) Act, 1973* normierte einen Anspruch auf Jahresurlaub sowie auf Befreiung von der Arbeitspflicht an gesetzlichen Feiertagen. Im selben Jahr wurde der *Minimum Notice and Terms of Employment Act, 1973* erlassen. Während das *common law* lediglich die Einhaltung einer angemessenen Kündigungsfrist verlangt[26], bestimmt sich die gesetzliche Kündigungsfrist nach der Dauer der Beschäftigung. Der Eintritt der Republik Irland in die Europäische Gemeinschaft mit Wirkung zum 1. Januar 1973 machte den Erlaß des *Anti-Discrimination (Pay) Act, 1974* und des *Employment Equality Act, 1977* notwendig. Diese Gesetze setzten die Richtlinien 75 / 117 / EWG[27] und 76 / 207 / EWG[28] in nationales Recht um[29].

Die Verabschiedung des *Unfair Dismissals Act, 1977* war ein wichtiger Schritt zur Schaffung eines arbeitsrechtlichen Schutzsystems. Das Gesetz begründet einen einklagbaren Kündigungsschutz, der über den des *common law* weit hinausgeht. Mit dem Erlaß des *Worker Participation (State Enterprises) Act, 1977* wurde für Arbeitnehmer sieben halbstaatlicher Unternehmen ein Mitbestimmungsrecht auf Vorstandsebene eingeführt, das der *Worker Participation (State Enterprises) Act, 1988* erweiterte. 1981 verabschiedete das Parlament den *Maternity (Protection of Employment) Act, 1981.* Er geht auf das zweite *National Understanding* von 1980 zurück, das eine Vereinbarung der Regierung und der Sozialpartner über die Schaffung eines gesetzlichen Mutterschutzes enthält[30]. Daran schloß sich 1984 die Verabschiedung des *Protection of Employment (Employers' Insolvency) Act, 1984* an. Das Gesetz, das der Durchführung der Richtlinie 80 / 987 / EWG[31] dient, enthält Vorschriften über die

---

[24] Durch *Section 18* des *Unfair Dismissals Act, 1977.*

[25] von Prondzynski / McCarthy, Ch. 9, S. 201.

[26] Lister v. Romford Ice and Cold Storage Co. Ltd. [1957] A.C. 555, 594.

[27] ABl. EG 1975 Nr. L 45 / 19.

[28] ABl. EG 1976 Nr. L 39 / 40.

[29] von Prondzynski / McCarthy, Ch. 6, S. 85, 86.

[30] Redmond, Labour Law, Introduction, IV., S. 57.

[31] ABl. EG 1980 Nr. L 283 / 23.

Zahlung von Lohnrückständen und Sozialbeiträgen im Falle der Insolvenz des Arbeitgebers. Darüberhinaus reduzierte es die in verschiedenen Gesetzen normierten Mindestarbeitszeiten, deren Leistung eine Anwendbarkeitsvoraussetzung darstellt[32].

In den folgenden Jahren wurden weitere Arbeitsrechtsgesetze erlassen, die den gesetzlichen Schutz des Arbeitsverhältnisses verstärkten. Davon zu erwähnen ist der *Pensions Act, 1990,* der Regelungen zur Gewährung betrieblicher Sozialleistungen enthält. Teil VII des Gesetzes ergänzt den *Anti-Discrimination (Pay) Act, 1974* und den *Employment Equaltiy Act, 1977* durch die Festschreibung eines Gleichbehandlungsgebotes bei den betrieblichen Systemen der sozialen Sicherheit. Seine Vorschriften, die die Richtlinie 86 / 378 / EWG[33] umsetzen, sind bis heute nicht ratifiziert. Erhebliche Bedeutung für die Stellung der Teilzeitbeschäftigten im irischen Arbeitsrecht hatte im März 1991 der Erlaß des *Worker Protection (Regular Part-Time Employees) Act, 1991.* Er bezog Arbeitnehmer, die wöchentlich nicht weniger als acht Stunden arbeiten, seit mindestens 13 Wochen bei dem Arbeitgeber beschäftigt sind und von den wesentlichen arbeitsrechtlichen Gesetzen ausgenommen waren, in das gesetzliche Schutzsystem ein[34].

Die Regierung kündigte im Januar 1991 in dem *Programme for Economic and Social Progress,* das die Politik für die 90er Jahre festlegt[35], an, einige Arbeitsrechtsgesetze zu reformieren. Insbesondere ist beabsichtigt, mehrere Vorschriften des *Anti-Discriminaion (Pay) Act, 1974,* des *Employment Equality Act, 1977* und des *Unfair Dismissals Act, 1977* zu ändern[36].

---

[32] *Section 13* des *Protection of Employment (Employers' Insolvency) Act, 1984.*

[33] Abl. EG 1986 Nr. L 225 / 40.

[34] *Section 3* i.V.m. *Section 1 (1)* des *Worker Protection (Regular Part-Time Employees) Act, 1991.*

[35] Stationery Office (Hrsg.), Programme for Economic and Social Progress.

[36] Stationery Office (Hrsg.), Programme for Economic and Social Progress, Section IX, S. 83.

II. Rechtsquellen

1. Nationales Recht

a) Die Verfassung

Im Unterschied zu Großbritannien verfügt die Republik Irland über eine geschriebene Verfassung. Tragendens Prinzip der Verfassung von 1937[37] ist die Gewaltenteilung zwischen Legislative, Exekutive und Judikative[38].

Art. 40 normiert verschiedene Grundrechte, die für das Arbeitsrecht von Bedeutung sind: Gem. *Art. 40.1* sind alle Menschen in ihrer Eigenschaft als menschliche Persönlichkeiten vor dem Gesetz gleich. Eine gesetzliche Differenzierung ist nur aufgrund körperlicher oder geistiger Eigenschaften und sozialer Funktionen zulässig. *Art. 40.3.1°* normiert eine Verpflichtung des Staates, die Persönlichkeitsrechte seiner Bürger zu achten und zu verteidigen. Dazu zählen als *unspecified rights* das Recht auf Arbeit und das für Frauen und Männer gleichermaßen gewährte Recht auf Erwerb des Lebensunterhaltes[39]. Gem. *Art. 40.6.1° iii.* besteht das Grundrecht, Vereinigungen und Gewerkschaften zu gründen, wovon auch die negative Koalitionsfreiheit[40] und die Betätigungsfreiheit[41] umfaßt sind. Es steht unter dem Vorbehalt überwiegender öffentlicher Interessen[42].

Problematisch ist, ob diesen *fundamental rights* eine unmittelbare Drittwirkung im Verhältnis der Bürger untereinander zukommt. Während zu dieser Frage in der Bundesrepublik eine umfangreiche Rechtsprechung existiert, ist sie in Irland bislang wenig diskutiert worden[43]. Die Grundrechte werden in erster Linie als Abwehrrechte gegen den Staat betrachtet[44]. Dennoch lassen einige

---

[37] Offizielle Bezeichnung: *Bunreacht Na hÉireann (Constitution of Ireland).*

[38] Redmond, Labour Law, Introduction, IV., S. 55.

[39] Ryan v. Attorney General [1965] I.R. 294, 313; Murtagh Properties v. Cleary [1972] I.R. 330, 336; Murphy v. Stewart [1973] I.R. 97.

[40] Educational Company of Ireland Ltd. v. Fitzpatrick [1961] I.R. 345; Meskell v. Coras Iompair Eireann [1973] I.R. 121, 124, 135.

[41] Rodgers v. IGTWU, 1978, H.C., 15. März 1978.

[42] *Art. 40.6.1° iii.* der Verfassung von 1937.

[43] Forde, Equality and the Constitution (1982) 17 I.J. 319, 324; Kelly, Equality before the Law in three European Jurisdicions (1983) 18 I.J. 259, 266; Kelly, The Irish Constitution, Art. 40.1, S. 447; Whyte, Law and Poverty in Ireland, Law & Social Policy — Some current Problems in Irish Law, Ch. Seven, S. 89, 91.

[44] Kelly, The Irish Constitution, Art. 40.1, S. 447; Redmond, Labour Law, Introduction, IV., S. 56.

gerichtliche Entscheidungen erkennen, daß eine unmittelbare Drittwirkung nicht ausgeschlossen scheint. In *Murtagh Properties v. Cleary* untersagte der *High Court* einer Gewerkschaft die Diskriminierung aufgrund des Geschlechts[45]. Der *Supreme Court* entschied in *Meskell v. Coras Iompair Eireann,* daß Gewerkschaften die negative Koaltionsfreiheit von Arbeitnehmern zu achten haben[46]. In *The State (Lynch) v. Cooney* findet sich ein obiter dictum, wonach der Arbeitgeberin — einer Rundfunkanstalt — ein Verstoß gegen *Art. 40.1* vorgeworfen wurde[47].

Die Rechtslehre ist zurückhaltend, dieser Rechtsprechung die Bejahung einer unmittelbaren Drittwirkung der Grundrechte im Verhältnis zwischen dem Arbeitnehmer und dem Arbeitgeber zu entnehmen. Weitere höchstrichterliche Entscheidungen, die sich ausdrücklich mit dieser Frage auseinandersetzten, seien abzuwarten[48]. Gegen eine horizontale Wirkung des Gleichbehandlungsgebotes wird insbesondere eingewandt, daß sie die persönliche Handlungsfreiheit einschränken würde[49]. Die Verfassungsbestimmungen kommen daher als unmittelbare Rechtsquelle für Rechte und Pflichten der Arbeitsvertragsparteien nur in Betracht, wenn ein entsprechendes Präjudiz ergangen ist.

Dies schließt jedoch einen mittelbaren Einfluß der Verfassung auf die Gestaltung des Arbeitsrechts nicht aus. Obwohl sich in Irland keine Lehre von der mittelbaren Drittwirkung entwickelt hat, ist anerkannt, daß die Arbeitsrechtsgesetze und das *common law* im Lichte der Verfassung auszulegen sind; auch ist der Gesetzgeber beim Erlaß der arbeitsrechtlichen Gesetze an die Grundrechte gebunden[50]. Darüberhinaus haben die Gerichte im Rahmen der Durchführung des gerichtlichen Verfahrens Grundrechte zu beachten[51]. Somit ist die Verfassung für das irische Arbeitsrecht in erster Linie eine Rechtsquelle, die durch die drei staatlichen Gewalten auf das Arbeitsverhältnis einwirkt.

---

[45] [1972] I.R. 330, 336.

[46] [1973] I.R. 121, 124.

[47] [1983] I.L.R.M. 89.

[48] Forde, Equality under Irish and American Constitutions: A Comparative Analysis — I (1983) I.J. 56, 75 - 77; Kelly, Equality Before the Law, 259, 266, 267; Kelly, The Irish Constitution, Art. 40. 1, S. 447.

[49] Kelly, The Irish Constitution, Art. 40.1, S. 447.

[50] Redmond, Labour Law, Introduction, IV., S. 58.

[51] Boldt, Grundrechte und Normenkontrolle im Verfassungsrecht der Republik Irland, JböR N.F. 19 (1970), S. 229, 240.

b) Arbeitsrechtsgesetze

Auf das Arbeitsverhältnis wirken Gesetze als Rechtsquellen für Rechte und Pflichten von Arbeitnehmer und Arbeitgeber ein. Das nationale Parlament erläßt sie aufgrund seiner gem. *Art. 15.2.1°* der Verfassung von 1937 gegebenen umfassenden Gesetzgebungskompetenz.

Im Unterschied zu Großbritannien, wo die wesentlichen Regelungsbereiche in einem einheitlichen Gesetz zusammengefaßt sind[52], gibt es in Irland eine große Zahl verschiedener Gesetze, die das Individualarbeitsrecht und das kollektive Arbeitsrecht regeln. Sie werden zum Teil durch *Statuory Instruments*[53] ergänzt, die die gesetzlichen Normen ausfüllen oder modifizieren.

Eine Abweichung von gesetzlichen Vorschriften durch einzelvertragliche Abreden oder Kollektivvereinbarungen zum Nachteil des Arbeitnehmers ist nicht zulässig. Insoweit sind die Arbeitsrechtsgesetze zwingend. Eine andere vertragliche Gestaltung zugunsten des Arbeitnehmers ist hingegen möglich. Die arbeitsrechtlichen Gesetze dienen als *floor of rights,* auf deren Grundlage günstigere Kollektivvereinbarungen getroffen werden können. Im übrigen entspricht es verbreiteter Auffassung, daß Gesetze nicht in Bereiche eingreifen sollen, die zweckmäßiger durch Kollektivvereinbarungen geregelt werden[54].

Für die irischen Arbeitsrechtsgesetze ist charakteristisch, daß sie nicht auf alle Arbeitnehmergruppen anwendbar sind[55]. Sie normieren zum Teil weit gefaßte Ausnahmetatbestände, die bestimmte Arbeitnehmer von ihrem Schutz ausschließen. Dabei wird zum einen nach der Art der Beschäftigung differenziert; zum anderen sind der Umfang der wöchentlichen Arbeitszeit und die Dauer der Beschäftigung seit Vertragsschluß häufig gewählte Differenzierungskriterien.

Diese Gesetzestechnik trägt auch nach Erlaß des *Worker Protection (Regular Part-Time Employees) Act, 1991* zu einer Aufspaltung des Arbeitsmarktes in einen primären und sekundären Markt bei. Dem primären Arbeitsmarkt gehören vor allem Arbeitnehmer an, die aufgrund eines unbefristeten Arbeitsvertrages beschäftigt sind. Der sekundäre Arbeitsmarkt setzt sich aus Arbeitnehmern in sogenannten atypischen Beschäftigungsverhältnissen zusammen, die weder von dem Netz der Gesetzgebung noch von Kollektivvereinbarungen aufgefangen

---

[52] Siehe den *Employment Protection (Consolidation) Act, 1978.*

[53] Untergesetzliche Rechtsnormen, die vom Arbeitsminister kraft gesetzlicher Ermächtigung erlassen werden; vgl. Murdoch, A Dictionary of Irish Law, *„Statuory Instruments"*, S. 478.

[54] Redmond, Labour Law, Introduction, IV, S. 57.

[55] Redmond, Labour Law, Introduction, IV, S. 57.

werden. Dazu zählen insbesondere Teilzeitarbeitnehmer, die nicht von dem Schutzbereich der arbeitsrechtlichen Gesetze erfaßt sind[56].

Eine weitere Besonderheit irischer Arbeitsrechtsgesetze besteht darin, daß ihrer Verabschiedung in der Regel ein umfangreicher Konsultationsprozeß zwischen der Regierung, dem Gewerkschaftsverband[57] und dem Arbeitgeberverband[58] vorausgeht. Daher stellt sich die Gesetzgebung weniger als Ergebnis von Parteipolitik sondern eher als Ausgleich miteinander konkurrierender Interessen dar[59].

c) Das Common Law

Obwohl mit der zunehmenden gesetzlichen Regelung des Arbeitsverhältnisses die Zahl der von den ordentlichen Gerichten entschiedenen Fälle in den letzten Jahren erheblich abgenommen hat, ist das *common law* oder Richterrecht bis heute eine bedeutsame Rechtsquelle für das irische Arbeitsrecht[60].

Ist zwischen dem Arbeitnehmer und dem Arbeitgeber ein wirksamer Arbeitsvertrag zustandegekommen, folgen aus dem *common law* die für diesen charakteristischen Rechte und Pflichten[61]. Sie bestimmen als *implied terms* auch dann den Inhalt des Arbeitsvertrages, wenn zwischen den Parteien keine ausdrückliche Einigung über die Arbeitsbedingungen getroffen wurde[62].

Dazu zählen unter anderem die im Gegenseitigkeitsverhältnis stehenden Verpflichtungen von Arbeitnehmer und Arbeitgeber, die Arbeitsleistung zu erbringen und die Vergütung zu zahlen[63], die Pflicht, eine angemessene Kündigungsfrist einzuhalten[64] und die Grundsätze zur *wrongful dismissal*[65].

---

[56] Vgl. von Prondzynski / McCarthy, Ch. 1, S. 8, 9.

[57] Irish Congress of Trade Unions (ICTU).

[58] Federation of Irish Employers (FIE).

[59] Redmond, Labour Law, Part I, Ch. II, S. 72

[60] Redmond, Labour Law, Introducion, IV, S. 58.

[61] Redmond, Labour Law, Part I, Ch. II, S. 73.

[62] Vgl. von Prondzynski / McCarthy, Ch. 3, 46; Redmond, Labour Law, Introduction, IV, S. 59

[63] Ready Mixed Concrete (South East) Ltd. v. Minister of Pensions and National Insurance [1968] 2 Q.B. 497, 515; Nethermere (St. Neots) Ltd. v. Taverna [1984] I.R.L.R. 240, 241.

[64] Lister v. Romford Ice and Cold Storage Co. Ltd. [1957] A.C. 555, 594.

[65] Rechtswidrige Kündigung; vgl. Redmond, Dismissal Law in the Republic of Ireland, Ch. Three, S. 45.

An der Spitze der Hierarchie der irischen Gerichtsbarkeit steht gem. *Art. 34.4.1°* der Verfassung von 1937 der *Supreme Court*. Das oberste Gericht, das keine originäre Zuständigkeit für zivilrechtliche Streitigkeiten besitzt, hat über Rechtsmittel gegen Entscheidungen des *High Court* und des *Court of Criminal Appeal* zu entscheiden. Daneben kann der Präsident der Republik dem *Supreme Court* bestimmte Gesetzesentwürfe zur Überprüfung ihrer Verfassungsmäßigkeit vorlegen[66]. Die Entscheidungen des *Supreme Court* binden den ihm untergeordneten *High Court*[67].

Die Jurisdiktionshoheit des *High Court* umfaßt die Beantwortung sämtlicher Rechts- und Tatsachenfragen[68]. Er ist Rechtsmittelinstanz für Entscheidungen des *Circuit Court* und für die Verfassungsmäßigkeitskontrolle nachkonstitutionellen Rechts zuständig. Die Entscheidungen des *High Court* sind für die untergeordneten *Circuit Courts* und *District Courts* bindende Präjudizien[69].

Die für das Arbeitsrecht wichtigsten Entscheidungen sind seit 1960 ergangen[70]; jedoch ist auch heute noch das vor der Unabhängigkeit im Jahre 1922 entstandene englische, amerikanische und australische *case-law* anwendbar. Obwohl diese Entscheidungen für die irischen Gerichte als *persuasive authorities* rechtlich nicht bindend sind[71], wird ihnen in der Praxis häufig gefolgt[72].

d) Collective Agreements

Die wesentlichen Arbeitsbedingungen der überwiegenden Zahl der Arbeitnehmer werden durch Kollektivvereinbarungen bestimmt, die zwischen den Gewerkschaften und dem Arbeitgeberverband beziehungsweise einzelnen Arbeitgebern getroffen werden[73].

Die Rechtsnatur und gerichtliche Durchsetzbarkeit von Kollektivvereinbarungen sind in Irland nicht gesetzlich geregelt[74]. Eine mit § 4 Abs. 1 TVG

---

[66] Siehe *Art. 26.1* der Verfassung von 1937; Doolan, Ch. 5, S. 37.

[67] Doolan, Ch. 5, S. 47.

[68] Siehe *Art. 34.3.1°* der Verfassung von 1937.

[69] Doolan, Ch. 5, S. 36, 37.

[70] Jura Europae, Irland, 80.00-6

[71] Byrne / McCutcheon, The Irish Legal System, Ch. 11, S. 119.

[72] Byrne / McCutcheon, Ch. 2, S. 20; Doolan, Ch. 5, S. 47.

[73] Redmond, Labour Law, Introduction, IV, S. 58; vgl. Hepple / O'Higgins, Encyclopaedia of Labour Relations Law, Vol. 1, 1B-1003, S. 1320 / 8.

[74] Redmond, Labour Law, Part II, Ch. IV, S. 156.

vergleichbare Norm, die die unmittelbare und zwingende Wirkung von Tarifverträgen anordnet, ist nicht vorhanden. Nach Rechtsprechung und Lehre sind Kollektivvereinbarungen keine Verträge im herkömmlichen Sinne. Obwohl sie als bindend angesehen werden, können sie im Verhältnis zwischen der Gewerkschaft und dem Arbeitgeberverband beziehungsweise dem Arbeitgeber gerichtlich nicht durchgesetzt werden. Verstößt also eine der vertragsschließenden Parteien gegen kollektivvertragliche Bestimmungen, ist dieser Vertragsbruch rechtlich nicht sanktioniert. Man spricht allenfalls von einer moralischen Verpflichtung, die Vereinbarung einzuhalten[75].

Von der Durchsetzbarkeit auf kollektiver Ebene ist die Frage nach der normativen Wirkung zwischen dem einzelnen Arbeitnehmer und dem Arbeitgeber zu trennen. Die Argumentation, daß die Gewerkschaft bei Abschluß der Vereinbarung als Stellvertreterin ihrer Mitglieder auftrete und dadurch eine individualrechtliche Bindung erzeugt werde, konnte sich nicht durchsetzen[76]. Folglich haben Kollektivvereinbarungen keine automatische Wirkung auf das Einzelarbeitsverhältnis[77].

Die gerichtliche Durchsetzbarkeit der in der Vereinbarung festgeschriebenen Rechte setzt vielmehr die ausdrückliche oder stillschweigende Einbeziehung der wesentlichen kollektivvertraglichen Bestimmungen voraus[78]. Eine ausdrückliche Einbeziehung liegt vor, wenn sich die Parteien darüber einigen, daß der Arbeitsvertrag unter dem Vorbehalt der Kollektivvereinbarung stehen soll[79]. Eine stillschweigende Einbeziehung kommt in Betracht, wenn für die betreffende Industrie die tatsächliche Übung besteht, die Arbeitsbedingungen durch Kollektivvereinbarungen zu regeln[80]. Dies gilt jedoch nur für den Fall, daß der Vereinbarung keine anderslautenden einzelvertraglichen Bestimmungen entgegenstehen[81].

Ist danach eine wirksame Einbeziehung erfolgt, sind die jeweiligen kollektivvertraglichen Bestimmungen solange für den Inhalt des Arbeitsvertrages

---

[75] von Prondzynski / McCarthy, Ch. 2, S. 26, 27; Hepple / O'Higgins, Encyclopaedia, Vol. 1, 1B-1003, S. 1320 / 8; Wedderburn, The Worker and the Law, Ch. 4, S. 326.

[76] Goulding Chemicals Ltd. v. Bolger [1977] I.R. 211, 237; The Burton Group Ltd. v. Smith [1977] I.R.L.R. 350, 351; von Prondzynski / McCarthy, Ch. 3, S. 44; Wedderburn, Ch. 4, S. 326-330.

[77] Wedderburn, Ch. 4, S. 329, 330.

[78] Wedderburn, Ch. 4, S. 329, 330. Nur Bestimmungen, die die Arbeitsbedingungen des Arbeitnehmers betreffen, eignen sich für die Einbeziehung. Die Einbeziehung von Verfahrensvorschriften kommt nicht in Betracht, von Prondzynski / McCarthy, Ch. 3, S.45.

[79] National Coal Board v. Galley [1958] 1 All E.R. 91; Wedderburn, Ch. 4, S. 330.

[80] von Prondzynski / McCarthy, Ch. 3, S. 45.

[81] Wedderburn, Ch. 4, S. 331.

maßgeblich, bis der Vertrag geändert oder beendet wird; der zeitliche Ablauf der Kollektivvereinbarung wirkt sich nicht notwendig auf den Einzelarbeitsvertrag aus[82]. Die Rechtsfigur der *incorporation* sichert den Vorrang des Vertrages für die Bestimmung seines Inhalts, da aufgrund der Einbeziehung nicht die Kollektivvereinbarung, sondern der Vertrag Rechtsgrund für die Rechte und Pflichten aus dem Arbeitsverhältnis ist[83].

Kollektivvereinbarungen werden industrieweit, auf regionaler Ebene oder auf Unternehmensebene getroffen. Vereinbarungen mit großem persönlichen und sachlichen Geltungsbereich werden häufig durch Nebenvereinbarungen ergänzt, die unmittelbar zwischen der Gewerkschaft und dem einzelnen Arbeitgeber ausgehandelt werden. In den letzten Jahren besteht die Tendenz, die Arbeitsbedingungen auf Betriebsebene festzulegen[84].

e) Custom and Practice

Die langandauernde tatsächliche Übung innerhalb eines Industriezweiges, Unternehmens oder Betriebs kann in eng begrenzten Fällen eine Rechtsquelle für Rechte und Pflichten der Vertragsparteien sein[85].

Eine praktizierte Regelung, die nicht ausdrücklich vereinbart wurde, wird automatisch Inhalt des Arbeitsvertrages, wenn sie angemessen, allgemein bekannt und eindeutig ist[86]. Zudem ist eine mehrere Jahre andauernde, ununterbrochene Übung erforderlich[87]. *Custom and practice* haben als gerichtlich durchsetzbare Rechtsquelle in Irland keine nennenswerte Bedeutung erlangt[88].

f) Das Rangverhältnis der einzelnen Rechtsquellen

Die Verfassung hat Vorrang vor den anderen Rechtsquellen des Arbeitsrechts. Sie bildet den Prüfungsmaßstab für die Rechtmäßigkeit der Gesetzgebung. Ein-

---

[82] Robertson v. British Gas Corporation [1983] I.C.R. 351; von Prondzynski / McCarthy, Ch. 3, S. 44.

[83] Vgl. Wedderburn, Ch. 4, S. 330; vgl. Hepple / O'Higgins, Encyclopaedia, Vol. 1, 1B-1003, S. 1320 / 8. Der Vorrang des Vertrages wird als größte Schwäche und Stärke zugleich des *common law-Systems* bezeichnet, Wedderburn, Ch. 4, S. 330.

[84] Redmond, Labour Law, Part II, Ch. IV, S. 158.

[85] Redmond, Labour Law, Introduction, IV., S. 58.

[86] Devonald v. Rosser & Sons [1906] 2 KB 728.

[87] Redmond, Labour Law, Introduction, IV., S. 58.

[88] Redmond, Labour Law, Introduction, IV, S. 58.

fachgesetzliche Normen dürfen nicht gegen Verfassungsbestimmungen verstoßen[89].

Gesetze bilden die zweite Stufe in der Normenhierarchie des Arbeitsrechts sofern sie als *floor of rights* fungieren[90]. Werden auf ihrer Grundlage *Statuory Instruments* erlassen, müssen diese sich innerhalb der Grenzen der gesetzlichen Ermächtigung halten[91].

In den Arbeitsvertrag einbezogene *collective agreements* gehen gesetzlichen Vorschriften vor, wenn sie die Arbeitsbedingungen zugunsten des Arbeitnehmers abweichend regeln. Entsprechendes gilt im Verhältnis zu einzelvertraglich ausgehandelten Vertragsbestimmungen soweit die kollektivvertraglichen Bestimmungen ausdrücklich in den Arbeitsvertrag einbezogen wurden[92].

Das *common law* hat grundsätzlich denselben Rang wie das Gesetzesrecht[93]. Seine Grundsätze sind jedoch in zunehmendem Umfang durch arbeitsrechtliche Gesetze modifiziert[94]. Daher erlangt das Richterrecht insbesondere Bedeutung, wenn gesetzliche Vorschriften entweder nicht eingreifen, ihre Auslegung unklar ist oder der betreffende Regelungsgegenstand nicht gesetzlich geregelt ist. Nach dem *common law* haben ausdrückliche Vereinbarungen Vorrang vor den *implied terms*, die zum Beispiel durch das *case-law* oder gesetzliche Vorschriften in den Vertrag eingeführt wurden. Somit steht es den Vertragsparteien frei, ihre rechtlichen Beziehungen abweichend vom *case law* und dispositiven Normen zu regeln[95].

Wird der Inhalt des Arbeitsvertrages weder durch gesetzliche Vorschriften noch durch ausdrückliche oder stillschweigende Bestimmungen geregelt, können sich die Vertragsparteien gegebenenfalls auf eine tatsächliche Übung berufen, die sich in dem jeweiligen Industriezweig, Unternehmen oder Betrieb gewohnheitsrechtlich verfestigt hat[96].

---

[89] Redmond, Labour Law, Introduction, IV, S. 58.

[90] Vgl. Byrne / McCutcheon, Ch. 2, S. 18.

[91] Redmond, Labour Law, Introduction, IV., S. 58.

[92] Redmond, Labour Law, Introduction, IV, S. 59.

[93] Jura Europae, Irland, 80.000-5.

[94] Vgl. Redmond, Labour Law, Introduction, IV, S. 58.

[95] Redmond, Labour Law, Introduction, IV, S. 59.

[96] Redmond, Labour Law, Introduction, IV, S. 59.

2. Internationales Recht

a) Völkerrechtliche Vereinbarungen

Hinsichtlich der Frage nach dem Verhältnis zwischen nationalem Recht und Völkerrecht liegt der irischen Verfassung von 1937 die dualistischen Auffassung zugrunde, nach der die unmittelbare Geltung des Völkerrechts auf nationaler Ebene einen staatlichen Umsetzungsakt voraussetzt[97]. *Art. 29.6* der Verfassung lautet:

„No international agreement shall be part of domestic law of the State save as may be determined by the Oireachtas[98].*"*

Somit reichte allein die Unterzeichnung völkerrechtlicher Vereinbarungen nicht aus, um ihre unmittelbare Geltung in Irland herbeizuführen. Gem. *Art. 29.6* mußte der Erlaß von Parlamentsgesetzen hinzutreten, die die betreffenden Bestimmungen in die nationale Rechtsordnung einbezogen.

Zunächst ist die Europäische Menschenrechtskonvention vom 4. November 1950[99] zu nennen. Als Mitglied des verabschiedenden Europarates unterzeichnete die irische Regierung das erste und vierte Protokoll der Konvention[100]. Jedoch hat das Parlament kein Ratifikationsgesetz erlassen. Die irische Rechtsprechung ist daher zurückhaltend, die unmittelbare Geltung der Bestimmungen des unterzeichneten Protokolls anzerkennen[101].

Von weitaus größerer arbeitsrechtlicher Bedeutung ist die Europäische Sozialcharta vom 18. Oktober 1961[102], die auch als das „soziale Gegenstück" der Menschenrechtskonvention bezeichnet wird[103]. 1965 setzte Irland die meisten der in Teil II garantierten Rechte in Kraft[104]. Insbesondere sind das Recht auf gerechte, sichere und gesunde Arbeitsbedingungen, die Koalitionsfreiheit und das Recht auf gerechtes Arbeitsentgelt zu erwähnen[105]. Die Ratifizierung dieser

---

[97] Lang, Legal and Constitutional Implications for Ireland of Adhesion to the EEC Treaty (1972) 9 C.M.L.Rev. 167, 174.

[98] Das nationale Parlament.

[99] BGBl. 1952 II S. 686, 953.

[100] Forde, Constitutional Law, Ch. XII, S. 248.

[101] In re O'Laigheeis [1960] I.R. 93; Norris v. Attorney General, S.C. 22. April 1982.

[102] BGBl. 1964 II S. 1262.

[103] Däubler / Kittner / Lörcher-Lörcher, Internationale Arbeits- und Sozialordnung, Dokumente, ESC 320, S. 579.

[104] Art. 1-10, 11 (3), 12, 14, 15, 17, 18 der Europäischen Sozialcharta; Forde, Constitutional Law, Ch. XII, S. 254.

[105] Siehe Art. 2, 3, 5 und 4 der Europäischen Sozialcharta.

Vorschriften der Sozialcharta hatte in Irland die Änderung eines Gesetzes zur Folge, das verheirateten Frauen den Zugang zum öffentlichen Dienst verwehrte und Arbeitnehmerinnen mit dem Zeitpunkt der Heirat zur Aufgabe der Berufstätigkeit zwang. Zudem reagierte der Gesetzgeber auf eine Empfehlung des Ministerkomitees mit der Einführung einer gesetzlichen Mindestkündigungsfrist, um das Arbeitsrecht mit Art. 4.4 der Sozialcharta in Einklang zu bringen[106].

Die Übereinkommen der Internationalen Arbeitsorganisation, der Irland seit 1923 angehört[107], stellen eine weitere Rechtsquelle für das Arbeitsrecht dar. Sie verpflichten die Republik, sich bei der Gesetzgebung und ihrer praktischen Ausführung im Rahmen der Übereinkommen zu halten[108]. Die wichtigsten der 50 ratifizierten Übereinkommen sind das Übereinkommen No. 87 zur Koalitionsfreiheit, No. 98 zum Arbeitkampf, No. 105 zur Abschaffung der Zwangsarbeit und No. 100 zur Entgeltgleichheit zwischen Mann und Frau[109].

Im Dezember 1985 — fast zeitgleich mit der Bundesrepublik — setzte Irland vorbehaltlich einiger Bestimmungen das Übereinkommen der Vereinten Nationen zur Beseitigung jeder Form der Diskriminierung vom 18. Dezember 1979[110] in Kraft[111].

b) Europäisches Gemeinschaftsrecht

aa) Die unmittelbare Geltung des europäischen Gemeinschaftsrechtes in der Republik Irland

Aufgrund der damaligen Verfassungslage konnte die unmittelbare Geltung des europäischen Gemeinschaftsrechtes nicht ipso iure durch die Unterzeichnung des Beitrittvertrages am 22. Januar 1972[112] erzielt werden. Vielmehr machte der Beitritt Irlands zur Europäischen Gemeinschaft mit Wirkung zum 1. Januar 1973[113] die Anpassung des irischen Rechtssystems an die durch das europäische Recht

---

[106] Harris, The European Social Charter, Appendix III, S. 310; Forde, Constituional Law, Ch. XII, S. 255; siehe den *Minimum Notice and Terms of Employment Act, 1973*.

[107] Redmond, Labour Law, Introduction, I, S. 30.

[108] Vgl. Art. 19 Abs. 5 lit d) der IAO-Verfassung; Klotz, Der Einfluß der Übereinkommen der Internationalen Arbeitsorganisation auf die innerstaatliche Gesetzgebung, BArbBl. 1973, 499.

[109] Forde, Constitutional Law, Ch. XII, S. 253.

[110] BGBl. 1985 II S. 647.

[111] Forde, Constitutional Law, Ch. XII, S. 255.

[112] Forde, Constitutional Law, Ch. X, S. 222

[113] *Section 2 des European Communities Act, 1972*.

schaffene supra-nationale Ordnung notwendig. Abgesehen von einer Verfassungsänderung war der Erlaß verschiedener Gesetze erforderlich, um eine unmittelbare Geltung des europäischen Gemeinschaftsrechtes in Irland herbeizuführen[114].

(1) Notwendigkeit einer Verfassungsänderung

Den Ausgangspunkt für die Notwendigkeit einer Verfassungsänderung bilden *Art. 15.4* und *34.3* der Verfassung von 1937[115]. Gem. *Art. 15.4* ist es dem *Oireachtas*[116] untersagt, Gesetze zu erlassen, die gegen Bestimmungen der Verfassung verstoßen; nach *Art. 34.3* ist der *High Court* befugt, Rechtsakte, die die Verfassung verletzen, für ungültig zu erklären. Da die EG-Verträge der Ratifikation durch ein Parlamentsgesetz bedürfen[117], konnten sie wegen dieser Verfassungsbestimmungen nicht ohne weiteres Bestandteil des irischen Rechtes werden[118].

Die Gesetzgebungskompetenzen des Rates und der Kommission der Europäischen Gemeinschaften gem. Art. 189 EWGV waren nicht mit *Art. 6* und *15.2* der Verfassung vereinbar[119]. Nach diesen Vorschriften werden die legislative, exekutive und rechtsprechende Gewalt ausschließlich durch die von der Verfassung berufenen Organe ausgeübt; kein anderes Organ als das Parlament ist dazu befugt, Staatsgesetze zu erlassen. Außerdem bestand ein Konflikt zwischen der Kompetenz der irischen Gerichte und der des Europäischen Gerichtshofes[120]. Gem. *Art. 34* bis *38* der Verfassung wird die rechtsprechende Gewalt von den durch die Verfassung eingesetzten Gerichten ausgeübt; der *Supreme Court* ist das letztinstanzliche Gericht[121]. Da der Beitritt zur Europäischen Gemeinschaft die Bindung der irischen Gerichte an die Jurisdiktionshoheit des EuGH zur Folge haben sollte[122], war auch insofern eine Unvereinbarkeit gegeben[123].

---

[114] Vgl. McMahon / Murphy, European Community Law in Ireland, Ch. 14, S. 263.

[115] Vgl. Lang, Applications of the Law of the European Communities in the Republic of Ireland, KSE 1971, Bd. 15, S. 47,48; vgl. Constantinesco, Das Recht der Europäischen Gemeinschaften, S. 788.

[116] Das nationale Parlament.

[117] Siehe oben Art. 29.6 der Verfassung.

[118] Lang, Legal Applications, S. 47, 48.

[119] McMahon / Murphy, Ch. 14, S. 264.

[120] Lang, Legal Applications, S. 47, 49.

[121] *Art. 34.4.1* der Verfassung.

[122] McMahon / Murphy, Ch. 14, S. 264.

[123] McMahon / Murphy, Ch. 14, S. 264; Lang, Legal Applications, S. 47, 50.

Darüberhinaus hätten der *Supreme Court* beziehungsweise der *High Court* nach der damaligen Verfassungslage die Kompetenz gehabt, das Ratifikationsgesetz oder gar die unmittelbar anwendbaren Bestimmungen des Gemeinschaftsrechtes auf ihre Verfassungsmäßigkeit zu überprüfen[124]. Es bestand somit ein Bedürfnis, diese Rechtsakte einer nationalen Verfassungsmäßigkeitskontrolle zu entziehen. Schließlich wurde angesichts des Wortlautes von Art. 5, *„Ireland is a sovereign, independent, democratic state"*, diskutiert, ob die Souveränität der Republik gewahrt bleibe[125], da der Beitritt zur Europäischen Gemeinschaft wegen der entstehenden internationalen Verpflichtungen zu einer Einschränkung der Hoheitsrechte des Mitgliedstaates führt[126].

Um diese Konflikte zwischen nationalem und europäischen Recht zu beseitigen, erarbeitete die irische Regierung im November 1971 eine Gesetzesvorlage zur Änderung der Verfassung[127]. Sie wurde am 10. Mai 1972 im Wege des für Verfassungsänderungen vorgesehenen Referendums[128] mit einer großen Mehrheit von 83 % der abgegebenen Stimmen angenomen[129]. Durch die Verabschiedung des *Amendment of Constitution Act, 1972*[130] wurde folgender *Art. 29.4.3* in die Verfassung eingefügt:

„The State may become a member of the European Coal and Steel Community (established by Treaty signed at Paris on the 18th day of April, 1951), the European Economic Community (established by Treaty signed at Rome on the 25th day of March, 1957) and the European Atomic Energy Community (established by Treaty signed at Rome on the 25th day of March, 1957). No provision of this Constitution invalidates laws enacted, acts done or measures adopted necessitated by the obligations of membership of the Communities or prevents laws enacted, acts done or measures adopted by the Communities, or institutions thereof from having the force of law in the state."[131]

---

[124] Vgl. Boldt, S. 229, 244; Constantinesco, Das Recht der Europäischen Gemeinschaften, S. 788. Die Möglichkeit der nationalen Verfassungsmäßigkeitskontrolle ist eine typische Folge des dualistischen Systems, vgl. Constantinesco, S. 689.

[125] Lang, Legal and Constitutional Implications, 167, 168; McMahon / Murphy, Ch. 14, S. 264.

[126] EuGH, Urt.v.20.2.1964, Costa / ENEL, Rs 6 / 64, Slg. 1964, 1251, 1269; Forde, Constitutional Law, Ch. X, S. 221.

[127] Lang, Legal and Constitutional Implications, 167.

[128] Siehe *Art. 45* der Verfassung.

[129] McMahon / Murphy, Ch. 14, S. 265.

[130] *„The Third Amendment"* genannt.

[131] Siehe die Übersetzung bei Constantinesco, S. 789: *„Keine Vorschrift dieser Verfassung macht staatliche Gesetze, Handlungen oder Maßnahmen ungültig, die in Erfüllung der Mitgliedschaftspflichten in den Gemeinschaften erlassen oder vorgenommen werden oder hindert derartige von den*

Diese dritte Verfassungsänderung hat bis heute weitreichendere Konsequenzen als jede andere gehabt[132]. Sie erfüllt folgende Funktionen: Die rechtliche Bedeutung von Satz 1 des *Art. 29.4.3* beschränkt sich darauf, Irland den Beitritt zu den drei europäischen Gemeinschaften zu ermöglichen[133]. Aufgrund seiner engen Fassung wäre eine weitere Verfassungsreform notwendig, um die Mitgliedschaft in einer anderen, zukünftigen Gemeinschaft zu ermöglichen[134].

Art. 29.4.3 S. 2, 1.Hs („No provision of this Constitution ... Communities....") soll diejenigen Rechtsakte des Parlamentes oder exekutive Maßnahmen der Regierung einer Verfassungsmäßigkeitskontrolle entziehen, deren Erlaß auf den Verpflichtungen beruhen, die durch die Mitgliedschaft in der Europäischen Gemeinschaft begründet werden[135]. Daher sind zum Beispiel Gesetze verfassungsrechtlich unangreifbar, die der Implementation einer Richtlinie dienen[136]. Eine gerichtliche Prüfungskompetenz kommt allenfalls im Hinblick auf die Voraussetzung *„...necessitated by the obligations of membership..."* in Betracht[137].

Art. 29.4.3 S. 1 2. Hs („... or prevents ... from having the force of law in the State.") verhindert darüberhinaus, daß inhaltlich mit der Verfassung unvereinbares Gemeinschaftsrecht, das unmittelbar anwendbar ist, von den irischen Gerichten für verfassungswidrig erklärt wird[138]. Diese Begrenzung der Jurisdiktionshoheit der nationalen Gerichte gilt jedoch nicht, wenn das europäische Recht den durch die drei Verträge festgelegten Regelungsbereich überschreitet[139]. Dem europäischen Recht wird damit neben den Vorschriften des nationalen Rechtes Geltung verschafft[140], so daß fortan die Wahrnehmung der Kompetenzen durch die Gemeinschaftsorgane nicht gegen *Art. 15.3* und *Art. 34.3* der Verfassung verstößt. Folglich stehen diese Bestimmungen nach der Verfassungsänderung der Geltung des Gemeinschaftsrechtes nicht mehr entgegen.

Gemeinschaften oder Institutionen erlassene Gesetze, Handlungen oder Maßnahmen daran, Rechtskraft zu erlangen."

[132] Vgl. Henchy, The Irish Constitution and the EEC (1977) Vol. 1, D.U.L.J., S. 20, 21.

[133] McMahon / Murphy, Ch. 14, S. 265.

[134] Lang, Legal and Constitutional Implications, S. 167; McMahon / Murphy, Ch. 14, S. 265.

[135] McMahon / Murphy, Ch. 14, S. 265, 266; Forde, Constitutional Law, Ch. X, S. 222.

[136] Forde, Constitutional Law, Ch. X, S. 224.

[137] So McMahon / Murphy, Ch. 14, S. 266; modifizierend Kelly, The Irish Constitution, Art. 29, S. 188, der dem EuGH ein Letztentscheidungsrecht vorbehält.

[138] Forde, Constitutional Law, Ch. X, S. 222; McMahon / Murphy, Ch. 14, S. 266.

[139] Lang, Legal and Constitutional Implications, 167, 168; McMahon / Murphy, Ch. 14, S. 266.

[140] Vgl. Constantinesco, S. 789.

Art. 29.4.3 verzichtet darauf, diejenigen Artikel aufzuzählen, die mit dem Kompetenzgefüge der Europäischen Gemeinschaft unvereinbar sind. Dadurch sollte der Gefahr begegnet werden, solche Bestimmungen versehentlich auszulassen, für die sich die Frage der Vereinbarkeit oder Unvereinbarkeit mit dem Gemeinschaftsrecht bislang nicht gestellt hatte[141].

Diese dritte Verfassungsänderung ermöglichte somit den Beitritt Irlands zur Europäischen Gemeinschaft, beseitigte die in der damaligen Verfassung begründeten Konflikte zwischen nationalem und europäischen Recht und eröffnete so den Weg für die unmittelbare Geltung des Gemeinschaftsrechtes.

(2) Die Aufnahme des europäischen Gemeinschaftsrechtes in die irische Rechtsordnung

Die Verfassungsänderung hat jedoch *Art. 29.6*[142] unberührt gelassen. Aufgrund dieser Bestimmung konnte allein der Beitritt zur Europäischen Gemeinschaft nicht zur Integration des europäischen Rechtes in die irische Rechtsordnung und der daraus folgenden unmittelbaren Geltung des Gemeinschaftsrechtes führen[143]. Im Dezember 1972 verabschiedete daher das *Oireachtas* den *European Communities Act, 1972. Section 2* des Gesetzes bestimmt:

„*From the first day of January, 1973, the treaties governing the European Communities and the existing and future acts adopted by the Institutions of those Communities shall be binding on the State and shall be part of the domestic law thereof under the Conditions laid down in those treaties.*"

Danach sind die Vorschriften der EG-Verträge für die Republik Irland bindend; mit Wirkung zum 1. Januar 1973 wurden sie Bestandteil der innerstaatlichen Rechtsordnung. Entsprechendes gilt für das sonstige schon erlassene oder zukünftige europäische Recht, das in den Mitgliedstaaten unmittelbar anwendbar ist.

Um die Verwirklichung des europäischen Rechtes zu effektuieren, ermächtigt *Section 3* des *European Communities Act, 1972* die Minister, Rechtsvorschriften zur Erfüllung der Verpflichtungen zu erlassen, die sich aus nicht unmittelbar anwendbaren Rechtsvorschriften der Europäischen Gemeinschaft ergeben[144].

---

[141] Crotty v. An Taoiseach [1987] I.L.R.M. 400, 444; Lang, Legal and Constitutional Implications, 167, 168.

[142] Vgl. oben 2. Kapitel, § 1 II 2 a).

[143] Forde, Constitutional Law, Ch. X, S. 222.

[144] Forde, Constitutional Law, Ch. X, S. 223.

Diese Regelung verhindert, daß beispielsweise zur Umsetzung von EG-Richtlinien das gesamte Gesetzgebungsverfahren zu durchlaufen ist[145].

Section 4, der durch *Section 1* des *European Communities (Amendment) Act, 1973* geändert wurde, behält dem Parlament bei dem Erlaß dieser ministeriellen Rechtsvorschriften ein begrenztes Kontrollrecht vor[146]. Dieses Wächteramt wird gem. *Section 1(1)(b)* von dem *Joint Committee on Secondary Legislation of the European Communities* wahrgenommen, das sich aus 25 Mitgliedern des *Dáil*[147] und *Seanad*[148] zusammensetzt[149]. Auf Empfehlung dieses Ausschusses kann das *Oireachtas* eine ministerielle Rechtsvorschrift innerhalb eines Jahres seit ihrem Erlaß für ungültig erklären[150].

Abschließend ist festzuhalten, daß die Verfassungsänderung von 1972 und der Erlaß des *European Communities Act, 1972* zu einer Wirkung führten, die als *„combined effect"* bezeichnet wurde[151]: Die der unmittelbaren Geltung des Gemeinschaftsrechtes entgegenstehenden verfassungsrechtlichen Hindernisse wurden beseitigt und das europäische Recht als verbindlich in die Rechtsordnung aufgenommen. Damit hat die Republik Irland die politische Entscheidung, am europäischen Markt teilzunehmen, auch auf rechtlicher Ebene realisiert.

bb) Rechtsnormen

Der EWG-Vertrag enthält in Art. 48 bis 51 und Art. 117 bis 128 Bestimmungen, die sich auf die Gestaltung des Arbeitsrechts in den Mitgliedstaaten beziehen. Während Art. 48 bis 51 Handlungsermächtigungen zur Herstellung der Freizügigkeit der Arbeitnehmer vorsehen, haben die Art. 117 bis 122 im wesentlichen programmatischen Charakter[152]. Sie verfolgen einerseits den Zweck, das in der Präambel zum Ausdruck gebrachte Ziel der Förderung des wirtschaftlichen Fortschritts und der Besserung der Lebens- und Wirtschafts-

---

[145] McMahon / Murphy, Ch. 14, S. 272.

[146] Vgl. McMahon / Murphy, Ch. 14, S. 273.

[147] *Dáil Éireann:* Repräsentantenhaus.

[148] *Seanad Éireann:* Senat.

[149] McMahon / Murphy, Ch. 14, S. 275.

[150] *Section 1 (1) (b)* des *European Communities (Amendment) Act, 1973*.

[151] Robinson, How EEC Law Affects Practioners, Part I (1985) 79 Gazette 5, 8.

[152] Vgl. EuGH, Urt. v. 15.6.1978, Rs 149 / 77, Slg. 1978, 1365; vgl. von der Groeben / Thiesing / Ehlermann-Currall / Pipkorn, Kommentar zum EWG-Vertrag, Vorbem. zu den Artikeln 117 - 128, Rdnr. 2.

bedingungen der Völker der Gemeinschaft zu verwirklichen[153]; andererseits sollen sie Wettbewerbsverzerrungen verhindern, die durch unterschiedliche Rechts- und Verwaltungsvorschriften entstehen können[154]. Gem. Art 117 und 118 EWGV sollen diese Ziele durch Angleichung der Rechts- und Verwaltungsvorschriften beziehungsweise Förderung der Zusammenarbeit durch die Kommission der Europäischen Gemeinschaft erreicht werden. Im übrigen soll die Sozialpolitik Sache der einzelnen Mitgliedstaaten bleiben[155].

Art. 119 EWGV, der den Grundsatz des gleichen Entgelts für Männer und Frauen normiert, nimmt demgegenüber eine Sonderstellung ein. Er legt den Mitgliedstaaten die konkrete Verpflichtung auf, den Grundsatz der Lohngleichheit im nationalen Recht zu verwirklichen[156]. Art. 119 EWGV wurde vom Europäischen Gerichtshof für unmittelbar anwendbares Gemeinschaftsrecht erklärt, auf das sich die Betroffenen vor den innerstaatlichen Gerichten berufen können[157]. Er bildet heute eine Grundlage des europäischen Gemeinschaftsrechtes[158].

Als Folge des vom Europäischen Rat beschlossenen sozialpolitischen Aktionsprogrammes vom 21. Januar 1974[159] wurden aufgrund von Art. 100 und Art. 235 EWGV mehrere Richtlinien erlassen, die der Realisierung der in den Sozialvorschriften vorgesehenen Zielsetzungen dienen. Von besonderer Bedeutung für die arbeitsrechtliche Stellung der Teilzeitbeschäftigten sind die Richtlinie 75 / 117 / EWG zur Angleichung der Rechtsvorschriften der Mitgliedstaaten über die Anwendung des Grundsatzes des gleichen Entgelts[160] und die Richtlinie 76 / 207 / EWG zur Verwirklichung des Grundsatzes der Gleichbehandlung im Hinblick auf den Zugang zur Beschäftigung, zur Berufsausbildung und zum beruflichen Aufstieg sowie in Bezug auf die Arbeitsbedingungen[161]. Daneben ist die Richtlinie 86 / 378 / EWG[162] zu erwähnen, die

---

[153] von der Groeben / Thiesing / Ehlermann-Currall / Pipkorn, Vorbem. zu den Artikeln 117 - 128, Rdnr. 1; Bleckmann-Coen, Europarecht, § 27, S. 722, Rdnr. 1835.

[154] Bleckmann-Coen, § 27, S. 722, Rdnr. 1835.

[155] Bleckmann-Coen, § 27, S. 733, Rdnr. 1836; von der Groeben / Thiesing / Ehlermann-Currall / Pipkorn, Vorbem. zu den Artikeln 117 - 128, Rdnr. 9.

[156] EuGH, Urt. v. 15. 6. 1978, Rs 149 / 77, Slg. 1978, 1365; Beck, Equal Pay and the Implementation of Article 119 of the Treaty of Rome (1978) 13 I.J. 112, 115; Herr, Gleichbehandlung im Arbeitsleben — ein europäisches Problem, DRiZ 1985, 370.

[157] EuGH, Urt. v. 8. 4. 1976, Defrenne / SABENA Nr. 2, Slg. 1976, 455, 474 - 476.

[158] Bleckmann-Coen, § 27, S. 774, Rdnr. 1872.

[159] ABl. EG 1974 Nr. C 13 / 1.

[160] ABl. EG 1975 Nr. L 45.

[161] ABl. EG 1976 Nr. L 39.

[162] ABl. EG 1986 Nr. L 225 / 40.

bezüglich der betrieblichen Systeme der sozialen Sicherheit einen weiteren Gleichbehandlungsgrundsatz normiert.

Die Richtlinien sind grundsätzlich kein unmittelbar anwendbares Recht[163]. Gem. Art. 189 Abs. 3 EWGV sind sie hinsichtlich des zu erreichenden Ziels verbindlich, überlassen jedoch dem einzelnen Mitgliedstaat die Wahl der Form und der Mittel. Sie fungieren als mittelbare Rechtssetzungsinstrumente, die den nationalen Gesetzgeber verpflichten, legislativ tätig zu werden[164].

Obwohl die Teilzeitarbeit seit 1979 Gegenstand europäischer Sozialpolitik ist[165], konnten sich die Mitgliedstaaten bis heute nicht auf eine Regelung einigen. Im Anschluß an die Entschließung des Rates zur Anpassung der Arbeitszeit vom 18. Dezember 1979[166] und der Entschließung des Europäischen Parlamentes vom 17. September 1981[167] zur Beschäftigung und zur Neugestaltung der Arbeitszeit hatte die Kommission dem Rat am 4. Januar 1982 einen Richtlinienentwurf zur Regelung der freiwilligen Teilzeitarbeit vorgelegt[168], der 1983 modifiziert wurde[169]. Er scheiterte jedoch am Widerstand Großbritanniens und Dänemarks[170].

Im Anschluß an die Verabschiedung der Gemeinschaftscharta der sozialen Grundrechte der Arbeitnehmer vom Dezember 1989[171] legte die Kommission am 29. Juni 1990 drei Richtlinienvorschläge zur Regelung von Teilzeitarbeitsverhältnissen, befristeten Arbeitsverhältnissen und Leiharbeitsverhältnissen vor, die auf die Ausweitung des arbeits- und sozialrechtlichen Schutzes der Arbeitnehmer in diesen atypischen Beschäftigungsverhältnissen gerichtet sind[172]. Über die ersten beiden Richtlinienvorschläge wird derzeit noch verhandelt; der dritte Entwurf wurde am 25. Juni 1991 angenommen[173].

---

[163] Constantinesco, S. 611; Bleckmann-Bleckmann, § 3, S. 83, Rdnr. 137.

[164] Constantinesco., S. 611, 621.

[165] Siehe die Entschließung des Rates vom 18. Dezember 1979 über die Anpassung der Arbeitszeit, ABl. EG 1980 Nr. C 2 / 1.

[166] ABl. EG 1980 Nr. C 2 / 1.

[167] ABl. EG 1981 Nr. C 260 / 54.

[168] ABl. EG 1982 Nr. C 62 / 7.

[169] ABl. EG 1983 Nr. C 18 / 7.

[170] GK-TzA-Lipke, Einl., Rdnr. 60.

[171] Commission of the European Communities (Hrsg.), Community Charter of Fundamental Social Rights of Workers.

[172] ABl. EG 1990 Nr. C 224 / 4, ABl. EG 1990, Nr. C 224 / 6, modifizierend 305 / 8, 305 / 12.

[173] ABl. EG Nr. C 46 / 1.

Neben den Richtlinien sind Verordnungen als unmittelbar anwendbares Gemeinschaftsrecht[174] für das nationale Arbeitsrecht relevant. Hinzuweisen ist in diesem Zusammenhang auf die Verordnung Nr. 1612 / 68[175] über die Freizügigkeit der Arbeitnehmer innerhalb der Gemeinschaft.

cc) Die Rechtsprechung des Europäischen Gerichtshofs und ihre Bindungswirkung

In Staaten, die dem anglo-amerikanischen Rechtskreis angehören, bilden richterliche Präjudizien eine bedeutsame Rechtsquelle. Aufgrund der *Stare-Decisis-Doctrine* sind niederrangige Gerichte an die Entscheidung ihnen übergeordneter Gerichte gebunden, wenn die tatsächlichen Umstände des Falles ähnlich gelagert sind[176]. Fraglich ist, ob diese Bindungswirkung auch im Verhältnis der irischen Gerichte zum EuGH besteht und seine Rechtsprechung daher eine eigenständige Rechtsquelle des europäischen Gemeinschaftsrechtes darstellt.

Das Problem der Bindungswirkung richterlicher Entscheidungen wurde bislang nur wenig diskutiert[177]. Hat das nationale Gericht dem EuGH eine Frage zur Vorabentscheidung nach Art. 177 EWGV vorgelegt, ist unstreitig, daß es bei seiner Entscheidung an die des EuGH gebunden ist[178]. Dies gilt für Irland aufgrund von *Section 2 des European Communities Act, 1972,*[179] denn nach dieser Vorschrift ist Art. 177 EWGV Bestandteil der irischen Rechtsordnung. Die Entscheidung des *Supreme Court* in *Campus Oil Ltd. v. Minister for Industry and Energy*[180] macht den Stellenwert deutlich, der der Gerichtsbarkeit des EuGH beigemessen wird. Der *Supreme Court* entschied, daß das Recht des nationalen Richters, ein Verfahren nach Art. 177 EWGV einzuleiten, unbeschränkbar sei[181].

---

[174] Constantinesco, S. 551.

[175] ABl. EG 1986 Nr. L 257 / 1.

[176] McMahon / Murphy, Ch. 10, S. 170; Lord Mackenzie Stuart / Warner, Judicial Decisions as a Source of Community Law, in: Grewe, Rupp, Schneider (Hrsg.), Europäische Gerichtsbarkeit und nationale Verfassungsgerichtsbarkeit, Fs Kutscher, S. 273, 274.

[177] Vgl. Bleckmann, Die Bindung der Europäischen Gemeinschaft an die Europäische Menschenrechtskonvention, S. 37.

[178] EuGH, Urt. v. 24. 5. 1969, Milch-, Fett- und Eierkontor / Hauptzollamt Saarbrücken, Rs 29 / 68, Slg. 1969, 165, 166; EuGH, Urt. v. 13. 10. 1977, Manzoni / Fonds National des Retroite des Ouvriers Mineurs, Rs 112 / 76, Schlussanträge Warner, Slg. 1977, 1647, 1662; Lord Mackenzie Stuart / Warner, S. 273, 278.

[179] Vgl. oben 2. Kapitel, § 1 II 2 b) aa) (2).

[180] [1984] 1 C. M. L. R. 479.

[181] [1984] 1 C.M.L.R. 479, 486, 487.

Da Art. 177 EWGV gegenüber dem von der Verfassung garantierten Recht auf Revision zum *Supreme Court*[182] Vorrang habe, sei ein Rechtsmittel gegen die Entscheidung des Richters, ein Vorlageverfahren vor dem EuGH einzuleiten, unzulässig[183].

Neben dem *District Court, Circuit Court, High Court* und *Supreme Court* sind auch die *Appeals Officer*,[184] der *Labour Court* und der *Employment Appeals Tribunal* befugt, ein Vorabentscheidungsverfahren bei dem EuGH einzuleiten[185]. Hingegen werden *Equality Officer*[186] nach der Rechtsprechung des EuGH[187] nicht als Gerichte i.S.v. Art. 177 EWGV einzuordnen sein, da ihre Entscheidungen keine Bindungswirkung haben[188].

Zwischen 1973 und 1985 haben irische Gerichte fünfzehn der dreißig Fälle, die aufgrund von europäischem Recht zu entscheiden waren, dem EuGH zur Vorabentscheidung vorgelegt[189].

Problematisch ist, ob die Rechtsprechung des EuGH als Rechtsquelle in Betracht kommt, wenn das nationale Gericht kein Vorlageverfahren gem. Art. 177 EWGV eingeleitet hat[190]. Das würde voraussetzen, daß die Entscheidungen des EuGH i.S.v. Art. 177 EWGV erga omnes wirken. In Großbritannien bestimmt *Section 3 (1)* des *European Communities Act, 1972* ausdrücklich die Bindung der nationalen Gerichte an die Entscheidungen des EuGH:

> *„For the purposes of all legal proceedings any question as to the meaning or effect of any of those Treaties, or as to the validity, meaning or effect of any Community instrument, shall be treated as a question of law (and, if not refferred to the European Court, be for determination as such in*

---

[182] Siehe Art. 29.4.3 der Verfassung von 1937.

[183] [1984] 1 C.M.L.R. 479, 487.

[184] *Appeals Officer* sind für Beschwerden gegen Entscheidungen über sozialrechtliche Ansprüche zuständig.

[185] Murphy, Community Law in Irish Courts 1973 - 1981 (1982) 7 C.M.L.Rev. 331, 344.

[186] *Equality Officer* bilden die erste Instanz für Entscheidungen über die Verwirklichung der gesetzlichen Gleichbehandlungsgebote.

[187] EuGH, Urt. v. 13. 7. 1966, Rs 56 und 58 / 64, Consten GmbH und Grundig-Verkaufs-GmbH / Kommission der EWG, Slg. 1966, 322, 377; Curtin, Irish Employment Equality Law, Ch. 9, S. 299, Fn. 27.

[188] Curtin, Irish Employment Equality Law, Ch. 9, S. 299, Fn. 27

[189] McMahon / Murphy, Ch. 14, S. 279.

[190] Nur letztinstanzliche Gerichte sind gem. Art. 177 Abs. 3 EWGV zur Vorlage verpflichtet. Dagegen steht es im Belieben der unterinstanzlichen Gerichte, ein Vorlageverfahren einzuleiten, Bleckmann-Bleckmann, § 6, S. 255, Rdnr. 616.

accordance with the principles laid down by and any relevant decision of the European Court."[191]

Eine gesetzliche Regelung beschränkt sich in Irland auf *Section 2 des European Communities Act, 1972,* wonach die europäischen Verträge nach Maßgabe der in ihnen niedergelegten Bedingungen Bestandteil der irischen Rechtsordnung werden. Die irische Rechtslehre folgert daraus, daß die irischen Gerichte — abgesehen von der Vorabentscheidung — nicht an die Rechtsprechung des EuGH gebunden sind, denn das Gemeinschaftsrecht enthalte keine Norm, die eine Bindung erga omnes anordne[192]. Eine Bindungswirkung sei auch nicht im Wege der Anwendung der *Stare-Decisis-Doctrine* auf das Verhältnis der nationalen Gerichte zum EuGH zu erreichen, weil die jeweiligen Rechtssysteme unabhängig voneinander seien und das Gemeinschaftsrecht vom kontinental-europäischen Rechtssystem geprägt sei[193].

Diese Betrachtungweise in Irland weicht von der ausländischer Autoren ab, die eine Anwendung der *Stare-Decisis-Doctrine* für gerechtfertigt halten[194]. Nur eine Bindungswirkung erga omnes könne zur Erreichung des von Art. 177 EWGV verfolgten Zieles, der Sicherung der einheitlichen Anwendung des Gemeinschaftsrechtes, führen[195]. Auch der EuGH scheint in *S.p.A. International Chemical Corporation / Amministrazione delle Finanze dello Stato* eine präjudizielle Wirkung von Vorabentscheidungen nicht auszuschließen[196].

Obwohl der Rechtsprechung des EuGH in Irland — abegesehen von der Vorabentscheidung — keine rechtliche Bindungswirkung erga omnes zuerkannt wird und sie daher keine Rechtsquelle im engeren Sinne darstellt[197], ist ihr praktischer Einfluß auf die Rechtsprechung der nationalen Gerichte nicht zu unterschätzen. Die Entscheidungen des EuGH werden als *very persuasive* betrachtet; an ihnen

---

[191] Siehe die deutsche Fassung in: EuGH, Urt. v. 13. 10. 1977, Manzoni / Fond National des Retroite des Ouivriers Mineurs, Schlussanträge Warner, Slg. 1977, 1647, 1663, „Fragen hinsichtlich der Bedeutung oder der Wirkung der Verträge oder hinsichtlich der Gültigkeit, Bedeutung oder Wirkung von Gemeinschaftshandlungen sind im gerichtlichen Verfahren, wenn sie nicht dem Gerichtshof der Eurpäischen Gemeinschaft vorgelegt werden, in Übereinstimmung mit seinen einschlägigen Entscheidungen zu entscheiden."

[192] McMahon / Murphy, Ch. 10, S. 174.

[193] McMahon / Murphy, Ch. 10, S. 171.

[194] EuGH, Urt. v. 13. 10. 1977, Manzoni / Fond National des Retroite des Ouivriers Mineurs, Rs 112 / 76, Schlussanträge Warner, Slg. 1977, 1647, 1663; Lord Mackenzie Stuart / Warner, S. 273, 281; Bleckmann, Die Bindung der Europäischen Gemeinschaft, S. 35.

[195] EuGH, Urt.v. 13. 10. 1977, Warner, S. 1647, 1663; Bleckmann, Die Bindung der Europäischen Gemeinschaft, S. 35.

[196] EuGH, Urt. v. 31. 5. 1981, Slg. 1981, 1191, 1216.

[197] McMahon / Murphy, Ch. 10, S. 171.

orientiert sich die Anwendung und Auslegung des europäischen Gemeinschaftsrechtes[198]. Hat der EuGH beispielsweise entschieden, daß eine gemeinschaftsrechtliche Norm im nationalen Recht unmittelbar anwendbar ist, folgen
die irischen Gerichte dieser Rechtsprechung[199]. Ebenso scheuen sie nicht davor
zurück, die Rechtsprechung des EuGH heranzuziehen, wenn Zweifel über die
Auslegung einer innerstaatlichen Norm bestehen[200]. Insbesondere ist auf die
Entscheidung in *McCarren and Company Ltd. v. Jackson* hinzuweisen, in der
der *Equality Officer* den *Employment Equality Act, 1977* unter Berücksichtigung
der Rechtsprechung des EuGH zur mittelbaren Geschlechterdiskriminierung
ausglegte[201]. Demzufolge ist die Rechtsprechung des EuGH in Irland eine
mittelbare Rechtsquelle, die über die Anwendung des Gemeinschaftsrechtes
durch nationale Gerichte sowie der Auslegung des nationalen Rechts im Lichte
des Gemeinschaftsrechtes wirkt.

Abschließend kann festgestellt werden, daß in Irland eine große Akzeptanz
der aus der Mitgliedschaft in der Europäischen Gemeinschaft folgenden Verpflichtungen besteht. Dies wird zum Teil auf das Bestreben zurückgeführt, aus
dem Schatten des dominanten Nachbarn Großbritannien herauszutreten und sich
den kontinentaleuropäischen Staaten anzunähern[202].

dd) Der Vorrang des europäischen Gemeinschaftsrechtes

Das europäische Gemeinschaftsrecht hat gem. *Section 2* des *European Commu-
nities Act, 1972* seit dem 1. Januar 1973 unmittelbare Geltung in der Republik
Irland; es ist Bestandteil der irischen Rechtsordnung[203]. Fraglich ist, welches
Rangverhältnis zwischen nationalen und unmittelbar anwendbaren europäischen
Rechtsnormen besteht, wenn diese nicht miteinander vereinbar sind.

Die Gemeinschaftsverträge selbst treffen keine ausdrückliche Regelung zu
dem Rangverhältnis zwischen nationalem und europäischem Recht[204]. Doch hat
der EuGH wiederholt entschieden, daß das europäische Recht Vorrang vor

---

[198] McMahon / Murphy, Ch. 10, S. 174.

[199] Siehe Pigs and Bacon Commission v. McCarren, (1978) J.I.S.E.L. 77.

[200] Murphy v. An Board Telecom Eireann [1986] I.L.R.M. 483; Murphy v. The Revenue Comrs, Supreme Court, 27. Januar 1980; McCarren and Company Ltd. v. Jackson EP 5 / 1987.

[201] McCarren and Company Ltd. v. Jackson EP 5 / 1987.

[202] McMahon / Murphy, Ch. 14, S. 282.

[203] Vgl. oben 2. Kapitel, § 1 II 2 b) aa) (2).

[204] Beutler / Bieber / Pipkorn / Streil, Die Europäische Gemeinschaft, 3.3.2, S. 88.

jedem nationalen Recht hat[205]. Grundlegend ist das Urteil in der Rechtssache *Costa / ENEL:* Der EuGH befand, daß der EWG-Vertrag eine eigene, autonome Rechtsordnung geschaffen hat, die in die Rechtsordnungen der Mitgliedstaaten aufgenommen und von deren Gerichten anzuwenden ist. Die Einbeziehung in die innerstaatliche Rechtsordnung sowie Wortlaut und Geist des Vertrages hätten zur Folge, daß nachfolgende nationale Rechtsakte dem Gemeinschaftsrecht nicht vorgehen könnten[206]. Die das Rangverhältnis innerstaatlicher Rechtsquellen bestimmende lex posterior-Regel ist somit auf das Verhältnis zwischen nationalem und europäischem Recht nicht anzuwenden[207]. Zur näheren Begründung des Vorranges des Gemeinschaftsrechtes führte der EuGH aus, daß die Mitgliedstaaten sich anderenfalls durch spätere Gesetzgebungsakte ihren Verpflichtungen aus dem Gründungsvertrag entziehen könnten, so daß die Verwirklichung der Ziele der Gemeinschaft und eine einheitliche Rechtsanwendung gefährdet wären. Zudem hätte Art. 189 EWGV, nach dem Rechtsverordnungen für die Mitgliedstaaten verbindlich sind, keine Bedeutung, wenn es möglich wäre, sie durch nachfolgende innerstaatliche Gesetze aufzuheben[208].

Nach der Entscheidung des EuGH in der Rechtssache *Staatliche Finanzverwaltung / S.p.A. Simmenthal* folgt aus dem Grundsatz des Vorranges des Gemeinschaftsrechtes, daß vor oder nach dem europäischen Recht erlassene nationale Rechtsnormen, die dem Gemeinschaftsrecht widersprechen, von den nationalen Gerichten nicht anzuwenden sind[209]. Es steht im Ermessen des zuständigen Gerichts, die betreffende Rechtsnorm lediglich für unanwendbar oder für nichtig zu erklären, denn dem EuGH fehlt die Kompetenz, die Nichtigkeit nationalen Rechtes verbindlich festzustellen[210].

Art. *29.4.3* der irischen Verfassung von 1937, der die unmittelbare Geltung des europäischen Gemeinschaftsrechtes ermöglichte[211], enthält keine Aussage über das Rangverhältnis zwischen nationalem und europäischem Recht. Da die

---

[205] EuGH, Urt. v. 15. 7. 1964, Costa / ENEL, Rs 6 / 64, Slg. 1964, 1251, 1269, 1270; Urt. v. 13. 2. 1969, Wilhelm / Bundeskartellamt, Rs 14 / 68, Slg. 1969, 1, 14; Urt. v. 17. 12. 1970, Internationale Handelsgesellschaft / Einfuhr- und Vorratsstelle für Getreide und Futtermittel, Rs 11 / 70, Slg. 1970, 1125, 1135; Urt. v. 13. 7. 1972, Kommission der Europäischen Gemeinschaften / Italienische Republik, Rs 48 / 71, Slg. 1972, 529, 534, 535; Urt. v. 9. 3. 1978, Staatliche Finanzverwaltung / S.p.A. Simmenthal, Rs 106 / 77, Slg. 1978, 629, 644, 645; Urt. v. 13. 12.1979, Hauer / Land Rheinland Pfalz, Slg. 1979, 3727, 3744.

[206] EuGH, Urt. v. 15. 7. 1964, 1251, 1269, 1270.

[207] Vgl. McMahon / Murphy, Ch. 13, S. 257.

[208] EuGH, Urt. v. 15. 7. 1964, 1251, 1270.

[209] EuGH, Urt. v. 9. 3. 1978, 629, 644, 645.

[210] McMahon / Murphy, Ch. 13, S. 260; Schweizer / Hummer, Europarecht, § 7 VI, S. 206.

[211] Vgl. oben 2. Kapitel, § 1 II 2 b) aa) (1).

Einbeziehung europäischen Rechtes in die innerstaatliche Rechtsordnung gem. *Art. 29.6* eines Parlamentsgesetzes bedarf, ist nicht ausgeschlossen, daß gemeinschaftsrechtliche Normen durch späteres nationales Recht derogiert werden. Der vom EuGH entwickelte Grundsatz des Vorranges des Gemeinschaftsrechtes ist demzufolge in Irland nicht verfassungsrechtlich gesichert[212].

Jedoch bestimmt *Section 2* des *European Communities Act, 1972*, daß das Recht der Europäischen Gemeinschaften innerhalb der irischen Rechtsordnung „nach Maßgabe der Verträge" gilt[213]. Daraus zog der *High Court* in *The Pigs and Bacon Commission v. McCarren & Company Ltd.* den Schluß, daß europäisches Recht nationalem Recht vorgeht. Da nach der Rechtsprechung des EuGH aus dem Gründungsvertrag der Vorrang des Gemeinschaftsrechtes vor innerstaatlichem Recht folge, seien die irischen Gerichte gem. *Section 2* des *European Communities Act, 1972* an den Grundsatz des Vorranges des Gemeinschaftsrechtes gebunden[214]. Diese Betrachtungsweise wurde später vom *Supreme Court* in *Campus Oil Limited v. Minister for Industry and Energy* bestätigt. Das oberste Gericht entschied, daß Art. 177 EWGV Vorrang vor Art. 34 der Verfassung habe, der Regelungen zur Hierarchie der irischen Gerichtsbarkeit enthält[215].

Angesichts der Akzeptanz, die das europäische Gemeinschaftsrecht in der irischen Rechtsordnung gefunden hat, ist nicht zu erwarten, daß *Section 2* des *European Communities Act, 1972* einmal durch ein späteres Gesetz verdrängt wird[216]. Es ist daher davon auszugehen, daß der Grundsatz des Vorranges des Gemeinschaftsrechtes in der Republik Irland — wenn auch nicht verfassungsrechtlich — gesichert ist.

III. Das Individualarbeitsrecht

1. Der Arbeitsvertrag

Der Arbeitsvertrag bildet die rechtliche Grundlage für die Beziehung zwischen Arbeitnehmer und Arbeitgeber[217]. Ist ein wirksamer Arbeitsvertrag

---

[212] Lang, Legal and Constitutional Implications, 167, 171; Constantinesco, S. 790.

[213] Vgl. oben 2. Kapitel, § 1 II 2 b) aa) (2).

[214] (1978) J.I.S.E.L. 77, 109.

[215] [1984] 1 C.M.L.R. 479, 487. Siehe auch zu dem Vorrang des Gemeinschaftsrechts in Irland Crotty v. An Taoiseach [1987] I.L.R.M. 400; Murphy v. An Bord Telecom Éireann, H.C., 11. April 1988.

[216] Vgl. Constantinesco, S. 791.

[217] von Prondzynski / McCarthy, Ch. 3, S. 37.

geschlossen worden, ergeben sich daraus vollstreckbare Rechte und Pflichten der Parteien[218]; außerdem sind die arbeitsrechtsrechtlichen Gesetze anwendbar.

a) Begriff

Die einzelnen arbeitsrechtlichen Gesetze enthalten keine Definition des Arbeitsvertrages. Sie treffen allenfalls die Aussage, daß Arbeitnehmer ist, wer aufgrund eines *contract of service*[219] oder eines *contract of employment*[220] beschäftigt ist oder daß Arbeitnehmer ist *„who has entered into work under a contract with an employer"*[221].

Die englische und irische Rechtsprechung hat einen einheitlichen Begriff des Arbeitvertrages nicht herausgebildet; auch die Literatur hat dem *case-law* bislang keine verallgmeinerungsfähigen Kriterien entnommen. Traditionell wurde der Grad der Kontrolle, die der Arbeitgeber über den Arbeitnehmer ausübt, für das entscheidende Kriterium zur Abgrenzung zwischen dem Arbeitnehmer, der aufgrund eines *contract of service* arbeitet und dem unabhängigen Vertragsschließenden, der aufgrund eines *contract for service* arbeitet, gehalten[222]. Der Arbeitgeber ist im Rahmen des Arbeitsverhältnisses berechtigt, sowohl die Art der zu verrichtenden Tätigkeit als auch die Art und Weise und den Zeitpunkt ihrer Ausführung zu bestimmen[223]. Demgegenüber steht es grundsätzlich im Belieben des unabhängigen Vertragsschließenden, wann und wie er das vom Auftraggeber bestellte Werk ausführt; er schuldet allein dessen Herstellung[224].

Das Arbeitsverhältnis wurde somit in erster Linie als ein Subordinationsverhältnis betrachtet[225], was die Gerichte durch die Verwendung der Terminologie von *„master"* und *„servant"* zum Ausdruck brachten[226].

---

[218] Redmond, Labour Law, Part I, Ch. II, S. 73.

[219] So *Section 1 (1)* des *Holidays (Employees) Act, 1973* und *Section 1 (1)* des *Anti-Discrimination (Pay) Act, 1974*.

[220] So *Section 1* des *Unfair Dismissals Act, 1977*.

[221] So *Section 2 (1)* des *Redundancy Payments Act, 1967* und *Section 1 (1)* des *Protection of Employees (Employers' Insolvency) Act, 1984*.

[222] O'Donnell v. Clare County Council [1913] 47 I.L.T.R. 41; Roche v. Patrick Kelly & Co Ltd. [1969] I.R. 100, 108; von Prondzynski / McCarthy, Ch. 3, S. 38.

[223] Roche v. Patrick Kelly & Co. Ltd. [1969] I.R. 100, 108; Hepple / O'Higgins, Employment Law, Ch. 3, S. 65.

[224] Redmond, Dismissal Law in the Republic of Ireland, Ch. Three, S. 47; Napier, The Contract of Employment, in: Lewis (Hrsg.), Labour Law in Britain, Part V, Ch. 12, S. 327, 335; Hepple / O'Higgins, Employment Law, Ch. 3, S. 65.

[225] von Prondzynski / McCarthy, Ch. 3, S. 38.

[226] Zum Beispiel Lister v. Romford Ice and Cold Storage Co. Ltd. [1957] A.C. 555, 594; Roche v. Patrick Kelly & Co. Ltd. [1969] I.R. 100, 108.

Die ausschließliche Anwendung dieses sogenannten *control test*, der von einer umfassenden Überlegenheit des Arbeitgebers ausging[227], führte mit der zunehmenden Komplexität der arbeitsvertraglichen Beziehung zu wenig sachgerechten Ergebnissen. Auch wurde sie für nicht mehr zeitgemäß gehalten[228]. Dem trug 1968 erstmals die englische Entscheidung in *Ready Mixed Concrete (South East) Ltd. v. Minister of Pensions and National Insurance*[229] Rechnung, indem sie eine flexiblere Beurteilung der Arbeitnehmereigenschaft zuließ. Das Gericht befand, daß die Ausübung der Kontrolle durch den Arbeitgeber ein zwar notwendiges, jedoch nicht immer hinreichendes Kriterium darstelle[230]. Es sei zusätzlich zu prüfen, ob „...*the other provisions of the contract are consistent with its being a contract of service.*"[231] Damit wurde der Weg zur Anwendung eines sogenannten *multiple test*[232] eröffnet, der die Berücksichtigung weiterer Kriterien zuläßt, wozu unter anderem das Eigentum des Arbeitgebers an der Betriebsstätte und den Arbeitsgeräten, die Frage der Gewinn- und Verlusttragung, die Art und Weise der Lohnzahlung, das Abführen von Steuern und Sozialbeiträgen und die Integration des Arbeitnehmers in den Geschäftsbetrieb des Arbeitgebers gehört[233]. Der Umfang der Beschäftigung ist ohne Bedeutung[234]. In einer neueren Entscheidung hielt der englische *Court of Appeal* ein Mindestmaß an gegenseitiger Verpflichtung in Abgrenzung zu einem Über- und Unterordnungsverhältnis für maßgeblich[235].

Der irische *High Court* befand, daß die tatsächliche Intention der Vertragsparteien und nicht das Maß der Kontrolle das entscheidende Kriterium darstelle, wobei die Bezeichnung des Vertragsverhältnisses als solches unerheblich sei[236].

Die heutige Rechtsprechung wählt somit für die Definition des Arbeitsvertrages einen flexiblen Ansatz. Die Ausübung der Kontrolle über den Arbeitnehmer stellt nur ein Bestimmungsmerkmal dar, das gegebenenfalls neben anderen Kriterien heranzuziehen ist.

---

[227] Hepple / O'Higgins, Employment Law, Ch. 3, S. 66.

[228] Hepple / O'Higgins, Employment Law, S. 66; Napier, S. 335.

[229] [1968] Q.B. 497.

[230] [1968] Q.B. 467, 517.

[231] [1968] Q.B. 497, 515.

[232] Auch „*mixed test*" genannt, siehe Redmond, Dismissal Law, Ch. Three, S. 46; von Prondzynski / McCarthy, Ch. 3, S. 39.

[233] Kirwan v. Dart Industries Ltd. & Leahy UD I / 1980; Hepple / O'Higgins, Employment Law, Ch. 3, S. 67; Napier, S. 336.

[234] Meenan, Temporary and Part-time Employees (1987) 81 Gazette 191.

[235] Nethermere (St. Neots) Ltd. v. Taverna [1984] I.R.L.R. 240, 241.

[236] Lamb Bros. Dublin v. Davidson, H.C., 1979.

b) Vertragsschluß

Der Abschluß des Arbeitsvertrages unterliegt, wie jeder Vertrag, den vom *common law* entwickelten Regeln des Vertragsrechts[237]. Im Unterschied zum deutschen Recht wird ein vollstreckbares Schuldverhältnis nicht allein dadurch begründet, daß sich die Vertragsparteien mit Rechtsbindungswillen über den Vertragsgegenstand einigen. Zu der Willenseinigung[238] und dem Rechtsbindungswillen[239] muß eine beiderseitige *„consideration"* hinzutreten[240]. Sie besteht in der Hingabe oder dem Versprechen eines Vorteils gegenüber dem Vertragspartner, der auf seiten des Leistenden oder Versprechenden einen Nachteil darstellt[241].

Danach kommt ein wirksamer Arbeitsvertrag zustande, wenn das Verhalten der Parteien auf ein Angebot und eine Annahme zur Eingehung eines entsprechenden Vertragsverhältnisses schließen läßt[242]. Die Einigung muß durch das Versprechen des Arbeitnehmers, gegen Zahlung eines Entgeltes die Arbeitsleistung persönlich zu erbringen und das Versprechen des Arbeitgebers, als seine Gegenleistung ein angemessenes Entgelt zu zahlen, ergänzt werden[243].

c) Form

Arbeitsverträge können mündlich oder schriftlich abgeschlossen werden; nach dem *common law* besteht kein Formzwang[244]. Anders als in der Bundesrepublik sind schriftliche Arbeitsverträge in Irland durchaus nicht üblich. Wenn die Schriftform gewählt wurde, sind häufig nicht alle Vertragsbestimmungen aufgeführt[245].

Um für den Arbeitnehmer größere Klarheit über den Inhalt des Arbeitsvertrages zu schaffen, hat der Gesetzgeber *Section 9* des *Minimum Notice and*

---

[237] Laws v. London Chronicle [1959] 2 All.E.R. 285, 287; von Prondzynski / McCarthy, Ch. 3, S. 40.

[238] *„Agreement"*.

[239] *„Intention to be legally bound"*.

[240] Hepple / O'Higgins, Employment Law, Ch. 5, S. 87.

[241] Doolan, Ch. 7, S. 64. Siehe ausführlich zu dem Begriff der *„consideration"*: Rheinstein, Die Struktur des vertraglichen Schuldverhältnisses im anglo-amerikanischen Recht, 5. Kapitel, S. 55 ff.

[242] Napier, S. 334; vgl. Clark, Contract, Ch. 1, S. 3.

[243] Nethermere (St. Neots) Ltd. v. Taverna [1984] I.R.L.R. 240, 241; Ready Mixed Concrete (South East) Ltd. v. Minister of Pensions and National Insurance [1968] 2 Q.B. 497, 515.

[244] Redmond, Labour Law, Part I, Ch. I, S. 71; Doolan, Ch. 38, S. 358.

[245] von Prondzynski / McCarthy, Ch. 3, S. 41, 42.

Terms of Employment Act, 1973 erlassen[246]. Danach können Arbeitnehmer, die entweder mindestens 18 Wochenstunden arbeiten oder für nicht weniger als acht Stunden beschäftigt und seit mindestens 13 Wochen bei dem Arbeitgeber tätig sind und nicht zu den gesetzlich ausgenommenen Arbeitnehmergruppen zählen[247], innerhalb eines Monats seit Abschluß des Arbeitsvertrages oder ihrer Aufforderung von dem Arbeitgeber die Aushändigung eines Schriftstückes verlangen, das Aufschluß über die wichtigsten Bestimmungen des Arbeitsvertrages gibt[248]. Der Anspruch kann auch durch schriftliche Bezugnahme auf den Inhalt einer Kollektivvereinbarung erfüllt werden[249].

Bei dem Schriftstück im Sinne von *Section 9* des Gesetzes handelt es sich nicht um den Vertrag selbst, sondern um ein Dokument, das den Beweis für den Inhalt des Arbeitsvertrages liefert. Es spiegelt die Auffassung des Arbeitgebers von dem Inhalt der betreffenden Vertragsbestimmungen wider[250]. Der *Minimum Notice and Terms of Employment Act, 1973* läßt daher die Formfreiheit des Arbeitsvertrages unberührt.

Schriftlich festzuhalten sind der Zeitpunkt des Beginns des Arbeitsverhältnisses, die Höhe der Vergütung oder die Art ihrer Berechnung und der zeitliche Abstand der Zahlungen, die Arbeitsbedingungen hinsichtlich der Arbeitszeit und Überstunden, Bestimmungen zu Urlaub, Urlaubsgeld, zur Arbeitsunfähigkeit, der Lohnfortzahlung im Krankheitsfalle und zu Betriebsrentensystemen sowie die vom Arbeitnehmer einzuhaltende Kündigungsfrist oder bei befristeten Arbeitsverträgen das Datum ihrer automatischen Beendigung[251].

Kommt der Arbeitgeber seiner gesetzlichen Verpflichtung nicht nach, macht er sich eines Vergehens schuldig, das mit einer Geldstrafe bis zu £ 25 geahndet werden kann[252].

2. Das gesetzliche Schutzsystem

Das gesetzliche Schutzsystem des irischen Arbeitsrechts setzt sich aus einer Vielzahl einzelner Gesetze zusammen. Wird der Arbeitnehmer von dem

---

[246] von Prondzynski / McCarthy, Ch. 3, S. 42.

[247] Siehe *Section 3 (1) (b) - (f)* des *Minimum Notice and Terms of Employment Act, 1973*.

[248] *Section 3* i.V.m. *Section 1 (1)* des *Worker Protection (Regular Part-Time Employees) Act, 1991; Section 3 (1) (a)* des *Minimum Notice and Terms of Employment Act, 1973* i.V.m. *Section 13* des *Protection of Employees (Employers' Insolvency) Act, 1984* i.V.m. *Section 9 (1)* und *(5)* des *Minimum Notice and Terms of Employment Act, 1973*.

[249] *Section 9 (4)* des *Minimum Notice and Terms of Employment Act, 1973*.

[250] Redmond, Labour Law, Part I, Ch. I, S. 71; von Prondzynski / McCarthy, Ch. 3, S. 42.

[251] *Section 9 (1) (a) - (f)* des *Minimum Notice and Terms of Employment Act, 1973*.

[252] *Section 10* des *Minimum Notice and Terms of Employment Act, 1973*.

gesetzlichen Schutz erfaßt, bestimmt sich der Inhalt des Arbeitsvertrages nicht allein nach der vertraglichen Vereinbarungen. Die arbeitsrechtlichen Gesetze normieren dann Rechte und Pflichten, die nicht durch einzel- oder kollektivvertragliche Vereinbarungen zum Nachteil des Arbeitnehmers abbedungen werden dürfen[253]. Insoweit wird die Gestaltungsfreiheit der Parteien eingeschränkt[254]. Im folgenden soll ein Überblick über die wichtigsten Gesetze für Teilzeitbeschäftigte auf dem Gebiete des Individualarbeitsrechts gegeben werden.

a) Der Holidays (Employees) Act, 1973

Der *Holidays (Employees) Act, 1973* regelt den Anspruch des Arbeitnehmers auf Urlaub und auf Befreiung von der Arbeitspflicht an gesetzlichen Feiertagen. Seine Vorschriften finden auf einige Arbeitnehmergruppen, wie Heimarbeiter, Seefahrer, Leuchtturmwärter, Fischer, Arbeitnehmer des öffentlichen Dienstes und Verwandte des Arbeitgebers, keine Anwendung[255].

Voraussetzung für einen Anspruch des Arbeitnehmers auf dreiwöchigen Jahresurlaub ist, daß der Arbeitnehmer während der letzten zwölf Monate mindestens 120 Stunden monatlich gearbeitet hat[256]. Ist er seit weniger als zwölf Monaten beschäftigt, wird der Anspruch proportional gemindert[257]. Der Arbeitnehmer kann keinen Urlaub verlangen, wenn er in dem Urlaubsjahr nicht mindestens für einen Monat 120 Stunden tätig war[258]. Ein Anspruch auf dreiwöchigen Urlaub besteht außerdem, wenn der Arbeitnehmer in dem Urlaubsjahr nicht weniger als 1.400 Stunden gearbeitet hat[259]. Für die Dauer des Urlaubs ist der Arbeitgeber verpflichtet, den vollen Wochenlohn im voraus zu zahlen[260]. Besondere Vorschriften gelten für regelmäßig Teilzeitbeschäftigte, die wöchentlich nicht weniger als acht Stunden arbeiten, seit mindestens 13 Wochen bei dem

---

[253] Einige Vorschriften ordnen die zwingende Wirkung der arbeitsrechtlichen Gesetze ausdrücklich an: *Section 13* des *Unfair Dismissals Act, 1977, Section 51* des *Redundancy Payments Act, 1967, Section 5 (1) und (2)* des *Maternity (Protection of Employees) Act, 1981.*

[254] Vgl. Doolan, Ch. 39, S. 370.

[255] *Section 2 (1)* des *Holidays (Employees) Act, 1973.*

[256] *Section 3 (2)* i.V.m. *Section 3 (7) (a)* des *Holidays (Employees) Act, 1973.* Für Arbeitnehmer unter 18 Jahren genügen gem. *Section 3 (7) (a)* 110 Stunden.

[257] *Section 3 (2)* des *Holidays (Employees) Act, 1973.*

[258] *Section 3 (1)* des *Holidays (Employees) Act, 1973.*

[259] *Section 3 (3)* des *Holidays (Employees) Act, 1973.* Für Arbeitnehmer unter 18 Jahren genügen 1.300 Stunden.

[260] *Section 6 (3)* des *Holidays Employees Act, 1973.*

Arbeitgeber beschäftigt sind und die Anwendbarkeitsvoraussetzungen des *Holidays (Employees) Act, 1973* nicht erfüllen[261].

Der Anspruch des Arbeitnehmers auf Urlaub wird durch einen Anspruch auf bezahlte Befreiung von der Arbeitspflicht an gesetzlichen Feiertagen ergänzt[262]. Derzeit gibt es in Irland acht gesetzliche Feiertage[263].

Verletzt der Arbeitgeber Vorschriften des *Holidays (Employees) Act, 1973* macht er sich eines Vergehens schuldig, für das er mit einer Geldbuße belegt werden kann[264]. 1984 wurden sämtliche Bußgelder aufgrund der Weigerung der Lohnfortzahlung verhängt[265].

b) Der Anti-Discrimination (Pay) Act, 1974

Der *Anti-Discrimination (Pay) Act, 1974* ist das Ergebnis einer nationalen Frauenbewegung und eines Gesetzgebungsauftrages, der aufgrund der Richtlinie 75 / 117 / EWG[266] zu erfüllen war[267].

Das Gesetz regelt einen Anspruch auf Gleichbehandlung für Männer und Frauen. Die Zahlung einer unterschiedlichen Vergütung ist trotz der Verrichtung einer gleichen, gleichwertigen oder wesentlich gleichen Tätigkeit[268] nur dann gerechtfertigt, wenn sie nicht auf dem Geschlecht, sondern auf anderen Gründen beruht[269]. Eine höhere Vergütung kann beispielsweise gerechtfertigt sein, wenn der betreffende Arbeitnehmer älter ist, mehr Berufserfahrung hat oder eine höhere Qualifikation mitbringt[270].

Verstößt der Arbeitgeber gegen die Bestimmungen des *Anti-Discrimination (Pay) Act, 1974*, wird eine Gleichbehandlungsklausel in den Arbeitsvertrag ein-

---

[261] *Section 4* i.V.m. *Section 1 (1)* des *Worker Protection (Regular Part-Time Employees) Act, 1991.*

[262] *Section 4* des *Holidays (Employees) Act, 1973.*

[263] Redmond, Labour Law, Part I, Ch. III, S. 80.

[264] *Section 7 - 10* des *Holidays (Employees) Act, 1973.*

[265] von Prondzynski / McCarthy, Ch. 4, S. 63.

[266] ABl. EG 1975 Nr. L 45 / 19.

[267] Vgl. Redmond, Labour Law, Part I, Ch. VII., S. 121, 122.

[268] Siehe die Legaldefinition von *„like work"* in *Section 3* des *Anti-Discrimination (Pay) Act, 1974.*

[269] *Section 2 (3)* des *Anti-Discrimination (Pay) Act, 1974.*

[270] Department of Agriculture v. Instructors EP 32 / 78 und DEP 10 / 79; von Prondzynski / McCarthy, Ch. 6, S. 94.

geführt. Der Lohngleichheit entgegenstehende einzel- oder kollektivvertragliche Vereinbarungen sind nichtig[271].

Der *Anti-Discrimination (Pay) Act, 1974* ist für alle Arbeitnehmer anwendbar. Er enthält keine Stundengrenze.

c) Der Employment Equality Act, 1977

Der *Employment Equality Act, 1977* ergänzt den Grundsatz der Lohngleichheit hinsichtlich des Zugangs zur Beschäftigung, der Berufsbildung, des beruflichen Aufstiegs und der sonstigen Arbeitsbedingungen[272]. Gem. *Section 56 (2)* gelten der *Employment Equality Act, 1977* und der *Anti-Discrimination (Pay) Act, 1974* als ein Gesetz.

Der *Employment Equality Act, 1977,* der die Richtlinie 76 / 207 / EWG[273] in nationales Recht umsetzt[274], verbietet Ungleichbehandlungen wegen des Geschlechts und des Familienstandes[275]. Anders als der *Anti-Discrimination (Pay) Act, 1974* untersagt er ausdrücklich nicht nur unmittelbare, sondern auch mittelbare Diskriminierungen[276]. Unterschiedliche Behandlungen wegen des Geschlechts sind nur gerechtfertigt, wenn das Geschlecht eine notwendige Voraussetzung für die Beschäftigung darstellt[277].

Gem. *Section 4(1)* des *Employment Equality Act, 1977* soll der Arbeitsvertrag in Übereinstimmung mit den Vorschriften des Gesetzes eine „Gleichbehandlungsklausel" enthalten. Die Arbeitsbedingungen werden automatisch modifiziert, wenn sie das Gleichbehandlungsgebot verletzen[278]. Besteht hingegen ein wesentlicher Unterschied zwischen den miteinander verglichenen Arbeitnehmern, greift die „Gleichbehandlungsklausel" nicht ein[279].

Nicht alle Arbeitnehmer werden von dem *Employment Equality Act, 1977* erfaßt: Angehörige der Streitkräfte und Beschäfigte, die die Pflege alter oder behinderter Personen übernommen haben, werden nicht vor Ungleichbehand-

---

[271] *Section 4 und 5 (1) und (2) (a) des Anti-Discrimination (Pay) Act, 1974.*

[272] Redomond, Labour Law, Part I, Ch. VII., S. 123, 124.

[273] ABl. EG 1976 Nr. L 39.

[274] Reid, The Impact of Community Law on the Irish Constitution, S. 45.

[275] *Section 2 (a) - (c) des Employment Equality Act, 1977.*

[276] *Section 2 (c) des Employment Equality Act, 1977.*

[277] *Section 17 des Employment Equality Act, 1977.*

[278] *Section 4 (2) des Employment Equality Act, 1977.*

[279] *Section 4 (3) des Employment Equality Act, 1977.*

lungen geschützt, wenn das Geschlecht dafür eine unabdingbare Voraussetzung ist[280].

d) Der Pensions Act, 1990

Der *Pensions Act, 1990* ist das jüngste Gesetz, das Vorschriften zur Gleichbehandlung von Männern und Frauen in Beschäftigungsverhältnissen normiert. Teil VII verbietet unmittelbare und mittelbare Diskriminierungen wegen des Geschlechts, des Ehe- oder Familienstandes bei Leistungen der betrieblichen Systeme der sozialen Sicherheit[281]. Mit der Festschreibung des Gleichbehandlungsgebotes für diese Form von Entgelt[282] bezweckt der irische Gesetzgeber, seine Verpflichtungen aus der Richtlinie 86 / 378 / EWG[283] zu erfüllen. Allerdings hat der Sozialminister bis heute keine Rechtsverordnung erlassen, um Teil VII des *Pensions Act, 1990* zu ratifizieren. Voraussichtlich werden die Bestimmungen nicht vor Ablauf des Durchführungszeitraumes, dem 1. Januar 1993[284], geltendes Recht sein.

Section 65 nimmt in Anlehnung an die Richtlinie 86 / 378 / EWG solche Leistungen der betrieblichen Systeme der sozialen Sicherheit von dem Grundsatz der Gleichbehandlung aus, die aufgrund eines Einzelarbeitsvertrages, eines Systems mit nur einem Mitglied oder eines vollständig vom Arbeitnehmer finanzierten Systems gewährt werden. *Section 71 (1)* des *Pensions Act, 1990* sieht vor, daß eine Bestimmung eines Systems der sozialen Sicherheit, die gegen das Diskriminierungsverbot verstößt, null und nichtig ist. An ihre Stelle tritt ein Anspruch der benachteiligten Person auf Gleichbehandlung.

Im Unterschied zu den Vorschriften zur Gleichbehandlung sind die anderen Teile des *Pensions Act, 1990* seit Beginn des Jahres 1991 in Kraft. *Section 8* ermächtigt den Minister, einen *Pensions Board* einzusetzen, der unter anderem die Aufgabe hat, die Wirkungsweise des Gesetzes zu beobachten, den Minister zu beraten und Richtlinien für die Verwaltung von Fonds durch Treuhänder zu erlassen[285].

---

[280] *Section 12 (1) (a)* und *(b)* des *Employment Equality Act, 1977.*

[281] Siehe *Section 65 - 81* des *Pensions Act, 1990.*

[282] Vgl. dazu die Rechtsprechung des EuGH: Urt. v. 13. 5. 1986, Bilka Kaufhaus / Karin Weber von Hartz, Rs 170 / 84, Slg. 1986, 1607; Urt . v. 17. 5. 1990, Barber / Guardian Royal Exchange Assurance Group, Rs C - 262 / 88, NZA 1990, 775.

[283] ABl. EG 1986 Nr. L 225 / 40.

[284] Siehe Art. 8 Abs. 1 der Richtlinie 86 / 378 / EWG.

[285] Siehe *Section 10* des *Pensions Act, 1990.*

Teil III des *Pensions Act, 1990* regelt die näheren Voraussetzungen, unter denen Anwartschaften auf betriebliche Versorgungsleistungen unverfallbar sind und übertragen werden können[286]. Die Teile V und VI normieren Pflichten für Treuhänder, die die betrieblichen Systeme der sozialen Sicherheit verwalten[287]. Sie haben beispielsweise nach Maßgabe ministerieller Rechtsverordnungen die Mitglieder eines Systems über dessen Ausgestaltung, Verwaltung, Finanzierung sowie die Leistungen und Beitragspflichten zu unterrichten[288]. Außerdem sind die Treuhänder nach der Generalklausel von *Section 59* des *Pensions Act, 1990* verpflichtet, eine Kapitalanlange vorzunehmen und die Deckung von Ansprüchen zu sichern[289].

e) Der Maternity Protection of Employees Act, 1981

Der *Maternity Protection of Employees Act, 1981* gewährt Arbeitnehmerinnen vor und nach der Geburt eines Kindes Anspruch auf Mutterschutz. Die Anwendbarkeit des Gesetzes setzt entweder voraus, daß die Arbeitnehmerin einer sozialversicherungspflichtigen Beschäftigung nachgeht und ihre wöchentliche Arbeitszeit 18 Stunden nicht unterschreitet[290] oder sie seit nicht weniger als 13 Wochen bei dem Arbeitgeber beschäftigt ist und mindestens acht Wochenstunden arbeitet[291]. Ist sie aufgrund eines befristeten Arbeitsvertrages beschäftigt, greift der *Maternity Protection of Employees Act, 1981* nur ein, wenn der Arbeitsvertrag für mindestens 26 Wochen geschlossen wurde[292].

Gem. *Section 8 (1)* des Gesetzes ist die Arbeitnehmerin für eine Dauer von 14 Wochen von ihrer Pflicht, die Arbeitsleistung zu erbringen, befreit, vorausgesetzt, sie teilt dem Arbeitgeber vier Wochen vor Eintritt in den Mutterschutz die erwartete Geburt an und legt ihm ein Gesundheitszeugnis vor. Der Mutterschutz beginnt mindestens vier Wochen vor der erwarteten Niederkunft und endet nicht früher als vier Wochen danach. Im übrigen ist die Lage des *maternity leave* der Wahl der Arbeitnehmerin überlassen[293].

---

[286] Siehe *Section 27 - 39* des *Pensions Act, 1990*. Vgl. in der Bundesrepublik das Gesetz zur Verbesserung der betrieblichen Altersversorgung, BGBl. I S. 3610.

[287] Siehe *Section 54 - 64* des *Pensions Act, 1990*.

[288] *Section 54 (1)* und *(2)* des *Pensions Act, 1990*.

[289] Vgl. Hamilton, Trusteeship and the Pensions Act 1990 (1991) 85 Gazette 75, 77.

[290] *Section 2 (1)* des *Maternity Protection of Employees Act, 1981*.

[291] *Section 3 (1)* i.V.m. *Section 1 (1)* des *Worker Protection (Regular Part-Time Employees) Act, 1991*.

[292] *Section 2 (1)* des *Maternity Protection of Employees Act, 1981*.

[293] *Section 10* des *Maternity Protection of Employees Act, 1981*.

Vertragliche und gesetzliche Ansprüche aus dem Arbeitsverhältnis bleiben während der Abwesenheit der Arbeitnehmerin unberührt[294]. Eine Ausnahme gilt für die Lohnzahlungspflicht des Arbeitgebers, die durch einen Anspruch auf *Maternity Allowance* ersetzt wird[295].

Teil III des *Maternity Protection of Employees Act, 1981* regelt das Recht der Arbeitnehmerin, nach Ablauf des Mutterschaftsurlaubs auf ihren vorherigen Arbeitsplatz zurückzukehren. Der Arbeitgeber ist grundsätzlich verpflichtet, die Rückkehr auf denselben Arbeitsplatz unter denselben Arbeitsbedingungen zu ermöglichen[296]. War ihm dies aus praktischen Gründen nicht möglich, hat er der Arbeitnehmerin eine andere passende Beschäftigung anzubieten, die nicht zu einer wesentlichen Verschlechterung der vorherigen Arbeitsbedingungen führt[297].

f) Der Unfair Dismissals Act, 1977

Der *Unfair Dismissals Act, 1977* beschränkt das nach dem *common law* fast unbegrenzte Recht des Arbeitgebers „*to hire and fire*"[298]. Durch die Regelung eines Rechtsschutzverfahrens gegen gesetzlich nicht gerechtfertigte Kündigungen schützt er das Interesse des Arbeitnehmers an dem Bestand seines Arbeitsplatzes[299].

Die Vorschriften des *Unfair Dismissals Act, 1977* sind bei weitem nicht auf alle Arbeitnehmer anwendbar: Arbeitnehmer, die im Zeitpunkt der Kündigung bei demselben Arbeitgeber für weniger als ein Jahr einer kontinuierlichen Beschäftigung nachgegangen sind, werden nicht von dem gesetzlichen Schutz erfaßt[300]. Bei der Berechnung der kontinuierlichen Beschäftigung finden nur die Wochen Berücksichtigung, in denen der Arbeitnehmer mindestens acht Stunden

---

[294] *Section 15 (1)* des *Maternity Protection of Employees Act, 1981.*

[295] *Section 15 (1)* des *Maternity Protection of Employees Act, 1981.* Der Anspruch auf *Maternity Allowance* ist nicht im *Maternity Protection of Employees Act, 1981,* sondern im *Social Welfare (Consolidation) Act, 1981* und *Social Welfare (Amendment) Act, 1981* geregelt.

[296] *Section 20(1)* des *Maternity Protection of Employees Act, 1981.*

[297] *Section 21* des *Maternity Protection of Employees Act, 1981.*

[298] von Prondzynski / McCarthy, Ch. 1, S. 5; Redmond, Labour Law, Part I, Ch, VI., S. 112.

[299] Ob das Gesetz so weit geht und ein eigentumsähnliches Recht am Arbeitsplatz statuiert, ist zu bezweifeln, vgl. von Prondzynski / McCarthy, Ch. 1, S. 5; bejahend: McBride v. Midland Electrical Co. Ltd. UD 37 / 1979; O'Connor v. Heat Recovery Ltd. UD 105 / 1980; Bartley v. Royal Dublin Golf Club UD 151 / 1978.

[300] *Section 2 (1) (a)* des *Unfair Dismissals Act, 1977.*

gearbeitet hat[301]. Außerdem sind mehrere Arbeitnehmergruppen von dem Anwendungsbereich des Kündigugungschutzgesetzes ausgenommen. Dazu gehören unter anderem Mitglieder der Streitkräfte und der Polizei, Arbeitnehmer des öffentlichen Dienstes und bestimmter öffentlicher Einrichtungen, nahe Verwandte des Arbeitgebers, die in dessen Haushalt wohnen und Arbeitnehmer, die aufgrund eines befristeten oder bedingten Arbeitsvertrages beschäftigt sind und schriftlich auf die Anwendung des Gesetzes verzichtet haben[302]. Für diese Beschäftigten gelten zum Teil besondere Kündigungsschutzvorschriften[303].

Die Rechtfertigung einer Kündigung i.S.d. *Unfair Dismissals Act, 1977*[304] ist an den gesetzlich normierten Kriterien zu messen. Gem. *Section 6 (1)* und *(6)* des Gesetzes gilt eine Kündigung als ungerechtfertigt, wenn der Arbeitgeber nicht das Gegenteil beweist. Er kann sich dabei auf fünf verschiedene Kündigungsgründe berufen: Die Entlassung ist gerechtfertigt, wenn sie auf der mangelnden Kompetenz des Arbeitnehmers, seinem Verhalten oder auf Arbeitsmangel beruht oder wenn seine Tätigkeit gegen ein gesetzliches Verbot verstößt[305]. Darüberhinaus ist die Kündigung *„fair"*, wenn sich der Arbeitgeber auf andere wesentliche Gründe berufen kann[306]. Die Entscheidungen des *Employment Appeals Tribunal* lassen nicht eindeutig erkennen, welche Fälle diesem Kündigungsgrund zuzuordnen sind. Teilweise hätte die Rechtfertigung statt dessen auf einen der vier ausdrücklich normierten Kündigungsgründe gestützt werden können[307]. Neuerdings wird als weitere Voraussetzung für die Rechtfertigung der Kündigung geprüft, ob die Entscheidung des Arbeitgebers, sich bei der Entlassung auf den geltend gemachten Kündigungsgrund zu berufen, angemessen war[308]. Greift keiner der fünf Kündigungsgründe ein oder war die Entscheidung des Arbeitgebers nicht angemessen, ist die Entlassung ungerechtfertigt[309].

---

[301] *Section 2 (4)* des *Unfair Dismissals Act, 1977* i.V.m. *Paragraph 8* der *First Schedule* des *Minimum Notice and Terms of Employment Act, 1973* und *Section 13* des *Protection of Employees (Employers'Insolvency) Act, 1984* i.V.m. *Section 3* und *Section 1 (1), 2 (3) (b) (iii)* des *Worker Protection (Regular Part-Time Employees) Act, 1991.*

[302] *Section 2 (1) (c), (d), (h), (j)* und *Section 2 (2) (b)* des *Unfair Dismissals Act, 1977.*

[303] Redmond, Dismissal Law, Ch. Five, S. 132.

[304] Siehe die Legaldefinition von *„dismissal"* in *Section 1* des *Unfair Dismissals Act, 1977.*

[305] *Section 6 (4)* des *Unfair Dismissals Act, 1977.*

[306] Dieser nicht ausdrücklich normierte Kündigungsgrund wird *Section 6 (4)* i.V.m. *Section 6 (1)* des *Unfair Dismissals Act, 1977* entnommen, von Prondzynski / McCarthy, Ch. 7, S .150.

[307] von Prondzynski / McCarthy, Ch. 7, S. 150.

[308] Diese Prüfungsstufe wird auch als *„Reasonableness Test"* bezeichnet, von Prondzynski / McCarthy, Ch. 7, S. 142; St. Lawrence's Hospital v. Grant UD 85 / 1983; Mogan v. Donegal Cooperative Fisheries Ltd. UD 644 / 1982.

[309] von Prondzynski / McCarthy, Ch. 7, S. 152.

Der Gesetzgeber hat dennoch ausdrücklich verschiedene Gründe normiert, die die Kündigung automatisch als ungerechtfertigt erscheinen lassen. Gem. *Section 6 (2)* ist eine Entlassung wegen Gewerkschaftszugehörigkeit oder gewerkschaftlicher Aktivitäten, politischer oder religiöser Anschauungen, der Rasse oder Hautfarbe des Arbeitnehmers, seiner Beteiligung an einem Zivil- oder Strafprozeß gegen den Arbeitgeber oder der Schwangerschaft der Arbeitnehmerin *„unfair"*. Außerdem ist die Kündigung nicht gerechtfertigt, wenn der Arbeitgeber bei der Entlassung wegen Arbeitsmangel oder der Entlassung wegen der Beteiligung an einem Streik eine diskriminierende Auswahl getroffen hat[310].

Der Arbeitnehmer kann innerhalb von sechs Monaten nach Ausspruch der Kündigung vor dem *Rights Commissioner* oder dem *Employment Appeals Tribunal* ein Kündigungsschutzverfahren einleiten[311]. Die Klagefrist ist damit erheblich länger als in der Bundesrepublik[312]. Der *Unfair Dismissals Act, 1977* geht offensichtlich davon aus, daß eine ungerechtfertigte Kündigung das Arbeitsverhältnis zunächst auflöst. Auch insoweit unterscheidet sich das irische Kündigungsschutzrecht von dem deutschen Kündigungsschutzgesetz, wonach die Klage des Arbeitnehmers darauf gerichtet ist, festzustellen, daß das Arbeitsverhältnis durch die Kündigung nicht beendet wurde[313]. Kommen der zuständige *Rights Commissioner* oder das Arbeitsgericht zu dem Ergebnis, daß die Kündigung ungerechtfertigt war, können sie wahlweise die Wiedereinstellung des Arbeitnehmers auf demselben Arbeitsplatz[314], seine Wiedereinstellung auf einem anderen Arbeitsplatz[315] oder die Zahlung von Schadensersatz bestimmen[316]. Im Unterschied zum englischen Kündigungsschutzrecht[317] hat der *Unfair Dismissals Act, 1977* keiner dieser Möglichkeiten ausdrücklichen Vorrang eingeräumt[318]. In der überwiegenden Zahl der zugunsten der Kläger entschiedenen Fälle hat der *Employment Appeals Tribunal* Schadensersatz zugesprochen[319]. Es muß daher bezweifelt werden, ob der *Unfair Dismissals Act, 1977* seine Funktion, einen Bestandsschutz des Arbeitsverhältnisses zu schaffen, zufriedenstellend erfüllt.

---

[310] *Section 6 (3) (a)* und *Section 5 (2) (a)* des *Unfair Dismissals Act, 1977*.

[311] *Section 8 (2)* des *Unfair Dismissals Act, 1977*.

[312] Siehe § 4 KSchG.

[313] Siehe § 4 S. 1 KSchG.

[314] *„Re-instatement"*.

[315] *„Re-engagement"*.

[316] *Section 7 (1)* des *Unfair Dismissals Act, 1977*.

[317] Siehe *Section 69 (5)* des *Employment Protection (Consolidation) Act, 1978*.

[318] von Prondzynski / McCarthy, Ch. 7, S. 168.

[319] von Prondzynski / McCarthy, Ch. 7, S. 168. Dies entspricht trotz des ausdrücklichen Vorrangs von *„re-instatement"* der Situation in Großbritannien, vgl. Döse-Digenopoulos, Der arbeitsrechtliche Kündigungsschutz in England, III, S. 122.

g) Der Minimum Notice and Terms of Employment Act, 1973

Der *Minimum Notice and Terms of Employment Act, 1973* modifiziert den nach dem *common law* geltenden Grundsatz, daß der Arbeitgeber eine angemessene Kündigungsfrist[320] einzuhalten habe, deren Länge sich nach dem Status des Arbeitnehmers richtet[321].

Gem. *Section 4 (1) des Minimum Notice and Terms of Employment Act, 1973* ist der Arbeitgeber heute zur Beachtung einer Mindestkündigungsfrist verpflichtet, wenn der Arbeitnehmer bei ihm seit mindestens 13 Wochen kontinuierlich beschäftigt ist. Bei der Berechnung der Beschäftigungsdauer werden nur die Wochen berücksichtigt, in denen der Arbeitnehmer nicht weniger als acht Stunden gearbeitet hat[322].

Die Länge der Kündigungsfrist bestimmt sich nach der Dauer der Beschäftigung. War der Arbeitnehmer weniger als zwei Jahre tätig, beträgt die Frist eine Woche[323]. Liegt die Beschäftigungsdauer beispielsweise zwischen fünf und zehn Jahren, ist der Arbeitgeber zur Einhaltung einer vierwöchigen Kündigungsfrist verpflichtet[324]. Hingegen ist die Länge der Frist, anders als in der Bundesrepublik[325], nicht von der Einordnung des Arbeitnehmers als Arbeiter oder Angestellter abhängig.

Auch der Arbeitnehmer hat gem. *Section 6 des Minimum Notice and Terms of Employment Act, 1973* eine Mindestkündigungsfrist einzuhalten, die stets eine Woche beträgt. Die gesetzlich normierte Pflicht der Vertragsparteien auf Beachtung einer Mindestkündigungsfrist besteht nicht, wenn ein Grund zur fristlosen Kündigung vorliegt[326].

Neben der Regelung von Mindestkündigungsfristen sieht das Gesetz vor, daß der Arbeitnehmer von dem Arbeitgeber die Aushändigung eines Schriftstücks verlangen kann, in dem die wesentlichen Vertragsbestimmungen aufgeführt sind[327]. Dieser Anspruch setzt voraus, daß die wöchentliche Arbeitszeit des

---

[320] *„Reasonable notice".*

[321] McDonnell v. Minister for Education [1940] I.R. 316, 321; Redomond, Dismissal Law, Ch. Three, S. 52.

[322] *Paragraph 8* der *First Schedule* des *Minimum Notice and Terms of Employment Act, 1973* i.V.m. *Section 13* des *Protection of Employees (Employers' Insolvency) Act, 1984* i.V.m. *Section 3* und *1 (1), 2 (3) (b) (ii)* des *Worker Protection (Regular Part-Time Employees) Act, 1991.*

[323] *Section 4 (2) (a)* des *Minimum Notice and Terms of Employment Act, 1973.*

[324] *Section 4 (2) (c)* des *Minimum Notice and Terms of Employment Act, 1973.*

[325] Siehe § 622 BGB.

[326] *Section 8* des *Minimum Notice and Terms of Employment Act, 1973.*

[327] *Section 9 (1)* des *Minimum Notice and Terms of Employment Act, 1973.*

Arbeitnehmers entweder 18 Stunden nicht unterschreitet[328] oder er mindestens acht Stunden wöchentlich arbeitet und seit nicht weniger als 13 Wochen bei dem Arbeitgeber beschäftigt ist[329].

Die Vorschriften des *Minimum Notice and Terms of Employment Act, 1973* gelten nicht für alle Arbeitnehmer. Beschäftigte des öffentlichen Dienstes, der Streitkräfte, Mitglieder der Polizei und Arbeitnehmer, die bei nahen Verwandten beschäftigt sind und in deren Haushalt wohnen, können keine Rechte aufgrund des Gesetzes geltend machen[330].

h) Die Redundancy Payments Acts, 1967 - 1984

Die *Redundancy Payments Acts, 1967 - 1984* bezwecken, die wirtschaftlichen Folgen einer Entlassung zu mindern, die nicht auf persönlichen Fehlleistungen der Arbeitnehmer, sondern auf Arbeitsmangel beruhen[331]. Voraussetzung für die Herleitung von Ansprüchen auf *redundancy payments* ist, daß der Arbeitnehmer nicht weniger als acht Stunden in der Woche arbeitet und bei dem Arbeitgeber seit mindestens 104 Wochen kontinuierlich beschäftigt ist[332]. Das Gesetz findet zudem keine Anwendung auf Personen, die bei nahen Verwandten beschäftigt sind oder die im Haushalt des Arbeitgebers leben[333].

Wenn die Entlassung des Arbeitnehmers auf eine vollständige oder teilweise Betriebsschließung, eine Umorganisation oder auf finanzielle Verluste des Arbeitgebers zurückzuführen ist[334], ist dieser gem. *Section 19 (1) des Redundancy Payments Act, 1967* berechtigt, von dem Arbeitgeber die Zahlung einer Abfindung zu verlangen. Die Höhe der Abfindung bestimmt sich nach dem Alter des Arbeitnehmers, der Dauer der Beschäftigung und seinem wöchent-

---

[328] *Section 3 (1) (a)* i.V.m. *Section 13* des *Protection of Employees (Employers' Insolvency) Act, 1984.*

[329] *Section 3* i.V.m. *Section 1 (1)* des *Worker Protection (Regular Part-Time Employees) Act, 1991.*

[330] *Section 3 (b) - (f)* des *Minimum Notice and Terms of Employment Act, 1973.*

[331] Doolan, Ch. 39, S. 376.

[332] *Section 3* i.V.m. *Section 1 (1)* des *Worker Protection (Regular Part-Time Employees) Act, 1991.*

[333] *Section 4 (3) (b)* des *Redundancy Payment Act, 1967.*

[334] Vgl. *Section 7 (2)* des *Redundancy Payment Act, 1967* i.V.m. *Section 4* des *Redundancy Payment Act, 1971;* von Prondzynski / McCarthy, Ch. 8, S. 174; Redmond, Labour Law, Part I, Ch. VI., S. 116.

lichen Einkommen[335]. Die *redundancy payments* werden aus Sozialbeiträgen der Arbeitgeber und einem staatlichen Zuschuß finanziert[336].

In der Regel erhält der Arbeitgeber 60 % der Abfindungszahlung aus dem Sozialversicherungsfond erstattet[337].

i) Der Protection of Employees (Employers' Insolvency) Act, 1984

Der *Protection of Employers (Employers' Insolvency) Act, 1984* setzte die Richtlinie 80 / 987 / EWG des Rates zur Angleichung der Rechtsvorschriften der Mitgliedstaaten über den Schutz der Arbeitnehmer bei Zahlungsunfähigkeit des Arbeitgebers[338] in nationales Recht um.

Das Gesetz erweiterte die Funktion des früheren *Redundancy Fund*[339] durch die Finanzierung von Geldforderungen gegenüber dem Arbeitgeber. War der Arbeitgeber wegen Zahlungsunfähigkeit außerstande, seine finanziellen Verpflichtungen gegenüber dem Arbeitgeber zu erfüllen, kann dieser aus dem Sozialversicherungsfond für einen bestimmten Zeitraum unter anderem die Zahlung von Gehaltsrückständen, Lohnfortzahlung im Krankheitsfalle und während des Urlaubs sowie Geldforderungen aufgrund arbeitsgerichtlicher Entscheidungen verlangen. Außerdem hat er einen Anspruch auf Nachzahlung von Beiträgen, die in ein Betriebsrentensystem zu leisten sind[340].

Die Vorschriften des *Protection of Employees (Employers' Insolvency) Act, 1984* finden keine Anwendung auf Arbeitnehmer, die keiner sozialversicherungspflichtigen Beschäftigung nachgehen[341] oder wöchentlich weniger als acht Stunden arbeiten und nicht nicht seit mindestens 13 Wochen kontinuierlich bei dem Arbeitgeber beschäftigt sind[342].

---

[335] *Schedule 3* des *Redundancy Payments Act, 1967* i.V.m. *Section 19* des *Redundancy Payments Act, 1971* i.V.m. *Section 4 (1)* des *Redundancy Payments Act, 1979.*

[336] *Section 27* des *Redundancy Payments Act, 1967* i.V.m. *Section 2* des *Redundancy Payments Act, 1979;* Department of Social Welfare, Social Welfare Statistics 1990 and Weekly Rates from July 1991.

[337] *Section 29 (1)* des *Redundancy Payments Act, 1967* i.V.m. *Section 6* des *Redundancy Payments Act, 1979* i.V.m. *Section 26* des *Social Welfare Act, 1990.*

[338] ABl. EG 1980 Nr. L 283 / 23.

[339] Mit Wirkung zum 1. Mai 1990 wurde der *Redundancy Fund* aufgelöst. Seitdem werden die Zahlungen aus dem Sozialversicherungsfund geleistet, siehe *Section 26* des *Social Welfare Act, 1990.*

[340] *Section 6* und *7* des *Protection of Employees (Employers' Insolvency) Act, 1984.*

[341] *Section 3* des *Protection of Employees (Employers' Insolvency) Act, 1984.*

[342] *Section 3* i.V.m. *Section 1 (1)* des *Worker Protection (Regular Part-Time Employees) Act, 1991.*

j) Der Worker Protection (Regular Part-Time Employees) Act, 1991

Der *Worker Protection (Regular Part-Time Employees) Act, 1991*[343] nimmt im Rahmen des gesetzlichen Schutzsystem des irischen Arbeitsrechts eine Sonderstellung ein.

Gem. *Section 3* i.V.m. *Section 1(1)* gelten die Vorschriften der *Redundancy Payments Acts, 1967 - 1984*, des *Minimum Notice and Terms of Employment Act, 1973*, des *Holidays (Employees) Act, 1973*, der *Worker Participation (State Enterprises) Acts, 1977 - 1988*, des *Unfair Dismissals Act, 1977*, des *Maternity Protection of Employers Act, 1981* sowie des *Protection of Employees (Employers' Insolvency) Act, 1984* für Arbeitnehmer, die bei dem Arbeitgeber seit nicht weniger als 13 Wochen kontinuierlich beschäftigt sind, gewöhnlich mindestens acht Wochenstunden arbeiten und nicht bereits aufgrund der ursprünglichen Regelungen in den Anwendungsbereich der genannten Gesetze einbezogen sind. Da der *Worker Protection (Regular Part-Time Employees) Act, 1991* die älteren Vorschriften nicht ändert, sondern sie nur für anwendbar erklärt, können Arbeitnehmern entweder Ansprüche allein aufgrund eines der älteren Gesetze oder aufgrund des *Worker Protection (Regular Part-Time Employees) Act, 1991* i.V.m einem dieser Gesetze zustehen.

Daneben enthält der *Worker Protection (Regular Part-Time Employees) Act, 1991* besondere Regelungen zur Berechnung der dreizehnwöchigen Wartezeit[344], zum Urlaubsrecht für regelmäßig Teilzeitbeschäftigte[345] und zur sachlichen Zuständigkeit des *Employment Appeals Tribunal*[346]. Der Erlaß des *Worker Protection (Regular Part-Time Employees) Act, 1991* hat zur einer erheblichen Ausweitung des gesetzlichen Schutzes des Teilzeitarbeitsverhältnisses geführt.

IV. Das kollektive Arbeitsrecht

1. Einführung

Die Arbeitsbedingungen der meisten Arbeitnehmer sind das Ergebnis von Kollektivverhandlungen zwischen Gewerkschaften und Arbeitgeberverbänden oder einzelnen Arbeitgebern. Die Arbeitnehmerschutzgesetze sind demgegenüber in ihrer Eigenschaft als Garant für Mindestarbeitsbedingungen weniger bedeut-

---

[343] Siehe Anhang.

[344] *Section 2 (1)* und *(3)* des *Worker Protection (Regular Part-Time Employees) Act, 1991*.

[345] *Section 4* des *Worker Protection (Regular Part-Time Employees) Act, 1991*.

[346] *Section 2 (2)* und *Section 5* des *Worker Protection (Regular Part-Time Employees) Act, 1991*.

sam. Das irische Arbeitsrecht spiegelt den sozialen Stellenwert der Beziehungen zwischen den Sozialpartnern nicht wider[347]. Während sich das Individualarbeitsrecht in den beiden letzten Jahrzehnten durch den Erlaß zahlreicher Arbeitnehmerschutzgesetze erheblich gewandelt hat, sind die kollektivrechtlichen Normen mehr oder weniger das Resultat britischer Gesetzgebung geblieben.

Der englische *Trade Union Act, 1871* und der *Conspiracy and Protection of Property Act, 1875* regeln nachwievor das kollektive Arbeitsrecht in Irland[348]. Sie werden von den irischen *Trade Union Acts, 1941-1982* und den *Industrial Relations Acts, 1946-1990* ergänzt[349]. Der Erlaß dieser neueren Gesetze auf dem Gebiete des kollektiven Arbeitsrechts wurde nicht zuletzt durch die Verfassung von 1937 veranlaßt, die in *Art. 40.6.1°iii* ein Recht auf Gründung von Vereinigungen regelt[350]. Im folgenden wird ein Überblick über die Grundbegriffe des kollektiven Arbeitsrechts in Irland gegeben.

2. Der Begriff der Koalition

Anknüpfungspunkt für das kollektive Arbeitsrecht in Irland ist der Begriff der *trade union*. Die *Trade Union Acts, 1871-1982* definieren „*trade union"* als zeitweiligen oder dauerhaften Zusammenschluß, deren wesentliches Ziel entweder die Regelung der Beziehungen zwischen den Arbeitsvertragsparteien, zwischen einzelnen Arbeitnehmern oder Arbeitgebern untereinander oder die Auferlegung einschränkender Bedingungen für die Führung eines Unternehmens oder die Schaffung von Vorteilen für ihre Mitglieder ist. Gleichgültig ist, ob sie ohne die Vorschriften des *Trade Union Act, 1871* rechtswidrige Vereinigungen wären[351]. Entscheidendes Kriterium ist somit die Zielsetzung der Vereinigung und nicht die Mitgliedschaft von Arbeitnehmern oder Arbeitgebern. Daher

---

[347] Vgl. von Prondzynski / McCarthy, Ch. 1, S. 3.

[348] Mit Ausnahme von *Section 3* des *Conspiracy and Protection of Property Act, 1875,* der durch *Section 7* i.V.m. der *Second Schedule* des *Industrial Relations Act, 1990* aufgehoben wurde.

[349] Vgl. Redmond, Labour Law, Introduction, III, S. 48. Die englischen kollektivrechtlichen Normen haben sich in erheblich größerem Umfang geändert als das irische Recht; Trine, Ch. 5, S. 61.

[350] Kerr / Whyte, Irish Trade Union Law, Preface, X.

[351] *Section 23* des *Trade Union Act, 1871* und *Section 2 (1)* des *Trade Union Act, 1913.* Siehe die Zusammenfassung der Definition bei Kerr / Whyte, Ch. 2, S. 39: „*...any combination, whether temporary or permanent, the principal object of which are under its constitution the regulation of the relations between workmen and masters, or between workmen and workmen, or between masters and masters, or the imposing of restrictive conditions on the conduct of any trade or business, and also the provision of benefits to members, whether such combination would or would not, if the Trade Union Act 1871 had not been passed, have been deemed to have been an unlawful combination by reason of some one or more of its purposes being in restraint of trade...".*

können, anders als die wörtliche Übersetzung nahelegt, auch Arbeitgeberverbände dem Begriff der *Trade Union* unterfallen[352].

Die weite Definition der *Trade Union* trifft noch keine Aussage über ihren rechtlichen Status. Dafür ist bestimmend, ob es sich um eine eingetragene, nicht eingetragene oder um eine autorisierte Vereinigung handelt[353]. Gem. *Section 6* des *Trade Union Act, 1871* können sieben oder mehr Mitglieder einer Gewerkschaft oder eines Arbeitgeberverbandes die Eintragung ihrer Vereinigung als *Trade Union* verlangen, wenn sie rechtmäßige Zwecke verfolgt. Die Eintragung verleiht ihr eine gewisse Rechtspersönlichkeit, die in *Taff Vale Railway Co. v. Amalgamated Society of Railway Servants*[354] als quasi-körperschaftlicher Status qualifiziert wurde[355]. Im Unterschied zu den nicht eingetragenen Vereinigungen können die *registered trade unions* daher unter ihrem Namen klagen und verklagt werden[356]. Die Eintragung hat jedoch nicht zur Folge, daß die Koalition im eigenen Namen Eigentum halten und darüber verfügen kann; dafür ist die Einsetzung eines Treuhänders erforderlich[357]. Das Schriftstück, in dem die Registrierung festgehalten ist, beweist abschließend, daß die Vereinigung die gesetzlich normierten Eintragungsvoraussetzungen erfüllt und als *trade union* im Sinne der *Trade Union Acts, 1871-1982* anerkannt ist[358].

Die nicht eingetragenen Vereingungen haben demgegenüber keine körperschaftsähnliche Struktur. Ihre Rechtsnatur ist mit der eines *social club* zu vergleichen[359]. Zwar können auch sie von der zuständigen Eintragungsbehörde die Aushändigung eines Zertifikats verlangen, das ihren Status als *trade union* beweist. Sie erhalten dadurch aber keine eigene Rechtspersönlichkeit[360].

Allein die Eintragung berechtigt die *trade union* noch nicht, Kollektivverhandlungen zur Bestimmung des Lohnes oder der sonstigen Arbeitbedingungen zu führen. Gem. *Section 6* des *Trade Union Act, 1941* ist dafür außerdem die

---

[352] Kerr / Whyte, Ch. 2, S. 39, 40; vgl. Redmond, Labour Law, Part II, Ch. II, S. 147, 148.

[353] Redomond, Labour Law, Part II, Ch. II, S. 146.

[354] [1901] A.C. 426.

[355] von Prondzynski / McCarthy, Ch. 2, S. 13; Kerr / Whyte, Ch. 2, S. 66.

[356] Kerr / Whyte, Ch. 2, S. 50; von Prondzynski / McCarthy, Ch. 2, S. 13; Redmond, Labour Law, Part II, Ch. II, S. 147.

[357] von Prondzynski / McCarthy, Ch. 2, S. 13; Redmond, Labour Law, Part II, Ch, II, S. 146.

[358] *Section 2 (1) des Trade Union Act, 1913;* Kerr / Whyte, Ch. 2, S. 44; von Prondzynski / McCarthy, Ch 2, S. 13.

[359] Kerr / Whyte, Ch. 2, S. 62.

[360] Kerr / Whyte, Ch. 2, S. 41. Von dieser Möglichkeit machen nur sehr wenige Gewerkschaften Gebrauch, Kerr / Whyte, Ch. 2, S. 42.

Erteilung einer Verhandlungsgenehmigung durch den Arbeitsminister notwendig[361]. Koalitionen, die ohne Verhandlungsgenehmigung an Kollektivverhandlungen teilnehmen, machen sich eines Vergehens schuldig. Eine Ausnahme davon gilt jedoch unter anderem für Arbeitnehmervereinigungen des öffentlichen Dienstes und einzelne Arbeitgeber, die die Arbeitsbedingungen unmittelbar mit den Arbeitnehmern vereinbaren wollen; sie benötigen dazu keine Verhandlungsgenehmigung[362].

Die Erteilung einer Verhandlungsgenehmigung setzt voraus, daß die Vereinigung aus mindestens 1000 Mitgliedern besteht und sie eine bestimmte Geldsumme bei dem *High Court* hinterlegt[363]. Die Höhe dieses Betrages bestimmt sich nach der Größe der Gewerkschaft oder des Arbeitgeberverbandes. Zum Beispiel sind £ 20.000 zu hinterlegen, wenn die Vereinigung nicht mehr als 2000 Mitglieder hat[364].

Der Besitz einer Verhandlungsgenehmigung berechtigt neben dem Herbeiführen von Tarifabschlüssen zum Einsatz von Arbeitskampfmaßnahmen, denn nur autorisierte Vereinigungen unterfallen den *Industrial Relations Acts, 1946-1990*. Außerdem greift der *Unfair Dismissals Act, 1977* nur hinsichtlich der Gewerkschaften mit Verhandlungsgenehmigung ein[365].

3. Die Koalitonsfreiheit

Die Koalitionsfreiheit ist in Irland ebenso wie in der Bundesrepublik[366] verfassungsrechtlich garantiert. *Art. 40.6.1°iii* der Verfassung von 1937 bestimmt:

> *„The State guarantees liberty for the exercise of the following rights subject to public order and morality:*
> *— The right of citizen to form associations and unions. Laws however, may be enacted for the regulation and control in the public interest of the exercise of the foregoing right."*

---

[361] Vereinigungen, die ihren Stammsitz außerhalb Irlands haben, benötigen für die Erteilung einer Verhandlungsgenehmigung keine Eintragung, *Section 7 (1) (a)* des *Trade Union Act, 1941*.

[362] Zu den Ausnahmen: *Section 6 (3)* des *Trade Union Act, 1941* i.V.m. *Section 2* und *3* des *Trade Union Act, 1942* i.V.m. *Section 56* und *65* des *Industrial Relations Act, 1946* i.V.m. *Section 6* des *Industrial Relations Act, 1976*.

[363] *Section 2 (1) (b)* des *Industrial Relations Act, 1971* i.V.m. *Section 21 (2)* des *Industrial Relations Act, 1990*.

[364] *Paragraph 1* der *Third Schedule* des *Industrial Ralatons Act, 1990*.

[365] Siehe die Legaldefinion der *trade union* in *Section 1* des *Unfair Dismissals Act, 1977;* vgl. Kerr / Whyte, Ch. 2, S. 61, 62.

[366] Siehe Art. 9 Abs. 3 GG.

Art. 40.6.1°iii der Verfassung schützt entsprechend seinem ausdrücklichen Wortlaut nur das kollektive Recht, Koalitionen zu gründen. Ein individuelles Recht des Arbeitnehmers auf Mitgliedschaft in einer Gewerkschaft wird hingegen nicht gewährt. Die Gewerkschaften sind daher grundsätzlich nicht verpflichtet, jeden Arbeitnehmer aufzunehmen[367].

Das Recht, Koalitionen zu gründen, umfaßt nach höchstrichterlicher Rechtsprechung auch die negative Koalitionsfreiheit. So hielt es der *High Court* für unzulässig, bereits eingestellte Arbeitnehmer zu dem Beitritt in eine bestimmte Gewerkschaft zu zwingen[368]. Hingegen scheint *Art. 40.6.1°iii* nicht verletzt, wenn die Gewerkschaftszugehörigkeit als Einstellungsvoraussetzung verlangt wird[369]. Darüberhinaus schützt die Koalitionsfreiheit das Recht der Arbeitnehmer auf Teilnahme an innergewerkschaftlichen Entscheidungsprozessen. Dies schließt jedoch die Befugnis der Gewerkschaften nicht aus, einschränkende Regelungen zu erlassen[370].

In *Federation of Irish Rail and Road Workers*[371] und *Abbott and Whelan v. ITGWU and the Southern Health Board*[372] entschied der *High Court* daß *Art. 40.6.1°iii* den Gewerkschaften keinen Anspruch darauf verleiht, mit anderen Gewerkschaften oder dem Arbeitgeber in Verhandlungen zu treten. Der Arbeitgeber kann danach nicht gezwungen werden, mit einer Gewerkschaft nach Wahl des Arbeitnehmers zu verhandeln[373].

Obwohl die Grundrechte auch in Irland im allgemeinen als Abwehrrechte gegen den Staat gesehen werden[374], lassen die erwähnten Entscheidungen erkennen, daß die Koalitionsfreiheit ebenso wie in der Bundesrepublik[375] auch im

---

[367] Tierney v. Amalgamated Society of Woodworkers [1959] I.R. 254; Murphy v. Stewart [1973] I.R. 97; Kerr / Whyte, Ch. 1, S. 6.

[368] Sogenannter *„post-entry closed shop"*, Kerr / Whyte, Ch. 1, S. 13; Educational Co. of Ireland Ltd. v. Fitzpatrick [1961] I.R. 354; Meskell v. Coras Iompair Eireann [1973] I.R. 121.

[369] Sogenannter *pre-entry closed shop*, Kerr / Whyte, Ch. 1, S. 13. Die Folgerung der Rechtsprechung, aus dem kollektiven Recht, Koalitionen zu gründen, als Gegenstück ein individuelles Recht auf negative Koalitionsfreiheit abzuleiten, ist logisch nicht ganz korrekt, vgl. Kerr / Whyte, Ch. 1, S. 12, 13.

[370] Rodgers v. I.G.T.W.U., H.C., 15. März 1978.

[371] [1942] Ir.Jur.Rep. 33.

[372] H.C., 2. Dezember 1980.

[373] Nicht geklärt ist bislang die Frage, ob die Koaltionsfreiheit das Recht der Gewerkschaften umfaßt, rechtmäßige Kampfmittel einzusetzen, Kerr / Whyte, Ch. 1, S. 23. Nach Ansicht der englischen und amerikanischen Rechtsprechung beinhaltet die verfassungsrechtlich garantierte Koaltionsfreiheit kein Recht auf Streik, Collymore v. Attorney General [1970] A.C. 538, 547; Public Service Alliance of Canada v. The Queen in the right of Canada (1984) 11 D.L.R. (4th) 337, 358.

[374] Vgl. oben 2. Kapitel, § 1 II 1 a.

[375] Siehe Art. 9 Abs. 3 GG.

Verhältnis zwischen Gewerkschaften und Arbeitnehmern und den Arbeitsvertragsparteien untereinander wirkt[376]. Eine unmittelbare Drittwirkung von *Art. 40.6.1°iii* der Verfassung kann nach den Umständen des Einzelfalles zu bejahen sein.

Die Koalitionsfreiheit wird nicht vorbehaltlos gewährt. *Art. 40.6.1°iii* bestimmt, daß im öffentlichen Interesse Gesetze erlassen werden können, um deren Ausübung zu kontrollieren. Gem. *Art. 40.6.2°* dürfen diese Regelungen die Arbeitnehmer jedoch nicht aus politischen, religiösen oder klassenabhängigen Gründen diskriminieren. Außerdem findet die Koalitionsfreiheit ihre Grenze an den verfassungsrechtlich garantierten Rechten Dritter[377].

Fraglich ist, ob der Gesetzgeber sich mit der Normierung des Erfordernisses einer Verhandlungsgenehmigung innerhalb seiner Regelungsbefugnis gehalten hat[378]. Erst 1990 erhöhte er durch die Heraufsetzung der Mindestzahl der Mitglieder von 500 auf 1000 und der zu hinterlegenden Geldsumme die Hürde für die Erteilung der Genehmigung[379].

Das Erfordernis der Verhandlungsgenehmigung bezweckt, die große Zahl der Gewerkschaften in Irland auf ein funktionsfähiges Maß zu reduzieren[380]. Noch heute ist die irische Gewerkschaftsbewegung in eine Vielzahl berufsunabhängiger Gewerkschaften, *white collar*-Gewerkschaften[381] und Berufsgewerkschaften gespalten, die sich wiederum in Gewerkschaften irischer und britischer Herkunft aufgliedern[382]. Dies führt aufgrund der Dezentralisierung von Entscheidungsprozessen zur Schwächung der Durchsetzungskraft der einzelnen Gewerkschaften. Außerdem wird die Wahrnehmung der gewerkschaftlichen Ziele durch kostspielige Streitigkeiten miteinander rivalisierender Gewerkschaften beeinträchtigt[383].

---

[376] Siehe zum Beispiel Meskell v. Coras Iompair Eireann [1973] I.R. 121.

[377] Crowley v. Ireland [1980] I.R. 102, 110; Murphy v. Stewart [1973] I.R. 97, 117; Kerr / Whyte, Ch. 1, S. 29; Redmond, Labour Law, Part II, Ch. II, S. 141, 142.

[378] Vgl. Kerr / Whyte, Ch. 2, S. 54, Fn 96. Die Autoren bezweifeln, ob das Erfordernis der Verhandlungsgenehmigung hinsichtlich der gesetzlich verlangten Mindestzahl von Mitgliedern verfassungsgemäß ist.

[379] *Section 21 (2)* und *21 (3)* i.V.m. der *Third Schedule* des *Industrial Relations Act, 1990*.

[380] von Prondzynski / McCarthy, Ch. 2, S. 20.

[381] Angestelltengewerkschaften.

[382] Däubler / Lecher, Die Gewerkschaften in den 12 EG-Ländern, Teil II, S. 189; vgl. Redmond, Labour Law, Part II, Ch. II, S. 143. Das breite Spektrum der Gewerkschaften täuscht darüber hinweg, daß sich ihre Mitglieder auf die wenigen großen Koalitionen konzentrieren. So sind 70 % aller Gewerkschaftsmitglieder in den 12 größten Gewerkschaften organisiert, Redmond, Labour Law, Part II, Ch. II, S. 144.

[383] Kerr / Whyte, Ch. 1, S. 1.

Diese aus dem *multi-unionism* resultierenden Nachteile für die Arbeitnehmer sprechen dafür, daß der Gesetzgeber mit der Normierung des Genehmigungs- erfordernisses die verfassungsrechtlich garantierte Koalitionsfreiheit nicht ver- letzt hat. Auch in der Bundesrepublik verlangt die Rechtsprechung als Voraus- setzung für die Tariffähigkeit eine gewisse Mächtigkeit der Gewerkschaften[384].

Problematisch ist jedoch, daß der irische Gesetzgeber mit *Section 6* des *Trade Union Act, 1941* einen typisierenden Ausschlußtatbestand geschaffen hat, der jede Einzelfallbeurteilung von vornherein ausschließt. So kann es beispielsweise auch dann an einer hinreichenden Durchsetzungskraft fehlen, wenn die Gewerk- schaft mehr als 1000 Mitglieder hat und in der Lage ist, die erforderliche Geld- summe zu hinterlegen. Andererseits kann die Mächtigkeit einer nicht genehmi- gungsfähigen Organisation unter der Voraussetzung gegeben sein, daß der be- treffende Berufs- oder Industriezweig im übrigen nicht vertreten wird. Da somit die von den *Trade Union Acts, 1946-1990* vorausgesetzte Gesetzmäßigkeit hin- sichtlich eines funktionsfähigen Gewerkschaftswesens fehlt, wäre eine am Einzelfall orientierte Beurteilung der Tariffähigkeit gegenüber dem pragmati- schen Ansatz des irischen Gesetzgebers die vorzugswürdige Lösung gewesen. Dies bestätigt die bis heute bestehende Aufspaltung der irischen Gewerkschafts- bewegung, die zeigt, daß die Einführung des Genehmigungserfordernisses ihr Ziel letztlich nicht erreicht hat[385].

Interessengerechtere Ergebnisse könnten erzielt werden, wenn der zuständige Arbeitsminister die Erfüllung der gesetzlichen Voraussetzungen als ein Indiz für die Tariffähigkeit heranziehen würde, das bei Vorliegen besonderer Umstände widerlegbar ist. Eine solche Auslegung der Vorschriften des *Trade Union Act, 1941* scheint auf dem Boden des geltenden Rechts nur im Wege richterlicher Rechtsfortbildung möglich.

4. Die Rechtssetzung auf kollektiver Ebene

Die wesentliche Aufgabe autorisierter Gewerkschaften besteht nach dem *Trade Union Act, 1941* in dem Führen von Verhandlungen, die auf den Ab- schluß von Kollektivvereinbarungen über die Lohnhöhe und sonstige Arbeits- bedingungen gerichtet sind[386]. Obwohl seit dem Ende der 60er Jahre zunehmend

---

[384] BAG, Urt. v. 15.3.1977, AP Nr. 24 zu Art. 9 GG; siehe auch BVerfG, Beschluß vom 20.10. 1981, AP Nr. 31 zu § 2 TVG.

[385] Vgl. Wölke, Die Auswanderer, Zur Lage der irischen Gewerkschaftsbewegung, gr 8 / 1989, 27, 31. Ob die neuerliche Anhebung der Erteilungsvoraussetzungen durch den *Industrial Relations Act, 1990* dies zu leisten vermag, muß bezweifelt werden.

[386] Siehe den Titel des *Trade Union Act, 1941*.

Gesetze in Regelungsbereiche eingreifen, die bis dahin der kollektiven Normsetzung vorbehalten waren, sind Kollektivvereinbarungen heute noch die bedeutsamste Rechtsquelle für die meisten Arbeitnehmer[387]. Die gesetzlichen Vorschriften regeln nur Mindestarbeitsbedingungen, die als faktische Grundlage für die Kollektivverhandlungen zwischen den Sozialpartnern dienen[388].

Der Prozeß des *collective bargaining* hat in der irischen Rechtslehre viel Beachtung gefunden[389]; er kann als terminus technicus für das Verfahren der kollektiven Regelung der Arbeitsbeziehungen verstanden werden. Für die Kollektivverhandlungen ist charakteristisch, daß sie darauf abzielen, miteinander konkurrierende Interessen der Arbeitnehmer- und Arbeitgeberseite in Einklang zu bringen. Der ihnen zugrunde liegende Interessenwiderstreit ist abzugrenzen von einem *conflict of rights,* der eine schon bestehende vertragliche oder gesetzliche Verpflichtung voraussetzt[390].

Der Gesetzgeber hat seine wesentliche Aufgabe darin gesehen, aus dem *common law* oder Gesetzesrecht resultierende Hindernisse zu beseitigen, die der Freiheit der Kollektivverhandlungen entgegenstanden[391]. Darüberhinaus hat er mit der Einsetzung des *Labour Court*[392] ein Instrument geschaffen, das die Parteien bei der Schlichtung ihres Interessenkonfliktes unterstützen soll[393].

Haben die Gewerkschaft und die Arbeitgeberseite eine Einigung erzielt, mündet das *collective bargaining* in den Abschluß einer Kollektivvereinbarung. Ihr Inhalt geht über den einer einzelvertraglichen Vereinbarung hinaus, da sie für eine Mehrheit von Arbeitnehmern sowohl detaillierte Arbeitsbedingungen festlegt als auch formelle Vorschriften zur Regelung der Beziehungen zwischen den Sozialpartnern enthält[394].

Anders als das deutsche Arbeitsrecht verfügt das irische Recht über kein Tarifvertragsgesetz, das nähere Bestimmungen zur tariflichen Normsetzung trifft. Im anglo-irischen Rechtskreis ist anerkannt, daß Kollektivvereinbarungen für die Tarifvertragsparteien keine bindende Wirkung entfalten. Sie begründen nur dann

---

[387] Kerr / Whyte, Ch. 6, S. 143; vgl. Grimes / Horgan, Ch. 16, S. 294.

[388] Kerr / Whyte, Ch. 6, S. 143, 144.

[389] Siehe Kerr / Whyte, Ch. 6, S. 143 - 165; von Prondzynski / McCarthy, Ch. 2, S. 23 -25; Grimes / Horgan, Ch. 16, S. 297, 298; Redmond, Labour Law, Part II, Ch. IV, S. 156 ff.

[390] von Prondzynski / McCarthy, Ch. 2, S. 24.

[391] Kerr / Whyte, Ch. 6, S. 144. Siehe zum Beispiel die Regelungen zur Rechtmäßigkeit von Arbeitskampfmaßnahmen im *Industrial Relations Act, 1990* und zur rechtlichen Stellung von Gewerkschaften in den *Trade Union Act, 1871 - 1990.*

[392] *Section 10* des *Industrial Relations Act, 1946.*

[393] von Prondzynski / McCarthy, Ch. 2, S. 24, 25.

[394] Kerr / Whyte, Ch. 6, S. 145, 146.

Rechte und Pflichten der Vertragsparteien, wenn sie ausdrücklich oder stillschweigend in den Einzelarbeitsvertrag der Arbeitnehmer einbezogen sind[395].

Eine besondere Form der Kollektivvereinbarungen sind die *registered employment agreements*. Jede Partei der Vereinbarung ist berechtigt, bei dem *Labour Court* deren Eintragung zu verlangen[396]. Die Eintragung hat zur Folge, daß der Kollektivvertrag innerhalb seines sachlichen Geltungsbereichs für sämtliche Arbeitnehmer rechtsverbindlich ist; ihre Arbeitsverträge werden automatisch dem Inhalt der eingetragenen Vereinbarung automatisch angepaßt[397]. Verstößt der Arbeitgeber gegen Bestimmungen eines *registered employment agreement,* kann dies von der anderen Partei vor dem *Labour Court* geltend gemacht werden. Das Gericht ist befugt, ein Ordnungsgeld zu verhängen, wenn der Arbeitgeber fortfährt, der eingetragenen Vereinbarung zuwiderzuhandeln[398]. Aufgrund der Rechtsfolgen der Eintragung wird in der Praxis nur wenig Gebrauch von dieser Möglichkeit gemacht[399].

Die Kollektivvereinbarungen würden häufig leerlaufen, wenn den Gewerkschaften und der Arbeitnehmerseite keine sozialen Sanktionen zur Verfügung stünden, um ihren Forderungen Nachdruck zu verleihen. Daher ist das Arbeitskampfrecht ein wesentlicher Bestandteil des *collective bargainig*[400]. Liegt zwischen den Parteien ein *trade dispute*[401] vor, sind sie berechtigt, verschiedene Kampfmittel zu ergreifen. Die stärkste Waffe der Gewerkschaften ist der Streik[402], dem auf Seiten des Arbeitgebers die Aussperrung gegenübersteht[403]. Daneben können als weitere Kampfmittel auf Arbeitnehmerseite das Aufstellen von Streikposten, die Verweigerung von Überstunden und die Verringerung der Arbeitsleistung[404] in Betracht kommen[405].

---

[395] Vgl. oben 2. Kapitel § 1 II 1 d.

[396] *Section 27* des *Industrial Relations Act, 1946;* die Eintragung erfolgt nur, wenn beide Parteien damit einverstanden sind.

[397] *Section 30* des *Industrial Relations Act, 1946.* Vgl. in der Bundesrepublik die Allgemeinverbindlichkeitserklägrung gem. § 5 TVG.

[398] *Section 10* des *Industrial Relations Act, 1969.*

[399] von Prondzynski / McCarthy, Ch.4, S.64; Kerr / Whyte, Ch.6,S.152.

[400] Kerr / Whyte, Ch. 8, S. 204.

[401] Siehe die Legaldefinition in *Section 8* des *Industrial Relations Act, 1990.*

[402] Siehe die Legaldefinition in *Section 6* des *Redundancy Payments Act, 1967.* Danach ist unter dem Begriff des Streiks eine gemeinsame Arbeitsniederlegung zu verstehen, die dazu dient, den Arbeitgeber zur Akzteptierung eigener Arbeitsbedingungen oder Arbeitsbedingungen zugunsten fremder Arbeitnehmer zu zwingen. Somit ist auch der Sympathiestreik erfaßt.

[403] Kerr / Whyte, Ch. 8, S. 205; Grimes / Horgan, Ch. 16, S. 297.

[404] Durch *go-slows* oder *working to rule.*

[405] Kerr / Whyte, Ch. 8, S. 205.

Die rechtlichen Grundlagen des Arbeitskampfes finden sich heute im *Industrial Relations Act, 1990*. Auch in der Neufassung des *Trade Disputes Act, 1906* verzichtete der Gesetzgeber auf die Normierung postiver Rechte auf Ergreifung von Arbeitskampfmaßnahmen. Statt dessen gewährt er den Beteiligten Schutz vor zivil- und strafrechtlicher Sanktionen[406].

V. Das Recht der Arbeitnehmermitbestimmung im Betrieb und Unternehmen

Im Gegensatz zu den meisten anderen westeuropäischen Staaten verfügt Irland über kein entwickeltes System betrieblicher Mitbestimmung. Weder Gesetzgebung noch Kollektivvereinbarungen statuieren eine vergleichbare Form der Arbeitnehmerbeteiligung auf betrieblicher Ebene[407]. Einzig die *Worker Participation (State Enterprises) Acts, 1977-1988* regeln für elf halbstaatliche Unternehmen die Möglichkeit der Arbeitnehmerrepräsentation.

Nach den Vorschriften des *Worker Participation (State Enterprises) Act, 1977* ist ein Drittel des Vorstandes mit Vertretern der Arbeitnehmerseite zu besetzen, die von den Gewerkschaften oder anderen repräsentativen Organisationen für die Wahl nominiert werden[408]. Wählbar ist, wer in dem betreffenden Unternehmen seit mindestens drei Jahren kontinuierlich beschäftigt ist, nicht weniger als acht Wochenstunden arbeitet und zwischen 18 und 65 Jahren alt ist[409]. Die *worker directors* werden für eine Dauer von drei Jahren gewählt. Das aktive Wahlrecht der Arbeitnehmer setzt neben einem Mindestalter von 18 Jahren voraus, daß der Arbeitnehmer seit mindestens einem Jahr in dem Unternehmen ununterbrochen beschäftigt sind und wöchentlich nicht weniger als 8 Stunden arbeiten[410].

Der *Worker Participation (State Enterprises) Act, 1988* sieht neben der Arbeitnehmerbeteiligung im Vorstand für 35 halbstaatliche Unternehmen eine zweite Stufe der Mitbestimmung vor. Gem. *Section 3* i.V.m. *Section 6 (1)* des Gesetzes können auf Verlangen der Gewerkschaft oder der Mehrheit der Arbeitnehmer *consultative arrangements* zwischen Vertretern von Arbeitgeber- und Arbeitnehmerseite getroffen werden. Aufgrund dieser Vereinbarungen soll die

---

[406] Vgl. Grimes / Horgan, Ch. 16, S. 296, 297. Da das Arbeitskampfrecht für Teilzeitbeschäftigte weniger bedeutsam ist, sollen sich die Ausführungen dazu hierauf beschränken.

[407] von Prondzynski / McCarthy, Ch. 1, S. 6.

[408] *Section 11 (1)* des *Worker Participation (State Enterprises) Act, 1977*.

[409] *Section 11 (1)* i.V.m. *Section 1* des *Worker (Participation State Enterprises) Act, 1977* i.V.m. *Section 3* und *Section 1 (1)* des *Worker Protection (Regular Part-Time Employees) Act, 1991*.

[410] *Section 10 (1)* und *(2) (a) (b)* des *Worker Participation (State Enterprises) Act, 1977*; *Section 13 (d)* des *Worker Participation (State Enterprises) Act, 1988* i.V.m. *Section 3* und *Section 1 (1)* des *Worker Protection (Regular Part-Time Employees) Act, 1991*.

Unternehmensleitung insbesondere dazu verpflichtet sein, die Arbeitnehmer regelmäßig über Vorgänge zu informieren, die ihre Interessen berühren. Im übrigen ist es den Verhandlungspartnern überlassen, im Rahmen des *consultative arrangement* festzulegen, welche Informationen mitzuteilen sind[411].

Für private Unternehmen gibt es in der Republik Irland kein formalisiertes Verfahren der Arbeitnehmermitbestimmung. Es ist daher von der Eigeninitiative der Beschäftigten, der Art, Größe und Organisation des jeweiligen Betriebes abhängig, ob eine freiwillige Form der Mitbestimmung praktiziert wird[412]. In einigen Unternehmen werden Vertrauensleute gewählt, Arbeiterräte oder gemeinsame Ausschüsse gebildet, die beratende Funktionen wahrnehmen[413].

Die vergleichsweise geringe Bedeutung der Arbeitnehmermitbestimmung in Irland ist einerseits darauf zurückzuführen, daß Arbeitgeber eine betriebliche Repräsentation ablehnen. Andererseits haben die Gewerkschaften in der Vergangenheit die Idee der Arbeitnehmerbeteiligung wegen der Vorrangigkeit anderer Themen nicht immer genügend unterstützt[414].

Erst seit 1990 wird ernsthaft über die Ausdehnung der Arbeitnehmermitbestimmung auf private Unternehmen diskutiert. In einer gemeinsamen Erklärung vom Juli 1991 sprachen sich der ICTU und der FIE für eine stärkere Arbeitnehmerbeteiligung aus[415]. Noch sind Kollektivverhandlungen die einzig durchgängige Form der Mitbestimmung[416].

VI. Die Arbeitsgerichtsbarkeit

1. Einführung

Die Arbeitsgerichtsbarkeit wird in der Republik Irland von zwei verschiedenen Gerichten[417], dem *Labour Court* und dem *Employment Appeals Tribunal,* ausgeübt. Sie sind keine Gerichte im herkömmlichen Sinne, sondern sogenannte *quasi-judicial tribunals*[418], deren Aufgaben denen der ordentlichen Gerichte nur angenähert sind.

---

[411] Section 6 (2) des *Worker Participation (State Enterprises) Act, 1988.*

[412] FIE, FIE / ICTU Joint Declaration on Employee Involvement in the Private Sector, 3., S. 3.

[413] Redmond, Labour Law, Part II, Ch. III, S. 154.

[414] von Prondzynski / McCarthy, Ch. 1, S. 8.

[415] FIE, FIE / ICTU Joint Declaration, 6., S. 4.

[416] Vgl. Redmond, Labour Law, Part II, Ch. III, S. 153.

[417] Wenn im folgenden von „Gericht" die Rede ist, wird dieser Begriff untechnisch verwandt.

[418] von Prondzynski / McCarthy, Ch. 9, S. 200. Insoweit ist die Bezeichnung „Labour Court" irreführend.

Die Einsetzung des *Labour Court* und des *Employment Appeals Tribunal* beruht auf *Art. 37.1* der Verfassung von 1937, der bestimmt, daß begrenzte Funktionen und Befugnisse richterlicher Art kraft gesetzlicher Ermächtigung auf Körperschaften oder Personen übertragen werden können, die keine Gerichte oder Richter sind[419]. *Art. 37.1* bildet damit eine Ausnahme zu *Art. 34.1*, der die Rechtspflege den Richtern in den aufgrund gesetzlicher Vorschrift eingesetzten Gerichten zuweist.

Diese verfassungsrechtliche Legitimation der irischen Arbeitsgerichtsbarkeit hat zur Folge, daß das arbeitsgerichtliche Verfahren zum Teil erheblich von dem Verfahren vor den *courts of law* abweicht. Wie die folgende Darstellung zeigen wird, ergeben sich insbesondere Unterschiede hinsichtlich der Vollstreckbarkeit arbeitsgerichtlicher Entscheidungen und der Durchführung des Verfahrens[420].

2. Der Labour Court

Die Errichtung des *Labour Court* geht auf *Section 10* des *Industrial Relations Act, 1946* zurück. Er setzt sich aus einem Vorsitzenden, drei stellvertretenen Vorsitzenden und acht ordentlichen Mitgliedern zusammen, die anteilig den Gewerkschaftsverband und den Arbeitgeberverband repräsentieren. Die Mitglieder des Gerichts sind auf vier verschiedene Kammern verteilt[421]. Nicht erforderlich ist, daß sie Juristen sind[422]. Bis heute haben die jeweiligen Arbeitsminister keinen *barrister* oder *solicitor* zu Vorsitzenden ernannt, um die Abgrenzung des *Labour Court* von den *courts of law* in der Öffentlichkeit zu dokumentieren[423].

a) Zuständigkeit zur Schlichtung von trade disputes

Die wesentliche Aufgabe des *Labour Court* liegt in der Harmonisierung der Arbeitsbeziehungen zwischen der Arbeitnehmer- und Arbeitgeberseite[424]. Er steht den Arbeitsvertragsparteien oder ihren Repräsentanten insbesondere dann als

---

[419] von Prondzynski / McCarthy, Ch. 9, S. 201.

[420] Vgl. von Prondzynski / McCarthy, Ch. 9, S. 201.

[421] *Section 2* des *Industrial Relations Act, 1969* i.V.m. *Section 9* des *Industrial Relations Act, 1976;* Kerr / Whyte, Ch. 12, S. 338.

[422] Kerr / Whyte, Ch. 12, S. 339.

[423] von Prondzynki / McCarthy, Ch. 2, S. 28.

[424] Kerr / Whyte, Ch. 12, S. 338; vgl. von Prondzynski / McCarthy, Ch. 2, S. 28.

Schlichtungsinstrument zur Verfügung, wenn ein *trade dispute* vorliegt. *Section 8 des Industrial Relations Act, 1990* definiert „*trade dispute*" als

„... *any dispute between employers and workers, which is connected with the employment or non-employment, or the terms or conditions of or affecting the employment of any person, ..."*

Verschiedene Fallgestaltungen können einer solchen Streitigkeit zugrunde liegen: Es handelt sich beispielsweise um einen *trade dispute,* wenn die Arbeitnehmerseite geltend macht, daß auch Teilzeitbeschäftigten Leistungen zustehen, die kraft einzel oder kollektivvertraglicher Vereinbarungen nur Vollzeitbeschäftigten gewährt werden[425] oder wenn nach einer einseitigen Reduzierung der Wochenarbeitszeit durch den Arbeitgeber die Wiederherstellung der ursprünglichen Arbeitszeit verlangt wird[426]. Außerdem kann ein *trade dispute* in dem Fall vorliegen, daß sich die Sozialpartner nach Ablauf einer Kollektivvereinbarung nicht auf eine Lohnerhöhung einigen konnten[427].

Die Legaldefinition des *trade dispute* eröffnet dem *Labour Court* somit eine weite Zuständigkeit. Sie setzt nicht voraus, daß um bestehende Ansprüche aus dem Arbeitsverhältnis gestritten wird. Für die Geltendmachung arbeitsvertraglicher Ansprüche und gesetzlicher Rechte sind in erster Linie die *courts of law* und kraft spezialgesetzlicher Zuweisung der *Employments Appeal Tribunal* zuständig.

Gelingt es der Arbeitnehmer- und Arbeitgeberseite nicht, eine *trade dispute* zu schlichten, können sie zunächst die *Labour Relations Commission* anrufen[428], die gem. *Section 24 ff des Industrial Relations Act, 1990* an die Stelle der bis dahin zuständigen *Industrial Relations Officer*[429] getreten ist. Die *Labour Relations Commission,* die aus einem Vorsitzenden, jeweils zwei Vertretern von

---

[425] Zum Beispiel Dunnes Stores, Navan v. Irish Union of Distributive Workers and Clerks LCR No. 9007; Mater Hospital v. Federated Workers' Union of Ireland LCR No. 9812; Munster Cleaning Services Ltd. v. Irish Transport and General Workers' Union LCR No. 9788; Roches Stores v. Irish Distributive and Administrative Trade Union LCR No. 1106; Dublin and Dun Loaghaire Drapery Footwear and Allied Trades v. Irish Distributive and Administrative Trade Union LCR No. 10465; Tax Print Limited v. Irish Print Union LCR No. 10889.

[426] Zum Beispiel Dunnes Stores Cornelscourt Limited v. Irish Distributive and Adminitrative Trade Union LCR No. 11548; Dunnes Stores Cornelscourt Ltd. v. Irish Distributive and Administrative Trade Union LCR No. 12022.

[427] Zum Beispiel Pepsi Cola Manufactoring (Ireland) v. Irish Transport and General Workers' Union LCR No. 11037; Kingburger v. Irish Transport and General Workers' Union LCR No. 11128; Local Authorities employing Part-time Firemen v. Irish Transport and General Workers' Union, Amalgamated Transport and General Workers' Union, Federated Workers' Union of Ireland LCR No. 12292.

[428] *Section 25 (2) des Industrial Relations Act, 1990.*

[429] Siehe *Section 6 des Industrial Relations Act, 1969.*

Arbeitnehmer- und Arbeitgeberseite und zwei unabhängigen Mitgliedern besteht[430], hat in einem solchen Falle die Aufgabe, durch ihre Teilnahme an der Auseinandersetzung auf eine Lösung des Interessenkonfliktes hinzuwirken[431]. Obwohl sie Vorschläge zur Lösung der Streitigkeit unterbreiten kann[432], liegt die Herbeiführung einer Einigung letztlich in der Verantwortung der Parteien. Die *Labour Relations Commission* ist nicht befugt, die Arbeitnehmer- und Arbeitgeberseite zu einer Einigung zu zwingen. Daher kann ihre Unterstützung nur dann erfolgreich sein, wenn die Parteien willens sind, ihre Rolle als Schlichterin zu akzeptieren[433].

Hat der Schlichtungsversuch der *Labour Relations Commission* keine Lösung des *trade dispute* herbeigeführt oder hat die *Labour Relations Commission* aufgrund der Umstände des Einzelfalles auf einen Schlichtungsversuch verzichtet, kann der *Labour Court* aufgrund beiderseitigen Parteiverlangens eine Untersuchung vornehmen[434], die gegebenenfalls mit der Abgabe einer *recommendation* schließt[435].

Als Alternative zu dem Weg über die *Labour Relations Commission* gewährt *Section 20 (1)* des *Industrial Relations Act, 1969* dem Arbeitnehmer oder seiner Gewerkschaft die Möglichkeit, den *Labour Court* direkt anzurufen. Das Gesetz verlangt dafür, daß sich der Arbeitnehmer vor Beginn der Untersuchung der Empfehlung des Gerichts unterwirft[436]. Der *Labour Court* ist in diesem Falle zu einer Untersuchung verpflichtet, während sie in dem Verfahren nach *Section 26 (1)* des *Industrial Relations Act, 1990* in seinem Ermessen steht[437]. Dementsprechend hat das Gericht einer Untersuchung nach *Section 20* des *Industrial Relations Act, 1969* zeitlichen Vorrang zu geben[438].

Das Verfahren zur Untersuchung eines *trade dispute* hat nur wenig gemeinsam mit dem Prozeß vor den ordentlichen Gerichten[439]. Innerhalb der von den *Industrial Relations Acts, 1946-1990* gezogenen Grenzen steht die Durchführung der Untersuchung im Ermessen des Arbeitsgerichts; es kann eine eigene Ver-

---

[430] *Section 24 (3)* i.V.m. *Section 2 — 5* der *Fourth Schedule* des *Industrial Relations Act, 1990*.

[431] Department of Labour, A Guide to the Industrial Relations Act, 1990, S. 9.

[432] *Section 25 (2)* des *Industrial Relations Act, 1990*.

[433] Vgl. Kerr / Whyte, Ch. 12, S. 341.

[434] *Section 26 (1)* und *(3)* des *Industrial Relations Act, 1990*.

[435] *Section 68* des *Industrial Relations Act, 1946* i.V.m. *Section 19* des *Industrial Relations Act, 1969*.

[436] *Section 20 (1)* des *Industrial Relations Act, 1969*.

[437] Kerr / Whyte, Ch. 12, S. 344.

[438] *Section 20 (3)* des *Industrial Relations Act, 1969*.

[439] Kerr / Whyte, Ch. 12, S. 344.

fahrensordnung erlassen[440]. Dies hat zur Folge, daß Formalitäten im Vergleich zum herkömmlichen Gerichtsverfahren auf ein Minimum reduziert sind[441]. Gem. *Section 8 (1)* des *Industrial Relations Act, 1946* ist die Anhörung unter Ausschluß der Öffentlichkeit zu führen, wenn nicht eine Partei widerspricht. In der Regel wird die Anhörung auf der Grundlage vorher eingegangener Schriftsätze geführt, die die Auffassung der Parteien darlegen. Sie schließen jedoch eine Berücksichtigung mündlich vorgebrachter Tatsachen nicht aus[442].

Der Ermessensspielraum des *Labour Court* bei der Durchführung der Untersuchungen hat nicht zur Folge, daß die Parteien seiner Willkür ausgesetzt sind. Er findet seine Grenze an den Grundsätzen der *constitutional justice*. Dazu gehört die Pflicht des Gerichts, eine faire Anhörung vorzunehmen, die beiden Parteien die Möglichkeit zur Äußerung gibt. Die Art und Weise der Durchführung des Verfahrens darf nicht dessen gerechten Ausgang gefährden[443].

Die Untersuchung des *trade dispute* durch den *Labour Court* endet in der Regel mit der Abgabe einer *„recommendation"*[444]. Sie legt in der überwiegenden Zahl der Fälle dar, welcher Auffassung der Parteien das Gericht folgt und unter welchen Bedingungen die Streitigkeit beizulegen ist[445]. Sind die Verhandlungen der Arbeitgeber- und Arbeitnehmerseite noch nicht genügend fortgeschritten, bestimmt der *Labour Court* statt dessen, daß erneute Verhandlungen aufzunehmen sind. Die *recommendations* sind keine Urteile, sondern bilden neben den divergierenden Auffassungen der Parteien eine dritte Ansicht zur Lösung des Interessenkonfliktes[446]. Das ihnen zugrundeliegende Prinzip ist die Lenkung der Parteien und nicht ihre Unterwerfung durch Zwang. Daher sind die *recommendations* grundsätzlich nicht bindend. Es steht den Parteien frei, den Spruch des Gerichts anzuerkennen oder abzulehnen. Eine Ausnahme gilt nur für den Fall der vorherigen Unterwerfung nach *Section 20 (1)* des *Industrial Relations Act, 1969*, in dem die *recommendation* für die sich ihr unterwerfende Partei bindend ist[447].

Die fehlende Bindungswirkung der *recommendations* des *Labour Court* hat zur Folge, daß sie die geltende Rechtslage, anders als Gestaltungsurteile, nicht automatisch umgestalten. Dazu bedarf es vielmehr eines praktischen Umset-

---

[440] Vgl. Grimes / Horgan, Ch. 7, S. 131.

[441] Kerr / Whyte, Ch. 12, S. 344.

[442] Kerr / Whyte, Ch. 12, S. 344.

[443] Kiely v. Minister vor Social Welfare [1977] I.R. 267, 281.

[444] *Section 68 (1)* des *Industrial Relations Act, 1946*.

[445] Vgl. Kerr / Whyte, Ch. 12, S. 348.

[446] Kerr / Whyte, Ch. 12, S. 340.

[447] Kerr / Whyte, Ch. 12, S. 348.

zungsaktes durch den Arbeitgeber. Führt die Umsetzung der *recommendation* zu einer Änderung des Arbeitsvertrages, kann sie Ansprüche für die Zukunft begründen, die dann vor den ordentlichen Gerichten durchsetzbar sind.

Da die Arbeitnehmer- und Arbeitgeberseite den *Labour Court* in dem Verfahren nach *Section 26 (1)* und *(3)* des *Industrial Relations Act, 1990* in beiderseitigem Einvernehmen anrufen, wird die überwiegende Zahl der *recommendations* akzeptiert[448]. Man schätzt, daß etwa zwei Drittel der Empfehlungen umgesetzt werden.

Die *recommendations* des *Labour Court* sind nicht in einer allgemein zugänglichen Entscheidungssammlung veröffentlicht. Sie werden den beteiligten Parteien ausgehändigt[449]; im übrigen können Interessierte sie beim *Labour Court* kostenlos anfordern. Die Öffentlichkeitsarbeit des Arbeitsgerichts beschränkt sich im wesentlichen auf die Herausgabe eines *Annual Report,* der unter anderem die Ordnungsnummern der erlassenen *recommendations* mit den dazugehörenden Themenbereichen angibt.

Die *recommendations* beginnen in der Regel mit der Darstellung des Sachverhalts, der dem Fall zugrunde liegt. Danach werden die Auffassungen der Arbeitnehmer- und der Arbeitgeberseite dargelegt. Sie schließen mit der eigentlichen Empfehlung des Gerichts, die in der Regel sehr kurz gehalten ist. Sie geht meist nicht über zwei bis drei Sätze hinaus. Die Entscheidungen geben weder die Ansicht des *Labour Court* vollständig wieder, noch nennen sie die maßgeblichen Entscheidungsgründe. Dadurch wird bewußt vermieden, ein System von Präjudizien aufzubauen[450]. Ein repräsentatives Beispiel bildet die *recommendation* in *Penneys Limited v. Irish Distributive and Administrative Union*[451], die lautet:

> *„The Court recommends that the annual bonus on a pro rata basis be introduced for part-time staff by negotiation at the level of each store in the Company.“*

Diese Praxis entspricht einerseits dem Selbstverständnis des *Labour Court,* der seine Aufgabe nicht darin sieht, juristisch analysierbare Entscheidungsgründe aufzustellen, sondern den Beteiligten eine pragmatische Lösung ihres Interessenkonfliktes anzubieten[452]. Andererseits erschwert sie, aus der Auffassung des

---

[448] Stationery Office (Hrsg.), Report of the Commission of Inquiry on Industrial Relations, Ch. 2, S. 17.

[449] Siehe *Section 68 (2)* des *Industrial Relations Act, 1946.*

[450] Kerr / Whyte, Ch. 12, S. 350.

[451] LCR No. 11610.

[452] von Prondzynski / McCarthy, Ch. 2, S. 24, 25.

Gerichtes allgemeingültige Prinzipien herzuleiten, die auf zukünftige vergleichbare Fälle übertragen werden könnten. Manche Streitigkeit könnte bereits im Vorfeld des förmlichen Schlichtungsverfahrens beigelegt werden, wenn der *Labour Court* ausdrücklich erkennen ließe, welche Beweggründe ihn zu der betreffenden *recommendation* veranlaßt haben. Eine wissenschaftliche Auseinandersetzung mit den Empfehlungen des Gerichts kann aufgrund ihrer begrenzten Aussagekraft allenfalls im Wege einer vergleichenden Gesamtschau ähnlicher Sachverhalte erfolgen.

Gem. *Section 17* des *Industrial Relations Act, 1946* sind die Entscheidungen des *Labour Court* abschließend. Da sie grundsätzlich keine rechtliche Bindungswirkung entfalten, besteht kein Bedürfnis, sie vor den *courts of law* mit Rechtsmitteln anzugreifen. Ausnahmsweise sind die *recommendations* nicht der Überprüfung durch den *High Court* entzogen, wenn das Gericht im Rahmen des Verfahrens die Grundsätze der *constitutional justice* verletzt hat. So kann beispielsweise die Mißachtung des rechtlichen Gehörs vor dem *High Court* geltend gemacht werden[453].

Besteht ein *trade dispute*, der weder die Lohnzahlung, Arbeitszeit, den Urlaub noch eine Gruppe von Arbeitnehmern betrifft, ist der sogenannte *Rights Commissioner* bei beiderseitigem Einvernehmen der Parteien für die Untersuchung zuständig[454]. Er gehört der *Labour Relations Commission* an, ist aber bei der Wahrnehmung seiner Aufgaben unabhängig[455]. Die Parteien können gegen die *recommendations* des *Rights Commissioner* bei dem *Labour Court* Berufung einlegen. In diesem Falle ist die Entscheidung des *Labour Court* für sie verbindlich[456]. Im übrigen gelten für das Verfahren vor dem *Rights Commissioner* keine Besonderheiten.

Zu den gesetzlich vorgesehenen Schlichtungsinstrumentarien der *Labour Relations Commission*, des *Labour Court* und der *Rights Commissioner* haben alle Arbeitnehmer Zugang, die das 15. Lebensjahr erreicht haben. Eine Ausnahme bilden Beamte und Beschäftigte einiger öffentlicher Einrichtungen[457]. Für diese gelten eigene Schlichtungsverfahren. Die Parteien sind nicht befugt, vor Gericht mit einem Rechtsbeistand zu erscheinen oder sich durch einen *solicitor*

---

[453] Kerr / Whyte, Ch. 12, S. 354.

[454] *Section 13* des *Industrial Relations Act, 1969;* vgl. Kelly, The Rights Commissioner: Conciliator Mediator or Arbitrator?, in: Department of Industrial Relations, Faculty of Cemmerce, University College Dublin (Hrsg.), Industrial Relations in Ireland, S. 185, 186.

[455] *Section 35* des *Industrial Relations Act, 1990.*

[456] *Section 13 (9) (a)* des *Industrial Relations Act, 1969.*

[457] *Section 23 (1)* und *(2)* des *Industrial Relations Act, 1990.*

vertreten zu lassen, es sei denn, der *Labour Court* hat dies ausnahmsweise gestattet[458].

Die *Industrial Relations Acts, 1946 - 1990* verlangen keine Mitgliedschaft in der Gewerkschaft, um die Untersuchung eines *trade dispute* einleiten zu können. Die Anrufung des *Labour Court* in den Verfahren nach *Section 26 (1)* und *(3)* des *Industrial Relations Act, 1990* und nach *Section 20 (1)* des *Industrial Relations Act, 1969* geht jedoch fast ausschließlich auf die Initiative der Gewerkschaften zurück. Sie treten in der Regel aus Vertreter der Arbeitnehmer auf.

b) Zuständigkeit zur Verwirklichung gesetzlicher Ansprüche auf Gleichbehandlung

Der Erlaß des *Anti-Discrimination (Pay) Act, 1974* und des *Employment Equality Act, 1977* führte zu einer Erweiterung der sachlichen Zuständigkeit des *Labour Court*. Aufgrund dieser Gesetze hat der *Labour Court* über die Verwirklichung der gesetzlichen Ansprüche auf Gleichbehandlung zu entscheiden[459].

Die von dem *Anti-Discrimination (Pay) Act, 1974* und *Employment Equality Act, 1977* vorgesehenen Verfahren sind ähnlich gestaltet. Will der Arbeitnehmer eine Diskriminierung im Vergütungsbereich geltend machen, kann er gem. *Section 7 (1)* des *Anti-Discrimination (Pay) Act, 1974* den *Equality Officer* anrufen, der in erster Instanz entscheidet. Klagen wegen der Ungleichbehandlung im Hinblick auf sonstige Arbeitsbedingungen sind unmittelbar an den *Labour Court* zu richten, der bestimmt, ob ein *Industrial Relations Officer* oder ein *Equality Officer* erstinstanzlich zuständig ist[460].

Die *Equality Officer* sind Beamte des *Labour Court,* die vor ihrer Ernennung gewöhnlich im Arbeitsministerium beschäftigt waren. Derzeit ist keiner der vier *Equality Officer* als Jurist qualifiziert[461]. Sie sind ebensowenig wie der *Labour Court* bei der Untersuchung von *trade disputes* an förmliche Prozeßregeln gebunden, sie bestimmen weitgehend selbst den Ablauf des Verfahrens[462].

---

[458] *Section 20 (6) des Industrial Relations Act, 1946.*

[459] von Prondzynski / McCarthy, Ch. 9, S. 210, 211.

[460] *Section 19 (2) des Employment Equality Act, 1977.* In der Regel wird der Fall einem *Equality Officer* zur Entscheidung übertragen. Unklar ist, warum die *Industrial Relations Officer* in das Verfahren nach dem *Employment Equality Act, 1977* einbezogen wurden, da ihre ursprüngliche Aufgabe im Schlichtungswesen liegt, von Prondzynski / McCarthy, Ch. 9, S. 215; vgl. Curtin, Irish Employment Equality Law, Ch. 9, S. 295, Fn 10.

[461] Curtin, Irish Employment Equality Law, Ch. 9, S. 294.

[462] Siehe *Section 6 (3)* des *Anti-Discrimination (Pay) Act, 1974;* Curtin, Irish Employment Equality Law, Ch. 9, S. 299.

Gem. *Section 6 (4) (a)* des *Anti-Discrimination (Pay) Act, 1974* sind sie befugt, zur Untersuchung des Falles fremde Betriebsgrundstücke zu betreten, Einsicht in Dokumente zu nehmen und den Arbeitsablauf zu beobachten. Behindert der Arbeitgeber den Zugang zu den verlangten Informationen, macht er sich eines Vergehens schuldig, für das er mit einem Bußgeldes belangt werden kann[463]. Der Entscheidung des *Equality Officer* gehen in der Regel mehrere Anhörungen voraus, die unter Ausschluß der Öffentlichkeit vorzunehmen sind[464]. Die *recommendation* ist rechtlich nicht verbindlich[465].

Der Arbeitnehmer kann innerhalb von sechs Wochen seit ihrem Erlaß vor dem *Labour Court* im Wege der Berufung geltend machen, daß der Arbeitnehmer ihr nicht nachgekommen ist[466]. Ebenso ist er befugt, innerhalb derselben Frist Berufung einzulegen, um Tatsachen- oder Rechtsfehler zu rügen[467]. Die Durchführung des Berufungsverfahrens unterliegt denselben Grundsätzen wie das Schlichtungsverfahren aufgrund der *Industrial Relations Acts, 1946 - 1990*[468]. Hervorzuheben ist, daß sich das Berufungsverfahren nicht in der Anerkennung oder Ablehnung der erstinstanzlichen Empfehlung erschöpft. Der *Labour Court* hat unter Beurteilung aller Tatsachen- und Rechtsfragen eine eigene Entscheidung über das Vorliegen einer Diskriminierung zu treffen[469].

Im Unterschied zu den *recommendations* des *Labour Court* zur Schlichtung von *trade disputes* sind die Entscheidungen im Sinne des *Anti-Discrimination (Pay) Act, 1974* und des *Employment Equality Act, 1977* für beide Parteien rechtlich verbindlich[470]. Im übrigen sind die *determinations* ebenso kurz gefaßt wie die *recommendations*. Sie nennen gewöhnlich keine Gründe für die Entscheidung.

Kommt eine der Parteien der *determination* nicht nach, kann die andere Partei aus diesem Grunde wiederum den *Labour Court* anrufen. Dieser erläßt gegebenenfalls eine Verfügung, die der Partei aufgibt, die Entscheidung durch ein Handeln oder Unterlassen zu verwirklichen. Wenn der Betreffende innerhalb von

---

[463] *Section 6 (4) (b)* des *Anti-Discrimination (Pay) Act, 1974*.

[464] *Section 6 (5)* des *Anti-Discrimination (Pay) Act, 1974*.

[465] Curtin, Irish Employment Equality Law, Ch. 9, S. 296.

[466] *Section 8 (1) (a)* i.V.m. *Section 8 (1) (e)* des *Anti-Discrimination (Pay) Act, 1974; Section 21 (1)* i.V.m. *Section 21 (2) (d)* des *Employment Equality Act, 1977*.

[467] *Secion 8 (1) (a)* des *Anti-Discrimination (Pay) Act, 1974; Section 21 (1)* des *Employment Equality Act, 1977*.

[468] Vgl. oben 2. Kapitel, § 1 VI 2 a); von Prondzynski / McCarthy, Ch. 9, S. 216.

[469] Cadwell v. The Labour Court and Lissadell Towels Ltd., H.C., 18. Mai 1988; Curtin, Irish Employment Equality Law, Ch. 9, S. 297; von Prondzynski / McCarthy, Ch. 9, S. 216.

[470] Curtin, Irish Employment Equality Law, Ch. 9, S. 296, 297; von Prondzynski / McCarthy, Ch. 9, S. 218. Dies wird durch ihre Bezeichnung als *„determination"* zum Ausdruck gebracht.

zwei Monaten nicht auf die Verfügung reagiert hat, macht er sich eines Vergehens schuldig, für das er mit einer Geldstrafe bis zu £ 100 beziehungsweise
einem Tagessatz von £ 10 belangt werden kann[471]. Da der *Labour Court* kraft
seiner verfassungsrechtlichen Legitimation nur begrenzte Befugnisse und Funktionen richterlicher Art ausüben darf, sind für die Verhängung der Geldstrafe die
ordentlichen Gerichte zuständig[472]. Bislang ist nur ein Fall bekannt, in dem der
Arbeitgeber zur Zahlung einer Geldbuße von £ 100 verurteilt wurde[473].

Gem. *Section 8 (3)* des *Anti-Discrimination (Pay) Act, 1974* und *Section 24
(4)* des *Employment Equality Act, 1977* kann die Rechtsfehlerhaftigkeit von
Entscheidungen des *Labour Court* vor dem *High Court* gerügt werden. Diese
Revisionsmöglichkeit soll auf die Fälle begrenzt sein, in denen die Entscheidung
an einem offensichtlichen Rechtsfehler leidet, der *Labour Court* seine sachliche
Zuständigkeit überschritten hat oder die Grundsätze der *constitutional justice*
verletzt wurden[474].

Ebenso wie in dem Schlichtungsverfahren nach den *Industrial Relations Acts,
1946 - 1990* wird die überwiegende Zahl der Kläger in Diskriminierungsfällen
von ihren Gewerkschaften repräsentiert; eine anwaltliche Vertretung ist eher die
Ausnahme[475].

Die Tätigkeit des *Labour Court* aufgrund der Gleichbehandlungsgesetze weist
weitaus mehr Parallelen mit der Arbeit der ordentlichen Gerichte i.S.v. *Art. 34.1*
der Verfassung auf als seine Tätigkeit aufgrund der *Industrial Relations Acts,
1946-1990*. Anders als in den Schlichtungsverfahren hat das Gericht hier Rechtsfragen zu entscheiden[476]. Dies wurde bisweilen zum Anlaß genommen, die Zuständigkeit des *Labour Court* als Berufungsinstanz für Diskriminierungsfälle zu
kritisieren. Da das Gericht aufgrund des *Anti-Discrimination (Pay) Act, 1974*
und des *Employment Equality Act, 1977* auch richterliche Funktionen und
Befugnisse wahrnehme, sei zweifelhaft, ob es sich dabei noch um *„limited
functions and powers of a judicial nature"* i.S.v. *Art. 37.1*[477] handele. Bis heute

---

[471] *Section 8 (4)* des *Anti-Discrimination (Pay) Act, 1974; Section 24* des *Employment Equality
Act, 1977.*

[472] Redmond, Labour Law, Introduction III, S. 52.

[473] Jennings v. White Ltd. EEO 1 / 1981. Die Geldbuße wurde schließlich vom *Labour Court*
auf £ 25 reduziert, Employment Equality Agency, The Role of the Labour Court in Enforcement
Procedures under Equality Legislation — Recommendations for Change, S. 17.

[474] State (Casey) v. The Labour Court, H.C., 1984. Diese restriktive Auslegung der Revisionsvor-
schriften wird begrüßt, da die Zuständigkeit der ordentlichen Gerichte für Diskriminierungsfälle
soweit wie möglich zu begrenzen sei; von Pronzynki / McCarthy, Ch. 9, S. 218.

[475] Curtin, Irish Employment Equality Law, Ch. 9, S. 294.

[476] Vgl. von Prondzynski / McCarthy, Ch. 9, S. 211.

[477] Vgl. oben 2. Kapitel, § 1 VI 1.

ist die Frage der Verfassungsmäßigkeit nicht abschließend geklärt[478]. Inzwischen ist jedoch anerkannt, daß der *Labour Court* seine Aufgaben als Berufungsgericht in Diskriminierungsfällen zufriedenstellend erfüllt[479]. Die Schlichtung von *trade disputes* bildet nachwievor den größten Umfang seiner Tätigkeit: 1987 ergingen dazu 694 *recommendations;* nur acht Entscheidungen wurden aufgrund des *Anti-Discrimination (Pay) Act, 1974* und des *Employment Equality Act, 1977* erlassen[480].

3. Der Employment Appeals Tribunal

Der *Employment Appeals Tribunal* bildet den anderen Zweig der irischen Arbeitsgerichtsbarkeit. Er steht nicht in einem hierarchischen Stufenverhältnis zum *Labour Court,* sondern nimmt von diesem unabhängig die kraft Gesetzes übertragenen Aufgaben wahr. Die Einsetzung dieses Gerichts beruht auf *Section 39* des *Redundancy Payments Act, 1967.* Sie diente zunächst ausschließlich der Entscheidung von Streitigkeiten aufgrund des *Redundancy Payments Act, 1967*[481].

Der *Employments Appeals Tribunal* setzt sich aus einem Vorsitzenden, 14 stellvertretenen Vorsitzenden und 20 Beisitzern zusammen, die zu gleichen Teilen die Arbeitnehmer- und Arbeitgeberseite repräsentieren. Die Mitglieder des Gerichts sind auf acht verschiedene Kammern verteilt[482]. Der Vorsitzende muß Jurist sein. Obwohl für die stellvertretenden Vorsitzenden keine entsprechende Qualifikation verlangt wird, sind auch sie in der Regel Berufsjuristen[483].

Der *Employment Appeals Tribunal* ist dafür zuständig, Klagen zur Durchsetzung von Ansprüchen aus den *Redundancy Payments Acts, 1967 - 1984*[484], dem *Minimum Notice and Terms of Employment Act, 1973*[485], dem *Unfair Dismissals Act, 1977*[486], dem *Maternity Protection of Employees Act, 1981*[487]

---

[478] Curtin, Irish Employment Equality Law, Ch.9, S. 306, 307.

[479] von Prondzynski / McCarthy, Ch. 9, S. 211.

[480] von Prondzynski / McCarthy, Ch. 9, S. 212.

[481] Der heutige *Employment Appeals Tribunal* hieß ursprünglich „*Redundancy Appeals Tribunal*" genannt. Er wurde durch *Section 18* des *Unfair Dismissals Act, 1977* umbenannt.

[482] von Prondzynski / McCarthy, Ch. 9, S. 202.

[483] von Prondzynski / McCarthy, Ch. 9, S. 201.

[484] *Section 39* des *Redundancy Payments Act, 1967.*

[485] *Section 11 (1)* des *Minimum Notice and Terms of Employment Act, 1973.*

[486] *Section 8 (1)* des *Unfair Dismissals Act, 1977.*

[487] *Section 27 (1)* des *Maternity Protection of Employees Act, 1981.*

und dem *Protection of Employees (Employers' Insolvency) Act, 1984*[488] zu
hören. Darüberhinaus wurden ihm Streitigkeiten über die Anwendbarkeit des
Worker Protection (Regular Part-Time Employees) Act, 1991 zur Entscheidung
übertragen[489]. Die verschiedenen Zuständigkeiten des Gerichts schließen sich
nicht gegenseitig aus; es ist zulässig, aufgrund mehrerer Gesetze gleichzeitig zu
klagen[490].

Die Durchführung des Verfahrens ist in den einzelnen Gesetze zum Teil
unterschiedlich geregelt. Geht es um die Geltendmachung von Ansprüchen aus
dem *Unfair Dismissals Act, 1977* oder des *Maternity Protection of Employees
Act, 1981* ist der *Rights Commissioner* erstinstanzlich zuständig, wenn eine
Partei dem nicht widerspricht[491]. Anderenfalls bildet der *Employment Appeals
Tribunal* die erste Instanz[492].

Das Verfahren vor dem *Rights Commissioner* ist sehr informell; gesetzliche
Regelungen sind kaum vorhanden. Gem. *Section 8 (1)* i.V.m. *Section 8 (6)* des
Unfair Dismissals Act, 1977 und gem. *Section 27 (1)* des *Maternity Protection
of Employees Act, 1981* hat der Entscheidung eine Anhörung vorauszugehen, die
unter Ausschluß der Öffentlichkeit zu erfolgen hat. Die *recommendations*
werden nicht schriftlich festgehalten[493].

Gegen die Entscheidung des *Rights Commissioner* kann innerhalb von sechs
Wochen bei dem *Employment Appeals Tribunal* Berufung eingelegt werden[494].
Das Gericht nimmt dann nochmals eine umfassende Würdigung des Falles vor,
ohne auf das Verfahren vor dem *Rights Commissioner* Bezug zu nehmen[495].

Die Anhörungen vor dem *Employment Appeals Tribunal* unterliegen
ähnlichen Regeln wie die Anhörungen vor den *courts of law*, unterscheiden sich
aber durch geringere Formalität und mehr Flexibilität[496]. So ist das Gericht bei-

---

[488] *Section 9 des Protection of Employees (Employers' Insolveny) Act, 1984.*

[489] Siehe *Section 5 und 2 (2) des Worker Protection (Regular Part-Time Employees) Act, 1991.*

[490] von Prondzynski / McCarthy, Ch. 9, S. 202.

[491] *Section 8 (1) und (3) (b) des Unfair Dismissals Act, 1977* und *Section 27 (1) und (3) des
Minimum Notice and Terms of Employment Act, 1981* i.V.m. *Section 8 (3) (b) des Unfair Dismissals
Act, 1977.*

[492] In den meisten Fällen wird der Antrag direkt beim *Employment Appeals Tribunal* gestellt,
von Prondzynski / McCarthy, Ch. 9, S. 205.

[493] von Prondzynski / McCarthy, Ch. 9, S. 205.

[494] *Section 9 (1) und (2) des Unfair Dismissals Act, 1977; Section 27 (3) des Maternity Protection of Employees Act, 1981* i.V.m. *Section 9 (1) des Unfair Dismissals Act, 1977.*

[495] von Prondzynski / McCarthy, Ch. 9, S. 205.

[496] von Prondzynski / McCarthy, Ch. 9, S. 206.

spielsweise nicht an förmliche Beweisregeln gebunden[497]. Darüberhinaus werden grundsätzlich keine Verfahrenskosten erhoben[498]. Anders als in dem Verfahren vor dem *Labour Court* ist eine anwaltliche Vertretung zulässig[499]. Die überwiegende Zahl der Beklagten macht in neuerer Zeit von dieser Möglichkeit Gebrauch[500]. Inzwischen hat sich die Praxis des Gerichts durchgesetzt, nur juristisch qualifizierte Personen oder Vertrauensleute der Gewerkschaften als Prozeßvertreter zuzulassen[501].

Das Verfahren vor dem *Employment Appeals Tribunal* muß nicht zwingend mit der Abgabe einer *determination* schließen. Gelegentlich kommt es zur Aussetzung, wenn eine gütliche Einigung der Parteien möglich scheint[502]. Die Entscheidungen werden schriftlich abgefaßt; sie sollen die maßgeblichen Gründe enthalten[503]. In der Regel lassen die Entscheidungen die juristische Sachkenntnis des Gerichts erkennen.

Ebenso wie die *recommendations* des *Labour Court* werden die *determinations* des *Employment Appeals Tribunal* nicht in einer eigenen Sammlung veröffentlicht. Zudem existiert kein Index, so daß es selbst für das Gericht nahezu unmöglich ist, entschiedene Fälle aufzufinden. Daher greift der *Employment Appeals Tribunal* nicht selten auf die veröffentlichten Entscheidungen der britischen Arbeitsgerichte zurück[504].

Die *determinations* des Gerichts sind nicht in jedem Falle abschließend. Bei Klagen aufgrund der *Redundancy Payments Acts, 1967 - 1979*, des *Minimum Notice and Terms of Employment Act, 1973* und des *Worker Protection (Regular Part-Time Employees) Act, 1991* kann der *High Court* zur Geltendmachung eines Rechtsfehlers angerufen werden[505]. Von dieser Möglichkeit wird nur wenig Gebrauch gemacht[506].

---

[497] von Prondzynski / McCarthy, Ch. 9, S. 207.

[498] Siehe *Regulation 19* der *Redundancy (Redundancy Appeals Tribunal) Regulations (S.I. No. 24 of 1968)*.

[499] *Regulation 12* der *Redundancy (Redundancy Appeals Tribunal) Regulations*.

[500] von Prondzynski / McCarthy, Ch. 9, S. 206.

[501] von Prondzynski / McCarthy, Ch. 9, S. 207.

[502] von Prondzynski / McCarthy, Ch. 9, S. 207.

[503] Guest v. Alpine Soft Drinks Ltd. [1987] I.C.R. 110.

[504] von Prondzynski / McCarthy, Ch. 9, S. 208.

[505] *Section 39 (14)* und *40 (b)* des *Redundancy Payments Act, 1967; Section 11 (2)* des *Minimum Notice and Terms of Employment Act, 1973, Section 5(2)* des *Worker Protection (Regular Part-Time Employees) Act, 1991*.

[506] von Prondzynski / McCarthy, Ch. 9, S. 209.

Hat der Arbeitnehmer Ansprüche aufgrund des *Unfair Dismissals Act, 1977* oder des *Maternity Protection of Employers Act, 1981* eingeklagt, ist er berechtigt, die Entscheidung des *Employment Appeals Tribunal* innerhalb von sechs Wochen vor dem *Circuit Court* anzugreifen[507]. Zudem kann der Arbeitsminister vor dem *Circuit Court* im Namen des Arbeitnehmers Klage erheben, wenn der Arbeitgeber die Entscheidung des *Employment Appeals Tribunal* nicht beachtet hat[508].

Gegen die Entscheidung des *Circuit Court* kann schließlich bei dem *High Court* Berufung eingelegt werden[509]. In diesem Falle führt der *High Court* nochmals ein vollständiges Verfahren durch, ohne dabei die Verfahren vor dem *Employment Appeals Tribunal* und dem *Circuit Court* zu berücksichtigen[510].

§ 2 Grundlagen des Sozialrechts

I. Geschichtliche Entwicklung

Die geschichtliche Entwicklung des irischen Systems der sozialen Sicherheit wurde durch eine Vielzahl von ineinandergreifenden Faktoren beeinflußt. Dazu gehört unter anderem die historische Verbindung mit Großbritannien, deren Einfluß auch nach Erlangung der Unabhängigkeit nicht zu verkennen ist[1]. Außerdem hat Irlands Beitritt zur Europäischen Gemeinschaft 1973 das Sozialrecht direkt und indirekt beeinflußt. Nicht zuletzt prägten die wirtschaftlichen Lebensbedingungen und das Anwachsen der Frauenbewegung zu Beginn der siebziger Jahre die Entwicklung[2].

Die Zeit von 1838 bis 1920 war von der Geltung des *Poor Law* bestimmt, das in England bereits seit Beginn des 16. Jahrhunderts galt[3]. Es spiegelte die Auffassung wider, daß Armut weniger aufgrund sozialer oder wirtschaftlicher Bedingungen entstehe, sondern eher eine Folge moralischer Verfehlungen sei[4]. Dementsprechend repressiv war das damalige Wohlfahrtssystem ausgestaltet[5].

---

[507] *Section 10 (4) des Unfair Dismissals Act, 1977; Section 27 (3) des Maternity Protection of Employees Act, 1981 i.V.m. Section 10 (4) des Unfair Dismissals Act, 1977.*

[508] *Section 10 (1) des Unfair Dismissals Act, 1977; Section 27 (3) des Maternity Protection of Employees Act, 1981 i.V.m. Section 10 (1) des Unfair Dismissals Act, 1977.*

[509] McCabe v. Lisney & Son [1981] I.L.R.M. 289.

[510] von Prondzynski / McCarthy, Ch. 9., S. 210.

[1] Farley, Social Insurance and Social Assistance in Ireland, Introduction, xi.

[2] Stationery Office (Hrsg.), Report of the Commission on Social Welfare, Ch. 2, S. 25, 26.

[3] Stationery Office (Hrsg.), Report of the Commission on Social Welfare, Ch. 2, S. 25, 26.

[4] Ogus / Barendt, The Law of Social Security, Ch. 1, S. 1.

[5] Grimes / Horgan, aaO, Ch. 18, S. 308; Ogus / Barendt, Ch. 1, S. 2.

Unter dem *Poor Relief (Ireland) Act, 1838* wurde das Land in verschiedene Verwaltungsbezirke eingeteilt. In jedem Bezirk wurde ein *workhouse* eingerichtet, das die Armenunterstützung zur Aufgabe hatte. Um deren Inanspruchnahme soweit wie möglich zu beschränken, war der dortige Lebensstandard niedriger als der von schlecht bezahlten Arbeitern[6]. Die große Hungersnot in den vierziger Jahren machte die Unangemessenheit des irischen *Poor Law*-Systems deutlich. Der *Poor Relief (Ireland) Act, 1847* führte daher die Armenunterstützung in Form von *outdoor relief* ein, die die Gewährung von Unterhalt in Form von Geld oder Sachleistungen außerhalb des *workhouse* vorsah[7].

Mit dem *Workmen's Compensation Act, 1897* verabschiedete das britische Parlament das erste Gesetz, daß spezielle Vorschriften zum Schutze von Arbeitnehmern enthielt. Hatte der Arbeitnehmer aufgrund der Verrichtung besonders gefährlicher Arbeiten einen Arbeitunfall erlitten, konnte er die Fortzahlung eines Teils des Wochenlohnes verlangen. Die Vorschriften des *Workmen's Compensation Act, 1897* wurden im Jahre 1900 und 1906 erweitert[8].

Den *Workmen's Compensation Acts* folgte die Verabschiedung des *Old Age Pension Act, 1908*. Vorbehaltlich einer Bedürftigkeitsprüfung gewährte er Personen ab dem 70. Lebensjahr einen Rentenanspruch; die Zahlungen wurden ausschließlich aus der Staatskasse finanziert.Die Einführung der *Old Age Pension* bedeutete eine Abkehr von der dem *Poor Law* zugrunde liegenden Ideologie, da damit erstmals anstelle der widerwillig erteilten Armenunterstützung ein Anspruch gegen den Staat eingeräumt wurde[9].

Zur Jahrhundertwende wurden die vom *Poor Law* vorgesehene Armenunterstützung sowie die in Großbritannien von privaten Versicherungsvereinigungen aufgrund freiwilliger Versicherung verwalteten Sozialleistungen für nicht mehr ausreichend betrachtet[10]; auch die an Bedürftigkeit anknüpfende Leistungsgewährung bildete keine zufriedenstellende Lösung[11]. Daher wurde in Anlehnung an die Bismarcksche Sozialversicherung 1911 der *National Insurance Act, 1911* erlassen. Das Gesetz führte für Arbeitnehmer über 16 Jahren die Sozialversicherungspflicht hinsichtlich krankheitsbedingter Arbeitsunfähigkeit und Arbeitslosigkeit ein. Die einzelnen Leistungen wurden aus Arbeitnehmer- und Arbeit-

---

[6] Stationery Office (Hrsg.), Report of the Commission on Social Welfare, Ch. 2, S. 27. Dieses Prinzip wurde „*doctrine of less eligibility*" genannt, Ogus / Barendt, Ch. 1, S. 2.

[7] Stationery Office (Hrsg.), Report Commission on Social Welfare, Ch. 2, S. 27.

[8] Department of Social Welfare, White Paper, Containing Government Proposals for Social Security, Part I, S. 3.

[9] Department of Social Welfare, White Paper, Part I, S. 1.

[10] Stationery Office (Hrsg.), Report of the Commission on Social Welfare, Ch. 2, S. 29.

[11] Ogus / Barendt, Ch. 1, S. 3.

geberbeiträgen sowie einem staatlichen Zuschuß finanziert[12]. Für die Verwaltung der Krankenversicherung waren vom Staat genehmigte Gesellschaften zuständig, während die Verwaltung der Arbeitslosenversicherung von *Labour Exchanges* wahrgenommen wurden[13]. Der begrenzte Anwendungsbereich der Arbeitslosenversicherung wies auf ihre experimentellen Charakter hin; der Versicherungsschutz beschränkte sich auf Arbeitnehmer weniger Industrien[14]. 1920 wurde die Anspruchsberechtigung für *Unemployment Benefit* auf alle Personen ausgedehnt, die aufgrund eines Arbeitsvertrages beschäftigt waren und — bei Angestellten — deren Einkommen eine bestimmte Grenze nicht überstieg[15].

Die Zeit nach der Erlangung der Unabhängigkeit im Jahre 1922 bis 1952 ist von der Einführung zahlreicher verschiedener Sozialleistungen und einer Reorganisation des geltenden Systems gekennzeichnet. Der Erlaß des *Unemployment Assistance Act, 1933*, der Arbeitnehmern, die nicht vom Anwendungsbereich der Arbeitslosenversicherung erfaßt wurden, eine einkommensunabhängige Arbeitslosenhilfe einräumte, hatte besondere Bedeutung. Eine solche Leistung war angesichts der weltweiten wirtschaftlichen Depression und der damit verbundenen hohen Arbeitslosigkeit notwendig, da die Arbeitnehmer nach dem *National Insurance Act, 1911* eine Mindestbeschäftigungsdauer von sechs Wochen vorweisen mußten und ihre Anspruchsberechtigung 26 Wochen nach dem Eintritt des Versicherungsfalles erlosch. In einem solchen Falle blieb nur die Armenunterstützung in Form von *Outdoor Relief*, deren Höhe und Art von Bezirk zu Bezirk variierte[16]. Die Verabschiedung des *Unemployment Assistance Act, 1933* hatte zur Folge, daß die Unterstützung fortan nicht mehr von den örtlichen Behörden, sondern von der Staatskasse zu tragen war[17].

Im Vergleich zu Deutschland (1911), Dänemark (1914) und Großbritannien (1925) bildete die Einführung einer Witwen- und Waisenrente 1935 eine relativ späte Entwicklung im Rahmen des irischen irischen Systems der sozialen Sicherheit[18]. Der *Widow's and Orphan's Pension Act, 1935* sah die Gewährung einer beitragsabhängigen und beitragsunabhängigen Witwen- und Waisenrente vor[19].

---

[12] Stationery Office (Hrsg.), Report of the Commission on Social Welfare, Ch. 2. S. 30.

[13] Stationery Office (Hrsg.), Report of the Commission on Social Welfare, Ch. 2, S. 30, 31.

[14] Stationery Office (Hrsg.), Report of the Commission on Social Welfare, Ch. 2, S. 31.

[15] Stationery Office (Hrsg.), Report of the Commission on Social Welfare, Ch. 2, S. 31, 32.

[16] Stationery Office (Hrsg.), Report of the Commission on Social Welfare, Ch. 2, S. 33.

[17] Vgl. Department of Social Welfare, White Paper, Part I, S. 6.

[18] Stationery Office (Hrsg.), Report of the Commission on Social Welfare, Ch. 2, S. 33.

[19] Stationery Office (Hrsg.), Report of the Commission on Social Welfare, Ch. 2, S. 33, 34.

Angesichts der Tatsache, daß bei der Bemessung des Entgelts des Arbeitnehmers die Größe der zu unterhaltenden Familie unberücksichtigt blieb, wurde neun Jahre später der *Child Allowances Act, 1944* erlassen, der eine beitragsunabhängige Unterstützung für Familien mit mindestens drei Kindern bestimmte[20].

Im Januar 1947 wurde das Sozialministerium eingerichtet, um die Koordination und Verwaltung der verschiedenen Sozialleistungen zu verbessern und ihre künftige Entwicklung zu fördern. Die erste Aufgabe des Ministeriums bestand darin, ein einheitliches und umfassendes Sozialversicherungssystem zu entwickeln, denn der Sozialversicherungsschutz war auf die Risiken Arbeitslosigkeit, Krankheit, Alter, Witwen- und Waisenschaft begrenzt. Außerdem bestand für einige Arbeitnehmergruppen keine Sozialversicherungspflicht[21]. Der *Social Welfare (Insurance) Act, 1952* ersetzte die unterschiedlich geregelten Leistungen durch ein koordiniertes Leistungssystem und dehnte den Sozialversicherungsschutz in sachlicher und persönlicher Hinsicht aus; an die Stelle der einzelnen Zahlungsfonds trat der Sozialversicherungsfond[22]. Die Entwicklung eines einheitlichen Sozialversicherungssystems war beeinflußt durch den Beveridge-Report von 1942 über *Social Insurance and Allied Services,* der in Großbritannien zwischen 1945 und 1947 zur Harmonisierung der unterschiedlichen Leistungssysteme führte[23]. Der *Social Welfare (Insurance) Act, 1952* sah keine beitragsabhängige Altersrente vor; sie wurde erst mit Wirkung zum 1. Januar 1961 durch den *Social Welfare (Amendment) Act, 1960* eingeführt[24].

Von 1953 bis 1981 wurde das irische System der sozialen Sicherheit fortlaufend um neue Sozialleistungen erweitert. Dazu gehörte unter anderem 1961 die Einführung einer beitragsabhängigen Altersrente. Der *Social Welfare (Occupational Injuries) Act, 1966* ersetzte die *Workmen's Compensation Acts.* Das Gesetz gewährte allen sozialversicherungspflichtigen Arbeitnehmern unabhängig von der Erfüllung von Beitragsvoraussetzungen Ansprüche auf Geldleistungen im Falle eines Arbeitsunfalles[25].

1970 ergänzte der Gesetzgeber die Altersrente um eine *Retirement Pension,* die Arbeitnehmern im Ruhestand mit Erreichen des 65. Lebensjahres zu zahlen ist. Daneben wurde das System der sozialen Sicherheit durch die Einführung einer Invalidenrete, eines Sterbegeldes und einer einkommensabhängigen

---

[20] Stationery Office (Hrsg.), Report of the Commission on Social Welfare, Ch. 2, S. 36.

[21] Stationery Office (Hrsg.), Report of the Commission on Social Welfare, Ch. 2, S. 37.

[22] Farley, Ch. 11, S. 83, 84.

[23] Farley, Ch. 11, S. 83.

[24] Farley, Ch. 11, S. 84.

[25] Stationery Office (Hrsg.), Report of the Commission on Social Welfare, Ch. 2, S. 40.

Deserted Wife's Allowance erweitert[26]. 1973 kam eine beitragsabhängige Leistung für verlasse Ehefrauen hinzu.

Der *Report of the Commission on the Status of Women,* der 1972 veröffentlicht wurde, legte die Benachteiligung von Frauen im Hinblick auf einzelne Sozialleistungen offen und sprach Empfehlungen für Gesetzesänderungen aus[27]. Sie wurden unter anderem durch die Gewährung einer Unterstützung für unverheiratete Mütter und Ehefrauen von Inhaftierten in den Jahren 1973 und 1974 verwirklicht[28].

1974 schuf der Gesetzgeber eine *Single Woman's Allowance* und *Pay-Related Benefit*[29]. Die letztere Maßnahme erschien notwendig, um Unbilligkeiten auszugleichen, die aufgrund der pauschalen Berechnung der Sozialversicherungsleistungen entstehen können. Durch *Pay Related Benefit* wurde ein begrenzter Zusammenhang zwischen der Einkommenshöhe und der Leistungshöhe im irischen Sozialversicherungssystem hergestellt[30]. 1974 wurde die seit 1906 geltende Einkommensgrenze für das Eingreifen der Sozialversicherung für Angestellte abgeschafft[31].

Die Ratifizierung des *Social Welfare (Supplementary Welfare Allowances) Act, 1975* befreite 1977 das Sozialrecht von den noch verbliebenen Überresten des *Poor Law.* An die Stelle der willkürlichen Zahlungen nach dem *Home Assistance Scheme* trat für bedürftige Personen, die keine Vollzeitbeschäftigung ausüben, ein Anspruch auf Gewährung eines Mindesteinkommens[32].

Der *Social Welfare (Amendment) Act, 1978* führte 1979 das *Pay-Related Social Insurance System* ein. Es ersetzte die Kombination einer pauschalen Beitragspflicht und einer 3 %igen einkommensbezogenen Beitragspflicht durch die Einführung verschiedener Beitragsklassen[33]. Das Gesetz übertrug die Aufgabe der Beitragserhebung vom Sozialministerium auf die Steuerbehörden[34].

---

[26] Siehe den *Social Welfare Act, 1970;* Stationery Office (Hrsg.), Report of the Commission on Social Welfare, Ch. 2, S. 42, 43.

[27] Stationery Office (Hrsg.), Report of the Commission on Social Welfare, Ch. 2, S. 43.

[28] Stationery Office (Hrsg.), Report of the Commission on Social Welfare, Ch. 2, S. 43, 44.

[29] Siehe den *Social Welfare (No. 2) Act, 1974* und den *Social Welfare (Pay Related Benefit) Act, 1973.*

[30] Stationery Office (Hrsg.), Report of the Commission on Social Welfare, Ch. 2, S. 45.

[31] *Section 12 (1)* des *Social Welfare Act, 1973.*

[32] Stationery Office (Hrsg.), Report of the Commission on Social Welfare, Ch. 2, S. 46.

[33] Stationery Office (Hrsg.), Report of the Commission on Social Welfare, Ch. 2, S. 47.

[34] Stationery Office (Hrsg.), Report of the Commission on Social Welfare, Ch. 2, S. 47.

Große Bedeutung hatte der Erlaß des *Social Welfare (Consolidation) Act,
1981,* der die im *Social Welfare (Insurance) Act, 1952* und den nachfolgenden
Gesetzen geregelten Sozialleistungen zusammenfaßte und zusätzlich für
beschäftigte Frauen einen Anspruch auf *Maternity Allowance* regelte[35].

Von 1981 bis 1990 hat sich das irische Sozialrecht nicht wensentlich geändert. Der *Social Welfare (Consolidation) Act, 1981* erfuhr bereits wenige Monate
nach seinem Erlaß eine gesetzliche Modifizierung[36]. Daran schließen sich
jährlich abändernde Gesetze an.

Davon zu erwähnen sind der *Social Welfare Act, 1984,* der Familien mit
niedrigem Einkommen einen Anspruch auf finanzielle Unterstützung gewährt,
sowie der *Social Welfare (Amendment) (No. 2) Act, 1985,* der die Richtlinie
79 / 7 / EWG zur schrittweisen Verwirklichung des Grundsatzes der Gleichbehandlung von Männern und Frauen im Bereich der sozialen Sicherheit[37]
in nationales Recht umsetzte. Das Gesetz beseitigte wesentliche Ansatzbereiche
für unmittelbare Diskriminierungen wegen des Geschlechts und des Familienstandes.

Erheblichen Einfluß auf die Stellung der Teilzeitbeschäftigten im irischen
Sozialrecht hatte die Verabschiedung der *Social Welfare (Employment of
Inconsiderable Extent) (No. 2) Regulations, 1991*[38] und der *Social Welfare
(Subsidiary Employments) Regulations, 1991*[39]. Sie führten zur Einbeziehung
eines weitaus größeren Anteils der Teilzeitbeschäftigten in das Sozialver-
sicherungssystem.

Die Zahl der Personen, die Sozialleistungen erhalten, hat seit 1983 stetig
zugenommen. Während 1983 673.957 Personen Sozialleistungen bezogen, waren
es 1990 733.297[40]. Die Finanzierung des Systems der sozialen Sicherheit stellt
eine große Belastung für die irische Wirtschaft dar[41]. 1990 hatte der Staat
52,9 % der Sozialausgaben zu tragen[42].

---

[35] *Section 24 - 28* des *Social Welfare (Consolidation) Act, 1981.*

[36] Siehe den *Social Welfare (Amendment) Act, 1981.*

[37] ABl. EG 1978 Nr. L 6 / 24.

[38] *S.I. No. 72 of 1991.*

[39] *S.I. No. 73 of 1991.*

[40] Stationery Office (Hrsg.) , Statistical Information on Social Welfare Services 1990, S. 4,
Table A 3.

[41] Stationery Office (Hrsg.), Programme for Economic and Social Progress, Section IV, S. 21.

[42] Stationery Office (Hrsg.), Statistical Information on Social Welfare Services 1990, S. 75,
Figure G 1.

II. Rechtsquellen

1. Nationales Recht

a) Die Verfassung

Die Bestimmungen der Verfassung von 1937 nehmen aufgrund der bisherigen höchstrichterlichen Rechtsprechung nur begrenzten Einfluß auf die Gestaltung des irischen Sozialrechts. Im Unterschied zum Arbeitsrecht[43] steht die Frage der Drittwirkung von Grundrechten hier weniger im Vordergrund, da die soziale Sicherung von Arbeitnehmern in erster Linie nicht auf einer Abrede von Privaten, sondern auf staatlichem Handeln beruht.

Von größerer Bedeutung ist demgegenüber, ob die Grundrechte Teilhaberechte gegen den Staat gewähren. In *Dennehy v. Minister for Social Welfare*[44] entschied der *High Court*, daß das von *Art. 40.1* garantierte Recht auf Gleichbehandlung[45] nicht dadurch verletzt sei, daß verlassene Ehefrauen gem. *Section 100* i.V.m. *Section 101* des *Social Welfare (Consolidation) Act, 1981 Deserted Wife's Benefit* verlangen können, jedoch Ehemännern in derselben Situation ein entsprechender Anspruch mangels gesetzlicher Regelung versagt bleibt. Das Gericht hat somit aus Art. 40. 1 kein Teilhaberecht abgeleitet[46].

Auch im Hinblick auf die Bindung des Gesetzgebers an die Verfassung[47] ist der Einfluß von *Art. 40.1* beschränkt[48]. Da die Rechtsprechung das Diskriminierungsverbot nur auf die zum Menschsein gehörenden Essentialia und beispielsweise nicht auf die soziale Rolle in der Gesellschaft bezieht[49], können Klagen wegen des Verstoßes sozialrechtlicher Gesetze gegen *Art. 40.1* von vornherein nur selten zum Ziel führen. In der Tat ist bis heute keine sozialrechtliche Vor-

---

[43] Vgl. oben 2. Kapitel, § 1 II 1 a).

[44] H.C., 24. Juli 1984.

[45] Vgl. oben 2. Kapitel, § 1 II a).

[46] Siehe auch O'Shaughnessy v. Attorney General, H.C., 16. Februar 1971, wo der *High Court* ebenfalls einen Leistungsanspruch ablehnt. Kritisch zu der Begrenzung des Anspruchs auf *Deserted Wife's Benefit* auf Frauen, Whyte, Council Directive 79 / 7 / EEC in Ireland, in: Whyte (Hrsg.), Sex Equality, Community Rights and Irish Social Welfare Law, The Impact of the Third Equality Directive, S. 39. Durch die Einführung von *Lone Parent's Allowance* gem. *Section 12* des *Social Welfare Act, 1990* ist eine gewisse Gleichstellung erzielt worden.

[47] Siehe *Art. 15.4.1* der Verfassung von 1937.

[48] Vgl. Whyte, Law and Poverty in Ireland, in: Duncan (Hrsg.), Law and Social Policy, Some Current Problems in Irish Law, Ch. Seven, S. 86, 100.

[49] Vgl. oben 2. Kapitel, § 1 II 1 a).

schrift aufgrund einer Verletzung des Gleichbehandlungsgebotes für nichtig erklärt worden[50].

Art. 40.3, der die Persönlichkeitsrechte der Bürger schützt[51], hat im Zusammenhang mit der sozialen Sicherung von Arbeitnehmern gleichermaßen nur wenig praktische Bedeutung erlangt. Obwohl sich diese ausfüllungsfähige Verfassungsbestimmung nach Auffassung der Rechtslehre dazu eignet, Rechte für die sozial Schwachen zu konstituieren[52], ist bislang keine entsprechende Entscheidung ergangen. Nach einer Auffassung folgt aus *Art. 40.3* i.V.m. *Art. 45.4.1°* das Recht auf Gewährung eines Existenzminimums[53], denn gem. *Art. 45.4.1* ist es Aufgabe des Staates, die wirtschaftlich schwächeren Gruppen zu schützen und bei Bedürftigkeit zum Unterhalt von Kranken, Witwen, Waisen und Alten beizutragen. *Murtagh Properties v. Cleary*[54] ist bis heute der einzige Fall, in dem eine Verfassungsverletzung aufgrund von *Art. 40.3* i.V.m. *Art. 45* bejaht wurde.

Auch eine ausschließliche Anwendung von *Art. 45* als Prüfungsmaßstab kommt nicht in Betracht, da seine Bestimmungen keine Grundrechte, sondern Leitsätze der Sozialpolitik normieren. Diese Leitsätze dienen lediglich als Richtschnur für das Parlament; ihre gesetzliche Verwirklichung ist einer isolierten gerichtlichen Nachprüfbarkeit entzogen[55].

b) Sozialgesetze

Die sozialen Rechte der Arbeitnehmer sind in den verschiedenen sozialrechtlichen Gesetzen normiert, die das nationale Parlament gem. *Art. 15. 2. 1°* der Verfassung von 1937 erlassen hat. Legt man das irische Verständnis des Begriffes *Social Welfare* zugrunde, nach dem sämtliche vom Sozialministerium verwalteten Leistungen zur sozialen Fürsorge zählen[56], sind die *Social Welfare Acts 1981 - 1991* für die soziale Sicherung der Arbeitnehmer maßgeblich. Sie werden von über 200 Rechtsverordnungen ergänzt, die die jeweiligen Sozialminister aufgrund gesetzlicher Ermächtigung erlassen haben und die die einzelnen Normen näher spezifizieren[57].

---

[50] Forde, Constitutional Law, Ch. XXV., S. 729.

[51] Vgl. oben 2. Kapitel, § 1 II 1 a).

[52] Whyte, Law and Poverty, S. 86, 94; Forde, Constitutional Law, Ch. XXV., S. 730.

[53] Whyte, Law and Poverty, S. 86, 94.

[54] [1972] I.R. 330.

[55] Vgl. *Art. 45* der Verfassung von 1937.

[56] Stationery Office (Hrsg.), Report of the Commission on Social Welfare, Ch. 1, S. 5, 6.

[57] Whyte, Social Welfare Law in Ireland, Introduction, S. 7.

Leistungen des Gesundheitswesens gehören nach der oben genannten Definition nicht zur sozialen Fürsoge, da diese überwiegend vom Gesundheitsministerium verwaltet werden. Dennoch statuiert die Gesundheitsfürsorge nach herkömmlicher Betrachtungsweise soziale Rechte der Arbeitnehmer, so daß ihre gesetzlichen Grundlagen — die *Health Acts 1947 - 1991* — im Rahmen dieser Abhandlung den Sozialgesetzen zugeordnet werden sollen.

c) Das Common Law

Während das *Common Law* eine bedeutsame Rechtsquelle für das Arbeitsrecht darstellt[58], spielt es im Sozialrecht naturgemäß nur eine untergeordnete Rolle. Die sozialen Rechte der Arbeitnehmer beruhen nicht auf einer an vertragliche Regelungen anknüpfende höchstrichterliche Rechtsprechung, sondern auf vom Parlament erlassenen öffentlich-rechtlichen Gesetzen. Daher bleibt für eine richterliche Rechtsfortbildung nur dann Raum, wenn Gesetzeslücken bestehen oder gesetzliche Vorschriften auszulegen sind.

Diese Aufgabe stellte sich den Gerichten im Hinblick auf das sozialrechtliche Rechtsbehelfsverfahren[59]. Nach dem *common law* ist jedes gerichtliche und außergerichtliche Verfahren an den Grundsätzen der *constitutional* oder *natural justice*[60] auszurichten. Dies bedeutet insbesondere, daß die Maximen „nemo iudex in sua causa" und „audi alteram partem" zu beachten sind[61]. Da es bei sozialrechtlichen Streitigkeiten nicht um die Abwehr staatlicher Eingriffe, sondern um die Vergrößerung des Rechtskreises durch Anerkennung von Ansprüchen gegen den Staat geht, haben die Gerichte keine allzu hohen Anforderungen an die Beachtung des Rechtes auf ein faires Verfahren gestellt[62]. So wurde das Parlament für berechtigt gehalten, den Grundsatz „nemo iudex in sua causa" dahingehend einzuschränken, daß ein Beamter der Ausgangsbehörde Sozialministerium auch im Rechtsmittelverfahren für die Entscheidung zuständig ist[63]. Hingegen bestehen die Gerichte auf dem Recht beider Parteien, im Rahmen einer mündlichen Verhandlung angehört zu werden[64]. Das *common law* nimmt

---

[58] Vgl. oben 2. Kapitel, § 1 I 1 c).

[59] Vgl. Ford, Constitutional Law, Ch. XXV., S. 727, 728.

[60] Diese synonym verwandten Begriffe können mit dem „Recht auf ein faires Verfahren" übersetzt werden.

[61] McLoughlin v. Minister for Social Welfare [1958] I.R. 1; Kiely v. Minister for Social Welfare [1971] I.R. 21; Kiely v. Minister for Social Welfare (No.2) [1977] I.R. 267.

[62] Forde, Constitutional Law, Ch. XXV., S. 728.

[63] O'Brien v. Bord na Mona [1983] I.R. 255.

[64] Kiely v. Minister for Social Welfare (No. 2) [1977] I.R. 267, 281, 282.

somit keinen unerheblichen Einfluß auf die Durchführung des sozialrechtlichen Rechtsschutzverfahrens.

2. Internationales Recht

a) Völkerrechtliche Vereinbarungen

Auch im Hinblick auf das Sozialrecht sind verschiedene völkerrechtliche Vereinbarungen bedeutsam, die die Republik Irland in ihre Rechtsordnung aufgenommen hat.

So kann das von Art. 14 der Europäischen Menschenrechtskonvention vom 4. November 1950[65] normierte Diskriminierungsverbot auf die Gestaltung des nationalen Sozialrechts einwirken. Die Europäischen Sozialcharta vom 18. Oktober 1961[66] garantiert einige Rechte, die die sozialrechtlichen Beziehungen in den Unterzeichnerstaaten betreffen. Das Recht auf Schutz der Gesundheit[67], auf soziale Sicherheit[68], auf Fürsorge[69] und die Inanspruchnahme sozialer Dienste[70] sind für Irland bindend geworden[71].

Am 28. Juni 1952 trat das Übereinkommen Nr. 102 über die Mindestnormen in der Sozialen Sicherheit[72] an die Stelle verschiedener sozialrechtlicher Teilregelungen der Internationalen Arbeitsorganisation[73]. Die Republik hat Bestimmungen des Übereinkommens zu Krankheit, Arbeitslosigkeit und Leistungen an Hinterbliebene ratifiziert[74]. Darüberhinaus wurden Teile des Übereinkommens Nr. 118 über die Gleichbehandlung von Inländern und Ausländern in der Sozialen Sicherheit vom 28. Juni 1962[75] und das Übereinkommen Nr. 121 vom 8. Juli 1964 über Leistungen bei Arbeitsunfällen und Berufskrankheiten[76] Bestandteil des irischen Rechts[77].

---

[65] BGBl. 1952 II S. 686, 953.

[66] BGBl. 1964 II S. 1262.

[67] Art. 11 Abs. 3 der ESC.

[68] Art. 12 der ESC.

[69] Art. 13 der ESC.

[70] Art. 14 der ESC.

[71] Forde, Constitutional Law, Ch. XII, S. 254.

[72] BGBl. 1957 II S. 1231.

[73] Däubler / Kittner / Lörcher-Lörcher, IAO-Üb. 102 Soziale Sicherheit 260, S. 402; Stationery Office (Hrsg.), Report of the Commission on Social Welfare, Ch. 3, S. 74.

[74] Stationery Office (Hrsg.), Report of the Commission on Social Welfare, Ch. 3, S. 74.

[75] BGBl. 1970 II S. 802.

[76] BGBl. 1971 II S. 1169.

[77] Stationery Office (Hrsg.), Report of the Commission on Social Welfare, Ch. 3, S. 74.

Im Februar 1971 ratifizierte Irland die Europäische Ordnung der sozialen Sicherheit vom 16. April 1964[78] in bezug auf Leistungen im Krankheitsfalle, Arbeitslosengeld, Altersrente, Familienunterstützung und Hinterbliebenenrente. Der Europarat hatte diese Vereinbarung verabschiedet, um den von dem Übereinkommen Nr. 102 vorgesehenen Mindeststandard der sozialen Sicherheit anzuheben[79].

Schließlich hat das Übereinkommen zur Beseitigung jeder Form von Diskriminierung der Frau vom 18. Dezember 1979[80] auch für das Sozialrecht Bedeutung.

b) Europäisches Gemeinschaftsrecht

aa) Rechtsnormen

Sowohl Art. 117 und 118 EWGV als auch Art. 51 EWGV können auf die Gestaltung des Sozialrechts in den Mitgliedstaaten Einfluß nehmen. Auf der Grundlage von Art. 51 EWGV hat der Europäische Rat die Verordnungen 1408 / 71[81] und 574 / 72[82] erlassen, die Bestimmungen über die Voraussetzungen für die Anrechnung von Sozialversicherungszeiten für Wanderarbeitnehmer und ihre Durchführung enthalten. Sie sind unmittelbar anwendbares Gemeinschaftsrecht[83].

Von besonderer Bedeutung ist die Richtlinie 79 / 7 / EWG des Rates vom 19. Dezember 1978 zur schrittweisen Verwirklichung des Grundsatzes der Gleichbehandlung von Männern und Frauen im Bereich der sozialen Sicherheit[84]. Sie gab den Mitgliedstaaten auf, den Gleichbehandlungsgrundsatz im Hinblick auf die Risiken Krankheit, Invalidität, Alter, Arbeitsunfall, Berufskrankheit und

---

[78] BGBl. II 1970 S. 909.

[79] Stationery Office (Hrsg.), Report of the Commission on Social Welfare, Ch. 3, S. 75.

[80] BGBl. II 1985 S. 647.

[81] Verordnung vom 14. Juni 1971 über die Anwendung der Systeme der sozialen Sicherheit auf Arbeitnehmer und Selbständige sowie deren Familienangehörige, die innerhalb der Gemeinschaft zu- und abwandern, ABl. EG 1971 Nr. L 149 / 2, berichtigt ABl. EG 1973 Nr. L 128 / 22 und ABl. EG 1980 Nr. L 82 / 1.

[82] Verordnung vom 21. März 1972 über die Durchführung der Verordnung (EWG) Nr. 1408 / 71 über die Anwendung der Systeme der sozialen Sicherheit auf Arbeitnehmer und Selbständige sowie deren Familienangehörige, die innerhalb der Gemeinschaft zu- und abwandern, ABl. EG 1972 Nr. L 74 / 1 , in der Neufassung ABl. EG 1983 Nr. L 230.

[83] Stationery Office (Hrsg.), Report of the Commission on Social Welfare, Ch. 3, S. 75.

[84] ABl. EG 1979 Nr. L 6 / 24.

Arbeitslosigkeit innerhalb von sechs Jahren im nationalen Recht zu verwirklichen[85]. Die Richtlinie hatte den Erlaß des *Social Welfare (Amendment) (No.2) Act, 1985* zur Folge, dessen erste Bestimmungen im Mai 1986 in Kraft traten. Das Gesetz beseitigte insbesondere die unmittelbare Diskriminierung verheirateter Frauen[86].

Neben diesen Rechtsnormen haben bereits die Richtlinienvorschläge der Kommission der Europäischen Gemeinschaften vom 29. Juni 1990, die Bestimmungen zur sozialrechtlichen Regelung der Teilzeitarbeit enthalten[87], Einfluß auf die Stellung der Teilzeitbeschäftigten im irischen Sozialrecht genommen.

bb) Die Rechtsprechung des Europäischen Gerichtshofs

Die Rechtsprechung des EuGH zu sozialrechtlichen Fragen kommt als unmittelbare oder mittelbare Rechtsquelle für das irische Sozialrecht in Betracht. Hinsichtlich der sozialrechtlichen Rahmenbedingungen für Teilzeitarbeitnehmer ist insbesondere die Rechtsprechung des EuGH zur unmittelbaren Anwendbarkeit der Richtlinie 79 / 7 / EWG und zur mittelbaren Geschlechterdiskriminierung durch sozialrechtliche Regelungen von Bedeutung.

III. Die sozialen Rechte der Arbeitnehmer

Das irische System der sozialen Sicherheit läßt sich ebenso wie das deutsche System in zwei große Bereiche — die Sozialversicherung und die Sozialhilfe — einteilen. Eine Sonderstellung nehmen die Unfallversicherung, die Krankenversicherung und das Kindergeld ein.

1. Sozialversicherungsleistungen

Die Sozialversicherung umfaßt verschiedene Geldleistungen, die aus Beiträgen der Arbeitnehmer und Arbeitgeber unter Gewährung eines staatlichen Zuschusses finanziert werden[88]. Sie beruht auf dem Prinzip, daß der Arbeitneh-

---

[85] Art. 3 Abs. 1 lit. a) und Art. 8 Abs. 1 der Richtlinie 79 / 7 / EWG.

[86] Commission on Social Welfare, Ch. 2, S. 49.

[87] ABl. EG 1990 Nr. C 224 / 4; ABl. EG 1990 Nr. C 224 / 6, modifzierend ABl. EG 1990 Nr. C 305 / 8.

[88] Trine, Ch. 4, S. 37; Department of Social Welfare, Annual Report 1987 and 1988, S. 41.

mer seine Anspruchsberechtigung durch die Erfüllung bestimmter Beitragsvor-aussetzungen erkauft[89].

Der Umfang der Beitragspflicht bemißt sich aufgrund des *Pay-Related Social Insurance*-Systems nach einem Prozentsatz des anrechenbaren Einkommens. Die Höhe dieses Prozentsatzes ist von dem Einkommen des Arbeitnehmers und seiner Beitragsklasse abhängig[90]. Die Zuteilung der Beitragsklassen bestimmt sich nach der Art der Beschäftigung; es gibt 13 verschiedene Beitragsklassen[91].

Mit jeder Beitragsklasse korrespondieren bestimmte Sozialversicherungs-leistungen. Je höher der zu zahlende Beitragssatz liegt, desto umfassender ist der Schutz vor sozialen Risiken[92]. Der größte Anteil der Beschäftigten ist der Bei-tragsklasse A zugeordnet[93], in der der vom Arbeitnehmer zu leistende Beitrag bei 7,75 % der ersten £ 16.700 des anrechenbaren Einkommens liegt[94] und die eine umfassende soziale Absicherung vorsieht[95]. Neben dem Anteil für die Sozialversicherung setzt sich der PRSI-Beitrag des Arbeitnehmers aus einer 1,25 % Satz für Leistungen des Gesundheitswesens, der an das Gesundheits-ministerium abgeführt wird, und einem 1 %igen *Employment and Training Levy,* der für beschäftigungsfördernde Maßnahmen verwendet wird und an das Arbeitsministerium fließt[96].

Der Arbeitgeber ist im Außenverhältnis verpflichtet, den Arbeitnehmeranteil gemeinsam mit dem von ihm zu tragenden Anteil als Bestandteil der Einkom-menssteuer zu entrichten[97].

---

[89] Department of Social Welfare, White Paper, Part II, S. 10; Stationery Office (Hrsg.), Report of the Commission on Social Welfare, Ch. 10, S. 221.

[90] Department of Social Welfare, Employees Guide to PRSI, SW 23; Trine, Ch. 4, S. 39.

[91] Beitragsklassen A, B, C, D, E, G, H, J, K, M N und S, Department of Social Welfare, Guide to Social Welfare Services, SW 4, S. 20 - 24.

[92] Trine, Ch. 4, S. 39; Stationery Office (Hrsg.), Report of the Commission on Social Welfare, Ch. 10, S. 226.

[93] 1989 / 90 gehörten 66,2 % der sozialversicherten Personen dieser Beitragsklasse an, Department of Social Welfare, Statistical Information, S. 10, Figure A 2.

[94] Department of Social Welfare, PRSI, Rates of Contributions for the Income Tax Year 1990-91, SW 14.

[95] Commission on Social Welfare, Ch. 10, S. 225; Department of Social Welfare, Employees Guide to PRSI.

[96] Department of Social Welfare, PRSI, Rates of Contributions. Beide Leistungen werden vom Arbeitgeber getragen, wenn das Einkommen des Arbeitnehmers unterhalb einer bestimmten Min-destgrenze liegt.

[97] Siehe *Section 10 (3)* des *Social Welfare (Consolidation) Act, 1981.*

Die Anspruchsberechtigung des Arbeitnehmers im Hinblick auf Sozialversicherungsleistungen ist von der Erfüllung der jeweiligen Beitragsvoraussetzungen abhängig. Gem. *Section 5* des *Social Welfare (Consolidation) Act, 1981* sind alle Arbeitnehmer zwischen 17 Jahren und dem Rentenalter sozialversicherungs- und damit beitragspflichtig, es sei denn, sie üben eine der vom Gesetz und ministeriellen Rechtsvorschriften ausgenommenen Tätigkeiten aus. So sind Teilzeitbeschäftigte, die weniger als £ 25 in der Woche verdienen, nach den *Social Welfare (Employment of Inconsiderable Extent) Regulations, 1991*[98] von der Sozialversicherungspflicht befreit. Entsprechendes gilt für Personen, die eine der als Nebenbeschäftigungen geltenden Tätigkeiten i.S.d. *Social Welfare (Subsidiary Employments) Regulations, 1991*[99] ausüben. Diese Arbeitnehmer gehören vorwiegend der Beitragsklasse J an, in der die Beitragspflicht auf die Zahlung des Gesundheitsbeitrages und des *Employment and Training Levy* beschränkt ist und die nur Versicherungsschutz im Falle eines Arbeitsunfalles bietet[100].

Für die Erfüllung der Beitragsvoraussetzungen verlangen die Sozialgesetze sowohl seit der Aufnahme der versicherungspflichtigen Beschäftigung als auch für das vorhergehende Beitragsjahr eine Mindestanzahl von Beitragswochen[101]. Die Höhe der Sozialversicherungsleistungen bestimmt sich zunächst danach, inwieweit diese Mindestanzahl überschritten wurde. Beispielsweise wird der geringste Satz Arbeitslosengeld gezahlt, wenn der Arbeitnehmer für das letzte Beitragsjahr 39 Beitragswochen vorweisen kann; ein Anspruch auf die volle Leistung besteht bei 48 Beitragswochen[102]. Die Leistungen werden auf einer *flatrate*-Basis gewährt[103]; der vorherige Verdienst des Arbeitnehmers findet im Unterschied zu den meisten anderen Mitgliedstaaten der Europäischen Gemeinschaft bei der Bemessung der Sozialversicherungsleistungen grundsätzlich keine Berücksichtigung. Unterschiede können sich allein durch die Zahl der unterhaltsberechtigten Personen und einem Anspruch auf *Pay-Related Benefit* ergeben, der eingreift, wenn das wöchentliche Einkommen mindestens £ 75 beträgt[104]. Dem-

---

[98] *S.I. No. 72 of 1991.*

[99] *S.I. No. 73 of 1991.*

[100] Department of Social Welfare, PRSI, Rates of Contributions. 1989 / 90 gehörten 7,7 % der Beschäftigten den Beitragsklassen J und M an, Department of Social Welfare, Statistical Information, S. 10, Figure A 2.

[101] Grimes / Horgan, Ch. 18, S. 310; vgl. Stationery Office (Hrsg.), Commission on Social Welfare, Ch. 10, S. 229.

[102] Department of Social Welfare, Guide, S. 38.

[103] Stationery Office (Hrsg.), Report of the Commission on Social Welfare, Ch. 3, S. 67; Grimes / Horgan, Ch. 18, S. 311.

[104] Department of Social Welfare, Social Welfare Statistics 1990 and Weekly Rates from July 1991.

zufolge besteht trotz der Bezeichnung *Pay-Related Social Insurance-System* nur ein loser Zusammenhang zwischen der Beitragszahlung und dem Anspruch auf Versicherungsschutz, der im wesentlichen auf das „Ob" der Leistungsgewährung beschränkt ist.

Die irische Sozialversicherung umfaßt eine Vielzahl verschiedener Einzelleistungen. Im folgenden soll ein Überblick über die wichtigsten Leistungen der Sozialversicherung gegeben werden[105].

— **Unemployment Benefit:**

Verwirklicht sich das soziale Risiko der Arbeitslosigkeit, hat der Arbeitnehmer bis zu 15 Monaten einen Anspruch auf Arbeitslosengeld, wenn er arbeitsfähig und verfügbar ist und ernsthaft eine Beschäftigung sucht. Bei Überschreitung des 66. Lebensjahres entfällt der Anspruch auf Arbeitslosengeld[106].

— **Disability Benefit:**

Die Lohnfortzahlung im Krankheitsfalle greift unter der Voraussetzung ein, daß der Arbeitnehmer aufgrund von Krankheit arbeitsunfähig ist. Sie ist — je nach der Anzahl der Beitragswochen — für die Dauer von einem Jahr zu leisten[107].

— **Invalidity Pension:**

Ein Anspruch auf Invalidenrente besteht, wenn die Arbeitsunfähigkeit des Versicherten für mehr als zwölf Monate besteht. Wird ihm später eine Alters- oder Ruhestandsrente zugesprochen, entfällt der Anspruch auf Invalidenrente[108].

— **Treatment Benfits:**

Sozialversicherte Arbeitnehmer können die Finanzierung von Zahnbehandlungen, augenärztlichen Behandlungen, Brillen, Kontaktlinsen und Hörgeräten

---

[105] Zur Höhe der jeweiligen Leistungen siehe unten 4. Kapitel, § 1 I 1 b).

[106] *Section 29-35 des Social Welfare (Consolidation) Act, 1981.*

[107] *Section 18-23 des Social Welfare (Consolidation) Act, 1981.*

[108] *Section 88-91 des Social Welfare (Consolidation) Act, 1981.*

verlangen. Die Leistung erfolgt unmittelbar an die behandelnden Personen[109].
Die in den *Health Acts* geregelten Leistungen, die sich mit den genannten
Leistungen überschneiden oder über diese hinausgehen, werden nicht vom
Sozialministerium, sondern vom Gesundheitsministerium verwaltet.

— **Leistungen des Gesundheitswesens:**

Die Leistungen des Gesundheitswesens, die das Gesundheitsministerium
sowie die örtlichen Gesundheitsämter verwaltet, zählen nicht zur Sozialversicherung im engeren Sinne. Die Anspruchsvoraussetzungen sind in den
verschiedenen *Health Acts* und ministeriellen Rechtsverordnungen geregelt, die
seit 1947 erlassen wurden[110].

Der Anspruch auf die Leistungen des Gesundheitswesen ist allein von der
Bedürfigkeit des Beschäftigten abhängig. Liegt sein Einkommen unterhalb einer
festgelegten Mindestgrenze, erhält er eine sogenannte *Medical Card;* in diesem
Falle ist der Arbeitgeber zur Zahlung des 1,25 %igen Gesundheitsbeitrages
verpflichtet. Entsprechendes gilt für Personen, die bereits bestimmte Sozial-
leistungen empfangen[111]. Inhaber der *Medical Card* sind berechtigt, sämtliche
Leistungen der Gesundheitsfürsorge kostenlos in Anspruch zu nehmen[112]. Im
übrigen hängt es vom Jahreseinkommen des Arbeitnehmers ab, für welche
Leistungen er selbst aufzukommen hat. Er muß zum Beispiel die Kosten für die
Behandlung durch den praktischen Arzt, Zahnarzt, Augen- und Ohrenarzt selbst
tragen, wenn sein Jahresverdienst das die festgelegte Mindestgrenze übersteigt.
Außerdem wird für krankenhausärztliche Behandlungen — je nach der Höhe des
Einkommens — ein bestimmter Beitrag fällig[113]. Arbeitnehmer mit höherem
Einkommen, die die meisten Leistungen selbst finanzieren müssen, schließen oft
eine staatlich unterstützte Zusatzversicherung ab[114].

Neben den Sachleistungen sieht das Gesundheitswesen einige Geldleistungen
zur Einkommensunterstützung vor. Beispielsweise ist chronisch Kranken vorbehaltlich einer Bedürftigkeitsprüfung *Disabled Person's Maintenance Allowance*
zu zahlen: Personen, die sich der Behandlung einer Infektionskrankheit unterziehen, haben einen Anspruch auf *Infectious Diseases Maintenance Allowance*[115].

---

[109] *Section 110* des *Social Welfare (Consolidation) Act, 1981;* Stationery Office (Hrsg.), Report
of the Commission on Social Welfare, Ch. 2, S. 53.

[110] *Health Acts, 1947, 1966, 1970, 1971, 1977, 1979, 1981, 1985, 1986, 1987, 1991.*

[111] *Section 11* des *Health Act, 1979.*

[112] Trine, Ch. 4, S. 37.

[113] Department of Health, 1988 Summary of Health Services 1988.

[114] Weber / Leienbach, Die Sozialversicherung in den Mitgliedstaaten der Europäischen
Gemeinschaft, 8., S. 85.

[115] Stationery Office (Hrsg.), Report of the Commission on Social Welfare, Ch. 19, S. 376.

In einigen Bereichen kommt es zu sachlich nicht gerechtfertigten Überschneidungen zwischen den vom Sozialministerium und den vom Gesundheitsministerium verwalteten Aufgaben. Sie sind im wesentlichen darauf zurückzuführen, daß auch das Gesundheitswesen finanzielle Einkommensunterstützungen vorsieht und das Sozialrecht Ansprüche auf Behandlungsleistungen normiert[116].

— Occupational Injuries Benefits:

Die Unfallversicherung[117] nimmt ebenso wie die Krankenversicherung eine Sonderstellung im irischen Sozialversicherungssystem ein. Sie wird allein durch einen Arbeitgeberanteil von 0, 5 % des anrechenbaren Arbeitnehmereinkommens und einem staatlichen Zuschuß finanziert. Bis zum 31. April 1990 flossen diese Gelder in einen eigenen *Occupational Injuries Fund*[118]. Die Erfüllung von Beitragsvoraussetzungen durch den Arbeitnehmer wird nicht verlangt[119]. Daher sind — abgesehen von wenigen Ausnahmen — alle Beschäftigten vom Anwendungsbereich der Unfallversicherung erfaßt.

Ist der Arbeitnehmer aufgrund einer durch einen Arbeitsunfall erlittenen Verletzung arbeitsunfähig geworden, hat er für 26 Wochen einen Anspruch auf *Injury Benefit*[120]. *Disablement Benefit* ist zu zahlen, wenn er infolge eines Arbeitsunfalls oder einer Berufskrankheit körperliche oder geistige Einbußen erlitten hat. Diese Leistung der Unfallversicherung greift in der Regel ein, wenn der Anspruch auf *Injury Benefit* erloschen ist[121]. Sind die aufgrund des Arbeitsunfalls oder der Berufskrankheit entstandenen Behandlungskosten nicht bereits durch *Treatment Benefits* oder Leistungen der Gesundheitsfürsorge gedeckt, sieht die Unfallversicherung einen Anspruch auf Zahlung des überschießenden Betrages vor[122]. Daneben können Ansprüche auf Witwen- und Waisenrente und auf Beihilfe zu den Beerdigungskosten geltend gemacht werden, wenn der Arbeitnehmer an den Folgen eines Arbeitsunfalls oder einer Berufskrankheit gestorben ist[123].

---

[116] Vgl. Stationery Office (Hrsg.), Report of the Commission on Social Welfare, Ch. 19, S. 375, 376.

[117] *Section 36-70 des Social Welfare (Consolidation) Act, 1981.*

[118] *Section 41 (1) des Social Welfare Act, 1990,* der bestimmt, daß die Gelder aus dem *Occupational Injuries Fund* mit Wirkung zum 31. April 1990 *dem Social Insurance Fund* zugeführt werden.

[119] Department of Social Welfare, PRSI, Rates of Contributions.

[120] *Section 42 des Social Welfare (Consolidation) Act, 1981.*

[121] *Section 43 des Social Welfare (Consolidation) Act, 1981.*

[122] *Medical Care, Section 57 des Social Welfare (Consolidation) Act, 1981.*

[123] *Death Benefits, Section 42-52 des Social Welfare (Consolidation) Act, 1981.*

— **Maternity Benfits:**

Im Falle der Mutterschaft können zwei verschiedene Sozialversicherungsleistungen eingreifen:

— *Maternity Allowance for Women in Employment:*

Arbeitnehmerinnen, die aufgrund der Vorschriften des *Maternity Protection of Employees Act, 1981* oder des *Worker Protection (Regular Part-Time Employees) Act, 1991* in Mutterschaftsurlaub sind, haben für mindestens 14 Wochen einen Anspruch auf finanzielle Unterstütung in Höhe von 70 % des anrechenbaren Einkommens[124].

— *Maternity Allowance (General Scheme):*

Diese Sozialleistung kommt in Betracht, wenn die Frau gegenwärtig nicht arbeitet oder nicht beabsichtigt, die Berufstätigkeit nach Beendigung des Mutterschaftsurlaubs fortzusetzen. Der Anspruch besteht für eine Dauer von zwölf Wochen[125].

— **Widow's Contributory Pension:**

Witwen können entweder aufgrund eigener Beitragsleistungen oder solcher ihrer verstorbenen Ehegatten unabhängig vom Alter oder Einkommenserwerb eine Witwenrente beantragen[126].

— **Orphan's Contributory Allowance:**

Der Vormund hat für die Erziehung einer Waise bis zu deren Alter von 18 beziehungsweise 21 Jahren einen Anspruch auf finanzielle Unterstützung, der auf Beiträgen eines Eltern- oder Stiefelternteils beruht[127].

— **Deserted Wife's Benefit:**

Diese Sozialversicherungsleistung ist Frauen zu zahlen, die seit mindestens drei Monaten von ihrem Ehemann verlassen sind, der ihnen oder ihren Kindern

---

[124] Department of Social Welfare, Social Welfare Statistics 1990.

[125] *Section 24 - 28* des *Social Welfare (Consolidation) Act, 1981* i.V.m. *Section 9* und *10* des *Social Welfare (Amendment) Act, 1981.*

[126] *Section 92 - 95* des *Social Welfare (Consolidation) Act, 1981.*

[127] *Section 96 - 99* des *Social Welfare (Consolidation) Act, 1981.*

keinen angemessenen Unterhalt zahlt. Sind Kinder nicht vorhanden, so besteht der Anspruch unter der Voraussetzung, daß die Frau mindestens 40 Jahre alt ist[128].

— **Retirement Pension:**

Arbeitnehmern, die 65 Jahre alt sind und ihre sozialversicherungspflichtige Beschäftigung aufgegeben haben, steht ein Anspruch auf eine Ruhestandsrente zu[129].

— **Old Age Contributory Pension:**

Sozialversicherten Personen, die älter als 66 Jahre sind, ist eine beitragsabhängige Altersrente zu zahlen. Die Aufgabe der Berufstätigkeit ist nicht erforderlich[130].

— **Pay-Related Benefit:**

Diese Sozialversicherungsleistung ermöglicht eine einkommensbezogene Ergänzung zu *Disability Benefit, Invalidity Benefit* und *Unemployment Benefit*. Sie wird auf der Grundlage des Verdienstes im vorhergehenden Steuerjahr berechnet und ist Arbeitnehmern zu zahlen, die wöchentlich mindestens £ 25 verdienen[131]. Das *Pay-Related Benefit Scheme* nimmt damit eine gewisse Korrektur der pauschalen Leistungsberechnung für die genannten Leistungen vor.

— **Death Grant:**

Hinterbliebene haben beim Tod einer versicherten Person, eines Ehepartners oder eines Kindes einer versicherten Person aufgrund von Beitragsleistungen des Verstorbenen oder des einen Anspruch auf Sterbegeld, der auf Beitragszahlungen des Verstorbenen oder des überlebenden Ehepartners beruht[132].

---

[128] *Section 100 - 103 des Social Welfare (Consolidation) Act, 1981.*

[129] *Section 83 - 86 des Social Welfare (Consolidation) Act, 1981.*

[130] *Section 78 - 82 des Social Welfare (Consolidation) Act, 1981.*

[131] *Section 71 - 77 des Social Welfare (Consolidation) Act, 1981;* Department of Social Welfare, Social Welfare Statistics 1990.

[132] *Section 107 - 109 des Social Welfare (Consolidation) Act, 1981.*

— **Child Benefit:**

Familien mit Kindern unter 16 Jahren beziehungsweise 18 Jahren wird ohne Rücksicht auf die Zahlung von Sozialversicherungsbeiträgen und die Einkommenshöhe ein Kindergeld gewährt. Diese Leistung wird allein vom Staat getragen[133].

2. Sozialhilfeleistungen

Die Leistungen der Sozialhilfe bilden neben denjenigen der Sozialversicherung die zweite große Kategorie im irischen System der sozialen Sicherheit[134]. Anders als in der Bundesrepublik[135] greift die Sozialhilfe nicht bereits dann ein, wenn der Antragsteller außerstande ist, aus eigenen Mitteln einen angemessenen Lebensunterhalt zu bestreiten. Weitere Voraussetzung für die meisten Leistungen ist, daß sich ein bestimmtes Risiko, wie beispielsweise Arbeitslosigkeit, Witwenschaft, Eintritt in das Pensionsalter und Trennung vom Ehegatten, verwirklicht hat[136]. Im Falle der Realisierung desselben Risikos sind die Sozialhilfeleistungen gegenüber den Sozialversicherungsleistungen subsidiär. Sie greifen zugunsten der Arbeitnehmer ein, die entweder keiner sozialversicherungspflichtigen Beschäftigung nachgehen, nicht die erforderliche Mindestanzahl von Beitragswochen vorweisen können oder deren Anspruchsberechtigung im Hinblick auf Sozialversicherungsleistungen erschöpft ist[137]. Die Sozialhilfeleistungen werden ausschließlich vom Staat finanziert[138].

Die Bedürftigkeit des Antragstellers wird im Wege einer von dem Sozialministerium vorzunehmenden Bedürftigkeitsprüfung festgestellt. Die zu berücksichtigenden Posten variieren nach der Art der Leistung[139]. In die Bedürftigkeitsprüfung für alle Leistungen werden das jährliche Bareinkommen des Antragstellers und seines Ehegatten einbezogen. Darüberhinaus sind — je nach der Art der

---

[133] *Section 223 - 232* des *Social Welfare (Consolidation) Act, 1981.*

[134] Trine, Ch. 4, S. 37.

[135] Siehe § 9 SGB I.

[136] Nur für die Ansprüche auf *Supplementary Welfare Allowance* und *Family Income Supplement* ist die Bedürftigkeit des Antragstellers das entscheidende Kriterium, *Section 200* des *Social Welfare (Consolidation) Act, 1981; Section 232A - 232F* des *Social Welfare (Consolidation) Act, 1981,* eingefügt durch *Section 13* des *Social Welfare Act, 1984.*

[137] Department of Social Welfare, Guide, S. 73.

[138] Department of Social Welfare, Annual Report 1987 und 1988, S. 41, Appendix 4.

[139] Stationery Office (Hrsg.), Report of the Commission on Social Welfare, Ch. 11, S. 256.

Sozialhilfe — der jährliche Wert des nicht privat genutzten Eigentums sowie der Gewinn aus der Bewirtschaftung von Eigentum zu berücksichtigen[140].

Liegt das auf dieser Grundlage ermittelte Einkommen unter dem für die einzelnen Leistungen festgelegten Mindestsatz, besteht ein Anspruch auf finanziellen Ausgleich, wenn sich ein von den Sozialhilfeleistungen erfaßtes soziales Risiko verwirklicht. Der persönliche Höchstsatz für die meisten Sozialhilfeleistungen liegt nur geringfügig unter dem für die entsprechenden Sozialversicherungsleistungen geltenden Satz[141]. Die irische Sozialhilfe umfaßt im wesentlichen folgende Einzelleistungen:

— Unemployment Assistance:

Erhält der Arbeitnehmer kein Arbeitslosengeld, ist ihm — im übrigen unter denselben Voraussetzungen — im Alter zwischen 18 und 66 Jahren eine Arbeitslosenhilfe zu gewähren[142].

— Non-Contributory Widow's und Orphan's Pension:

Witwen, die keinen Anspruch auf eine beitragsabhängige Witwenrente haben, können die Zahlung der beitragsunabhängigen Witwenrente verlangen. Entsprechendes gilt für Erziehungsberechtigte von Waisen[143].

— Non-Contributory Old Age Pension:

Personen, denen weder ein Anspruch auf *Retirement Pension* noch auf *Contributory Old Age Pension* zusteht, können mit Erreichung des 66. Lebenjahres die Zahlung dieser Altersrente verlangen[144].

— Blind Pension:

Blinde haben ab dem 18. Lebensjahr einen Anspruch auf Blindenrente. Er entfällt, wenn ihnen eine Ruhestands-, Alters- oder Invalidenrente zuerkannt wird[145].

---

[140] Stationery Office (Hrsg.), Report of the Commission on Social Welfare, Ch. 11, S. 259 - 264.

[141] Der Höchstsatz für *Unemployment Benefit* und *Unemployment Assistance* lag 1991 bei jeweils £ 50 in der Woche, Department of Social Welfare, Social Welfare Statistics 1990.

[142] *Section 135 - 156 des Social Welfare (Consolidation) Act, 1981.*

[143] *Section 176 des Social Welfare (Consolidation) Act, 1981.*

[144] *Section 157 - 174 des Social Welfare (Consolidation) Act, 1981.*

[145] *Section 175 des Social Welfare (Consolidation) Act, 1981.*

— Deserted Wife's Allowance:

Eine Unterstützung für verlassene Ehefrauen tritt an die Stelle von *Deserted Wife's Benefit,* wenn die dafür erforderlichen Beitragsvoraussetzungen nicht erfüllt sind[146].

— Unmarried Mother's Allowance:

Ledige Mütter, die für den Unterhalt mindestens eines Kindes sorgen, haben einen Anspruch auf finanzielle Unterstützung[147].

— Prisoner's Wife's Allowance:

Diese Sozialhilfeleistung ist Ehefrauen zu zahlen, deren Männer eine Freiheitsstrafe von mindestens sechs Monaten zu verbüßen haben. Ist die Antragstellerin jünger als 40 Jahre, so muß ein unterhaltsberechtigtes Kind vorhanden sein[148].

— Single Woman's Allowance:

Alleinstehenden Frauen im Alter zwischen 58 und 66 Jahren, die nicht in einem Krankenhaus oder Kloster leben, ist eine finanzielle Unterstützung zu zahlen[149].

— Lone Parent's Allowance:

Witwen, Witwer, getrennt lebende Ehegatten, Alleinstehende und Personen, deren Ehegatte eine mindestens sechsmonatige Haftstrafe verbüßt, die mit mindestens einem Kind zusammenleben, haben — je nach der Höhe ihres Einkommens — Anspruch auf eine *Lone Parent's Allowance*[150].

---

[146] *Section 195* des *Social Welfare (Consolidation) Act, 1981.*

[147] *Section 197* des *Social Welfare (Consolidation) Act, 1981.*

[148] *Section 196* des *Social Welfare (Consolidation) Act, 1981.*

[149] *Section 198* des *Social Welfare (Consolidation) Act, 1981.*

[150] *Section 198 A - F* des *Social Welfare (Consolidation) Act, 1981,* eingefügt durch *Section 12* des *Social Welfare Act, 1990.*

— **Supplementary Welfare Allowance:**

Der Anspruch auf ergänzende finanzielle Unterstützung trat an die Stelle der *Home Assistance,* die ihren Ursprung im englischen *Poor Law* hatte[151]. Er setzt voraus, daß die Mittel einer Person für den eigenen Lebensunterhalt oder desjenigen von Unterhaltsberechtigten nicht ausreichen. Darüberhinaus darf der Antragsteller keiner Vollzeitbeschäftigung oder Vollzeitausbildung nachgehen und nicht an einem Arbeitskampf beteiligt sein. Ist er bereits Empfänger einer Sozialleistung, steht ihm eine Ergänzung zu, wenn die Leistung aufgrund besonderer Bedürfnisse nicht genügt. Die *Supplementary Welfare Allowance* wird unter der Aufsicht des Sozialministeriums von den örtlichen Gesundheitsämtern verwaltet[152].

— **Family Income Supplement:**

Arbeitnehmer, die für mindestens ein Kind *Child Benefit* verlangen können und während sechs Monaten des Jahres nicht weniger als 20 Wochenstunden arbeiten, haben einen Anspruch auf Ergänzung des Familieneinkommens, wenn es einen festgelegten Mindestbetrag unterschreitet[153].

Durch die Einführung dieser Sozialhilfeleistung wollte der Gesetzgeber verhindern, daß Arbeitnehmer mit niedrigem Einkommen ihre Beschäftigung aufgeben, um das relativ hohe Arbeitslosengeld beantragen zu können[154].

— **Rent Allowance:**

Mieter, die aufgrund des *Housing (Private Rented Dwellings) Act, 1982* von der Freigabe staatlich kontrollierter Renten betroffen sind, haben Anspruch auf Zahlung eines Mietgeldes[155].

Die aufgeführten Geldleistungen werden durch Sachleistungen ergänzt, die gleichermaßen vom Sozialministerium verwaltet und vorwiegend aus staatlichen

---

[151] Stationery Office (Hrsg.), Report of the Commission on Social Welfare, Ch. 19, S. 366.

[152] *Section 199 - 222* des *Social Welfare (Consolidation) Act, 1981;* Stationery Office (Hrsg.), Report of the Commission on Social Welfare, Ch. 19, S. 367, 368.

[153] *Section 232 A - F* des *Social Welfare (Consolidation) Act, 1981,* eingefügt durch *Section 13* des *Social Welfare Act, 1984.*

[154] Feeney, Social Welfare Policy and Low Pay, in: The Combat Poverty Agency and the Irish Congress of Trade Unions (Hrsg.), Low Pay — The Irish Experience, S. 37.

[155] *Section 8* des *Housing (Private Rental Dwellings) Act, 1982;* Stationery Office (Hrsg.), Report of the Commission on Social Welfare, Ch. 2, S. 55.

Mitteln finanziert werden. Dazu gehören unter anderem die kostenlose Benutzung öffentlicher Verkehrsmitttel, freie Stromeinheiten, freies Gas und Öl und die Befreiung von der Telefongrundgebühr. Die Gewährung der meisten dieser Leistungen ist von der Zusammensetzung des Haushaltes des Antragstellers und davon abhängig, ob er bereits Zahlungen aufgrund der einzelnen Leistungssysteme erhält[156].

IV. Rechtsschutz

Das sozialrechtliche Rechtsschutzverfahren ist weniger als echtes gerichtliches Verfahren denn als eine weitere administrative Verwaltungsstufe ausgestaltet.

Deciding Officer sind für die Entscheidung über Ansprüche auf Sozialleistungen und die Frage der Sozialversicherungspflicht zuständig[157]. Sie sind Beamte des Sozialministeriums, die vom Sozialminister ernannt werden[158]. Hat der *Deciding Officer* den Antrag auf Bewilligung einer Sozialleistung abgelehnt, besteht für den Betroffenen die Möglichkeit, innerhalb von 21 Tagen bei dem *Chief Appeals Officer* Berufung einzulegen, der den Fall dem *Appeals Officer* zur Entscheidung überträgt. Der *Chief Appeals Officer* ist daneben verpflichtet, den Sozialminister über die Einlegung eines Rechtsmittels zu unterrichten[159]. Auch der *Appeals Officer* gehört dem Sozialministerium an und wird kraft ministerieller Ernennung tätig[160]; er nimmt quasi-richterliche Funktionen wahr.

Der *Appeals Officer* entscheidet den Fall unter Berücksichtigung aller Sach- und Rechtsfragen erneut[161]. Dabei ist er befugt, den Eid abzunehmen, Zeugen vorzuladen und die Herausgabe von Dokumenten zu verlangen[162]. Hat er über Ansprüche auf *Unemployment Benefit* und *Unemployment Assistance* zu befinden, sind ihm von Arbeitnehmer- und Arbeitgeberseite Beisitzer zugeordnet. Diese sollen dem *Appeals Officer* durch ihren Sachverstand und ihre Ortskenntnis assistieren[163].

---

[156] Department of Social Welfare, Guide, S. 104 - 113; Grimes / Horgan, Ch. 18, S. 312.

[157] *Section 296* i.V.m. *Section 111* des *Social Welfare (Consolidation) Act, 1981*.

[158] *Section 295* des *Social Welfare (Consolidation) Act, 1981*.

[159] *Section 298 (1)* des *Social Welfare (Consolidation) Act, 1981;* geändert durch *Section 19 (a)* des *Social Welfare Act, 1990* i.V.m. *Art. 5, 8 (2)* und *9 (1)* der *Social Welfare (Appeals) Regulations, 1990 (S.I. No. 344 of 1990).*

[160] *Section 297* des *Social Welfare (Consolidation) Act, 1981.*

[161] Clark, Social Welfare Insurance Appeals in the Republic of Irealnd (1978) 13 I.J. 265, 267.

[162] *Section 298 (7)* und *(8)* des *Social Welfare (Consolidation) Act, 1981.*

[163] *Art. 13* der *Social Welfare (Appeals) Regulations, 1990 (S.I. No. 344 of 1990);* Stationery Office (Hrsg.), Report of the Commission on Social Welfare, Ch. 21, S. 406.

Der *Appeals Officer* ist nicht dazu verpflichtet, den Fall in einem mündlichen Verfahren zu entscheiden. Er kann ein Schnellverfahren ohne Anhörung des Beschwerdeführers durchführen, wenn ihm dies angemessen erscheint[164]. Jedoch sind der Minister oder eine von ihm benannte Person ermächtigt, eine mündliche Anhörung vorzunehmen, wenn dies aufgrund der Umstände des Falles geboten erscheint[165]. Wird eine Anhörung zugelassen, kann der Antragsteller dabei von einem Familienmitglied begleitet werden; will er andere Personen hinzuziehen, wie zum Beispiel einen Rechtsanwalt oder Gewerkschaftsvertreter, ist dafür das Einverständnis des *Appeals Officer* erforderlich[166]. Entsprechendes gilt für eine Stellvertretung[167]. Nur wenige Beschwerdeführer werden in dem sozialrechtlichen Rechtsschutzverfahren vertreten[168].

Der *Chief Appeals Officer* kann zweitinstanzliche Entscheidungen überprüfen und aufheben, die nach seiner Auffassung in tatsächlicher oder rechtlicher Hinsicht auf einem Irrtum beruhen. Dabei handelt es sich um ein informelles, verwaltungsinternes Verfahren, das von Amts wegen durchgeführt wird[169]. Der *High Court* bildet die letzte Instanz in dem Rechtsschutzverfahren. Für bestimmte Rechtsfragen, wie beispielsweise die Frage der Sozialversicherungspflicht des Arbeitnehmers, wird dem Antragsteller die Möglichkeit gegeben, Revision einzulegen, wenn er die Entscheidung des *Appeals Officer* für rechtsfehlerhaft hält. Außerdem kann der *Chief Appeals Officer* dem *High Court* eine Rechtsfrage zur Entscheidung vorlegen[170]. In den meisten Fällen ist die zweitinstanzliche Entscheidung jedoch abschließend. Das gilt insbesondere — vorbehaltlich der Überprüfung durch den *Chief Appeals Officer* — für Streitigkeiten über die Sozialversicherungspflicht, über Ansprüche auf Sozialhilfeleistungen und *Child Benefit*[171].

Das so konzipierte Rechtsschutzsystem wurde durch die Einrichtung eines *Social Welfare Tribunal* ergänzt[172]. Die Jurisdiktionshoheit dieses Gerichts ist auf die Entscheidung von Klagen gegen die Abweisung von *Unemployment*

---

[164] *Art. 11* und *12* der *Social Welfare (Appeals) Regulations 1990 (S.I. No. 344 of 1990).*

[165] *Section 298 (4A)*, geändert durch *Section 19 (b)* des *Social Welfare Act, 1990.*

[166] *Art. 14 (1)* der *Social Welfare (Appeals) Regulations, 1990.*

[167] *Art. 14 (2)* der *Social Welfare (Appeals) Regulations, 1990.*

[168] Clark, 265, 276.

[169] *Section 300 (4)* des *Social Welfare (Consolidation) Act, 1981;* Clark, 265, 273.

[170] *Section 299 (b)* des *Social Welfare (Consolidation) Act, 1981; Section 299 (a)* des *Social Welfare (Consolidation) Act, 1981* i.V.m. *Section 20 (a)* des *Social Welfare Act, 1990.*

[171] Vgl. *Section 298 (6)* des *Social Welfare (Consolidation) Act, 1981.*

[172] *Section 301 A* und *301 B* des *Social Welfare (Consolidation) Act, 1981;* eingefügt durch *Section 1* des *Social Welfare (No. 2) Act, 1982.*

Benefit und *Unemployment Assistance* wegen der Beteiligung an einem Arbeitskampf beschränkt. Gegen die Entscheidungen des *Social Welfare Tribunal* kann gegebenenfalls Revision beim *High Court* eingelegt werden.

Zweifelhaft ist, ob die Unabhängigkeit der *Appeals Officer* von ministerieller Kontrolle gewahrt ist, da sie organisatorisch dem Sozialministerium unterstehen. Sie haben im Hinblick auf den Ablauf des Verfahrens einen erheblichen Spielraum, der einer rechtlichen Nachprüfung weitgehend entzogen ist.

V. Kritische Würdigung

Das irische System der sozialen Sicherheit hat sich seit Beginn dieses Jahrhunderts ohne eine grundlegende Reform entwickelt[173]. Eine solche wurde für längst überfällig befunden, als im Dezember 1982 im *Programme for Government* festgelegt wurde, eine *Commission on Social Welfare* einzusetzen[174]. Die Kommission, die aus Vertretern des Sozialministeriums, politischen Parteien, Gewerkschaften und Sozialrechtsexperten bestand, hatte die Aufgabe, das System der sozialen Sicherheit zu analysieren und — unter Berücksichtigung der Bedürfnisse der modernen irischen Gesellschaft — Empfehlungen für eine Fortentwicklung abzugeben[175].

Die Kommission hielt dem geltenden System der sozialen Sicherheit entgegen, daß es übergeordnete Prinzipien, wie Angemessenheit, Umverteilung, Weite und Einfachheit, vermissen lasse[176]. Trotz der großen Anzahl der verschiedenen Einzelleistungen sind nicht alle Teile der Bevölkerung in das System der sozialen Sicherheit einbezogen. Ein allgemeiner Anspruch auf finanzielle Unterstützung, der ausschließlich an die Bedürftigkeit des Arbeitnehmers anknüpft, ist im Unterschied zum deutschen Sozialrecht[177] nicht vorgesehen. Zudem ist das irische Sozialrecht bis heute partriarchalisch geprägt[178]. Daran hat auch die Einführung einer *Lone Parent's Allowance*[179] nichts geändert, die im Verhältnis zu den Sozialleistungen, die allein Frauen erfassen, kein gleichwertiges Pendant schafft.

---

[173] Stationery Office (Hrsg.), Report of the Commission on Social Welfare, Ch. 1, S. 3.

[174] Stationery Office (Hrsg.), Report of the Commission on Social Welfare, Ch. 1, S. 3 ; Irish Times, 24. Juli 1990, S. 3.

[175] Stationery Office (Hrsg.), Report of the Commission on Social Welfare, Ch. 1, S. 1.

[176] Stationery Office (Hrsg.), Report of the Commission on Social Welfare, Ch. 1, S. 8.

[177] Siehe § 9 SGB I.

[178] Whyte, Council Directive 79 / 7 / EEC in Ireland, S. 39.

[179] *Section 198 A - F* des *Social Welfare (Consolidation) Act, 1981*, eingefügt durch *Section 12* des *Social Welfare Act, 1990*.

Abgesehen davon ist zweifelhaft, ob das Verfahren gegen Entscheidungen des Sozialministeriums effektiven Rechtsschutz bietet. Obwohl der *Social Welfare Act, 1990* bezweckte, durch die Modifizierung des Rechtsschutzverfahrens eine größere Unabhängigkeit der zweiten Entscheidungsinstanz zu sichern[180], sind die *Appeals Officer* nachwievor organisatorisch dem Sozialministerium zugeordnet. Darüberhinaus wird die Nachprüfbarkeit der Entscheidungen der *Deciding Officer* dadurch erschwert, daß sie kaum Begründungen enthalten und der Öffentlichkeit nicht zugänglich sind. Eine Präjudizwirkung zweitinstanzlicher Entscheidungen kann nicht entstehen[181].

Nahezu 90 % der Empfehlungen der *Commission on Social Welfare* sind bislang entweder nicht oder nur teilweise verwirklicht worden[182]; sie bilden noch heute den Rahmen für die angestrebte Reformierung des irischen Systems der sozialen Sicherheit[183].

---

[180] Siehe *Section 19 - 22* des *Social Welfare Act, 1990*.

[181] Whyte / Cousin, Reforming the Social Welfare Appeals System (1989) 7 I.L.T. 198, 199.

[182] Irish Times, 24. Juli 1990, S. 3.

[183] Stationery Office (Hrsg.), Programme for Economic and Social Progress, Section IV, S. 21; vgl. ICTU, Report of the Executive Council 1989 / 90, Section M, S. 73, 74.

Die Stellung der Teilzeitbeschäftigten im irischen Arbeitsrecht

§ 1 Grundfragen der Teilzeitarbeit

I. Das Teilzeitarbeitsverhältnis

1. Begriff der Teilzeitarbeit

Während § 2 Abs. 2 BeschFG 1990 bestimmt, daß Arbeitnehmer teilzeitbeschäftigt sind, deren regelmäßige Wochenarbeitszeit kürzer ist als die regelmäßige Wochenarbeitszeit vergleichbarer vollzeitbeschäftigter Arbeitnehmer des Betriebes, gilt in Irland kein allgemeingültiger Begriff der Teilzeitarbeit. Nach dem betroffenen Regelungsbereich ist zwischen zwei verschiedenen Defintionen zu unterscheiden.

Hinsichtlich der gesetzlichen Ansprüche, die eine wöchentliche Mindestarbeitszeit voraussetzen, hat *Section 1 (1)* des *Worker Protection (Regular Part-Time Employees) Act, 1991* eine Legaldefinition von *„regular part-time"* vorgenommen. Sie lautet:

> *„...„regular part-time", in relation to an employee under a relevant enactment, means an employee who works for an employer and who—*
>
> *(a) has been in the continuous service of the employer for not less than 13 weeks, and*
>
> *(b) is normally expected to work not less than 8 hours a week for that employer,*
>
> *and to whom, but for this Act, a provision of the relevant enactment would not apply because of an excluding provision;... ."*[1]

Danach ist regelmäßig teilzeitbeschäftigt, wer seit nicht weniger als 13 Wochen bei dem Arbeitgeber beschäftigt ist, dort grundsätzlich nicht weniger als acht Stunden in der Woche arbeitet und ohne die Vorschriften des *Worker*

---

[1] Siehe Anhang.

Protection (Regular Part-Time Employees) Act, 1991 nicht von dem Anwendungsbereich der folgenden Gesetze erfaßt wäre: der *Redundancy Payment Acts, 1967 - 1984*, des *Minimum Notice and Terms of Employment Act, 1973*, des *Holidays (Employees) Act, 1973*, der *Worker Participation (State Enterprise) Acts, 1977 und 1988*, des *Unfair Dismissals Act, 1977*, des *Maternity Protection of Employees Act, 1981* oder des *Protection of Employees (Employers' Insolvency) Act, 1984*. Die Anwendbarkeit dieser Gesetze war bis zum Erlaß des Gesetzes von 1991 vorwiegend von einer achtzehnstündigen Wochenarbeitszeit abhängig.

Der *Worker Protection (Regular Part-Time Employees) Act, 1991* regelt nicht selbst, unter welchen Voraussetzungen ein kontinuierliches Beschäftigungsverhältnis vorliegt. Er verweist für die Berechnung der dreizehnwöchigen Beschäftigungsfrist auf die Vorschriften der *First Schedule* des *Minimum Notice and Terms of Employment Act, 1973*, die für die Bestimmung der Mindestkündigungsfristen die Kontinuität der Beschäftigung regeln[2]. Sie unterscheiden zwischen der *„continuity of service"* und dem *„computable service"*: Nach *Paragraph 1* gilt die Beschäftigung als *„continuous"*, es sei denn der Arbeitgeber oder der Arbeitnehmer kündigen das Arbeitsverhältnis. Eine Aussperrung, Arbeitsunterbrechung oder Streik sind nicht als Beendigung des Arbeitsverhältnisses zu betrachten[3]. Hingegen gilt es als Kündigung, wenn der Arbeitnehmer dem Arbeitgeber mitteilt, daß er aufgrund einer Arbeitsunterbrechung oder Kurzarbeit *redundancy payments*[4] beantragt[5]. Gem. *Paragraph 6* der *First Schedule* unterbricht eine Kündigung durch den Arbeitgeber nicht die Kontinuität der Beschäftigung, wenn ihr eine sofortige Wiedereinstellung nachfolgt. Ebenso steht ein Betriebsübergang der *continuity of service* nicht entgegen[6].

Ist die Kontinuität des Beschäftigungsverhältnisses zu bejahen, stellt sich darüberhinaus die Frage, wonach die Erfüllung der dreizehnwöchigen Beschäftigungsfrist zu bestimmen ist[7]. Die *Paragraphen 8 - 13* normieren verschiedene Ereignisse, die bei der Berechnung zu berücksichtigen sind: Gem. *Paragraph 8* i.V.m. *Section 2 (1) (b)* und *1 (1)* des *Worker Protection (Regular Part-Time Employees) Act, 1991* bleiben die Wochen außer Betracht, in denen der

---

[2] *Section 2 (1) des Worker Protection (Regular Part-Time Employees) Act, 1991.*

[3] *Paragraphen 2 - 4 der First Schedule des Minimum Notice and Terms of Employment Act, 1973.*

[4] Abfindungszahlungen, die aufgrund der *Redundancy Payments Acts, 1967 - 1984* gewährt werden; vgl. oben 2. Kapitel, § 1 III 2 g).

[5] *Paragraph 5 der First Schedule des Minimum Notice Terms of Employment Act, 1973.*

[6] *Paragraph 7 der First Schedule des Minimum Notice and Terms of Employment Act, 1973.*

[7] *„Computable Service".*

Arbeitnehmer weniger als acht Stunden gearbeitet hat. Wenn der Arbeitnehmer infolge einer Arbeitsunterbrechung, Krankheit, Verletzungen oder aufgrund einer Vereinbarung mit dem Arbeitnehmer der Arbeit nicht länger als 26 Wochen fernbleibt, wird diese Unterbrechung nicht berücksichtigt[8]. Obwohl ein Streik die Kontinuität der Beschäftigung nicht unterbricht, zählen die Wochen oder Tage bei der Berechnung nicht mit, an denen der Arbeitnehmer an einem Streik teilgenommen hat. Die Zeit der Aussperrung von seiten des Arbeitgebers bleibt hingegen unberücksichtigt[9]. Außerdem ist es unerheblich, wenn der Arbeitnehmer aufgrund eines Streikes oder einer Aussperrung in einem fremden Unternehmen seine Arbeitsleistung nicht erbringen kann[10]. Hat er aufgrund der Ableistung seines freiwilligen Wehrdienstes nicht gearbeitet hat, bleibt auch diese Unterbrechung bei der Berechnung der dreizehnwöchigen Beschäftigungsfrist außer Betracht[11].

Die Vorschriften der *First Schedule* des *Minimum Notice and Terms of Employment Act, 1973* sind nur für die Berechnung der dreizehnwöchigen Mindestbeschäftigungsfrist maßgeblich. Verlangt ein Gesetz eine darüber hinausgehende Beschäftigungsdauer[12], ist die Erfüllung dieses Zeitraumes nach den Bestimmungen des jeweiligen Gesetzes zu ermitteln[13]. Die gem. *Section 1 (1)* des *Worker Protection (Regular Part-Time Employees) Act, 1991* verlangte Mindestbeschäftigungsdauer von 13 Wochen ist dann Bestandteil der gesetzlichen Wartefrist[14].

Weitere Voraussetzung der Legaldefinition von *„regular part-time"* ist, daß der Arbeitnehmer bei dem Arbeitgeber überlicherweise nicht weniger als acht Stunden in der Woche arbeitet[15]. Bei der Normierung dieser Stundengrenze orientierte sich der irische Gesetzgeber an den Richtlinienvorschlägen der Kommission der Europäischen Gemeinschaften über bestimte Arbeitsverhältnisse

---

[8] *Paragraph 10 der First Schedule* des *Minimum Notice and Terms of Employment Act, 1973*. Die sechsundzwanzigwöchige Frist kann selbstverständlich im Hinblick auf die von *Section 1 (1)* des *Worker Protection (Regular Part-Time Employees) Act, 1991* verlangte dreizehnwöchige Mindestbeschäftigungsdauer nicht ausgeschöpft werden.

[9] *Paragraph 11 und 12 der First Schedule* des *Minimum Notice and Terms of Employment Act, 1973*.

[10] *Paragraph 13 der First Schedule* des *Minimum Notice and Terms of Employment Act, 1973*.

[11] *Paragraph 9 der First Schedule* des *Minimum Notice and Terms of Employment Act, 1973*.

[12] So der *Minimum Notice and Terms of Employment Act, 1973*, der *Unfair Dismissals Act, 1977*, die *Redundancy Payments Acts, 1967 - 1984* und die *Worker Participation (State Enterprises) Acts, 1977 und 1988*.

[13] *Section 2 (b)* des *Worker Protection (Regular Part-Time Employees) Act, 1991*.

[14] *Section 2 (2) (a)* des *Worker Protection (Regular Part-Time Employees) Act, 1991*.

[15] *Section (1)* des *Worker Protection (Regular Part-Time Employees) Act, 1991*.

hinsichtlich der Arbeitsbedingungen[16] und im Hinblick auf Wettbewerbsverzerrungen[17] vom 29. Juni 1990. Diese Richtlinienvorschläge setzen für die Sicherung eines sozialen Mindeststandards eine durchschnittliche Wochenarbeitszeit von acht Stunden voraus[18].

Der *Worker Protection (Regular Part-Time Employees) Act, 1991* trifft keine Aussage darüber, wonach sich die wöchentliche Arbeitszeit des Arbeitnehmers bestimmt und wie die Formulierung *„normally expected to work"* auszulegen ist. In Anlehnung an die englische Rechtsprechung vertritt die irische Rechtslehre die Auffassung, daß für die Bestimmung der wöchentlichen Arbeitszeit zunächst der Arbeitsvertrag oder ein darin einbezogener Tarifvertrag maßgeblich ist. Enthalten diese keine Vereinbarung über den Umfang der Beschäftigung, sei festzustellen, wie viele Arbeitsstunden der Arbeitnehmer tatsächlich leistet; Pausen und freiwillige Überstunden seien nicht zu berücksichtigen[19]. Dagegen sind Zeiten der Rufbereitschaft bei der Arbeit auf Abruf nach der Rechtsprechung des *Employment Appeals Tribunal* in die Berechnung der wöchentlichen Arbeitszeit einzubeziehen[20].

Nicht abschließend geklärt ist die Frage, ob die Voraussetzungen der Legaldefinition nur erfüllt sind, wenn der Teilzeitbeschäftigte in jeder Woche acht Stunden arbeitet oder ob es genügt, wenn seine wöchentliche Arbeitszeit über einen längeren Zeitraum hinweg durchschnittlich die 8-Stundengrenze erreicht hat. Da gem. *Paragraph 8* der *First Schedule* des *Minimum Notice and Terms of Employment Act, 1973* i.V.m. *Section 2 (1) (b)* und *1 (1)* des *Worker Protection (Regular Part-Time Employees Act, 1991* bei der Berechnung der dreizehnwöchigen Mindestbeschäftigungsfrist die Wochen außer Betracht bleiben, in denen der Arbeitnehmer weniger als acht Stunden gearbeitet hat, muß jedenfalls während dieses Zeitraumes die tatsächliche Arbeitszeit bei mindestens acht Stunden liegen. Zwar unterbricht eine kürzere wöchentliche Arbeitszeit nicht die Kontinuität der Beschäftigung; es wird aber ein längerer Zeitraum benötigt, um die dreizehnwöchige Wartezeit zu erfüllen[21]. Hinsichtlich einer darüber hinaus-

---

[16] ABl. EG 1990 Nr. C 224 / 4.

[17] ABl. EG 1990 Nr. C 224 / 6, modifizierend ABl. EG 1990 Nr. C 305 / 8.

[18] 405 Dáil Debates c. 2004 (28. Februar 1991).

[19] Whyte, Part-time Workers under Labour Law and Social Welfare Law (1989) 11 D.U.L.J. 74, 83; vgl. Meenan, Temporary and Part-time Employees (1987) 81 Gazette 191, 193; vgl. Ryan, Hours Thresholds After The Part-Time Workers Act 1991 (1991) 13 D.U.L.J. 55, 62; ITT Components (Europe) Ltd. v. Y Kolah [1977] I.R.L.R. 53, 54; N C Dean v. Eastbourne Fishermen's and Boatsmen's Protection Society & Club Ltd. [1977] I.R.L.R. 143; Kincey v. Pardey & Johnson Ltd. [1966] I.T.R. 182.

[20] Bartlett v. Kerry County Council UD 178 / 1978; Hayes v. Longford County Council UD 149 / 1989.

[21] Vgl. Whyte, Part-time Workers, 74, 84.

gehenden Wartezeit, für die *Paragraph 8* der *First Schedule* i.V.m. *Section 2 (1) (b)* des *Worker Protection (Regular Part-Time Employees) Act, 1991* nicht eingreift, wird die Ansicht vertreten, daß der Arbeitnehmer tatsächlich die gesetzlich verlangte Mindestarbeitszeit zu leisten hat, um in den Anwendungs- bereich des Gesetzes zu gelangen[22]. Diese Auffassung, die zu den einzelnen arbeitsrechtlichen Gesetzen entwickelt wurde, stützt sich auf die negative Formulierung *„not less than"*. Sie lege den Schluß nahe, daß der Gesetzgeber jene Arbeitnehmer ausschließen wolle, deren Arbeitszeit in einer Woche oberhalb der Stundengrenze, in der folgenden Woche unterhalb der Grenze liegt. Anders sei zu entscheiden, wenn der Ausnahmetatbestand — wie in den *Redundancy Payments Acts, 1967 - 1984* — laute: *„normally expected to work ... for less than 18 hours a week."*[23] Überschreitet die wöchentliche Arbeitszeit hin und wieder die Stundengrenze, könne nicht davon ausgegangen werden, daß der Arbeitnehmer üblicherweise weniger als 18 Stunden arbeitet[24].

Für diese Auslegung spricht *Section 2 (2) (b)* des *Worker Protection (Regular Part-Time Employees) Act, 1991*, der den *Employment Appeals Tribunal* er- mächtigt zu entscheiden, ob eine nachträgliche Reduzierung der wöchentlichen Arbeitszeit durch den Arbeitgeber der Umgehung seiner gesetzlichen Pflichten dient. Bestimmte sich die regelmäßige Arbeitszeit nach einem Durchschnitt mehrerer Wochen, könnte sich eine mißbräuchliche Reduzierung für den Arbeit- nehmer kaum nachteilig auswirken. Zudem entspricht es nicht der Intention des Gesetzgebers, eine durchschnittliche Berechnung der Arbeitszeit zugrundezu- legen[25].

Die letzte Voraussetzung der Legaldefinition von *regular part-time* ist neben der dreizehnwöchigen Mindestbeschäftigungsdauer und der achtstündigen wöchentlichen Arbeitszeit, daß der Arbeitnehmer ohne die Vorschriften des *Worker Protection (Regular Part-Time Employees) Act, 1991* nicht von den *Redundancy Payments Acts, 1967 - 1984*, dem *Minimum Notice and Terms of Employment Act, 1973*, dem *Holidays (Employees) Act, 1973*, den *Worker Participation (State Enterprises) Acts, 1977 - 1988*, dem *Unfair Dismissals Act, 1977*, dem *Maternity Protection of Employees Act, 1981* oder den *Protection of Employees (Employers' Insolvency) Act, 1984* nicht erfaßt wäre[26]. Die Anwend- barkeit dieser Gesetze war bisher entweder alternativ oder kumulativ von einer achtzehnstündigen wöchentlichen Arbeitzeit, einer bestimmten Anzahl von

---

[22] Vgl. Whyte, Part-time Workers, 74, 85.

[23] *Section 4 (2)* des *Redundancy Payments Act, 1967* i.V.m. *Section 12* des *Protection of Employers (Employers' Insolvency) Act, 1984*.

[24] Whyte, Part-time Workers, 75, 85.

[25] 406 Dáil Debates c. 815 (13. März 1991).

[26] *Section 1 (1)* des *Worker Protection (Regular Part-Time Employees) Act, 1991*.

Arbeitsstunden im Jahr, einer Beschäftigungsfrist von mehr als 13 Wochen und der Sozialversicherungspflicht des Arbeitsverhältnisses abhängig. Denn hat der Arbeitnehmer bereits unabhängig von den Vorschriften des *Worker Protection (Regular Part-Time Employees) Act, 1991* einen gesetzlichen Anspruch, besteht kein Bedürfnis, ihn durch eine Einbeziehung in die Legaldefinition dem Schutz des Gesetzes von 1991 zu unterstellen. Demzufolge sind regelmäßig Teilzeitbeschäftigte, Arbeitnehmer, die in der Regel mindestens acht Wochenstunden arbeiten, seit nicht weniger als 13 Wochen bei dem Arbeitgeber beschäftigt sind, aber die Anwendbarkeitsvoraussetzungen für das fragliche Gesetz nicht erfüllen. Im Unterschied zu § 2 Abs. 2 BeschFG 1990 erfaßt diese Legaldefinition nur einen einen Ausschnitt der Arbeitnehmer, deren wöchentliche Arbeitzeit kürzer ist als die regelmäßige betriebliche Arbeitszeit. Angesichts der Zielsetzung des *Worker Protection (Regular Part-Time Employees) Act, 1991* war jedoch eine umfassendere Definition der Teilzeitarbeit, wie § 2 Abs. 2 BeschFG 1990 sie gibt, entbehrlich. Der Zweck des *Worker Protection (Regular Part-Time Employees) Act, 1991* beschränkt sich darauf, eine bestimmte Arbeitnehmergruppe mit Vollzeitarbeitnehmern gleichzubehandeln[27].

Die gesetzliche Definition von *„regular part-time"* gilt allerdings nur hinsichtlich der arbeitsrechtlichen Regelungen, die vor dem Erlaß des *Worker Protection (Regular Part-Time Employees) Act, 1991* eine bestimmte Gruppe der Teilzeitbeschäftigten von ihrem Anwendungsbereich ausnahmen. Anders als § 2 Abs. 2 BeschFG 1990 hat sie zu keiner begrifflichen Klärung in bezug auf einzel- oder kollektivvertraglich geregelte Arbeitsbedingungen sowie auf gesetzlich normierte Arbeitsbedingungen geführt, die von einer bestimmten Mindestarbeitszeit unabhängig sind. Auch für diese Regelungsbereiche ist eine Abgrenzung zwischen Teilzeit- und Vollzeitarbeitnehmern erforderlich. Es stellt sich somit trotz des gesetzlich normierten Begriffes von *„regular part-time"* die Frage, wie in der Republik Irland die Teilzeitarbeit — abgesehen von *Section 1 (1)* des *Worker Protection (Regular Part-Time Employees, Act, 1991 —* definiert wird. Zum einen verweist die Literatur auf die Definition der Internationalen Arbeitsorganisation, die *„regular voluntary work carried out during working hours distinctly shorter than normal"* als Teilzeitarbeit bezeichnet. Daneben wird die Formulierung der EG-Kommission im Richtlinienentwurf zur Regelung der freiwilligen Teilzeitarbeit von 1983[28] genannt, nach der eine „regelmäßig zu leistende Arbeit, bei der sich der Arbeitgeber und der Arbeitnehmer auf eine kürzere als die normale Arbeitszeit einigen" Teilzeitarbeit ist[29].

---

[27] 405 Dáil Debates cc. 1996, 2006 (28. Februar 1991).

[28] ABl. EG 1983 Nr. C 18 / 5.

[29] Blackwell, The changing Role of Part-time Work in Ireland and its Implications, (1990) 1 Labour Market Review 1990, 1; Dineen, Changing Employment Patterns in Ireland, Ch. 3, S. 34.

Eigene Definitionen der irischen Rechtslehre erschöpfen sich in der Aussage, daß die Teilzeitarbeit ein vager Begriff sei, der alle Formen von Arbeit erfasse, deren Dauer kürzer ist als die der Vollzeitarbeit[30]. Somit gibt es in Irland keine allgemein anerkannte Definition der Teilzeitarbeit, die eine eindeutige Abgrenzung der Teilzeitbeschäftigten von Vollzeitbeschäftigten ermöglicht.

Jedoch lassen sich aufgrund der Definitionsversuche, arbeitsgerichtlicher Praxis und gesetzlicher Wertungen einige Kriterien ermitteln, die die Teilzeitarbeit kennzeichnen: Das Wesen der Teilzeitarbeit liegt in der Verkürzung der wöchentlichen Arbeitszeit. Konkrete Angaben, inwieweit die Arbeitszeit verkürzt sein muß, werden nicht gemacht. Man geht jedoch grundsätzlich davon aus, daß die Arbeitszeiten der Arbeitnehmer desselben Betriebes miteinander zu vergleichen sind[31]. Daher soll im folgenden die bloße Unterschreitung der betriebsüblichen wöchentlichen Arbeitszeit als ausreichend betrachtet werden. Die Lage der Arbeitszeit ist unerheblich. Beispielsweise kann die Arbeitsleistung halbtags, an einigen Stunden des Tages oder an einigen Tagen in der Woche erbracht werden[32].

Die gesonderte rechtliche Behandlung von *short-time employees* und *part-time employees*[33] läßt erkennen, daß die Teilzeitarbeit eine freiwillige und dauerhafte Verkürzung der wöchentlichen Arbeitszeit voraussetzt. Die Arbeitszeit der Kurzarbeiter ist nur ausnahmsweise und vorübergehend verkürzt, während Teilzeitarbeit von vornherein auf eine gewisse Dauer angelegt ist. Anders als Kurzarbeit[34] beruht die Teilzeitarbeit in der Regel nicht auf einer einseitigen Anordnung des Arbeitgebers, sondern wird zwischen den Vertragsparteien vereinbart. Daher ist die Teilzeitarbeit grundsätzlich freiwillig.

Im Ergebnis ist festzustellen, daß in Irland die Arbeitnehmer als teilzeitbeschäftigt gelten, deren wöchentliche Arbeitszeit kraft freiwilliger Vereinbarung dauerhaft im Verhältnis zu Vollzeitarbeitnehmern des Betriebes verkürzt ist. Dieses Verständnis der Teilzeitarbeit weicht nur unerheblich von der Legaldefinition des § 2 Abs. 2 BeschFG 1990 ab, die außerdem die Vergleichbarkeit der Arbeitnehmergruppen einbezieht[35].

---

[30] Department of Labour, Part-time Work, S.1; Köhler, Part-time Work in Community Countries and Commission Initiatives, S. 16; vgl. Whyte, Part-time Workers, 74, 75.

[31] Siehe zum Beispiel University College Galway v. Federated Workers' Union of Ireland LCR No. 10602.

[32] Humphreys, Worksharing and the Public Sector, Ch. 7, S. 130.

[33] Siehe zum Beispiel *Section 5 (2)* des *Minimum Notice and Terms of Employment Act, 1973*.

[34] Vgl. die Legaldefinition von *short-time* in *Section 11 (2)* des *Redundancy Payments Act, 1967* i.V.m. *Section 10* des *Redundancy Payments Act, 1979*.

[35] Die Aufnahme dieses Kriteriums in die gesetzliche Definition geschah, um den von § 2 Abs. 1 BeschFG normierten Gleichbehandlungsanspruch für die Fälle auszuschließen, in denen die Tätigkeit

Der folgenden Darstellung soll der umfassendere Begriff der Teilzeitarbeit zugrunde gelegt werden, da nur er für alle Regelungsbereiche eine Abgrenzung zwischen Teilzeit- und Vollzeitbeschäftigten ermöglicht.

2. Vertragsschluß und Form

Das Teilzeitarbeitsverhältnis ist ein echtes Arbeitsverhältnis[36]. Es unterscheidet sich von dem Vollzeitarbeitsverhältnis allein durch die ausdrücklich oder stillschweigend vereinbarte kürzere wöchentliche Arbeitszeit. Daher finden auf die Begründung des Teilzeitarbeitsverhältnisses die allgemeinen Grundsätze zum Abschluß von Arbeitsverträgen uneingeschränkte Anwendung[37].

Besonderheiten ergeben sich hinsichtlich des Anspruchs auf Aushändigung eines Schriftstückes aus *Section 9* des *Minimum Notice and Terms of Employment Act, 1973,* das die wesentlichen Arbeitsbedingungen aufführt[38]. Er setzt voraus, daß die Arbeitszeit des Arbeitnehmers entweder 18 Wochenstunden nicht unterschreitet[39] oder er mindestens acht Stunden in der Woche arbeitet und seit nicht weniger als 13 Wochen ununterbrochen bei dem Arbeitgeber beschäftigt ist[40].

Obwohl es sich bei dem Schriftstück nicht um den Vertrag selbst handelt[41], hat der Ausschluß vom Anwendungsbereich des Gesetzes verschiedene Nachteile: Die Auflistung der wesentlichen Arbeitsbedingungen soll zum einen die Beweisführung über den Inhalt des Arbeitsvertrages ermöglichen[42]. Der Arbeitgeber muß sich grundsätzlich auch dann an dem schriftlich niedergelegten Vertragsinhalt festhalten lassen, wenn dieser von der tatsächlichen Vereinbarung ab-

---

der Beteiligten nicht vergleichbar ist, Löwisch, Das Beschäftigungsförderungsgesetz 1985, BB 1985, S. 1200, 1203.

[36] Vgl. Meenan, 191.

[37] Vgl. oben 2. Kapitel, § 1 III 1 b).

[38] Vgl. oben 2. Kapitel, § 1 III 2 f).

[39] *Section 3 (1) (a)* des *Minimum Notice and Terms of Employment Act, 1973* i.V.m. *Section 13* des *Protection of Employees (Employers' Insolvency) Act, 1984.*

[40] *Section 3* i.V.m. *Section 1 (1)* des *Worker Protection (Regular Part-Time Employees) Act, 1991.*

[41] System Floors Ltd. v. Daniel [1981] I.R.L.R. 475; von Prondzynski / McCarthy, Employment Law in Ireland, Ch. 3, S. 42; Rideout, Rideout's Principles of Labour Law, Ch. II, S. 26.

[42] Redmond, Labour Law and Industrial Relations in Ireland, Part I, Ch. I, S. 71; Rideout, Ch. II, S. 26.

weicht[43]. Andererseits ist es dem Arbeitnehmer gestattet, falsche Angaben zu widerlegen, da ihn eine unrichtige Fixierung des Vertragsinhalts durch den Arbeitgeber nicht belasten soll[44].

Zum anderen dient das Schriftstück i.S.v. *Section 9* des *Minimum Notice and Terms of Emplyoment Act, 1973* dazu, den Arbeitnehmer über seine Rechte und Pflichten zu informieren[45]. Gerade für Teilzeitbeschäftigte besteht unabhängig von dem Umfang und der Dauer der Beschäftigung ein Interesse, sich über den Vertragsinhalt Klarheit zu verschaffen, denn für Teilzeit- und Vollzeitbeschäftigte gelten oft unterschiedliche Arbeitsbedingungen. Teilzeitarbeitnehmern, die nicht die Aushändigung eines entsprechenden Schriftstücks verlangen können, wird die richterliche Kontrolle ihrer Arbeitsbedingungen erschwert.

Der Richtlinienentwurf der Kommission der Europäischen Gemeinschaften von 1982 / 83[46] sowie der *Protection of Part-Time Workers (Employment) (No.2) Bill, 1989* der *Workers' Party* sahen ein Recht auf schriftliche Klarstellung des Vertragsinhaltes vor.

3. Erscheinungsformen der Teilzeitarbeit

a) Regular Part-time Employment / Occasional Part-time Employment

Im Rahmen der Auseinandersetzung mit den arbeits- und sozialrechtlichen Rahmenbedingungen der Teilzeitarbeit werden die Begriffe *„regular part-time employment"* und *„occasional part-time employment"* häufig einander gegenüber gestellt[47]. Der *Worker Protection (Regular Part-Time Employees Act, 1991* enthält eine Legaldefinition von *„regular part-time"*. Gem. *Section 1 (1)* ist regelmäßig teilzeitbeschäftigt, wer bei dem Arbeitgeber seit mindestens 13 Wochen kontinuierlich beschäftigt ist, üblicherweise nicht weniger als acht Wochenstunden arbeitet und von dem Anwendungsbereich der Gesetze ausgenommen ist, die einen bestimmten Mindestumfang der Beschäftigung voraus-

---

[43] System Floors Ltd. v. Daniel [1981] I.R.L.R. 475; Robertson v. British Gas Corporation [1983] I.C.R. 351, 357; von Prondzynski / McCarthy, Ch. 3, S. 43.

[44] Smith v. Blandford Gee Cementation Co. Ltd. [1970] 3 All. E.R. 154; System Floors Ltd. v. Daniel [1981] I.R.L.R. 475; Harvey on Industrial Relations and Employment Law, Vol. I, [890] I / 156.

[45] Rideout, Ch. II, S. 26; Hepple / O'Higgins, Employment Law, Ch. 7, S. 121.

[46] ABl. EG 1982 Nr. C 62 / 7, modifizierend ABl. EG 1983 Nr. C 18 / 5.

[47] Siehe zum Beispiel Whyte, Part-time Workers, 74, 79; Government Information Service, Speech by Mr. Bertie Ahern, T.D., Minister for Labour, at the opening of a seminar on part-time work, in the Gresham Hotel, on 12th May, 1989 at 9.30 a.m..

setzen[48]. Angesichts der Intention des Gesetzgebers, nur dauerhafte Teilzeitarbeitsverhältnisse zu schützen[49], ist davon auszugehen, daß *occasional part-time employees* i.S.d. Gesetzes Teilzeitarbeitnehmer sind, die die dreizehnwöchige Mindestbeschäftigungsfrist nicht erfüllen. Unerheblich ist, ob sie wöchentlich mehr als acht Stunden arbeiten. Die Mindestbeschäftigungsdauer von 13 Wochen ist somit das entscheidende Abgrenzungskriterium.

Die Voraussetzung der dreizehnwöchigen Wartezeit gilt nach der Legaldefinition des *Section 1 (1)* des *Worker Protection (Regular Part-Time Employees) Act, 1991* nur für die *Redundancy Payments Acts, 1967 - 1984*, den *Minimum Notice and Terms of Employment Act, 1973*, den *Holidays (Employees) Act, 1973*, die *Worker Participation (State Enterprises) Acts, 1977 - 1988*, den *Unfair Dismissals Act, 1977*, den *Maternity Protection of Employees Act, 1981* und den *Protecton of Employees (Employers' Insolvency) Act, 1984*. Hinsichtlich anderer Gesetze sowie arbeitsvertraglicher und tariflicher Ansprüche ist eine Abgrenzung nicht erforderlich, denn sie sind unabhängig von der Dauerhaftigkeit der vertraglichen Beziehung.

b) Permanent Part-time Employment / Temporary Part-time Employment

Der Begriff *„permanent part-time employment"* wird verwandt, um dauerhafte Teilzeitarbeitsverhältnisse von befristeten Teilzeitarbeitsverhältnissen abzugrenzen[50]; eine darüber hinausgehende Bedeutung kommt ihm nicht zu. Während bei *occasional part-time employment* eine Befristung vereinbart sein kann, ist sie für *temporary part-time employment* begriffsnotwendig. Daher überschneiden sich bei befristeten Teilzeitarbeitsverträgen die für beide Vertragsgestaltungen geltenden Grundsätze[51].

Die *Redundancy Payments Acts, 1967 - 1984*, der *Unfair Dismissals Act, 1977* und der *Maternity Protection of Employees Act, 1981* enthalten Sondervorschriften für befristete Arbeitsverhältnisse: *Section 7 (2)* i.V.m. *Section 9 (1) (b)* des *Redundancy Payments Act, 1967* bestimmt, daß dem Arbeitnehmer ein Anspruch auf Zahlung einer Abfindung zustehen kann, wenn der befristete Arbeitsvertrag bei Zeitablauf wegen Arbeitsmangel nicht erneuert wird. Gem. *Section 1* des *Unfair Dismissals Act, 1977* gilt die Beendigung des befristeten Arbeits-

---

[48] Vgl. oben 3. Kapitel, § 1 I 1.

[49] 405 Dáil Debates cc. 1996, 2006 (28. Februar 1991).

[50] Redmond, Ireland, in: European Foundation for the Improvement of Living and Working Conditions, Blanpain / Köhler (Hrsg.), Legal and Contractual Limitations to Working Time in the European Community Member States, Ch. 6, S. 257, 285; Köhler, S. 16.

[51] Redmond, Ireland, 257, 285; Köhler, S. 16.

verhältnisses infolge Zeitablaufs als Kündigung, wenn der Arbeitgeber den Arbeitnehmer nicht mehr unter denselben Bedingungen weiterbeschäftigt. Hat der Arbeitnehmer jedoch schriftlich auf den gesetzlichen Kündigungsschutz verzichtet, findet der *Unfair Dismissals Act, 1977* keine Anwendung[52]. Der *Maternity Protection of Employees Act, 1981* greift gem. *Secton 2 (1) (b)* nicht ein, wenn die Arbeitnehmerin aufgrund eines befristeten Arbeitsvertrages für einen kürzeren Zeitraum als 26 Wochen beschäftigt ist.

c) Job Sharing

Unter dem Einfluß ausländischer Erfahrungen und einer steigenden Nachfrage von seiten der Arbeitnehmer wurde zu Beginn der 80er Jahre in Irland das Interesse an einer besonderen Form der flexiblen Arbeitszeitgestaltung, dem *job sharing*, geweckt. Im Juli 1983 entschied daher die Regierung, *job sharing* im öffentlichen Dienst zuzulassen[53]. Grundlage des Pilotprojektes ist ein *job-sharing scheme*, auf das sich das Ministerium für den öffentlichen Dienst und die Arbeitnehmerseite im Februar 1984 einigten[54]. Die Kollektivvereinbarung legt bis heute die Arbeitsbedingungen der *job-sharers* fest[55].

Sie eröffnet Vollzeitbeschäftigten des öffentlichen Dienstes die Möglichkeit, ihr Arbeitsverhältnis in ein *job-sharing*-Arbeitsverhältnis umzuwandeln. Nach Ablauf eines Jahres kann die Vollzeitbeschäftigung wieder aufgenommen werden, wenn ein entsprechender Vollzeitarbeitsplatz zur Verfügung steht[56]. Gewöhnlich kehren nur wenige Arbeitnehmer zur Vollzeitarbeit zurück.

Das *job-sharing scheme* beruht auf dem Prinzip, daß sich zwei Arbeitnehmer freiwillig einen Vollzeitarbeitsplatz teilen, wobei jeder von ihnen vepflichtet ist, die Hälfte der zur Erfüllung eines Vollzeitarbeitsplatzes erforderlichen Arbeitsleistung zu erbringen[57]. Die 50 %ige Anwesenheitspflicht hat nicht automatisch zur Folge, daß die *job sharer* jeweils halbtägig beschäftigt sind. Verbreitete Praxis ist ein wöchentlicher Wechsel bei der Besetzung des Arbeitsplatzes *(a week on / a week off)*. Den äußeren Rahmen für die Organisation des *job sharing* bestimmt die jeweilige Behörde[58]. Sie prüft beispielsweise, ob es nach

---

[52] *Section 2 (2) (b)* des *Unfair Dismissals Act, 1977*.

[53] Humphreys, Ch. 7, S. 132.

[54] Department of the Public Service, Circular 3 / 84: Pilot Job-Sharing Scheme.

[55] Sie wurde 1988 geringfügig geändert: Department of Finance, Circular 2 / 88: Amendments to job-sharing and career break schemes.

[56] Department of Finance, *Paragraph 2*.

[57] Department of the Public Service, Appendix, *Paragraph 2 (i)*.

[58] Department of the Public Service, Appendix, *Paragraph 2 (i)*.

der Art der Tätigkeit möglich ist, den Arbeitsplatz in einer Woche mit dem einen und in der folgenden Woche mit dem anderen *job sharer* zu besetzen. Die konkrete Ausgestaltung des *job-sharing*-Arbeitsverhältnisses obliegt dann den Teammitgliedern. Liegen besondere Umstände vor, kann die Behörde für einen befristeten Zeitraum die Rückkehr zur Vollzeitarbeit anordnen[59]. Zweifelhaft ist, inwieweit die Kollektivvereinbarung der Zeitsouveränität der Arbeitnehmer Vorrang vor dem Direktionsrecht des Arbeitgebers einräumt. Gerade das Selbstbestimmungsrecht der Arbeitnehmer bei der Aufstellung des Arbeitszeitplans unterscheidet *job-sharing* vom traditionellen Teilzeitarbeitsverhältnis[60].

Die Arbeitsplatzteilung hat zur Folge, daß die arbeitsvertraglichen Rechte und Pflichten, die im Rahmen eines entsprechenden Vollzeitarbeitsverhältnisses bestehen würden, jeweils zur Hälfte auf die *job sharer* entfallen[61]. Das *job-sharing-scheme* bestimmt demzufolge, daß Lohn, Lohnzuschläge, Urlaubsgeld, Urlaub, die Altersversorgung und Lohnfortzahlung im Krankheitsfalle auf anteiliger Basis zu berechnen sind[62]. Hinsichtlich der Vergütung von Überstunden sieht die Vereinbarung vor, daß ein Überstundenzuschlag zu zahlen ist, wenn die Arbeitsleistung außerhalb der Arbeitszeit vergleichbarer Vollzeitarbeitnehmer erbracht wurde[63]. Die *job sharer* haben sich schriftlich zu verpflichten, während ihrer Tätigkeit kein anderes Arbeitsverhältnis einzugehen[64].

Im April 1990 waren im öffentlichen Dienst in Irland insgesamt 902 Arbeitnehmer als *job sharer* beschäftigt. Die typische Zielgruppe dieser Beschäftigungsform sind verheiratete Frauen mit Kindern: 885 der *job sharer* waren Frauen; lediglich 17 Männer nahmen an dem Projekt teil[65].

Daneben wird auch von einigen staatlichen Gesellschaften, wie Aer Rianta und RTE[66], mit geringer Beteiligung *job sharing* praktiziert[67]. Im übrigen ist nur wenig Information vorhanden, inwieweit *job sharing* in der Privatwirtschaft verbreitet ist. Bisweilen werden Vollzeitarbeitsplätze geteilt, um eine Arbeits-

---

[59] Department of the Public Service, Appendix, *Paragraph 11 (ii)*. Dies darf jedoch nicht geschehen, um die Abwesenheit des anderen Teammitglieds zu überbrücken. Eine vorab vereinbarte gegenseitige Vertretungspflicht besteht nicht.

[60] Schüren, Job Sharing, S. 98, Rz. 217.

[61] Vgl. Humphreys, Ch. 7, S. 131, 133.

[62] Deparment of the Public Service, Appendix, *Paragraph 2 (i)*.

[63] Department of the Public Service, Appendix, *Paragraph 9*.

[64] Department of the Public Service, Appendix, *Paragraph 9*.

[65] Diese Zahlen beruhen auf einer Information des Department of Finance vom April 1990.

[66] Radio Telefis Eireann.

[67] ICTU, Policy on Job Sharing, S. 1.

unterbrechung oder Entlassung wegen Arbeitsmangel zu verhindern[68]. Man geht davon aus, daß private Arbeitgeber *job-sharing* kaum anbieten.

d) Part-time Employment on Call

„*Part-time employment on call*" bezeichnet Teilzeitarbeitsverhältnisse mit variabler Arbeitszeit; die Arbeitspflicht des Arbeitnehmers wird erst durch den Abruf des Arbeitgebers begründet. Die rechtlichen Rahmenbedingungen für diese Gestaltungsform der Teilzeitarbeit sind weitgehend ungeklärt; anders als in der Bundesrepublik[69] ist die Arbeit auf Abruf in Irland nicht gesetzlich geregelt.

Auch die Gerichte hatten bislang nur wenig Gelegenheit, die Arbeitsverträge der auf Abruf beschäftigten Arbeitnehmer einer inhaltlichen Kontrolle zu unterziehen. In *Bartlett v. Kerry County Council*[70] und *Hayes v. Longford County Council*[71] setzte sich der *Employment Appeals Tribunal* mit der Frage auseinander, ob bei der Berechnung der wöchentlichen Arbeitszeit die Zeiten der Rufbereitschaft zu berücksichtigen sind. Die klagenden *part-time firemen on call* machten geltend, daß der gesetzliche Kündigungsschutz eingreife, da sie die vom Gesetz verlangte wöchentliche Mindestarbeitszeit leisteten. Die beklagte Gemeinde vertrat demgegenüber die Auffassung, daß die betreffenden Feuerwehrleute zu selten an Einsätzen teilgenommmen hätten, um diese Voraussetzung zu erfüllen. In beiden Fällen folgte der *Employment Appeals Tribunal* der Entscheidung des *High Court* in *Limerick Health Authority v. Anna Ryan*[72], nach der Zeiten der Rufbereitschaft bei der Berechnung der wöchentlichen Arbeitszeit einzubeziehen sind. Die tatsächlich geleistete Arbeitszeit ist somit nicht das allein maßgebliche Kriterium.

Beide Entscheidungen lassen nicht eindeutig erkennen, welche Vertragsgestaltung den Arbeitsverhältnissen zugrunde lag. Die Kläger wurden in den Verfahren als *part-time employees* bezeichnet; bei Vertragsschluß hatten sie einige Arbeitsbedingungen anzuerkennen, wozu unter anderem die Auflage gehörte, in angemessener Entfernung von der beschäftigenden Gemeinde zu wohnen. Daher kann davon ausgegangen werden, daß die betreffenden Personen aufgrund eines auf Dauer geschlossenen Arbeitsvertrages angestellt waren, der den äußeren

---

[68] ICTU, Policy on Job Sharing, S. 1.

[69] Siehe § 4 BeschFG 1990.

[70] UD 178 / 1978.

[71] UD 149 / 1989.

[72] H.C., 1969.

Rahmen für ihre Tätigkeit bildete. Es läßt sich nicht mit Sicherheit feststellen, ob sich die Arbeitsvertragsparteien auf ein Mindestarbeitsdeputat geeinigt hatten. In der Bundesrepublik ist die Arbeit auf Abruf gem. § 4 BeschFG 1990 nur zulässig, wenn eine bestimmte Dauer der Arbeitszeit festgelegt wurde. Die Entscheidungen des *Employment Appeals Tribunal* sprechen dafür, die Vereinbarung einer bestimmten Arbeitszeit anzunehmen. Wären keine Zeiten der Rufbereitschaft festgelegt, könnten sie nicht als Grundlage für die Bestimmung der wöchentlichen Arbeitszeit herangezogen werden.

Die Darstellung der verschiedenen Erscheingungsformen der Teilzeitarbeit in Irland zeigt, daß *job-sharing* und *part-time employment on call* erst am Beginn einer Entwicklung stehen, deren Verlauf zum heutigen Zeitpunkt nicht absehbar ist. Dementsprechend unklar bleibt die rechtliche Gestaltung dieser Arten der flexiblen Arbeitszeitgestaltung. Die folgende Untersuchung wird sich daher im wesentlichen auf die herkömmlichen Formen der Teilzeitarbeit konzentrieren.

II. Rechtliche Grundlagen der Teilzeitarbeit

Rechtliche Grundlagen der Teilzeitarbeit finden sich sowohl im europäischen als auch im nationalen Recht. Während 1991 der gesetzliche Schutz des Teilzeitarbeitsverhältnisses in Irland verstärkt wurde, haben sich die Mitgliedstaaten der Europäischen Gemeinschaft bis heute nicht auf eine europaweite Harmonisierung der nationalen Regelungen der Teilzeitarbeit einigen können.

Die folgende Darstellung zeigt unter besonderer Berücksichtigung der jüngsten Entwicklungen die wesentlichen Rechtsgrundlagen der Teilzeitarbeit auf.

1. Europäisches Gemeinschaftsrecht

a) Richtlinienentwürfe

aa) Der Richtlinienentwurf von 1982 / 83

Die Organe der Europäischen Gemeinschaft haben vor längerer Zeit begonnen, eine Gemeinschaftsstrategie zur Regelung der Teilzeitarbeit zu entwickeln; seit der Entschließung des Rates vom 18. Dezember 1979 über die Anpassung der Arbeitszeit[73] ist sie fester Bestandteil europäischer Sozialpolitik.

---

[73] ABl. EG 1980 Nr. C 2 / 1.

Die Kommission legte dem Rat im Anschluß an die Entschließung des Europäischen Parlamentes zur Beschäftigung und Neugestaltung der Arbeitszeit vom 17. September 1981[74] Anfang 1982 einen Richtlinienentwurf zur Regelung der freiwilligen Teilzeitarbeit vor, der 1983 noch modifiziert wurde[75]. Die Richtlinie sollte die Rechtsvorschriften zur Verwirklichung der Gleichbehandlung von Männern und Frauen ergänzen sowie Wettbewerbsverzerrungen aufgrund der unterschiedlichen Verwirklichung des Grundsatzes der Nichtdiskriminierung zwischen Teilzeit- und Vollzeitbeschäftigten entgegenwirken[76]. Als Ermächtigungsgrundlage war Art. 100 EWGV vorgesehen, der eine einstimmige Annahme des Entwurfes im Rat verlangt.

Die Richtlinie nennt verschiedene Bereiche, in denen diese Zielvorgaben zu verwirklichen sind:[77] Gem. Art. 2 sollen Teilzeitbeschäftigte mit Vollzeitbeschäftigten hinsichtlich ihrer Arbeitsbedingungen gleichbehandelt werden, wenn nicht eine unterschiedliche Behandlung durch die unterschiedliche Arbeitszeit objektiv gerechtfertigt ist. Arbeitsentgelt, Urlaubsgeld, Entlassungsabfindungen und die Altersversorgung sind anteilig zu gewähren. Art. 3 bestimmt für den Bereich der sozialen Sicherheit, daß Teilzeitarbeitnehmer gleichen Zugang zu gesetzlichen und betrieblichen Sozialleistungen haben sollen; Leistungen und Beiträge sind auf der gleichen Grundlage wie für Vollzeitbeschäftigte zu berechnen. Gem. Art. 5 sollen einige Arbeitsbedingungen auf Verlangen des Teilzeitbeschäftigten schriftlich festgelegt werden. Art. 6 bestimmt darüberhinaus, daß Belegschaftsmitglieder bei der Besetzung von Teilzeitarbeitsplätzen Vorrang gegenüber externen Bewerbern haben[78]. Gem. Art. 7 sind Teilzeitbeschäftigte zumindest proportional bei der Ermittlung der Gesamtzahl der Beschäftigten des Unternehmens zu berücksichtigen. Die Verfahren zur Unterrichtung und Anhörung der Arbeitnehmervertreter sollen gem. Art. 8 vor der Einführung der Teilzeitarbeit angewandt werden[79]. Art. 9 Abs. 2 läßt schließlich das Recht der Mitgliedstaaten, den Teilzeitbeschäftigten günstigere Arbeitsbedingungen zuzuerkennen, unberührt. Die dem Grundsatz der Nichtdiskriminierung entgegenstehenden Rechts- und Verwaltungsvorschriften sollten gem. Art. 10 Abs. 1 des Entwurfes innerhalb eines Jahres beseitigt werden.

---

[74] ABl. EG 1981 Nr. C 260 / 54.

[75] ABl. EG 1982 Nr. C 62 / 7; modifizierend ABl. EG 1983 Nr. C 18 / 5; siehe zu dem Richtlinienentwurf: Bertelsmann / Rust, Arbeits- und sozialrechtliche Nachteile bei Teilzeitarbeit, RdA 1985, 146, 155, 156; Pipkorn, Maßnahmen der Gemeinschaft im Bereich des Arbeitsrechts, NZA 1986 Beil. 3, 2, 7.

[76] Siehe die Begründungserwägungen in dem Entwurf ABl. EG 1982 Nr. C 62 / 7; ABl. EG 1983 Nr. C 18 / 5.

[77] Vgl. Bertelsmann / Rust, S. 146, 155.

[78] Art. 6 des Richtlinienentwurfs.

[79] Art. 8 des Richtlinienentwurfs.

Über den Richtlinienvorschlag der Kommission wurde nur wenig verhandelt[80]. Seine Annahme scheiterte im Rat am Widerstand Großbritanniens und Dänemarks[81]. Die Unterstützung Irlands geht nicht zuletzt auf das Drängen des ICTU zurück, der sich für den Erlaß der Richtlinie einsetzte[82].

bb) Die Richtlinienentwürfe von 1990

Am 9. Dezember 1989 wurde mit der Verabschiedung einer Gemeinschaftscharta der sozialen Grundrechte der Arbeitnehmer[83] auf europäischer Ebene eine neue Entwicklung eingeleitet. Die Gemeinschaftscharta, die die Staats- und Regierungschefs von elf Mitgliedstaaten ohne Mitwirkung Großbritanniens als unverbindliche politische Erklärung verabschiedeten[84], bildet die Grundlage für die zukünftige Entwicklung europäischer Sozialpolitik[85]. Art. 7 bestimmt, daß die Verwirklichung des Binnenmarktes zu einer Verbesserung der Lebens- und Arbeitsbedingungen der Europäischen Gemeinschaften im Wege ihrer Angleichung führen muß. Dieser Angleichungsprozeß betrifft insbesondere andere Arbeitsformen als das unbefristete Vollzeitarbeitsverhältnis, wie das befristete Arbeitsverhältnis, Teizeitarbeit, Leiharbeit und Saisonarbeit. Zur Umsetzung der Gemeinschaftscharta erließ die Kommission ein Aktionsprogramm[86], das konkrete Rechtsakte nennt, die zu der Verwirklichung einer sozialen Dimension Europas beitragen sollen.

Der irische Arbeitsminister bezeichnete die Gemeinschaftscharta als politischen Wegweiser, der darauf abziele, die Teilnahme der Arbeitnehmer an den wirtschaftlichen Vorteilen des Gemeinsamen Marktes zu sichern. Das Aktionsprogramm sei für die Europäische Gemeinschaft, die Regierung, Arbeitgeber

---

[80] Mückenberger, Neue Beschäftigungsformen, EG-Charta der Arbeitnehmerrechte und Ansätze europäischer Normsetzung, KJ 1991, 1, 6.

[81] GK-TzA-Lipke, Einl., Rdnr. 60.

[82] Vgl. ICTU, Outline Proposals for Legislation on Part-time Workers submitted to the Minister for Labour, S. 2.

[83] Commission of the European Communities (Hrsg.), Community Charter of Fundamental Social Rights of Workers.

[84] Watson, The Community Social Charter (1989) 28 C.M.L.Rev. 37, 45.

[85] Kommission der Europäischen Gemeinschaften, Generaldirektion Beschäftigung, Arbeitsbeziehungen und soziale Angelegenheiten, Soziales Europa 3 / 90, Der Arbeitsmarkt, Sozialer Bereich: 1990 — Initiativen und angenommene Texte, S. 14.

[86] Kommission der Europäischen Gemeinschaften, Mitteilung der Kommission über ihr Aktionsprogramm zur Anwendung der Gemeinschaftscharta der sozialen Grundrechte, KOM (89) 568 endg.

und Arbeitnehmer eine Herausforderung, die Arbeitsbedingungen unter Aufrechterhaltung eines funktionsfähigen Wettbewerbes zu verbessern[87].

Der Umsetzung der Gemeinschaftcharta und des Aktionsprogrammes dienen drei Richtlinienvorschläge zur Regelung atypischer Beschäftigungsverhältnisse, die die Kommission dem Rat der Europäischen Gemeinschaft am 29. Juni 1990 vorlegte[88]. Der erste Vorschlag, der auf Art. 100 EWGV gestützt ist, bezweckt in Anlehnung an Art. 7 der Gemeinschaftscharta die Verbesserung der Arbeitsbedingungen der Arbeitnehmer[89]. Der zweite Entwurf zielt auf die Beseitigung von Wettbewerbsverzerrungen ab, die durch unterschiedliche Rechts- und Verwaltungsvorschriften in den Mitgliedstaaten entstehen können. Als Ermächtigungsgrundlage ist Art. 100 a EWGV vorgesehen[90]. Der dritte, auf Art. 118 a EWGV gestützte Richtlinienvorschlag zur Ergänzung von Maßnahmen zur Verbesserung der Sicherheit und des Gesundheitsschutzes von Zeitarbeitnehmern wurde am 25. Juni 1991 angenommen[91]. Er soll hier nicht näher erörtert werden, da er sich nur auf Leiharbeitnehmer und Arbeitnehmer in befristeten Arbeitsverhältnissen bezieht.

Der erste Richtlinienentwurf der Kommission nennt einige Arbeitsbedingungen, hinsichtlich derer Teilzeit- und Vollzeitarbeitbeschäftigte gleich zu behandeln sind: Gem. Art. 2 Abs. 1 müssen Teilzeitbeschäftigte unter Berücksichtigung der Dauer ihrer Arbeitsleistung und der Art der auszuführenden Tätigkeit unter vergleichbaren Bedingungen Zugang zu Berufsausbildungsmaßnahmen des Unternehmens haben wie unbefristet beschäftigte Vollzeitarbeitnehmer. Ebenso sind sie gem. Art. 2 Abs. 2 in gleicher Weise bei der Berechnung der Schwellenwerte für die Einrichtung einer Arbeitnehmervertretung zu berücksichtigen. Art. 2 Abs. 3 verpflichtet den Arbeitgeber, die Arbeitnehmervertretung rechtzeitig von seiner Absicht, Teilzeitkräfte zu beschäftigen, zu unterrichten. Gem. Art. 5 hat der Arbeitgeber Teilzeitbeschäftigte von der Einstellung Vollzeitbeschäftigter zu unterrichten, um eine betriebsinterne Bewerbung zu ermöglichen. Daneben enthält der Richtlinienentwurf Vorschriften zur Gleichbehandlung im Bereich der sozialen Sicherheit: Gem. Art. 3 dürfen Teilzeitbeschäftigte bei der Gewährung von Sach- oder Geldleistungen der Sozialhilfe sowie eines beitragsunabhängigen Systems der sozialen Sicherheit nicht gegenüber Vollzeitbeschäftigten benachteiligt werden. Art. 4 regelt einen Anspruch auf gleichen Zugang zu den Sozialdiensten des Unternehmens. Das Recht der Mitgliedstaaten,

---

[87] Department of Labour, Statement by Mr. Bertie Ahern, T.D., Minister for Labour, Community Charter of Fundamental Social Rights of Workers.

[88] ABl. EG 1990 Nr. C 224 / 4; ABl. EG 1990 Nr. C 224 / 6; ABl. EG 1990 Nr. C 224 / 8.

[89] ABl. EG 1990 Nr. C 224 / 4.

[90] ABl. EG 1990 Nr. C 224 / 6, modifizierend ABl. EG Nr. C 305 / 8.

[91] ABl. EG 1990 Nr. C 224 / 8; ABl. EG 1991 Nr. L 46 / 1.

günstigere Rechts- und Verwaltungsvorschriften zu erlassen, soll gem. Art. 9 durch die Richtlinie nicht beschränkt werden.

Der Richtlinienvorschlag über bestimmte Arbeitsverhältnisse im Hinblick auf Wettbewerbsverzerrungen[92] ergänzt den ersten Entwurf um weitere Gleichbehandlungsrechte. Gem. Art. 2 sind Teilzeitbeschäftigten Leistungen der gesetzlichen und betrieblichen Systeme der sozialen Sicherheit auf anteiliger Basis zu gewähren. Art. 3 sieht Ansprüche auf anteiligen Jahresurlaub, Kündigungsabfindungen und Dienstalterszulagen vor. Der Durchführungszeitraum soll für beide Richtlinien mit der Vollendung des Europäischen Binnenmarktes am 31. Dezember 1992 ablaufen[93].

Anders als der Entwurf der Kommission von 1982 / 83[94], der unabhängig von dem Umfang der Beschäftigung eine umfassende Gleichstellung von Teilzeit- und Vollzeitbeschäftigten anstrebte, erfassen die jüngsten Richtlinienvorschläge nur Teilzeitbeschäftigte, die durchschnittlich nicht weniger als acht Wochenstunden arbeiten[95]. Als Rechtfertigung für diese Einschränkung verweist die Kommission in den Begründungserwägungen darauf, daß die praktische Umsetzung des Gleichbehandlungsgrundsatzes bei Arbeitsverhältnissen schwierig sei, bei denen die wöchentliche Arbeitszeit wesentlich kürzer ist als die durchschnittliche gesetzliche, tarifliche oder gewöhnliche Arbeitszeit[96]. Die Angleichung einzelstaatlicher Vorschriften empfehle sich nicht bei einer wesentlichen Verkürzung der Arbeitszeit[97].

Auch hinsichtlich des sachlichen Anwendungsbereiches des Gleichbehandlungsgrundsatzes gehen die Richtlinienverschläge von 1990 weniger weit[98]. Insbesondere verzichtete die Kommission auf die Festschreibung eines Grundsatzes der Lohngleichheit, da die Lohnhöhe der Vereinbarung zwischen den Vertragsparteien überlassen bleiben solle[99].

Obwohl die Vorschläge der Kommission vom 29. Juni 1990 gegenüber dem Richtlinienentwurf von 1982 / 83 einen geringeren sozialen Mindeststandard des Teilzeitarbeitsverhältnisses vorsehen, werden sie von einigen Mitgliedstaaten

---

[92] ABl. EG 1990 Nr. C 224 / 6, modifizierend ABl. EG 1990 Nr. C 305 / 8.

[93] Art. 10 und Art. 6 der Richtlinienentwürfe.

[94] ABl. EG 1982 Nr. C 62 / 7, modifizierend ABl. EG 1983 Nr. C 18 / 5.

[95] Siehe jeweils Art. 1 Abs. 3 der Richtlinienentwürfe.

[96] ABl. EG 1990 Nr. 224 / 4; siehe auch ABl. EG 1990 Nr. 224 / 7.

[97] ABl. EG 1990 Nr. C 224 / 6, 7.

[98] Vgl. Lörcher, Ungeschützte Arbeitsverhältnisse, Der Personalrat 1991, 73, 78; vgl. Mückenberger, 1, 12.

[99] ABl. EG 1990 Nr. C 305 / 8, 10.

heftig kritisiert[100]. Im Vordergrund der Diskussion steht die Frage, inwieweit die Richtlinienvorhaben mit dem Grundsatz der Subsidiarität gemeinschaftsrechtlicher Kompetenzen vereinbar sind[101]. Mit der Wahl des Art. 100 a EWGV als Rechtsgrundlage für die Richtlinie über bestimmte Arbeitsverhältnisse im Hinblick auf Wettbewerbsverzerrungen[102] rückt die Kommission erstmals von dem Einstimmigkeitserfordernis für sozialpolitische Maßnahmen ab. Der Widerstand Großbritanniens, der auch gegenüber den jüngsten Rechtsangleichungsbemühungen besteht[103], könnte den Harmonisierungsprozeß nicht länger blockieren. Die Republik Irland hingegen unterstützt die Richtlinienentwürfe im wesentlichen. Es ist zu bezweifeln, daß die Vorschläge in ihrer derzeitigen Fassung die erforderlichen Mehrheiten im Rat finden werden[104].

b) Rechtsnormen zur Gleichbehandlung von Männern und Frauen

Werden Teilzeitbeschäftigte durch einzel- oder kollektivvertragliche Vereinbarungen oder gesetzliche Regelungen benachteiligt, kann eine mittelbare Diskriminierung wegen des Geschlechts vorliegen. Aufgrund des hohen Frauenanteils unter den Teilzeitbeschäftigten[105] haben Regelungen, die Teilzeitbeschäftigte und Vollzeitbeschäftigte unterschiedlich behandeln, gewöhnlich geschlechtsspezifische Auswirkungen.

Das europäische Gemeinschaftsrecht enthält einige Rechtsnormen, die ein Verbot jeder Diskriminierung wegen des Geschlechts normieren. Besondere Bedeutung hat Art. 119 EWGV: Liegt eine mittelbare Geschlechterdiskriminierung vor, kann das europäische Lohngleichheitsgebot vor den irischen Gerichten als Anspruchsgrundlage herangezogen werden[106]. Die Richtlinien 75 / 117 / EWG[107],

---

[100] Vgl. Watson, 37, 61.

[101] Hepple, European Labour Law, in: Blanpain (Hrsg.), Labour Law and Industrial Relations in the European Community, Ch. 12, S. 293, 306; zum Beispiel: Stellungnahme der Bundesvereinigung zu den Richtlinienvorschlägen der EG-Kommission betreffend Teilzeitarbeitnehmer, befristete- und Leiharbeitsverhältnisse, Arbeitgeber, Bundesvereinigung der Deutschen Arbeitgeberverbände, 14. August 1990; Irish Times, 4. Oktober 1991, Supplement Working & Living.

[102] ABl. EG 1990 Nr. C 224 / 6, modifizierend ABl. EG 1990 Nr. C 305 / 8.

[103] Siehe The Independent, 14. Juni 1990, S. 3; Financial Times, 21. Juni 1990, S. 24; Financial Times, 27. November 1990, S. 2.

[104] Blanpain, Labour Law and Industrial Relations of the European Community, Ch. III, S. 109.

[105] Er lag 1988 bei 69 %, Drew, Who needs Flexibility, Ch. 3, S. 20; vgl. oben 1. Kapitel, § 2 I.

[106] Vgl. EuGH, Urt. v. 8. 4. 1976, Defrenne / SABENA Nr.2, Rs 43 / 75, Slg. 1976, 455, 474; EuGH, Urt. v. 13. 5. 1986, Bilka Kaufhaus / Karin Weber von Hartz, Rs 170 / 84, Slg. 1986, 1607

[107] ABl. EG 1975 Nr. L 45 / 19.

76 / 207 / EWG[108] und 86 / 378 / EWG[109], die hinsichtlich des Lohnes, der sonstigen Arbeitsbedingungen und der betrieblichen Systeme der sozialen Sicherheit die Gleichbehandlung von Männern und Frauen gebieten, sind hingegen nur ausnahmsweise unmittelbar anwendbar. Als mittelbare Rechtssetzungsinstrumente verpflichten sie in erster Linie den nationalen Gesetzgeber, den Grundsatz der Gleichbehandlung im innerstaatlichen Recht zu verwirklichen[110].

2. Nationales Recht

a) Gesetzliche Grundlagen

aa) Einführung

Bis zum Erlaß des *Worker Protection (Regular Part-Time Employees) Act, 1991* normierte nur der *Holidays (Employees) Act, 1973* eine ausdrückliche Vorschrift für Teilzeitbeschäftigte[111]. Davon abgesehen ergaben sich die rechtlichen Grundlagen der Teilzeitarbeit aus den verschiedenen arbeitsrechtlichen Gesetzen. Dies hat sich auch durch den *Worker Protection (Regular Part-Time Employees) Act, 1991* nicht wesentlich geändert. Obwohl das Gesetz Vorschriften enthält, die sich ausdrücklich auf *regular part-time employees* beziehen[112], schafft es kein abschließendes Teilzeitarbeitsrecht. Es beschränkt sich im wesentlichen auf die Ausdehnung des persönlichen Anwendungsbereiches jener Gesetze, deren Eingreifen von einem bestimmten Mindestumfang der Beschäftigung und / oder einer Mindestbeschäftigungsdauer abhängt.

Erfüllt der Arbeitnehmer die jeweiligen Anwendbarkeitsvoraussetzungen, ist seine Teilzeitbeschäftigung gesetzlich geregelt. Anderenfalls bestimmen sich die Arbeitsbedingungen, die von den entsprechenden Gesetzen nicht erfaßt werden, nach einzel- oder kollektivvertraglichen Vereinbarungen. Die Teilzeitarbeit ist somit nur dann ebenso wie die Vollzeitarbeit geregelt, wenn entweder der verlangte Beschäftungsumfang beziehungsweise die Beschäftigungsdauer erreicht ist oder das Gesetz nicht an eine bestimmte Mindestarbeitszeit oder -dauer anknüpft. So treffen beispielsweise die Gesetze zur Gleichbehandlung im

---

[108] ABl. EG 1976 Nr. L 39 / 40.

[109] ABl. EG 1986 Nr. L 225 / 40.

[110] Siehe Art. 189 Abs. 3 EWG.

[111] Siehe *Section 4 (2) (a)* des *Holidays (Employees) Act, 1973*.

[112] Siehe *Section 4* des *Worker Protection (Regular Part-Time Employees) Act, 1991*.

Arbeitsleben[113], zur Sicherheit am Arbeitsplatz[114], zur Art und Weise der Lohnzahlung[115] und zu den Arbeitsbedingungen in Industrie und Handel[116] keine Unterscheidung zwischen Vollzeit- und Teilzeitkräften.

Die folgende Darstellung setzt sich mit der geschichtlichen Entwicklung der Regelungen auseinander, die besondere Anwendbarkeitsvoraussetzungen für Teilzeitbeschäftigte normieren. Dabei werden die Auffassungen der Regierung, politischer Parteien und der Sozialpartner sowie der Einfluß des europäischen Gemeinschaftsrechtes berücksichtigt.

bb) Geschichtliche Entwicklung

(1) Die geschichtliche Entwicklung bis zum Erlaß des Protection of Employees (Employers' Insolvency) Act, 1984

Der *Redundancy Payments Act, 1967* war das erste arbeitsrechtliche Gesetz, dessen Anwendbarkeit eine wöchentliche Mindestarbeitszeit und eine Mindestbeschäftigungsdauer voraussetzte. Gem. *Section 4 (2)* konnten nur diejenigen Arbeitnehmer im Falle der Entlassung wegen Arbeitsmangels die Zahlung einer Abfindung verlangen, die gewöhnlich nicht weniger als 21 Stunden in der Woche arbeiteten. Außerdem mußte für die Dauer von mindestens vier Jahren ein kontinuierliches, sozialversicherungspflichtiges Beschäftigungsverhältnis bestanden haben[117].

Der Gesetzesentwurf hatte zunächst eine wöchentliche Mindestarbeitszeit von 25 Stunden vorgesehen, die jedoch auf Drängen der *Labour Party* reduziert wurde[118]. Eine Anknüpfung der Anspruchsberechtigung an die Sozialversicherungspflicht des Beschäftigungsverhältnisses lag nahe, da die *redundancy payments* unter anderem aus Sozialbeiträgen der Arbeitgeber finanziert werden[119]. Die Senatsdebatte über den *Redundancy Payments Bill, 1967* läßt erkennen, daß die Abgeordneten unabhängig von ihrer Parteizugehörigkeit insbesondere verhei-

---

[113] *Anti-Discrimination (Pay) Act, 1974* und *Employment Equality Act, 1977.*

[114] *Safety, Health and Welfare at Work Act, 1989.*

[115] *Payment of Wages Act, 1979.*

[116] *Conditions of Employment Acts, 1936 - 1944* und *Shops (Conditions of Employment) Acts, 1938 - 1942.*

[117] *Section 4 (1)* des *Redundancy Payments Act, 1967.*

[118] 64 Seanad Debates c. 130 (29. November 1967).

[119] *Section 27* des *Redundancy Payments Act, 1967* i.V.m. *Section 2* des *Redundancy Payments Act, 1979.*

rateten Frauen, die Abendschichten arbeiten, den Anspruch auf Zahlung einer Abfindung versagen wollten. Diese Arbeitnehmerinnen seien weniger schutzbedürftig, weil ihre Tätigkeit in der Regel nur eine Nebenbeschäftigung darstelle[120]. Damit kam man den Arbeitgebern entgegen, die anderenfalls auch für diese Arbeitnehmerinnen über die gesetzlich verlangte kontinuierliche Beschäftigungsdauer von vier Jahren Buch hätten führen müssen[121].

Dem Erlaß des *Redundancy Payments Act, 1967* folgten der *Minimum Notice and Terms of Employment Act, 1973*, der *Unfair Dismissals Act, 1977* und der *Worker Participation (State Enterprises) Act, 1977*. Die Anwendbarkeit des *Minimum Notice and Terms of Employment Act, 1973* und des *Unfair Dismissals Act, 1977* verlangte eine wöchentliche Mindestarbeitszeit von 21 Stunden[122]. Das Recht auf Arbeitnehmermitbestimmung setzte eine Vollzeitbeschäftigung voraus[123]. Außerdem greifen diese Gesetze bis heute nur ein, wenn das Arbeitsverhältnis für einen bestimmten Zeitraum bestanden hat: Gem. *Section 4 (1)* des *Minimum Notice and Terms of Employment Act, 1973* ist eine gesetzliche Kündigungsfrist nur einzuhalten, wenn der Arbeitnehmer seit mindestens 13 Wochen einer kontinuierlichen Beschäftigung nachgegangen ist; der Anspruch auf Aushändigung eines Schriftstückes, das den Vertragsinhalt belegt, hängt von der Erfüllung einer einmonatigen Wartefrist ab[124]. Der *Unfair Dismissals Act, 1977* verlangt eine einjährige kontinuierliche Beschäftigung[125]. Ferner besteht nur dann ein aktives Wahlrecht zur Arbeitnehmervertretung, wenn der Arbeitnehmer in dem Unternehmen nicht weniger als ein Jahr beschäftigt ist; das passive Wahlrecht verlangt eine dreijährige Beschäftigungsdauer[126].

Der *Holidays (Employees) Act, 1973* hatte als Anwendungskriterium eine andere Bezugsgröße gewählt: Aufgrund der Vorschriften dieses Gesetzes ist ein Urlaubsanspruch zu bejahen, wenn der Arbeitnehmer für mindestens einen Monat nicht weniger als 120 Stunden arbeitet oder er innerhalb eines Jahres für durchschnittlich 1400 Stunden beschäftigt ist[127]. Ein Anspruch auf bezahlte Frei-

---

[120] 64 Seanad Debates cc. 121 - 131 (29. November 1967); vgl. Whyte, Part-time Workers, 74, 86; vgl. Redmond, Beyond the Net — Protecting the Individual Worker (1983) 2 J.I.S.L.L. 1, 15.

[121] 64 Senead Debates cc. 121, 122 (29. November 1967).

[122] *Section 3 (1) (a)* des *Minimum Notice and Terms of Employment Act, 1973, Section 2 (4)* des *Unfair Dismissals Act, 1977* i.V.m. *Paragraph 8* der *First Schedule* des *Minimum Notice and Terms of Employment Act, 1973*.

[123] *Section 1* des *Worker Participation (State Enterprises) Act, 1977*.

[124] *Section 9 (1)* und *(3)* des *Minimum Notice and Terms of Employment Act, 1973*.

[125] *Section 2 (1) (a)* des *Unfair Dismissals Act, 1977*.

[126] *Section 10 (2) (b)* und *Section 11 (1) (c)* des *Worker Participation (State Enterprises) Act, 1977*.

[127] *Section 3 (1)* i.V.m. *Section 3 (7) (a)* und *Section 3 (3)* des *Holidays (Employees) Act, 1973*.

stellung an Feiertagen stand Teilzeitarbeitnehmern nur zu, wenn sie in den letzten fünf Wochen vor dem Feiertag mindestens 120 Stunden tätig waren[128].

Obwohl keine endgültige Klarheit über die Begründung für die Normierung der genannten Stundengrenzen besteht, wird doch vermutet, daß der Gesetzgeber bestrebt war, nur die wesentliche Beschäftigung des Arbeitnehmers zu schützen und einen Abschluß mehrerer paralleler Arbeitsverhältnisse zu verhindern[129]. Darüberhinaus liegt es nahe, daß er sich mit der Wahl von 21 Stunden an dem *Redundancy Payments Act, 1967* orientierte, um den Bestandsschutz des Arbeitsverhältnisses nicht von unterschiedlichen Voraussetzungen abhängig zu machen.

Nach dem *Unfair Dismissals Act, 1977* war der *Maternity Protection of Employees Act, 1981* das nächste Gesetz, das als Anwendbarkeitsvoraussetzung die Erfüllung einer wöchentlichen Mindestarbeitszeit normierte. Gem. *Section 2 (1) (a)* bestand nur dann ein Recht auf Mutterschutz, wenn die Arbeitnehmerin regelmäßig nicht weniger als 18 Stunden in der Woche arbeitete. Außerdem mußte sie einer sozialversicherungspflichtigen Beschäftigung nachgehen[130]. Die Sozialversicherungspflicht setzte voraus, daß die Arbeitnehmerin wöchentlich nicht weniger als 18 Stunden tätig war und ihr Unterhalt nicht in erster Linie von dem erworbenen Verdienst abhing, ihr Einkommen unabhängig von der Arbeitszeit £ 6 in der Woche oder £ 26 im Monat nicht überstieg[131] oder sie keine der gesetzlich ausgenommenen Nebenbeschäftigungen ausübte[132]. Darüberhinaus kam ein gesetzlicher Mutterschutz nicht in Betracht, wenn der Arbeitsvertrag für einen kürzeren Zeitraum als 26 Wochen befristet war[133].

Der Gesetzgeber begründete die Normierung der 18-Stundengrenze und der Sozialversicherungspflicht als Anwendungskriterien mit dem Zusammenhang, der zwischen dem *Maternity Protection of Employees Act, 1981* und dem Sozialrecht besteht. Der Anspruch auf Mutterschutzgeld ist nicht im *Maternity Protection of Employees Act, 1981*, sondern in den sozialrechtlichen Gesetzen geregelt[134] und damit von der Sozialversicherungspflicht des Beschäftigungsverhältnisses abhängig. Aus diesem Grunde wurde ein Bedürfnis dafür gesehen, in dem

---

[128] *Section 4 (2) (a)* des *Holidays (Employees) Act, 1973*.

[129] Department of Labour, Discussion Document, Unfair Dismissals, Employment Equality, Payment of Wages, Ch. I, S. 15.

[130] *Section 2 (1)* des *Maternity Protection of Employees Act, 1981*.

[131] *Social Welfare (Employment of Inconsiderable Extent) Regulations, 1979 (S.I. No. 136 of 1979)*.

[132] *Social Welfare (Subsidiary Employments) Regulations, 1979 (S.I. No. 127 of 1979)*.

[133] *Section 2 (1) (b)* des *Maternity Protection of Employees Act, 1981*.

[134] *Section 24 (2)* des *Social Welfare (Consolidation) Act, 1981* i.V.m. *Section 9 (a)* des *Social Welfare (Amendment) Act, 1981*.

arbeitsrechtlichen Gesetz eine identische Stundengrenze zu normieren sowie die weiteren Voraussetzungen für die Sozialversicherungspflicht zu verlangen[135]. Eine Orientierung an der bisher überwiegend geltenden 21-Stundengrenze schied daher von vornherein aus.

Den Abgeordneten, die die Regelung als diskriminierend kritisierten, hielt die konservativen Regierung entgegen, daß das Erfordernis der achtzehnstündigen Beschäftigung nicht „sacrosanct" sei. Section 3 (2) des Entwurfs gestatte dem Arbeitsminister, die Stundengrenze durch eine Rechtsverordnung zu ändern, um die Anpassung an das Sozialrecht sicherzustellen[136]. Von dieser Möglichkeit wurde kein Gebrauch gemacht, da das Sozialrecht bis zum Erlaß des Worker Protection (Regular Part-Time Employees) Act, 1991 nicht geändert wurde.

Bis zum Beginn der 80er Jahre fand in der irischen Öffentlichkeit praktisch keine Diskussion über die Stellung der Teilzeitbeschäftigten im Arbeitsrecht statt. Das Bewußtsein für die unterschiedliche Behandlung von Vollzeit- und Teilzeitarbeitnehmern durch das geltende Recht wurde erst mit der Initiative der EG zur Verabschiedung einer Richtlinie über die freiwillige Teilzeitarbeit[137] und der steigenden Zahl der Teilzeitbeschäftigten geweckt. In den frühen 80er Jahren wies der ICTU das Arbeitsministerium auf die wachsende Bedeutung der Teilzeitarbeit und die Diskriminierung der Teilzeitbeschäftigten hin[138].

Im Zusammenhang mit der Verabschiedung des Protection of Employees (Employers' Insolvency) Act, 1984 diskutierte das Parlament erstmals ausführlicher über die arbeitsrechtliche Behandlung von Teilzeitbeschäftigten[139]. Die Abgeordneten wurden darauf hingewiesen, daß Teilzeitarbeitnehmer in keinem anderen Mitgliedstaat der Europäischen Gemeinschaft so weitgehend von dem arbeitsrechtlichen Schutzsystem ausgenommen seien wie in Irland[140]. Der Arbeitsminister bezeichnete die Teilzeitarbeit als eine Realität des Arbeitsmarktes, deren Bedeutung immer mehr zunehme. Um der Ausbeutung der Teilzeitbeschäftigten durch skrupellose Arbeitgeber entgegenzuwirken, sei der Erlaß einer EG-Richtlinie zur Teilzeitarbeit erforderlich[141]. Eigene Änderungen der geltenden Arbeitsrechtsgesetze auf nationaler Ebene wurden noch nicht erwogen.

---

[135] 95 Seanad Debates c. 1168 (18. März 1981); vgl. Whyte, Part-time Workers, 74, 87.

[136] 95 Seanad Debates c. 1169 (18. März 1981).

[137] ABl. EG 1982 Nr. C 62 / 7, modifizierend ABl. EG 1983 Nr. C 18 / 5; vgl. oben 3. Kapitel, § 1 II 1 a) aa).

[138] Vgl. ICTU, Seminar on Part-time Workers, Summary of Address by Mr. Peter Cassells, S. 1.

[139] Vgl. Whyte, Part-time Workers, (1989) 11 D.U.L.J. S. 74, 87.

[140] 354 Dáil Debates c. 310 (21. November 1984).

[141] 354 Dáil Debates c. 306, 308 (21. November 1984).

Im übrigen beschränkte sich die Debatte auf die Frage nach der Rechtfertigung der Regelung des *Protection of Employees (Employers' Insolvency) Bill, 1984*, die als Anwendbarkeitsvoraussetzung eine sozialversicherungspflichtige Beschäftigung vorsah[142]. Dies hatte zur Folge, daß insbesondere diejenigen Arbeitnehmer nicht vom Anwendungsbereich des Gesetzes erfaßt waren, die wöchentlich weniger als 18 Stunden arbeiteten. Der Arbeitsminister begründete die Normierung des Kriteriums der Sozialversicherungspflicht damit, daß es notwendig sei, für den *Protection of Employees (Employers' Insolvency) Act, 1984* dieselben Anwendbarkeitsvoraussetzungen zu schaffen wie für das Sozialrecht: *„We propose to keep it that way for the purposes of continuity, harmony and other administrative reasons.* "[143]

Da die Zahlungen im Falle der Insolvenz des Arbeitgebers wie auch die *redundancy payments* teilweise aus Sozialbeiträgen der Arbeitgeber finanziert werden, sollten sie nur Arbeitnehmern zugute kommen, deren Arbeitgeber auch Sozialbeiträge zahlen. Diese wären jedoch nicht zu entrichten, wenn der Arbeitnehmer keiner sozialversicherungspflichtigen Beschäftigung nachginge[144]. Zudem sei zu berücksichtigen, daß *Section 11 (1)* des *Protection of Employees (Employers' Insolvency) Act, 1984* den Arbeitsminister ermächtige, den persönlichen Anwendungsbereich mehrerer Gesetzes zu erweitern. Aufgrund dieser Vorschrift könne er den gesetzlichen Schutz den praktischen Auswirkungen des Gesetzes anpassen[145].

Der Erlaß des *Protection of Employees (Employers' Insolvency) Act, 1984* hatte besondere Bedeutung für die geschichtliche Entwicklung der gesetzlichen Grundlagen der Teilzeitarbeit, da er die in dem *Redundancy Payments Act, 1967*, dem *Minimum Notice and Terms of Employment Act, 1973* und dem *Unfair Dismissals Act, 1977* normierte 21-Stundengrenze auf 18 Stunden reduzierte[146]. Die Gesetzesänderungen waren nicht dadurch veranlaßt, eine größere Schutzbedürftigkeit der Teilzeitbeschäftigten anzuerkennen. Vielmehr verfolgte der Gesetzgeber das Ziel, zur Harmonisierung der einzelnen arbeits- und sozialrechtlichen Regelungsbereiche eine einheitliche Stundengrenze zu schaffen[147].

---

[142] *Section 3* des *Protection of Employees (Employers' Insolvency) Act, 1984*.

[143] 354 Dáil Debates c. 297 (21. November 1984).

[144] 354 Dáil Debates c. 316 (21. November 1984).

[145] 354 Dáil Debates cc. 317, 319 (21. November 1984). *Section 11 (1) - (6)* ermächtigt außerdem zu einer Änderung des Anwendungsbereiches der *Redundancy Payments Acts, 1967 - 1984*, des *Minimum Notice and Terms of Employment Act, 1973* und des *Unfair Dismissals Act, 1977*. Die Verfassungsmäßigkeit diese Vorschriten wurde bezweifelt, da sie die von *Art. 15.2* der Verfassung von 1937 vorgesehene ausschließliche Gesetzgebungskompetenz des Parlamentes verletzten, Whyte, Part-time Workers, 74, 81.

[146] Siehe *Section 12* und *13* des *Protection of Employees (Employers' Insolvency) Act, 1984*.

[147] 354 Dáil Debates c. 298 (21. November 1984); vgl. Whyte, Part-time Workers, 74, 81, 82.

Dies erleichtere sowohl den zuständigen Behörden die Verwaltungsarbeit als auch den Teilzeitkräften die Wahrnehmung ihrer Rechte[148]. Die unterschiedlichen Mindestbeschäftigungsfristen ließ der *Protection of Employees (Employers' Insolvency) Act, 1984* hingegen unberührt, da sie in der jeweiligen Regelungsmaterie begründet sind[149].

Folgende Anwendbarkeitsvoraussetzungen[150] waren nun alternativ oder kumulativ für die wichtigsten arbeitsrechtlichen Gesetze zu erfüllen:

Gesetz	Beschäftigungs-umfang	Sozialversiche-rungspflicht[a]	Beschäfti-gungsdauer
Redundancy Payments Acts, 1967 - 1984	18 Wochenstunden	(+)	2 Jahre kontinuierlich
Minimum Notice and Terms of Employment Act, 1973	18 Wochenstunden	(-)	4 Wochen bzw. 13 Wochen kontinuierlich
Holidays (Employees) Act, 1973	120 Stunden im Monat oder 1400 im Jahr	(-)	4 Wochen
Unfair Dismissals Act, 1977	18 Wochenstunden	(-)	1 Jahr kontinuierlich
Worker Participation (State Enterprises) Act, 1977	Vollzeitbeschäfti-gung	(-)	1 Jahr bzw. 3 Jahre kontinuierlich
Maternity Protection of Employees Act, 1981	18 Wochenstunden	(+)	bei Befristung 26 Wochen
Protection of Employees (Employers' Insolvency) Act, 1984	(-)	(+)	(-)

[a] Sozialversicherungspflichtig waren 1984 Arbeitnehmer, die mindestens 18 Wochenstunden arbeiteten, deren Lebensunterhalt in erster Linie von dem durch die Teilzeitbeschäftigung erworbenen Verdienst abhängig war und die keine der als Nebenbeschäftigung geltenden Tätigkeiten ausübten[151].

---

[148] 354 Dáil Debates c. 298 (21. November 1984).

[149] Vgl. zum *Unfair Dismissals Act*, 1977 Department of Labour, Discussion Document, Ch. I, S. 14.

[150] Der gesetzliche Ausschluß bestimmter Arbeitnehmergruppen aufgrund der Art ihrer Beschäftigung bleibt unberücksichtigt.

[151] Siehe die *Social Welfare (Employment of Inconsiderable Extent) Regulations, 1979* und die *Social Welfare (Subsidiary Employments) Regulations, 1979 (S.I. No. 136 und No. 127 of 1979).*

Die schematische Darstellung zeigt, daß die Anwendungskriterien der einzelnen Gesetze zum Teil erheblich voneinander abwichen. Sie ließen kein durchgängiges Prinzip erkennen, das zur Erklärung der Unterschiede hätte herangezogen werden können[152]. Daher forderte ein Teil der irischen Rechtslehre eine Vereinfachung des geltenden Rechts, das durch willkürlich gewählte, sachlich nicht gerechtfertigte Ausschlußtatbestände charakterisiert sei[153]. Angesichts des hohen Anteils der Frauen unter den Teilzeitbeschäftigten sei die Vereinbarkeit der Gesetze mit der Richtlinie 76 / 207 / EWG[154] zu bezweifeln[155].

Faßt man die parlamentarische Auseinandersetzung über die verschiedenen Gesetze zusammen, ist festzustellen, daß die gesetzliche Differenzierung zwischen Vollzeit- und Teilzeitkräften im wesentlichen auf zwei Gründen beruhte: Zum einen wurden Teilzeitbeschäftigte für weniger schutzbedürftig gehalten. Da sie nicht ihre volle Arbeitskraft in die Dienste des Arbeitgebers stellen, betrachtete man sie nicht als echte Arbeitnehmer, deren Existenz von dem Bestand des Arbeitsverhältnisses abhängt. Zum anderen trugen inhaltliche Überschneidungen zwischen arbeits- und sozialrechtlichen Regelungsbereichen zu der Normierung einer 18-Stundengrenze bei[156].

Die Abhängigkeit des gesetzlichen Schutzes von einer achtzehnstündigen wöchentlichen Arbeitszeit hatte zur Folge, daß die Mindestarbeitsbedingungen für einen großen Anteil der Teilzeitbeschäftigten nicht gesetzlich geregelt waren: 1983 arbeiteten 37 % der regelmäßig Teilzeitbeschäftigten weniger als 18 Stunden; sogar 75 % der gelegentlich Teilzeitbeschäftigten unterschritten diese Grenze[157].

(2) Der Weg zur Reform

Eine öffentliche Diskussion über die Ausweitung des gesetzlichen Schutzes für Teilzeitbeschäftigte begann im Oktober 1987 mit der Veröffentlichung des *Programme for National Recovery,* in dem die Regierung und die Sozialpartner bis Ende 1990 eine politische Strategie zur Wiederbelebung der Wirtschaft und Schaffung größerer sozialer Gerechtigkeit festlegten[158]. Das Programm kündigte

---

[152] Vgl. Redmond, Beyond the Net, 1, 13.

[153] Redmond, Beyond the Net, S. 1, 15; Whyte, Part-time Workers, 74, 85.

[154] ABl. EG 1976 Nr. L 39.

[155] Whyte, Part-time Workers, 74, 87, 88.

[156] Vgl. der Arbeitsminister in 405 Dáil Debates cc. 2001, 2002 (28. Februar 1991).

[157] Blackwell, (1990) 1 Labour Marktet Review, 1, 11.

[158] Stationery Office (Hrsg.), Programme for National Recovery, Introduction, S. 5.

ein *Discussion Document* des Arbeitsministeriums an, das die geltende Gesetzgebung zum Kündigungsschutz, der Gleichbehandlung im Arbeitsleben und der Art und Weise der Lohnzahlung unter Berücksichtigung der Behandlung der Teilzeitbeschäftigten einer kritischen Prüfung unterziehen werde[159].

In dem *Discussion Document* vom November 1987 setzte sich der Arbeitsminister mit der Frage nach der Herabsetzung der in den verschiedenen Gesetzen normierten wöchentlichen Mindestarbeitszeiten auseinander. Während eine entsprechende gesetzliche Maßnahme die Teilzeitarbeit für Arbeitnehmer attraktiver mache, sei auf seiten der Arbeitgeber das Gegenteil zu befürchten. Zudem führe eine Ausdehnung des persönlichen Anwendungsbereiches der Gesetze für *Rights Commissioner*, den *Employment Appeals Tribunal* und das Arbeitsministerium zu einem beträchtlichen Mehr an Arbeitsaufwand[160]. Der Arbeitsminister lehnte die vom ICTU geforderte Beseitigung jeglicher Stundengrenze ab, da eine solch radikale Maßnahme hohe Kosten verursache sowie die Arbeitgeber vor ernste Probleme stelle, die angesichts der wirtschaftlichen Depression zu vermeiden seien. Allenfalls sei eine Reduzierung der Stundenzahl möglich, wenn sich die wirtschaftliche Lage hinreichend gebessert habe[161].

Diese Argumentation stieß auf die Kritik des ICTU, der dem Arbeitsministerium vorwarf, das Ausmaß der Diskriminierung der Teilzeitbeschäftigten nicht hinreichend erkannt zu haben. Das Ministerium liefere zudem keine Rechtfertigung für den Ausschluß der Teilzeitkräfte von dem gesetzlichen Schutzsystem. Der Gewerkschaftsverband forderte die Regierung auf, in Anlehnung an den Richtlinienentwurf der EG zur Regelung der freiwilligen Teilzeitarbeit einen Gesetzesentwurf zur Neuregelung des Rechtes für Teilzeitbeschäftigte zu erarbeiten[162].

Obwohl sich 1988 auch auf seiten der Regierung, einer Koalition der konservativen *Fianna Fail* und *Progessive Democrats*[163], die Auffassung durchgesetzt hatte, daß die geltenden Arbeitsrechtsgesetze der geänderten Beschäftigungsstruktur anzupassen seien, wurde noch im selben Jahr ein Gesetz verabschiedet, dessen Anwendbarkeit wiederum eine 18-Stundengrenze normierte: Nach dem *Worker Participation (State Enterprises) Act, 1988* waren das aktive und passive Wahlrecht der Arbeitnehmer zur Arbeitnehmervertretung nun nicht mehr von einer Vollzeittätigkeit, sondern der Erfüllung einer achtzehnstündigen wöchentli-

---

[159] Stationery Office (Hrsg.), Programme for National Recovery, Section VI., S. 27.

[160] Department of Labour, Discussion Document, Introduction, S. 7, 8.

[161] Department of Labour, Discussion Document Unfair Dismissals, Ch. I, S. 15, 16.

[162] ICTU, Outline Proposals for Legislation on Part-time Workers submitted to the Minister for Labour, S. 1, 2.

[163] Liberale Partei.

chen Arbeitszeit abhängig[164]. Der Arbeitsminister bezeichnete die Herabsetzung der Stundengrenze als *catching up measure;* eine darüberhinausgehende Bedeutung komme ihr nicht zu[165]. Die Gesetzesänderung bezwecke in erster Linie, für die Arbeitnehmermitbestimmung dieselben Anspruchsvoraussetzungen wie für die anderen arbeitsrechtlichen Gesetze zu schaffen, die eine Wochenarbeitszeit von 18 Stunden verlangten. Da in den halbstaatlichen Unternehmen nur wenig Teilzeitkräfte beschäftigt seien, könne die Anwendbarkeitsgrenze akzeptiert werden[166]. Die *Workers' Party*[167] setzte für eine Abschaffung des Erfordernisses der achtzehnstündigen Beschäftigung ein[168].

Neben dem *ICTU* und der *Workers' Party* drängte 1988 auch die *Employment Equality Agency* auf eine Ausweitung des gesetzlichen Schutzes für die Teilzeitbeschäftigten. Die Organisation, die die Aufgabe hat, die Verwirklichung der Gleichbehandlungsgesetze zu kontrollieren[169], forderte den Arbeitsminister auf, die betreffenden arbeitsrechtlichen Gesetze, die eine wachsende Zahl von Teilzeitbeschäftigten benachteiligten, zu ändern. Das Problem der Teilzeitarbeit sei aufgrund des hohen Frauenanteils eng mit der Frage der Gleichbehandlung der Geschlechter verknüpft[170]. Die *Employment Equality Agency* verlangte, die Anwendbarkeitsgrenzen von 18 Stunden zu beseitigen und einen proportionalen Urlaubsanspruch zu gewähren[171].

Im Rahmen parlamentarischer Fragestunden wurde der Arbeitsminister wiederholt aufgefordert, einen Gesetzesentwurf vorzulegen. Wiederum wiesen die Abgeordneten auf die auffallende Zunahme der Teilzeitbeschäftigen und darauf hin, daß die Republik Irland hinsichtlich der arbeitsrechtlichen Behandlung von Teilzeitbeschäftigten in Europa eine Außenseiterstellung einnehme, die angsichts der bevorstehenden Verwirklichung des Europäischen Binnenmarktes nicht durchzuhalten sei[172].

Das Arbeitsministerium reagierte auf den zunehmenden öffentlichen Druck mit der Veranstaltung des Seminars *„Reconciling Job Security and Flexibility"* am 12. Mai 1989. Neben der Vermittlung von Information über Teilzeitarbeit

---

[164] *Section 13 (d) des Worker Participation (State Enterprises) Act, 1988.*

[165] 381 Dáil Debates c. 1264 (2. Juni 1988).

[166] 381 Dáil Debates cc. 1264 - 1266, 1268 (2. Juni 1988).

[167] Kommunistische Arbeiterpartei.

[168] 381 Dáil Debates cc. 1260, 1262 (2. Juni 1988).

[169] Siehe *Section 34 - 51* des *Employment Equality Act, 1977;* vgl. unten 3. Kapitel, § 1 III 2 b) dd).

[170] Employment Equality Agency, Equality News, Dezember 1988, No. 8, S. 1.

[171] Employment Equality Agency, Equality News, Dezember 1988, No. 8, S. 1, 2.

[172] 388 Dáil Debates c. 522 (14.März 1989); 389 Dail Debates cc. 1807, 1834 (10. Mai 1989).

war damit bezweckt, den Einigungsprozeß zwischen den Sozialpartnern zu beschleunigen. Das Seminar sollte dazu beitragen, den Interessenkonflikt zwischen der Schutzbedürftigkeit der Teilzeitarbeitnehmer auf der einen Seite und der Gefahr der *„overregulation"* auf der anderen Seite durch eine praktikable Lösung zu überbrücken[173]. Im Rahmen der Veranstaltung, an der die Sozialpartner, Vertreter verschiedener Organisationen und Fachleute teilnahmen, sagte der Arbeitsminister zu, alsbald einen Gesetzesentwurf zur Ausweitung des gesetzlichen Schutzes des Teilzeitarbeitsverhältnisses einzubringen. Das Seminar lieferte Anlaß zu einigen Veröffentlichungen, die sich mit dem Thema der Teilzeitarbeit in bisher nicht gekanntem Umfang auseinandersetzten[174]. Die Veranstaltung kann insgesamt als ein wichtiger Schritt zur Verbesserung der Arbeitsbedingungen der Teilzeitbeschäftigten bezeichnet werden.

Sowohl die Gewerkschaften und der Arbeitgeberverband als auch das Arbeitsministerium waren darüber einig, daß nur regelmäßig Teilzeitbeschäftigte in das gesetzliche Schutzsystem einzubeziehen seien[175]. Jedoch gingen die Vorstellungen über die beabsichtigte Änderung der geltenden Arbeitsrechtsgesetze weit auseinander. Die Arbeitnehmerseite vertrat die Auffassung, daß den regelmäßig Teilzeitbeschäftigten hinsichtlich der Arbeitsbedingungen ein Anspruch auf Gleichbehandlung gewährt werden sollte[176]. Zudem sei das Erfordernis der achtzehnstündigen wöchentlichen Arbeitszeit aus dem *Unfair Dismissals Act, 1977,* den *Redundancy Payments Act, 1967,* dem *Minimum Notice and Terms of Employment Act, 1973* und dem *Maternity Protection of Employees Act, 1981* zu streichen sowie ein anteiliger Urlaubsanspruch einzuführen[177].

Der FIE wandte sich gegen eine radikale Änderung der geltenden Gesetzgebung. Die Ausdehnung des persönlichen Anwendungsbereiches der einzelnen Gesetze würde für Arbeitgeber zu höheren Kosten führen, so daß entsprechende legislative Maßnahmen einen Rückgang der Beschäftigung erwarten ließen. Daher sei bei der Durchführung einer Reform größte Vorsicht geboten[178].

Im Arbeitsministerium hatten sich die Vorstellungen über die Art und Weise der geplanten Gesetzesänderungen noch nicht konkretisiert. Es beschränkte sich auf den Hinweis, daß das Reformvorhaben den gesetzlichen Schutz für Teilzeit-

---

[173] Government Information Service (Hrsg.), Speech by Mr. Bertie Ahern, T.D., S. 1 - 4.

[174] Die Aufsätze von Whyte, Part-time Workers, 74 und Blackwell gehen auf Arbeitspapiere zurück, die anläßlich des Seminars erstellt wurden; siehe außerdem Köhler, Part-time Work.

[175] ICTU, Outline Proposals; FIE, Submissions to the Minister for Labour, S. 13; Fianna Fail, Part-time Workers and Labour Legislation, Briefing Material, S. 3.

[176] ICTU, Outline Proposals.

[177] Vgl. ICTU, Outline Proposals; IDATU, Submission to the Minister for Labour on Review of Conditions of Employment Legislation, S. 2, 7.

[178] FIE, Submissions to the Minister for Labour, S. 14, 15; Irish Times, 2. August 1990, S. 3.

arbeitnehmer verbessern werde, ohne dem Wachstum dieser Beschäftigungsform entgegenzuwirken[179].

Im Oktober 1989 nahm die *Workers' Party* die Untätigkeit der Regierung zum Anlaß, dem Unterhaus einen eigenen Gesetzesentwurf vorzulegen, der weitgehend dem gewerkschaftlichen Standpunkt entsprach und sich offensichtlich an dem Richtlinienvorschlag der EG-Kommission zur Regelung der freiwilligen Teilzeitarbeit[180] anlehnte. Der *Protection of Part-Time Workers (Employment) (No.2) Bill, 1989* definierte die Teilzeitarbeit als freiwillige, regelmäßige Beschäftigung, für die sich die Arbeitsvertragsparteien auf eine kürzere als die gesetzliche, tarifliche oder betriebliche Arbeitszeit geeinigt haben[181]. Der Entwurf beabsichtigte, die Anwendbarkeitsgrenze von 18 Wochenstunden in den *Redundancy Payments Acts, 1967 - 1984,* dem *Minimum Notice and Terms of Employment Act, 1973,* und dem *Maternity Protection of Employees Act, 1981* sowie das Kriterium der Sozialversicherungspflicht in dem *Protection of Employees (Employers' Insolvency) Act, 1984* aufzuheben. Auch sollten die einschränkenden Voraussetzungen für den Urlaubsanspruch und den Anspruch auf Freistellung an gesetzlichen Feiertagen entfallen[182].

Ähnlich wie § 2 Abs. 1 BeschFG 1990 sah der *Protection of Part-Time Workers (Employment) (No.2) Bill, 1989* in *Section 4 (1)* ein allgemeines Gleichbehandlungsgebot im Verhältnis der Teilzeitbeschäftigten zu Vollzeitbeschäftigten vor. Gem. *Section 4 (2)* gilt es als Ungleichbehandlung, wenn der Arbeitnehmer wegen seiner verringerten Arbeitszeit benachteiligt wird[183]. *Section 4 (4)* konkretisierte den Gleichbehandlungsgrundsatz, indem er beispielsweise bei gleicher Arbeit eine anteilige Berechnung des Lohnes, den gleichen Zugang zu betrieblichen Sozialleistungen und die Gleichbehandlung hinsichtlich der Auswahl bei der Kündigung anordnete. Gem. *Section 3* sollte das Gesetz auf alle Arbeitnehmer anwendbar sein, die unfallversichert sind. Damit sah der Gesetzesentwurf unabhängig von der wöchentlichen Arbeitszeit eine nahezu umfassende Gleichstellung von Teilzeit- und Vollzeitarbeitnehmern in Bezug auf vertragliche und gesetzliche Ansprüche vor. Nur die Stundengrenze im *Unfair Dismissals Act, 1977* blieb unberührt, deren uneingeschränkte Beseitigung wohl nicht durchsetzbar gewesen wäre. Insofern ließ der Entwurf der *Workers' Party* bei dem Streben nach Gleichbehandlung der beiden Beschäftigungsformen die letzte Konsequenz vermissen.

---

[179] Department of Labour, Annual Report 1989, Ch. 4, S. 28; Fianna Fail, S. 3.

[180] ABl. EG 1982 Nr. C 62 / 7, modifizierend ABl. EG 1983 Nr. C 18 / 5; vgl. oben 3. Kapitel, § 1 II 1. a) aa).

[181] *Section 2* des *Protection of Part-Time Workers (Employment) (No. 2) Bill, 1989.*

[182] *Section 7* des *Protection of Part-Time Workers (Employment) (No.2) Bill, 1989.*

[183] *Section 4 (2)* des *Protection of Part-Time Workers (Employment) (No. 2) Bill, 1989.*

Die Regierungspartei *Fianna Fail* hielt dem Entwurf im Verlaufe der Unterhausdebatte entgegen, daß er keine ausgewogene Lösung darstelle, die sowohl die Schutzbedürftigkeit der Teilzeitkräfte als auch das Interesse der Arbeitgeber an flexiblen Beschäftigungsformen hinreichend berücksichtige. Angesichts der hohen Arbeitslosigkeit in Irland sei mit dem Erlaß von Vorschriften, die Beschäftigungsmöglichkeiten einschränken, Zurückhaltung geboten[184]. Auch differenziere der *Protection of Part-Time Workers (Employment) (No. 2) Bill, 1989* nicht zwischen gelegentlich Teilzeitbeschäftigten, wie beispielsweise Studenten und regelmäßig Teilzeitbeschäftigten[185]. Darüberhinaus stieß der von der *Workers' Party* vorgesehene Anspruch auf Lohngleichheit zwischen Vollzeit- und Teilzeitarbeitnehmern auf Kritik: Einer gesetzlichen Regelung sei die traditionelle tarifliche Festschreibung der Lohnhöhe vorzuziehen[186].

Der *Protection of Part-Time Workers (Employment) (No. 2) Bill, 1989*, der insbesondere die Unterstützung der *Labour Party* gefunden hatte, verfehlte mit einem Stimmenverhältnis von 69 zu 72 Stimmen nur knapp die erforderliche Mehrheit[187].

Der Arbeitsminister kündigte an, bis Ende 1990 einen eigenen Gesetzesentwurf zur Ausweitung des gesetzlichen Schutzes für Teilzeitbeschäftigte vorzulegen[188]. Die bevorstehende Veröffentlichung der Richtlinienentwürfe zur Regelung atypischer Beschäftigungsverhältnisse sei abzuwarten, um so weit wie möglich Konflikte zwischen nationalem und europäischem Recht zu vermeiden[189].

Am 19. Dezember 1990 brachte der Arbeitsminister den *Worker Protection (Regular Part-Time Employees) Bill, 1990* in das Parlament ein[190]. Da beabsichtigt war, die Vorschriften des Entwurfes gleichzeitig mit sozialrechtlichen Neuregelungen am 6. April 1991[191] zu ratifizieren, blieb keine Zeit für eine ausführliche parlamentarische sowie außerparlamentarische Diskussion. Eine Konsultation der Sozialpartner fand praktisch nicht statt. Am 26. März 1991 verabschiedete das Parlament den Entwurf mit nur wenigen Modifikationen Auf eine förmliche Abstimmung wurde verzichtet, denn grundsätzliche Einwände gegen das Gesetzesvorhaben wurden nicht erhoben.

---

[184] 397 Dáil Debates cc. 1300 - 1314 (27. März 1990), c. 1597 (28. März 1990), cc. 521, 522 (2. Mai 1990).

[185] 397 Dáil Debates c. 1308 (27. März 1990), vgl. c. 520 (2. Mai 1990).

[186] 397 Dáil Debates c. 1308 (27. März 1990), c. 522 (2. Mai 1990).

[187] 397 Dáil Debates cc. 543 - 546 (2. Mai 1990).

[188] Stationery Office (Hrsg.), Programme for Economic and Social Progress, Section IX, S. 83; 397 Dáil Debates cc. 1304, 1311 (27. März 1990).

[189] 397 Dáil Debates c. 1305 (27. März 1990).

[190] Department of Labour, Annual Report 1990, Ch. 6, S. 37.

[191] Am 6. April beginnt in der Republik Irland jeweils das Steuerjahr.

(3) Der Worker Protection (Regular Part-Time Employees) Act, 1991

Die Regelungen des *Worker Protection (Regular Part-Time Employees) Act, 1991*, die auf den *Unfair Dismissals Act, 1977*, den *Minimum Notice and Terms of Employment Act, 1972*, den *Holidays (Employees) Act, 1973* und die *Worker Participation (State Enterprises) Acts, 1977 - 1988* Bezug nehmen, traten — wie beabsichtigt — am 6. April 1991 in Kraft[192]. Dagegen ratifizierte der Arbeitsminister die Vorschriften hinsichtlich der *Redundancy Payments Acts, 1967 - 1984*, des *Maternity Protection of Employees Act, 1981* und des *Protection of Employees (Employers' Insolvency) Act, 1984* erst mit Wirkung zum 17. Juni 1991.

Der *Worker Protection (Regular Part-Time Employees) Act, 1991* bezweckt die Ausdehnung bestehender Regelungen auf regelmäßig Teilzeitbeschäftigte i.S.d. Legaldefinition[193]. Dies geschieht nicht im Wege einer Änderung des geltenden Rechtes, sondern durch formale Gleichstellung regelmäßig Teilzeitbeschäftigter mit Arbeitnehmern, die auch bisher in den persönlichen Anwendungsbereich der Gesetze einbezogen waren, die eine wöchentliche Mindestarbeitszeit voraussetzen. *Section 3* des *Worker Protection (Regular Part-Time Employees) Act, 1991* bestimmt:

„*3.— Subject to section 2 of this Act and where appropriate, each relevant enactment, other than the Holidays (Employees) Act, 1973, shall apply to a regular part-time employee in the same manner as it applies, other than by virtue of this Act, to an employee to whom that enactment relates.*"

Diese „Anwendbarkeitserklärung" hat zur Folge, daß Teilzeitarbeitnehmer, die wöchentlich nicht weniger als acht Stunden arbeiten, seit mindestens dreizehn Wochen bei dem Arbeitgeber kontinuierlich beschäftigt sind und bisher nicht von den *Redundancy Payments Acts, 1967 - 1984*, dem *Minimum Notice and Terms of Employment Act, 1973*, dem *Holidays (Employees) Act, 1973*, den *Worker Participation (State Enterprises) Acts, 1977* und *1988*, dem *Unfair Dismissals Act, 1977*, dem *Maternity Protection of Employees Act, 1981* und dem *Protection of Employees (Employers' Insolvency) Act, 1984* erfaßt waren, nun in den Schutzbereich dieser Gesetze einbezogen werden. Für den Anspruch des Arbeitnehmers auf Urlaub und Freistellung an gesetzlichen Feiertagen gilt die Ausdehnung des gesetzlichen Schutzes nach Maßgabe von *Section 4* des *Worker Protection (Regular Part-Time Employees) Act, 1991*, der besondere Vorschriften zur Anspruchsberechnung enthält.

---

[192] *Worker Protection (Regular Part-Time Employees) Act, 1991 (Commencement) Order, 1991 (S.I. No. 75 of 1991).*

[193] *Section 1 (1)* des *Worker Protection (Regular Part-Time Employees) Act, 1991*; vgl. oben 3. Kapitel, § 1 I. 1.

Die Regelungen, die bereits vor dem Erlaß des *Worker Protection (Regular Part-Time Employees) Act, 1991* nicht nach dem Umfang der Beschäftigung differenzierten, sind von dem Gesetz der zum Schutze der regelmäßig Teilzeitbeschäftigten unberührt geblieben.

Die gesetzliche Anknüpfung an bestehende Regelungen ist hinsichtlich solcher Ansprüche unproblematisch, die bereits vor Erlaß des *Worker Protection (Regular Part-Time Employees) Act, 1991* eine achtzehnstündige wöchentliche Arbeitszeit und eine Beschäftigungsdauer von mindestens 13 Wochen voraussetzten. In diesem Fall wird aufgrund von *Section 3* i.V.m. *Section 1 (1)* des *Worker Protection (Regular Part-Time Employees) Act, 1991* die Stundengrenze auf acht Wochenstunden gesenkt. Die dreizehnwöchige Wartefrist ist entweder Bestandteil der ursprünglich vorgesehenen Frist oder mit dieser identisch[194]. War der Anspruch außerdem von der Sozialversicherungspflicht des Beschäftigungsverhältnisses abhängig, hat der *Worker Protection (Regular Part-Time Employees) Act, 1991* dieses Erfordernis de facto beseitigt. Das Argument der Interdependenz des Arbeits- und Sozialrechts hat sich damit nicht als zwingend erwiesen.

Davon zu unterscheiden sind diejenigen Ansprüche, die keine oder eine Mindestbeschäftigungsfrist von weniger als 13 Wochen voraussetzen. Da die ursprünglichen Regelungen durch den *Worker Protection (Regular Part-Time Employees) Act, 1991* nicht aufgehoben wurden, können sie Ansprüche zugunsten der Arbeitnehmer begründen, die die Voraussetzungen der Legaldefinition von *regular part-time* nicht erfüllen[195]. So kann ein Arbeitnehmer, der wöchentlich £ 25 verdient und daher sozialversicherungspflichtig ist[196], auch dann Zahlungen im Falle der Insolvenz des Arbeitgebers verlangen, wenn er weniger als acht Wochenstunden arbeitet oder sein Beschäftigungsverhältnis seit weniger als 13 Wochen beteht[197]. Die dreizehnwöchige Wartefrist wirkt sich danach nur für jene Arbeitnehmer aus, denen nicht bereits aufgrund der ursprünglichen Regelungen Ansprüche zustehen. Gelegentlich Teilzeitbeschäftigte i.S.d. *Worker Protection (Regular Part-Time Employees) Act, 1991* werden daher — entgegen der Intention des Gesetzgebers — hinsichtlich einiger Ansprüche mit Arbeitnehmern in Vollzeitarbeitsverhältnissen gleichbehandelt.

---

[194] *Section 2 (3)* des *Worker Protection (Regular Part-Time Employees) Act, 1991;* vgl. oben 3. Kapitel, § 1 I 1.

[195] Ryan, (1991) 13 D.U.L.J. 55, 59.

[196] Siehe die *Social Welfare (Employment of Inconsiderable Extent) Regulations, 1991 (S.I. No. 72 of 1991).*

[197] Siehe *Section 3* des *Protection of Employees (Employers' Insolvency) Act, 1984.*

Die folgende Tabelle stellt die seit dem 17. Juni 1991 geltenden Anwendbarkeitsvoraussetzungen[198] für die einzelnen Gesetze dar.

Gesetz	Beschäftigungs-umfang	Sozialversiche-rungspflicht[a]	Beschäftigungs-dauer
Redundancy Payments Acts, 1967 - 1984	8 Wochenstunden	(-)	2 Jahre kontinuierlich
Minimum Notice and Terms of Employment Act, 1973	8 Wochenstunden *oder* *18 Wochenstunden*	(-)	13 Wochen kontinuierlich *oder* *4 Wochen bzw.* *13 Wochen* *kontinuierlich*
Holidays (Employees) Act, 1973	8 Wochenstunden *oder* *120 Stunden im Monat oder 1400 im Jahr*	(-)	13 Wochen kontinuierlich *oder* *4 Wochen*
Unfair Dismissals Act, 1977	8 Wochenstunden	(-)	1 Jahr kontinuierlich
Worker Participation (State Enterprises) Act, 1977 - 1988	8 Wochenstunden	(-)	1 Jahr bzw. 3 Jahre kontinuierlich
Maternity Protection of Employees Act, 1981	8 Wochenstunden *oder* *18 Wochenstunden*	(-) (+)	bei Befristung 26 Wochen, sonst 13 Wochen
Protection of Employees (Employers' Insolvency) Act, 1984	8 Wochenstunden *oder* *(-)*	(-) (+)	13 Wochen kontinuierlich *(-)*

[a] Sozialversicherungspflichtig ist, wer wöchentlich nicht weniger als £ 25 verdient und keine der als Nebenbeschäftigung geltenden Tätigkeiten ausübt[199].

Der *Worker Protection (Regular Part-Time Employees) Act, 1991* enthält außerdem einige Regelungen, die im wesentlichen die praktische Umsetzung des

---

[198] Der gesetzliche Ausschluß bestimmter Arbeitnehmergruppen aufgrund der Art ihrer Beschäftigung wird wiederum nicht berücksichtigt.

[199] Siehe die *Social Welfare (Employment of Inconsiderable Extent) (No. 2) Regulations, 1991* und die *Social Welfare (Subsidiary Employments) Regulations, 1991 (S.I. No. 72 und 73 of 1991).*

durch den *Worker Protection (Regular Par-time Employees) Act, 1991* normierten Gleichgehandlungsgebotes zwischen regelmäßig Teilzeitbeschäftigten und Vollzeitbeschäftigten betreffen. *Section 1 (3) (b)* ermächtigt den Arbeitsminister, die Legaldefinition von *regular part-time* im Hinblick auf die Dauer der kontinuierlichen Beschäftigungsfrist und der wöchentlichen Mindestarbeitszeit durch Rechtsverordnung zu ändern. Während der Gesetzesentwurf dem Parlament nur das Recht vorbehielt, eine entsprechende Verordnung des Ministers innerhalb einer Frist von 21 Tagen zu annulieren, bestimmt *Section 1 (3) (c)*, daß beide Häuser des Parlamentes den Vorschlag unabhängig von einer Ausschlußfrist zu genehmigen haben[200]. Diese Änderung, die auf Initiative der *Workers' Party* eingefügt wurde, bezweckte, die Souveränität des *Oireachtas* zu wahren und den Arbeitsminister vor politischem Druck von seiten der Arbeitgeber zu schützen[201].

Der *Worker Protection (Regular Part-Time Employees) Act, 1991* regelt darüberhinaus die Zuständigkeit des *Employment Appeals Tribunal* zur Entscheidung von Streitigkeiten über die Berechnung der dreizehnwöchigen Beschäftigungsfrist und der achtstündigen wöchentlichen Arbeitszeit[202]. Ein Berufungsrecht zum *High Court* besteht nur bei Vorliegen einer Rechtsfrage; im übrigen ist die Entscheidung des *Employment Appeals Tribunal* abschließend[203]. Gem. *Section 6* ist der Arbeitsminister befugt, Rechtsvorschriften zur prozessualen Gestaltung des Verfahrens zu erlassen. Im Unterschied zu der Ermächtigung nach *Section 1 (3) (b)* hat das Parlament lediglich innerhalb von 21 Tagen ein Annulierungsrecht.

Ist ein Verfahren zur Entscheidung einer Streitigkeit i.S.v. *Section 5* des *Worker Protection (Regular Part-Time Employees) Act, 1991* anhängig, kann der *Employment Appeals Tribunal* gem. *Section 2 (2)* des Gesetzes außerdem darüber befinden, ob eine Kündigung, der innerhalb von 26 Wochen eine Wiedereinstellung nachfolgt, oder eine nachträgliche Reduzierung der wöchentlichen Arbeitszeit in der Absicht geschah, die gesetzlichen Verpflichtungen aus dem *Worker Protection (Regular Part-Time Employees) Act, 1991* zu umgehen. Wenn nach der Auffassung des Gerichtes eine entsprechende Mißbrauchsabsicht vorlag, sollen die Kündigung und die Herabsetzung der Stundenzahl die Kontinuität der Beschäftigung und die Zählbarkeit der geleisteten Wochen nicht

---

[200] Siehe dazu die vergleichbare Regelung in *Section 11* des *Protection of Employees (Employers' Insolvency) Act, 1984*, die durch *Section 1 (3)* des *Worker Protection (Regular Part-Time Employees) Act, 1991* hinfällig geworden ist.

[201] 406 Dáil Debates cc. 839, 840 (13. März 1991).

[202] *Section 5 (1)* des *Worker Protection (Regular Part-Time Employees) Act, 1991*.

[203] *Section 5 (2)* des *Worker Protection Regular Part-Time Employees) Act, 1991*.

beeinträchtigen[204]. Diese Vorschrift wurde nachträglich eingefügt, um eine Umgehung des *Worker Protection (Regular Part-Time Employees) Act, 1991* zu verhindern[205]. Denn nach dem Gesetzesentwurf war es möglich, den Arbeitnehmer aufgrund aufeinanderfolgender befristeter Arbeitsverhältnisse zu beschäftigen, so daß die Kontinuität der dreizehnwöchigen Beschäftigungsfrist nicht gegeben war. Ebenso stand es im Ermessen des Arbeitgebers, die ursprünglich vereinbarte Arbeitszeit nachträglich zu reduzieren. Dies hätte dann zur Folge, daß die Wochen, in denen der Arbeitnehmer weiniger als acht Stunden arbeitete, bei der Berechnung der Beschäftigungsfrist unberücksichtigt blieben. Es muß bezweifelt werden, ob *Section 2 (2)* tatsächlich eine wirksame Sanktion gegen unlautere Arbeitgeberpraktiken darstellt, da eine Mißbrauchsabsicht in den meisten Fällen nur schwer nachweisbar sein wird. Zudem greift *Section 2 (2)* nicht ein, wenn der Arbeitgeber bei der erstmaligen Begründung des Arbeitsverhältnisses den *Worker Protection (Regular Part-Time Employees) Act, 1991* umgeht.

Der *Worker Protection (Regular Part-Time Employees) Act, 1991* erscheint sehr unübersichtlich. Er setzt sich aus vorgreifenden Legaldefinitionen, eigenen materiellrechtlichen Vorschriften und zahlreichen Verweisen auf bestehende Regelungen zusammen. Der Arbeitsminister selbst äußerte dazu in der Unterhausdebatte: „... *the Bill may seem relatively obscure and inaccessible to the casual reader.*" Die von der Literatur geforderte Vereinfachung des geltenden Rechtes[206] ist nur insoweit gelungen, als die Anwendbarkeit der betroffenen Gesetze nun einheitlich eine achtstündige wöchentliche Arbeitszeit und eine dreizehnwöchige ununterbrochene Beschäftigung für Arbeitnehmer voraussetzt, denen bisher keine gesetzlichen Ansprüche zustanden. Abgesehen davon sind nachwievor über die 13 Wochen hinausgehende variierende Wartezeiten zu erfüllen, die teilweise nach unterschiedlichen Maßstaben zu berechnen sind[207]. Dem Arbeitgeber oder dem *Employment Appeals Tribunal* wird die Prüfung der Anspruchsberechtigung erschwert, wenn entweder der *Worker Protection (Regular Part-Time Employees) Act, 1991* oder das ursprüngliche Gesetz Rechte des Arbeitnehmers begründen können.

Eine Änderung der geltenden Gesetze durch Einfügung der Regelungen des *Worker Protection (Regular Part-Time Employees) Act, 1991* anstelle der

---

[204] *Section 2 (2)* des *Worker Protection (Regular Part-Time Employees) Act, 1991.*

[205] 406 Dáil Debates cc. 825 - 828 (13. März 1991).

[206] Vgl. oben 3. Kapitel, § 1 II 2 a) bb) (1).

[207] Zum Beispiel ist die Kontinuität der ersten dreizehn Wochen der von den *Redundancy Payments Acts, 1967 - 1984* geforderten zweijährigen Beschäftigungsdauer nach der *First Schedule* des *Minimum Notice and Terms of Employment Act, 1973* zu bestimmen. Die Kontinuität der darüber hinausgehenden Frist richtet sich nach der *Third Schedule* des *Redundancy Payments Act, 1967.*

ursprünglichen Vorschriften hätte demgegenüber zu größerer Klarheit über die gesetzlichen Rechte der Teilzeitbeschäftigten geführt.

Trotz dieser eher technischen Schwierigkeiten bei der Gesetzesanwendung hat der Erlaß des *Worker Protection (Regular Part-Time Employees Act, 1991* zu einer erheblichen Besserstellung der Teilzeitbeschäftigten im irischen Arbeitsrecht geführt. Es wird vermutet, daß die faktische Reduzierung der Stundengrenzen von 18 auf acht Wochenstunden etwa 20.000 Arbeitnehmern zugute kommt; 40.000 Beschäftigte profitieren von dem proportionalen Urlaubsanspruch[208].

Jedoch bewirkt der *Worker Protection (Regular Part-Time Employees) Act, 1991* nur zum Teil die Gleichstellung von Teilzeitbeschäftigten mit Vollzeitbeschäftigten. Anders als der *Protection of Part-Time Workers (Employment) (No.2) Bill, 1989* normiert er keinen Gleichbehandlungsanspruch im Hinblick auf vertragliche Pflichten des Arbeitgebers, wie beispielsweise Lohnzahlung und Zugang zu betrieblichen Sozialleistungen. Innerhalb dieses Regelungsbereiches sind sowohl der Ungleichbehandlung von Vollzeit- und Teilzeitarbeitnehmern als auch der mittelbaren Geschlechterdiskriminierung nachwievor Tür und Tor geöffnet[209]. Zudem wird nur eine bestimmte Gruppe der Teilzeitbeschäftigten gleichbehandelt mit Vollzeitbeschäftigten. Der *Worker Protection (Regular Part-Time Employees) Act, 1991* bleibt damit hinter dem deutschen BeschFG zurück, das in § 2 Abs. 1 zumindest ein Diskriminierungsverbot wegen der Teilzeitarbeit festschreibt, das alle Arbeitnehmer erfaßt, deren wöchentliche regelmäßige Arbeitszeit kürzer ist als die regelmäßige Wochenarbeitszeit vergleichbarer Vollzeitarbeitnehmer des Betriebes[210].

Zu berücksichtigen ist aber, daß eine weitergehende Gleichstellung von Vollzeit- und Teilzeitbeschäftigten politisch kaum durchsetzbar gewesen wäre. Angesichts der wachsenden Arbeitslosigkeit besteht in der Republik Irland eine weitverbreitete Skepsis gegenüber Regelungen, die sich nachteilig auf die Beschäftigung auswirken könnten. Der *Worker Protection (Regular Part-Time Employees) Act, 1991* war daher gegenwärtig politisch die einzig „machbare" Lösung des Konfliktes zwischen den betroffenen Arbeitnehmer- und Arbeitgeberinteressen. Diese Einschätzung teilt offenbar auch der Gewerkschaftsverband. Obwohl er zunächst eine umfassende Gleichbehandlung der Teilzeitarbeitnehmer mit Vollzeitarbeitnehmern gefordert hatte, findet der *Worker Protection (Regular Part-Time Employees) Act, 1991* grundsätzlich seine Zustimmung. Eine Einschränkung der Beschäftigungsmöglichkeiten durch die Ausweitung des gesetzlichen

---

[208] Department of Labour, Annual Report 1990, Ch. 6, S. 38.

[209] Vgl. Barry, The Law Reform for Part-time Workers (1991) I.L.T. 26, 28.

[210] Siehe § 2 Abs. 2 BeschFG 1990.

Schutzes des Teilzeitarbeitsverhältnisses wird nicht befürchtet[211]. Ein Vertreter des Arbeitgeberverbandes vertrat hingegen die Auffassung „... *a sledgehammer is being used to crack a nut.*" Die zunehmende Regulierung der Teilzeitarbeit habe zur Folge, daß Arbeitgeber in Zukunft weniger Teilzkräfte einstellen oder die Arbeitszeit auf weniger als acht Wochenstunden reduzieren werden[212].

Weitreichende Konflikte zwischen dem *Worker Protection (Regular Part-Time Employees) Act, 1991* und den Richtlinienentwürfen der Kommission über bestimmte Arbeitsverhältnisse hinsichtlich der Arbeitsbedingungen[213] und im Hinblick auf Wettbewerbsverzerrungen[214] sind nicht ersichtlich. Das von Art. 3 des Richtlinienentwurfs über bestimmte Arbeitsverhältnisse vorgesehene Recht auf gleichen Jahrsurlaub setzt zwar keine dreizehnwöchige Mindestbeschäftigungsdauer voraus. Der *Holidays (Employees) Act, 1973* kann aber nachwievor Ansprüche zugunsten der Arbeitnehmer begründen, die die Wartezeit nicht erfüllen. Hinsichtlich des Rechts auf gleiche Kündigungsabfindung führt die Voraussetzung der Mindestbeschäftigungsdauer nicht zu einer Einschränkung eigens für Teilzeitbeschäftigte. Nach den *Redundancy Payments Acts, 1967 - 1984* ist eine Abfindung im Falle der Entlassung wegen Arbeitsmangel nur zu zahlen, wenn der Arbeitnehmer seit mindestens zwei Jahren bei dem Arbeitgeber beschäftigt war. Werden die Richtlinienentwürfe in ihrer derzeitigen Fassung verabschiedet, müßte der irische Gesetzgeber noch ein Recht auf gleichen Zugang zu betriebsinternen Berufsausbildungsmaßnahmen[215] und zu den Sozialdiensten des Unternehmens[216] sowie Informationspflichten des Arbeitgebers[217] regeln.

b) Kollektivvereinbarungen und Common Law

Neben dem Gesetzesrecht können Kollektivvereinbarungen und das *common law* als Rechtsgrundlagen für die Teilzeitarbeit in Betracht kommen[218].

---

[211] Irish Times, 9. Oktober 1991, S. 12.

[212] Irish Times, 9. Oktober 1991, S. 12.

[213] ABl. EG 1990 Nr. C 224 / 4.

[214] ABl. EG 1990 Nr. C 224 / 6, modifizierend ABl. EG Nr. C 305 / 8.

[215] Art. 2 Abs. 1 des Richtlinienvorschlags über bestimmte Arbeitsverhältnisse hinsichtlich der Arbeitsbedingungen.

[216] Art. 4 des Richtlinienvorschlags über bestimmte Arbeitsverhältnisse hinsichtlich der Arbeitsbedingungen.

[217] Art. 2 Abs. 3 und Art. 5 des Richtlinienvorschlags über bestimmte Arbeitsverhältnisse hinsichtlich der Arbeitsbedingungen.

[218] Vgl. Redmond, Beyond the Net, 1, 10, 11.

Kollektivvereinbarungen sind im allgemeinen für die Regelung der Arbeitsbedingungen von Teilzeitbeschäftigten weniger bedeutsam. Unterscheiden tarifliche Regelungen nicht ausdrücklich zwischen Vollzeit- und Teilzeitbeschäftigten des Unternehmens, kann es problematisch sein, ob Teilzeitbeschäftigte von dem sachlichen Anwendungsbereich der Vereinbarung erfaßt sind. Zudem fehlt es oft an einer ausdrücklichen oder stillschweigenden Einbeziehung kollektivvertraglicher Bestimmungen in den Einzelarbeitsvertrag.

Demgegenüber ist das *common law* für Teilzeitbeschäftigte ebenso eine Rechtsquelle wie für Vollzeitbeschäftigte[219]. Entscheidend ist allein, ob zwischen den Parteien ein wirksamer Arbeitsvertrag zustande gekommen ist. Gewöhnlich bleibt heute für das Richterrecht nur wenig Raum, da Gesetze und gegebenenfalls Kollektivvereinbarungen günstigere Arbeitsbedingungen festlegen. Gelten jedoch für Teilzeitbeschäftigte weder gesetzliche noch tarifliche Regelungen, bestimmt allein das *common law* den Inhalt des Teilzeitarbeitsverhältnisses.

III. Die Ungleichbehandlung der Teilzeitbeschäftigten

1. Einführung

Die Ungleichbehandlung von Teilzeitbeschäftigten im Verhältnis zu Vollzeitbeschäftigten ist ein zentrales Problem der Teilzeitarbeit. Nicht nur arbeitsrechtliche Gesetze, sondern auch einzel- oder kollektivvertragliche Vereinbarungen unterscheiden zwischen den Arbeitenehmern beider Beschäftigungsformen. Angesichts des hohen Frauenanteils unter den Teilzeitbeschäftigten[220] wirken sich benachteiligende Regelungen häufig geschlechtsspezifisch aus. Die Teilzeitarbeit ist daher eng mit der Frage nach der Gleichbehandlung der Geschlechter verknüpft.

Im folgenden wird untersucht, inwieweit die irische Rechtsordnung Teilzeitbeschäftigte vor Ungleichbehandlungen gegenüber Vollzeitbeschäftigten schützt. Dabei ist zwischen einem allgmeinen Anspruch auf Gleichbehandlung im Verhältnis zwischen Teilzeit- und Vollzeitarbeitnehmern und einem Anspruch auf Gleichbehandlung zwischen weiblichen und männlichen Arbeitnehmern zu unterscheiden. Sowohl europäische als auch nationale Rechtsquellen können Gleichbehandlungsansprüche hinsichtlich des Entgelts und der sonstigen Arbeitsbedingungen begründen. Von besonderem Interesse ist das Zusammenspiel europäischer und nationaler Rechtsnormen.

---

[219] Whyte, Part-time Workers, 74, 77; Meenan, 191.

[220] Vgl. oben 1. Kapitel, § 2 I.

2. Ungleichbehandlung durch Arbeits- und Tarifvertrag

a) Allgmeiner Anspruch auf Gleichbehandlung?

Sind die Arbeitsbedingungen von Teilzeit- und Vollzeitbeschäftigten innerhalb eines Betriebes trotz vergleichbarer Tätigkeit unterschiedlich geregelt, stellt sich die Frage nach der rechtlichen Zulässigkeit einer solchen Differenzierung. Während § 2 Abs. 1 BeschFG 1990 ein Diskriminierungsverbot wegen der Teilzeitarbeit festschreibt, kennt das irische Gesetzesrecht keine vergleichbare Norm. Daher ist zu untersuchen, ob sich aus sonstigen Rechtsquellen ein allgemeiner Anspruch auf Gleichbehandlung herleiten läßt.

Man könnte zunächst an einen verfassungsrechtlichen Gleichbehandlungsgrundsatz denken, denn *Art. 40.1* der irischen Verfassung bestimmt:

> *„All citizens shall, as human persons, be held equal before the law. This shall not be held to mean that the State shall not in its enactments have due regard to differences of capacity, physical and moral, and of social function."*

Danach ist Gleiches gleich und Ungleiches ungleich zu behandeln[221]. *Art. 40.1* verbietet nur die willkürliche Ungleichbehandlung[222]. Eine Differenzierung aufgrund physischer oder geistiger Eigenschaften oder sozialer Funktionen ist hingegen gem. Art. 40.1 zulässig. Zum Beispiel kann eine Regelung besondere Fähigkeiten, Unzulänglichkeiten oder Bedürfnisse des Grundrechtsträgers berücksichtigen[223]. Der *Supreme Court* bezeichnete den Gleichheitsgrundsatz in *Brennan v. Attorney General* als das wohl schwierigste und am wenigsten faßbare Konzept der irischen Verfassung[224].

Problematisch ist bereits, eine unmittelbare Drittwirkung des Gleichheitssatzes im Verhältnis der Arbeitsvertragsparteien untereinander anzuerkennen. Auch in Irland gelten die Grundrechte in erster Linie als Abwehrrechte gegen den Staat[225]; nur wenige Entscheidungen weichen von der traditionellen Betrachtungsweise ab[226].

---

[221] Vgl. De Burca v. Attorney General [1976] I.R. 38, 68.

[222] De Burca v. Attorney General; Brennan v. Attorney General [1983] I.L.R.M. 449, 480.

[223] State (Nicolaou) v. An Bord Uchtála [1966] I.R. 567.

[224] [1983] I.L.R.M. 449, 479.

[225] Kelly, The Irish Constitution, Art. 40.1, S. 447; vgl. Forde, Equality and the Constitution (1982) 17 I.J. 319, 324; Redmond, Labour Law, Introduction IV., S. 56.

[226] Vgl. oben 2. Kapitel, § 1 II 1 a).

Selbst wenn die Gerichte in Zukunft dazu übergingen, die unmittelbare Drittwirkung von Grundrechten durchgängig zu bejahen, kann *Art. 40.1* keinen Anspruch Teilzeitbeschäftigter auf Gleichbehandlung begründen: Nach ständiger Rechtsprechung wirkt der Gleichheitssatz aufgrund der Formulierung *„as human persons"* nur hinsichtlich der Rolle des Bürgers als Mensch und nicht als Mitglied einer bestimmten Gruppe der Gesellschaft[227]. So wurde die Weigerung, weibliche Arbeitnehmer zu beschäftigten, in *Murtagh Properties v. Cleary* nicht an *Art. 40.1* der Verfassung gemessen[228]. Richter Kenny definierte den Schutzbereich des Grundrechtes auf Gleichbehandlung vor dem Gesetz wie folgt:

„It relates to their essential attributes as persons, those features which make them human beings. It has, in my opinion, nothing to do with their trading activities or with conditions on which they are employed."[229]

Diese enge Auslegung zielt offensichtlich darauf ab, die Reichweite des Diskriminierungsverbotes zu beschränken. Zu Recht ist sie daher in der Literatur mehrfach kritisiert worden[230]. Da die vertragliche Regelung des Arbeitsverhältnisses über die essentialia des Menschseins hinausgeht, erscheint es nach der geltenden Rechtsprechung nicht möglich, *Art. 40.1* auf das Verhältnis zwischen Teilzeit- und Vollzeitbeschäftigten anzuwenden. Ein verfassungsrechtlicher Anspruch Teilzeitbeschäftigter auf Gleichbehandlung mit Vollzeitbeschäftigten scheidet somit aus.

Doch könnte ein allgemeiner arbeitsrechtlicher Gleichbehandlungsgrundsatz Teilzeitarbeitnehmern Schutz vor einer willkürlichen Ungleichbehandlung durch den Arbeitgeber bieten. Das *common law* kennt keinen Grundsatz, der eine Gleichbehandlung verschiedener Gruppen von Arbeitnehmern bei vergleichbarer Tätigkeit gebietet. Im Gegenteil hat die vertragliche Gestaltungsfreiheit uneingeschränkte Priorität vor Billigkeitserwägungen[231]. Haben sich die Parteien bei Vertragsschluß beispielsweise auf eine im Vergleich zur Vollzeitarbeit geringere Vergütung geeinigt oder ordnet der Arbeitgeber einseitig benachteiligende Maß-

---

[227] *„Minimum dimensions as human beings"*, Kelly, Equality before the Law in three European Jurisdictions (1983) 18 I.J. 259, 263; Macauley v. Minister for Posts and Telegraphs [1966] I.R. 345; The State (Nicolaou) v. An Bord Uchtála [1966] I.R. 567; Murtagh Properties v. Cleary [1972] I.R. 330; Qinn's Supermarket v. Attorney General [1973] I.R. 1, 13, 14; De Burca v. Attorney General [1976] I.R. 38, 50; Murphy v. Attorney General [1983] I.L.R.M. 449.

[228] [1972] I.R. 330, 335.

[229] [1972] I.R. 330, 334.

[230] Kelly, Equality before the Law,259, 265; Curtin, Irish Employment Equality Law, Ch. 1, S. 37; Beytagh, Equality under the Irish and American Constitutions: A Comparative Analysis — I (1983) 18 I.J. 56, 70.

[231] Vgl. Allen v. Flood [1898] A.C. 1, 172.

nahmen an, hat der Teilzeitbeschäftigte die Folgen der vertraglichen Gestaltung zu tragen. Er kann sich dann nicht auf einen aus dem *common law* ableitbaren Anspruch auf Gleichbehandlung berufen.

Daraus folgt noch nicht zwingend, daß Teilzeitbeschäftigte in keinem Falle die Gleichbehandlung mit Vollzeitbeschäftigten erreichen können. *Section 26 (1)* des *Industrial Relations Act, 1990* gibt ihnen die Möglichkeit, nach erfolglosem Schlichtungsversuch durch die *Labour Relations Commission*[232] die Frage der Gleichbehandlung beider Arbeitnehmergruppen im Einvernehmen mit dem Arbeitgeber vor dem *Labour Court* als *trade dispute* klären zu lassen. Weigert sich der Arbeitgeber, gemeinsam mit dem Arbeitnehmer das Gericht anzurufen, kann der Arbeitnehmer sich gem. *Section 20 (1)* des *Industrial Relations Act, 1969* allein an den *Labour Court* wenden, wenn er sich vorab dem Spruch des Gerichts unterwirft. In vielen der geschlichteten Regelungsstreitigkeiten war zwischen der Arbeitnehmer- und der Arbeitgeberseite streitig, ob einzelne tarifliche Regelungen nicht nur für Vollzeitbeschäftgte, sondern auch für Teilzeitbeschäftigte gelten[233].

Der *Labour Court* entschied wiederholt, daß Teilzeit- und Vollzeitarbeitnehmer bei vergleichbarer Tätigkeit innerhalb desselben Betriebes gleich zu behandeln sind. Unterschiede wurden nur akzeptiert, wenn diese objektiv gerechtfertigt waren[234]. Welcher Maßstab an die Rechtfertigung gelegt wurde, läßt sich aufgrund der Kürze der *recommendations* nur schwer feststellen. In *Associated Banks v. Irish Bank Official's Association*[235] und *Munster Cleaning Services Ltd. v. Irish Transport and General Workers'Union*[236] vertrat das Gericht die Auffassung, daß Teilzeitarbeitnehmern, die regelmäßig außerhalb der normalen Arbeitszeit tätig sind, keine Schichtzulage zusteht, weil sie einem Wechsel der Arbeitszeit nicht unterworfen sind. In *Associated Banks v. Irish Bank Occial's Association* heißt es dazu:

---

[232] Siehe *Section 25 (2)* des *Industrial Relations Act, 1990*.

[233] Zum Beispiel Dublin Voluntary Hospitals, Department of Health v. Local Government and Public Services Union LCR No. 7672; Tax Print Limited v. Irish Print Union LCR No. 10889; Joint Industrial Council for the Bakery Workers' Trade Unions LCR No. 11095.

[234] Zum Beispiel Dublin Voluntary Hospitals, Department of Health v. Local Government and Public Services Union LCR No. 7672; Associated Banks v. Irish Bank Official's Association LCR No. 9031; Town of Galway Vocational Education Committee, Department of Education, Department of the Public Service v. Federated Workers' Union of Ireland LCR No. 9263; Department of Education, Greendale Community School v. Irish Women Workers' Branch, Federated Workers' Union of Ireland, LCR No. 11167; vgl. Whyte, Part-time Workers, 74, 78, 79.

[235] LCR No. 9031.

[236] LCR No. 9788.

„The Court, having considered the issues before it, accepts as a general principle that, apart from the limitations deriving from the nature of their employment, temporary and part-time staff should not be treated less favourably than full-time staff."

Danach sind Teilzeit- und Vollzeitarbeitnehmer gleich zu behandeln, wenn nicht die Art der Tätigkeit eine unterschiedliche Behandlung gebietet. Allein die Verkürzung der wöchentlichen Arbeitszeit ist kein Grund, Teilzeitarbeitnehmern Leistungen vorzuenthalten, die Vollzeitarbeitnehmern bei vergleichbarer Tätigkeit gewährt werden. Diese Spruchpraxis ist vergleichbar mit § 2 Abs. 1 BeschFG 1990, der die Teilzeitarbeit als Differenzierungskriterium ablehnt.

Die *recommendations* des *Labour Court* lassen die Tendenz erkennen, das Prinzip der Gleichbehandlung nur auf *regular part-time employees* anzuwenden. *Occasional part-time employees*, die nur für einige Wochen im Jahr Teilzeitarbeit leisten, wurden für weniger schutzbedürftig gehalten[237].

Die Möglichkeit der Anrufung des *Labour Court* bildete ein gewisses Korrektiv zu willkürlichen Arbeitgeberpraktiken: Kommt der Arbeitgeber der unverbindlichen *recommendation* beispielsweise durch nachträgliche Änderung des Arbeitsvertrages nach, kann daraus für die Zukunft ein Anspruch auf dieselben Leistungen entstehen, die vergleichbaren Vollzeitarbeitnehmern gewährt werden. Zudem kann sich ein umgesetzter Spruch des *Labour Court* faktisch auch auf die Praxis andererer Unternehmen auswirken; nicht selten weisen die Arbeitgeber in den Schlichtungsverfahren auf die Arbeitsbedingungen in vergleichbaren Unternehmen hin.

Problematisch ist jedoch, daß die Umgestaltung der Rechtslage wegen der Unverbindlichkeit der *recommendations* im Belieben der Arbeitgeber steht. So unbefriedigend dies aus deutscher Sicht auch sein mag, wäre eine verbindliche Entscheidung des *Labour Court* mit seiner Rolle als Einrichtung zur Lösung von *„conflicts of interests"* in Abgrenzung zu *„conflicts of rights"* nicht vereinbar[238].

Die Entscheidungen des *Labour Court* kommen in der Regel nur Teilzeitarbeitnehmern zugute, die in einer gewerkschaftlich vertretenen Branche beschäftigt sind. Obwohl die Gewerkschaftszugehörigkeit keine Voraussetzung für den Zugang zum Gericht darstellt, sind es gewöhnlich Gewerkschaften, die im

---

[237] Zum Beispiel Dublin and Dun Loaghaire Drapery Footwear and Allied Trades v. Irish Distributive and Administrative Union LCR No. 10465; Joint Industrial Council for the Bakery and Floor Trade v. National Joint Committee of Bakery Workers' Trade Unions LCR No. 11095; vgl. Whyte, Part-time Workers, 74, 79.

[238] Vgl. von Prondzynski / McCarthy, Ch. 2, S. 25.

Namen von Teilzeitkräften deren Gleichstellung mit Vollzeitkräften verlangen[239]. Eine eigene Initiative von seiten der Teilzeitbeschäftigten ist kaum vorhanden.

Teilzeitbeschäftigte des öffentlichen Dienstes haben aufgrund der Legaldefinition von *„worker"* in *Section 23 (1)* des *Industrial Relations Act, 1990* keine Möglichkeit, die Gleichstellung mit Vollzeitarbeitnehmern zu erreichen. Dies wirkt sich vor allem nachteilig für teilzeitbeschäftigte Lehrer aus.

Festzuhalten ist, daß die *recommendations* des *Labour Court* trotz der prinzipiellen Anerkennung eines Gleichbehandlungsgrundsatzes im Vergleich zu einem materiellrechtlichen Anspruch nur eine stumpfe Waffe gegenüber willkürlichen Ungleichbehandlungen von Teilzeit-und Vollzeitarbeitnehmern darstellt.

b) Ungleichbehandlung wegen des Geschlechts

aa) Verfassungsrechtlicher oder richterrechtlicher Anspruch auf Gleichbehandlung?

Fraglich ist, ob sich aus dem Verfassungsrecht oder dem *common law* ein Anspruch auf Gleichbehandlung gegen den Arbeitgeber herleiten läßt, wenn dieser Teilzeitarbeitnehmerinnen unmittelbar oder mittelbar hinsichtlich der Vergütung oder der sonstigen Arbeitsbedingungen diskriminiert.

Im Unterschied zum deutschen Grundgesetz[240] enthält die irische Verfassung keinen allgemeinen Grundsatz, wonach Männer und Frauen gleich zu behandeln sind. Nur einige spezielle Vorschriften verbieten eine Diskriminierung wegen des Geschlechts: Beispielsweise steht Männern und Frauen gleichermaßen das Wahlrecht zu[241].

Anknüpfungspunkt für einen verfassungsrechtlichen Schutz vor geschlechtsbezogenen Ungleichbehandlungen kann daher nur *Art. 40* sein, der einen allgemeinen Gleichheitssatz normiert und dem Staat eine Schutzpflicht hinsichtlich der *personal rights* der Bürger auferlegt[242].

Art. 40.1 der Verfassung verbietet eine Ungleichbehandlung aus Gründen, auf die der Betroffene keinen Einfluß hat, weil sie untrennbar mit seiner Persön-

---

[239] Vgl. oben 2. Kapitel VI 2 a).

[240] Siehe Art. 3 Abs. 2 GG.

[241] *Art. 16.1.2°* der Verfassung; siehe auch *Art. 9.1.3°*, *Art. 16.1.1°* und *Art. 12.4.1°* der Verfassung; vgl. Curtin, Irish Employment Equality Law, Ch. 1, S. 17.

[242] Vgl. oben 2. Kapitel, § 1 II 1 a).

lichkeit verbunden sind[243]. Folglich umfaßt die Gleichheitsgarantie auch das Gebot, Männer und Frauen gleich zu behandeln, wenn nicht körperliche oder geistige Eigenschaften oder soziale Funktionen eine Differenzierung erfordern[244]. Eine soziale Funktion der Frau bringt *Art. 41.2.* der Verfassung zum Ausdruck:

> *„1° In particular, the State recognises that by her life within the home, woman gives to the State a support without which the common good cannot be achieved.*
>
> *2° The State shall, therefore, endeavour to ensure that mothers shall not be obliged by economic necessity to engage in labour to the neglect of their duties in the home."*

Diese Bestimmung, die die patriarchalische Anschauung der Verfassungsschöpfer widerspiegelt, verbietet andererseits nicht den Zugang von Frauen zur Beschäftigung. Sie hat als Ermächtigung zur Einschränkung des Gleichheitssatzes keine praktische Bedeutung erlangt[245].

Abgesehen von dem Problem der unmittelbaren Drittwirkung des *Art. 40.1* steht die beschränkte Reichweite des Diskriminierungsverbotes der Anwendbarkeit im Rahmen von Teilzeitarbeitsverhältnissen entgegen[246]. Daher bietet *Art. 40.1* nach bisheriger höchstrichterlicher Rechtsprechung keinen geeigneten Schutz gegenüber unmittelbaren und mittelbaren Geschlechterdiskriminierungen.

Greift *Art. 40.1* der Verfassung nicht ein, könnte allenfalls *Art. 40.3.1°* einen Gleichbehandlungsanspruch begründen. Seit *Ryan v. Attorney General*[247] ist anerkannt, daß die Pflicht des Staates, die Persönlichkeitsrechte der Bürger zu schützen, sich auch auf nicht in *Art. 40* genannte unspezifizierte Rechte erstreckt, die aus der christlichen und demokratischen Wesen des Staates oder anderen Verfassungsbestimmungen resultieren[248]. Der *Supreme Court* entschied in *Murtagh Properties v. Cleary*, daß *Art. 40.3 i.V.m. Art. 45.2.i.* Männern und Frauen gleichermaßen ein Recht auf Verdienst eines angemessenen Lebensunterhaltes gewährt. *Art. 45.2.i.* bestimmt:

---

[243] Quinns Supermarket v. Attorney General [1972] I.R. 1, 13, 14.

[244] De Burca v. Attorney General [1976] I.R. 38, 71.

[245] Nur in Dennehy v. Minister for Social Welfare, H.C., 26. Juli 1984, wurde aufgrund von *Art. 41.2* eine Gleichbehandlung mit Männern versagt, Curtin, Irish Employment Equality Law, Ch. 1, S. 29.

[246] Vgl. oben 2. Kapitel, § 1 II 1 a).

[247] [1965] I.R. 294.

[248] Ryan v. Attorney General, 294, 312, 313; Murtagh Properties v. Cleary [1972] I.R. 330, 335; Kelly, The Irish Constitution, Art. 40.3, S. 474.

„The State shall, in particular, direct its policy towards securing:
i. That the citizens (all of whom, men and women equally, have the right
to an adequate means of livelihood) may through their occupations find
the means of making reasonable provision for their domestic needs."

Hindert eine Gewerkschaft den Arbeitgeber, Männer oder Frauen wegen ihres Geschlechts zu beschäftigen, stellt dies einen Verstoß gegen das Recht aus *Art.40.3* i.V.m. *Art. 45.2* dar. Obwohl *Art. 45* als Leitsatz der Sozialpolitik allein nicht gegen den Staat durchsetzbar ist, kann er zur Ausfüllung von *Art. 40.3* herangezogen werden[249]. Diese Rechtsprechung, die ein Recht auf gleichen Zugang zur Beschäftigung bei gleicher Qualifikation statuierte, ging nicht so weit, auch ein Recht auf gleiche Vergütung für Männer und Frauen anzuerkennen. Die Beurteilung der Angemessenheit des Lebensunterhaltes sollte dem Parlament überlassen bleiben[250].

Trotz der Anwendung des *Art.40.1* i.V.m. *Art. 45.2.i.* in *Murtagh Properties v. Cleary* gegenüber einer Gewerkschaft ist nachwievor unklar, inwiefern diese Verfassungsbestimmungen im Verhältnis der Arbeitsvertragsparteien untereinander wirken[251]. Jedenfalls sieht der *Employment Equality Act, 1977* ein Recht auf gleichen Zugang zur Beschäftigung vor.

Festzuhalten ist somit, daß die irische Verfassung Teilzeitarbeitnehmerinnen grundsätzlich keinen allgemeinen Anspruch auf Gleichbehandlung mit männlichen Teilzeitarbeitnehmern oder Vollzeitarbeitnehmern gewährt.

Zu untersuchen bleibt, ob das *common law* Teilzeitarbeitnehmerinnen vor unmittelbaren oder mittelbaren Geschlechterdiskriminierungen durch Arbeits- und Tarifverträge schützt. Der vom *common law* vorausgesetzte Vorrang der Vertragsfreiheit wirkt nicht nur im Verhältnis zwischen Vollzeit- und Teilzeitarbeitnehmern[252], sondern auch im Verhältnis zwischen Männern und Frauen. Die Freiheit, Verträge zu schließen, beinhaltet auch die Freiheit, Arbeitnehmer verschiedenen Geschlechts ungleich zu behandeln[253]. Diesen Grundsatz durchbrach die Rechtsprechung nur in *Nagle v. Feilden*[254], als das Gericht es für

---

[249] Ryan v. Attorney General, 294, 330, 336.

[250] Ryan v. Attorney General, 294, 336; vgl. Curtin, Irish Employment Equality Law, Ch. 1, S. 41.

[251] Beytagh, 56, 75 - 77.

[252] Vgl. oben 3. Kapitel, § 1 III 2 a).

[253] Allen v. Flood [1898] A.C. 1, 172; Hepple, Race, Jobs and the Law in Britain, S. 155, 234; Redmond, Women and Minorities, in: Lewis (Hrsg.), Labour Law in Britain, Part V, Ch. 17, S. 472, 473, 474.

[254] [1966] 2 Q.B. 633.

rechtswidrig hielt, einer Frau aufgrund ihres Geschlechts eine Jockey-Lizenz zu verweigern. Dieses Präjudiz wurde jedoch nur auf vergleichbare Fälle übertragen, in denen der Diskriminierende eine Monopolstellung innehat[255].

Es ist wohl der Gleichbehandlungsgesetzgebung in den 70er Jahren zuzuschreiben, daß sich das *common law* zum Verhältnis zwischen dem Interesse an dem *freedom of contract* und dem Interesse an der *freedom from discrimination* nicht fortentwickelt hat[256]. Nach einer Auffassung würde die Möglichkeit eines *Common Law Discrimination Claim* eine sinnvolle Ergänzung zu den Rechtsschutzmöglichkeiten des *Anti-Discrimination (Pay) Act, 1974* und des *Employment Equality Act, 1977* bilden[257]. Offenbar wird jedoch derzeit dafür kein Bedürfnis gesehen. Es bleibt somit dabei, daß auch das *common law* keinen Schutz vor unmittelbaren oder mittelbaren Diskriminierungen von Teilzeitarbeitnehmerinnen bietet.

bb) Ungleichbehandlung im Entgeltbereich

(1) Das Verbot der unmittelbaren und mittelbaren Geschlechterdiskriminierung im europäischen Recht

(a) Art. 119 EWGV

Art. 119 EWGV normiert den Grundsatz der Lohngleichheit für Männer und Frauen im europäischen Recht. Er ist seit dem 1. Januar 1973 Bestandteil der irischen Rechtsordnung[258].

Art. 119 EWGV bildet den rechtlichen Ausgangspunkt für unmittelbare und mittelbare Geschlechterdiskriminierungen von weiblichen Teilzeitbeschäftigten. Im folgenden soll dargestellt werden, unter welchen Voraussetzungen das Lohngleichheitsgebot zugunsten von Teilzeitarbeitnehmerinnen eingreift, die entweder eine geringere Vergütung als männliche Teilzeitbeschäftigte oder als Vollzeitbeschäftigte erhalten.

Die Rechtsprechung des EuGH hat für die Auslegung von Art. 119 EWGV erhebliche Bedeutung gewonnen[259]; auf sie geht die Entwicklung der Begriffe „unmittelbare" und „mittelbare" Geschlechterdiskriminierung zurück.

---

[255] Curtin, Irish Employment Equality Law, Ch. 1, S. 13.

[256] Vgl. Curtin, Irish Employment Equality Law, Ch. 1, S. 13.

[257] Curtin, Irish Employment Equality Law, Ch. 1, s. 14, 15.

[258] Siehe *Section 2* des *European Communities Act, 1972;* vgl. oben 2. Kapitel, § 1 II 2 b) aa) (2).

[259] Hanau / Preis, Zur mittelbaren Diskriminierung wegen des Geschlechts, ZfA 1988, 177, 183.

In der Rechtssache *Defrenne / SABENA (Nr. 2)*[260] definierte der EuGH erstmals den Begriff der unmittelbaren Diskriminierung: Eine unmittelbare Diskriminierung setze voraus, daß sie sich allein anhand der Merkmale „gleiche
Arbeit" und „gleicher Lohn" ermitteln lasse. Dies sei der Fall, wenn sich die
Benachteiligung aus Rechtsvorschriften oder Kollektivvereinbarungen ergibt und
durch rein rechtliche Untersuchungen festgestellt werden kann. Außerdem
handele es sich um eine unmittelbare Diskriminierung, wenn männlichen und
weiblichen Arbeitnehmern bei gleicher Arbeit in demselben Unternehmen ein
ungleiches Entgelt gezahlt werde[261].

Der EuGH entschied in demselben Verfahren, daß Art. 119 EWGV trotz der
ausdrücklichen Adressierung des Gleichbehandlungsgebotes an die Mitgliedstaaten auch im Verhältnis zwischen dem Arbeitnehmer und dem Arbeitgeber
gilt. Verletzt der Arbeitgeber den Grundsatz des gleichen Entgelts, kann sich der
Betroffene hierauf vor den innerstaatlichen Gerichten berufen[262]. Das Gericht beschränkte die unmittelbare Anwendbarkeit auf die Fälle unmittelbarer Diskriminierungen. Für mittelbare, versteckte Diskriminierungen, die nur nach Maßgabe
gemeinschaftsrechtlicher oder innerstaatlicher Durchführungsvorschriften festgestellt werden können, stelle Art. 119 EWGV kein unmittelbar anwendbares
Gemeinschaftsrecht dar[263].

Diese Unterscheidung gab der EuGH faktisch mit dem Urteil in *Jenkins /
Kinsgate*[264] auf, als er erstmals mittelbare Geschlechterdiskriminierungen in den
Anwendungsbereich von Art. 119 EWGV einbezog[265]. Das Gericht entschied,
daß die Zahlung eines unterschiedlichen Stundenlohnes für Vollzeit- und Teilzeitarbeitnehmer nur dann eine von Art. 119 EWGV verbotene Diskriminierung
darstellt, wenn sie in Wirklichkeit ein indirektes Mittel ist, das Lohnniveau der
Teilzeitarbeitnehmer zu senken, weil diese Arbeitnehmergruppe ausschließlich
oder überwiegend aus weiblichen Personen besteht. Hingegen sei die Zahlung
eines geringeren Stundenlohns an Teilzeitarbeitnehmer keine gem. Art. 119

---

[260] EuGH, Urt. v. 8. 4. 1976, Defrenne / SABENA (Nr.2), Rs 43 / 75, Slg. 1976, 455.

[261] EuGH, Slg. 1976, 455, 474.

[262] EuGH, Slg. 1967, 455, 474 - 476. Die irische Regierung vertrat in dem Vorabentscheidungs-
verfahren die Auffassung, daß Art. 119 EWGV kein in den einzelnen Mitgliedstaaten einklagbares
Recht der Bürger sei, EuGH, 455, 461, 462. Siehe zur unmittelbaren Anwendbarkeit auch EuGH,
Urt. v. 27. 3. 1980, Macarthys Ltd. / Smith, Rs 129 / 79, Slg. 1980, 1275, 1288; EuGH, Urt. v. 11.
3. 1981, Worringham / Lloyds, Rs 69 / 80, Slg. 1981, 767, 791, 792; EuGH, Urt. v. 9. 2. 1982,
Garland / British Rail Engineering Limited, Rs 12 / 81, Slg. 1982, 370, 371.

[263] EuGH, Urt. v. 8. 4. 1976, Defrenne / Sabena (Nr. 2), Rs 43 / 75; Slg. 1976, 455, 474.

[264] EuGH, Urt. v. 31. 3. 1981, Rs 96 / 80, Slg. 1981, 911.

[265] Dauses, Die neuere Rechtsprechung des Europäischen Gerichtshofes zum Arbeitsrecht, NZA
1986, Beil. 3, 11, 17.

EWGV verbotene Diskriminierung, wenn die Stundensätze für beide Arbeitnehmergruppen gelten und der Arbeitgeber aus objektiv gerechtfertigten, wirtschaftlichen Gründen mit der geringeren Entlohnung beabsichtigt, einen Anreiz für die
Vollzeitarbeit zu geben.

Die sechs Jahre später ergangene Entscheidung des EuGH in *Bilka Kaufhaus / Karin Weber von Hartz*[266] führte zur Fortentwicklung des Rechtsinstituts
der mittelbaren Geschlechterdiskriminierung. Die dort entwickelten Grundsätze
sind heute der Ausgangspunkt für die rechtliche Prüfung dieser Art der Ungleichbehandlung. Der EuGH befand, daß der Ausschluß Teilzeitbeschäftigter
von einer betrieblichen Versorgungsordnung Art. 119 EWGV verletzt, wenn
diese Maßnahme wesentlich mehr Frauen als Männer trifft. Ein Verstoß gegen
das Lohngleichheitsgebot liegt nur dann nicht vor, wenn die unterschiedliche
Regelung auf Faktoren beruht, die objektiv gerechtfertigt sind und nichts mit
einer Diskriminierung aufgrund des Geschlechts zu tun haben. Der EuGH
konkretisierte den Maßstab für die Rechtfertigung dahingehend, daß die Benachteiligung der Teilzeitarbeitnehmer einem wirklichen Bedürfnis des Unternehmens dienen muß und zur Erreichung dieses Ziels geeignet und erforderlich ist.
Dem vorlegenden nationalen Gericht obliegt es, festzustellen, ob diese Rechtfer-
tigungsvoraussetzungen erfüllt sind[267]. Folglich können neben geschlechtsbezogenen Regelungen auch geschlechtsneutral formulierte Regelungen eine von
Art. 119 EWGV verbotene Diskriminierung begründen.

Dies gilt nach einer jüngeren Entscheidung des EuGH nicht nur für einzelvertragliche Vereinbarungen, sondern auch für Tarifverträge. Werden prozentual
erheblich mehr Frauen als Männer von einer Teilzeitbeschäftigte ausnehmenden
Regelung betroffen, liegt ein Verstoß gegen Art. 119 EWGV vor, wenn der
Arbeitgeber nicht darlegen kann, daß die Bestimmung durch objektive Faktoren
gerechtfertigt ist, die nichts mit einer Diskriminierung aufgrund des Geschlechts
zu tun haben[268]. Eine mittelbare Geschlechterdiskriminierung durch Tarifvertrag
hat nach der Rechtsprechung des EuGH zur Folge, daß die davon betroffenen
Arbeitnehmer entsprechend dem Umfang ihrer Beschäftigung Anspruch auf die
gleiche Behandlung und auf Anwendung der gleichen Regelung wie die übrigen
Arbeitnehmer haben. Dies ergebe sich aus der diskriminierenden Bestimmung
i.V.m. Art. 119 EWGV, solange das Lohngleichheitsgebot nicht ordnungsgemäß
in innerstaatliches Recht umgesetzt ist[269]. Die genannten Entscheidungen lassen

---

[266] EuGH, Urt. v. 13. 5. 1986, Rs 170 / 84, Slg. 1986, 1607.

[267] EuGH, Urt. v. 13. 5. 1986, Slg. 1986, 1607, 1627, 1628.

[268] EuGH, Urt. v. 27. 6. 1990, Rs C - 33 / 89, EuZW 1990, 316, 317.

[269] EuGH, EuZW 1990, 316, 317; vgl. Colneric, Neue Entscheidungen des EuGH zur Gleichbehandlung von Männern und Frauen, EuZW 1991, 75, 77.

erkennen, daß der EuGH auch im Falle mittelbarer Diskriminierungen von der unmittelbaren Anwendbarkeit des Art. 119 EWGV im Verhältnis zwischen den Arbeitsvertragsparteien ausgeht[270].

Entscheidend für die Reichweite des Diskriminierungsverbotes ist die Auslegung der Begriffe „gleiche Arbeit" und "Entgelt" i.S.v. Art. 119 EWGV. Inzwischen ist dazu eine umfangreiche Judikatur ergangen. Das Tatbestandsmerkmal „gleiche Arbeit" bezeichnet zunächst entsprechend seinem Wortlaut Arbeit mit gleichen Tätigkeitsmerkmalen beziehungsweise mit gleichen Funktionen[271]. Problematisch ist, ob das Verbot der Lohndiskriminierung auch die gleichwertige Arbeit erfaßt. Die Rechtsprechung des EuGH war dazu nicht eindeutig: In *Defrenne / SABENA (Nr. 2)* befand das Gericht, daß die Richtlinie 75 / 117 / EWG[272], die in Art. 1 den Grundsatz der Lohngleichheit auch auf gleichwertige Arbeit bezieht, die „materielle Tragweite" von Art. 119 EWGV präzisiert[273]. In *Worringham / Lloyds* sprach der EuGH davon, daß Art. 1 der Richtlinie zwar den Begriff der gleichen Arbeit in Art. 119 EWGV erläutere, aber keine Auswirkungen auf den in Art. 119 Abs. 2 EWGV verwandten Entgeltbegriff habe[274].

Nach einer Auffassung beschränkt diese Judikatur das Lohngleichheitsgebot auf gleiche Arbeit, die nur in Sonderfällen vorliegen wird. Erst die Richtlinie 75 / 117 / EWG führe zu einer Erweiterung von Art. 119 EWGV; darin liege ihre besondere Bedeutung[275]. Demgegenüber gelangt eine andere Ansicht zu dem Ergebnis, daß sich Art. 119 EWGV auf die Fälle der gleichwertigen Arbeit erstreckt. Anderenfalls würde der Anwendungsbereich dieser Vorschrift erheblich reduziert[276]. Die Diskussion scheint sich mit dem Urteil des EuGH in *Murphy / An Bord Telecom Eireann*[277] im Sinne der letzteren Auffassung entschieden zu haben. Im Zusammenhang mit der vom irischen *High Court* vorgelegten Frage, ob Art. 119 EWGV auch gleiches Entgelt für höherwertige Arbeit gebiete,

---

[270] Vgl. Hanau / Preis, 177, 183; Steindorff, Gleichbehandlug von Mann und Frau nach dem EG-Recht, RdA 1988, 129, 132.

[271] Bahlmann, Der Grundsatz der Gleichbehandlung von Mann und Frau im Gemeinschaftsrecht, RdA 1984, 98, 100.

[272] ABl. EG 1975 Nr. L 45 / 19.

[273] EuGH, Urt. v. 8. 4. 1976, Rs 43 / 75, Slg. 1976, 455, 478.

[274] EuGH, Urt. v. 11. 3. 1981, Rs 69 / 80, Slg. 1981, 767, 791.

[275] Dauses, 11, 16; Pipkorn, Maßnahmen der Gemeinschaft im Bereich des Arbeitsrechts, NZA 1986, Beil. 3, 2, 5; Bahlmann, 98, 100.

[276] Langenfeld, Die Gleichbehandlung von Mann und Frau im Europäischen Gemeinschaftsrecht, S. 54; Steindorff, 129, 132; Curtin, Irish Employment Equality Law, Ch. 2, S. 55.

[277] EuGH, Urt. v. 4. 2. 1988, Rs 157 / 86, Slg. 1988, 673.

äußerte das Gericht, daß das gemeinschaftsrechtliche Diskriminierungsverbot sowohl für gleiche als auch für gleichwertige Arbeit gelte. Dann greife Art. 119 EWGV erst recht ein, wenn die benachteiligten Arbeitnehmerinnen höherwertigere Arbeit als ihre männlichen Kollegen verrichten. Eine andere Auslegung hätte die Aushöhlung des Grundsatzes der Lohngleichheit zur Folge[278]. Art. 119 EWGV erstreckt sich danach auf die Fälle gleicher, gleichwertiger und höherwertiger Arbeit.

Das gemeinschaftsrechtliche Diskriminierungsverbot definiert einen weiten Begriff des Entgelts. Gem. Art. 119 Abs. 2 EWGV sind „Unter Engelt ... die üblichen Mindestlöhne und -gehälter sowie alle sonstigen Vergünstigungen zu verstehen, die der Arbeitgeber auf Grund eines Dienstverhältnisses dem Arbeitnehmer mittelbar oder unmittelbar in bar oder in Sachleistungen zahlt."

Nach der Rechtsprechung des EuGH ist für den Begriff des Entgelts entscheidend, daß die in Geld oder in Sachleistungen gezahlten Vergütungen wenigstens mittelbar aufgrund des Arbeitsverhältnisses gewährt werden[279]. Dies wurde hinsichtlich von Leistungen aufgrund gesetzlicher Systeme der sozialen Sicherheit verneint[280]. Hingegen sind betriebliche Sozialleistungen, wie eine betriebliche Altersversorgung, von dem Diskriminierungsverbot erfaßt[281]. Während der EuGH zunächst nur Leistungen, die die gesetzlichen Systeme der sozialen Sicherheit ergänzen, als Entgelt qualifizierte[282], ging er in *Barber / Guardian Royal Exchange Group*[283] soweit, auch betriebliche Altersrentensysteme, die die gesetzlichen Systeme ersetzen, in den Anwendungsbereich von Art. 119 EWGV einzubeziehen. In derselben Entscheidung befand er, daß Leistungen, die im Falle der Entlassung wegen Arbeitsmangels gewährt werden, auch dann dem Entgeltbegriff des Art. 119 EWGV unterfallen, wenn sie auf gesetzlichen Vorschriften beruhen[284].

---

[278] EuGH, Slg. 1988, 673, 689, 690.

[279] EuGH, Urt. v. 25. 5. 1971, Defrenne / Belgien, Rs 80 / 70, Slg. 1971, 445, 451; EuGH, Urt. v. 9. 2. 1982, Garland / British Rail Engineering Limited, Rs 12 / 81, Slg. 1982, 359, 369, 370; Urt. v. 17. 5. 1990, Barber / Royal Exchange Assurance Group, Rs C - 262 / 88, NZA 1990, 775; EuGH, Urt. v. 17. 6. 1990, Kowalska / Freie und Hansestadt Hamburg, Rs C - 33 / 89, EuZW 1990, 316.

[280] EuGH, Urt. v. 25. 5. 1971, Slg. 1971, 445, 451.

[281] EuGH, Urt. v. 13. 5. 1986, Bilka Kaufhaus / Karin Weber von Hartz, Rs 170 / 84, Slg. 1986, 1607, 1626; Urt. v. 17. 5. 1990, Barber / Royal Exchange Assurance Group, Rs C - 262 / 88, NZA 1990, 775.

[282] EuGH, Urt. v. 13. 5. 1986, Bilka Kaufhaus / Karin Weber von Hartz, Rs 170 / 84, Slg. 1986, 1607, 1626.

[283] EuGH, Urt.v. 17. 5. 1990, NZA 1990, 775.

[284] EuGH, Urt. v. 17. 5. 1990, NZA 1990, 775.

Wird weiblichen Teilzeitbeschäftigten nun bei gleicher oder gleichwertiger Arbeit eine geringere Vergütung als männlichen Teilzeitbeschäftigten gezahlt, können sie sich vor den irischen Gerichten auf das gemeinschaftsrechtliche Diskriminierungsverbot berufen. Dasselbe gilt, wenn die tatbestandlichen Voraussetzungen einer mittelbaren Geschlechterdiskriminierung vorliegen und der Arbeitgeber die betreffende Regelung nicht zur rechtfertigen vermag.

Die Rechtsprechung des EuGH zur mittelbaren Geschlechterdiskriminierung nimmt in Irland einen weitaus größeren Stellenwert ein als in der Bundesrepublik, da das irische Recht keinen mit § 2 Abs. 1 BeschFG 1990 vergleichbaren Anspruch auf Gleichbehandlung kennt. Selbst die *Labour Court - recommendations* stellen aufgrund ihrer begrenzten Bedeutung kein gleichwertiges Pendant dar, zumal der Rechtfertigungsmaßstab i.S.v. Art. 119 EWGV erheblich enger ist als die von der irischen Rechtsprechung geprüfte Rechtfertigung.

(b) Die Richtlinie 75 / 117 / EWG

Da der in Art. 119 EWGV niedergelegte Grundsatz des gleichen Entgelts in den einzelnen Mitgliedstaaten nur schleppend verwirklicht wurde, erließ der Rat der Europäischen Gemeinschaft aufgrund von Art. 100 EWGV am 10. Februar 1975 die Richtlinie 75 / 117 / EWG zur Angleichung der Rechtsvorschriften der Mitgliedstaaten über die Anwendung des Grundsatzes des gleichen Entgelts für Männer und Frauen[285]. Ziel dieser Richtlinie war es, die sachgerechte Anwendung von Art. 119 EWGV zu fördern; insbesondere sollte sie der Beseitigung mittelbarer Diskriminierungen dienen[286]. Art. 1 schreibt daher vor, daß „jede" Form von Diskriminierung unter Einbeziehung von gleichwertiger Arbeit zu beseitigen ist. Außerdem verlangt er die Verwendung gemeinsamer Einstufungskriterien für Männer und Frauen, wenn sich das Entgelt nach einem System beruflicher Einstufung bestimmt. Gem. Art. 2 der Richtlinie haben die Migliedstaaten dafür zu sorgen, daß die Arbeitnehmer die Verletzung des Lohngleichheitsgebotes gerichtlich geltend machen können; aufgrund von Art. 3 sind Geschlechterdiskriminierungen, die sich aus Rechts- und Verwaltungsvorschriften ergeben, zu beseitigen. Art. 4 der Richtlinie stellt klar, daß der Grundsatz der Lohngleichheit auch für Tarifverträge gilt. Gem. Art. 5 haben die Mitgliedstaaten Arbeitnehmer vor einer Kündigung zu schützen, mit der der Arbeitgeber auf ein Vorgehen gegen Ungleichbehandlungen reagiert. Die Richtlinie sollte gem. Art. 8 Abs. 1 innerhalb eines Jahres in nationales Recht umgesetzt werden.

---

[285] ABl. EG 1975 Nr. L 45 / 19.

[286] EuGH, Urt. v. 8. 4. 1976, Defrenne / SABENA (Nr. 2), Rs 43 / 75, Slg. 1976, 455, 478.

Der EuGH betonte, daß die sekundärrechtlichen Normen der unmittelbaren Anwendbarkeit von Art. 119 EWGV nicht entgegenstehen[287]. Die Richtlinie ist nicht mehr als eine weitere Maßnahme zur Beseitigung von Lohndiskriminierungen auf dem Gebiete des Gemeinschaftsrechtes[288].

In mehreren Verfahren ist dem EuGH die Frage vorgelegt worden, ob die Richtlinie 75 / 117 / EWG neben Art. 119 EWGV unmittelbar anwendbares Gemeinschaftsrecht darstellt. Der EuGH vermied eine ausdrückliche Stellungnahme, indem er seine Entscheidungen allein auf Art. 119 EWGV stützte[289]. Es ist somit nachwievor offen, ob die Lohngleichheitsrichtlinie Rechte der Arbeitnehmer begründen kann, die vor den nationalen Gerichten durchsetzbar sind.

Die Beantwortung dieser Frage verliert an Bedeutung, wenn man berücksichtigt, daß sich der Inhalt des primären und sekundären Gemeinschaftsrechtes zur Lohngleichheit weitgehend deckt. Allein Art. 1 Abs. 2, Art. 2 und Art. 5 der Richtlinie könnten Rechte normieren, die über Art. 119 EWGV hinausgehen[290]. Zudem erledigt sich das Problem der unmittelbaren Anwendbarkeit, wenn die Richtlinie ordnungsgemäß in irisches Recht umgesetzt ist[291].

(c) Die Richtlinie 86 / 378 / EWG

Neben der Entgeltrichtlinie könnte auch die Richtlinie 86 / 378 / EWG zur Verwirklichung des Grundsatzes der Gleichbehandlung von Männern und Frauen bei den betrieblichen Systemen der sozialen Sicherheit[292] vom 24. Juli 1986 der Umsetzung von Art. 119 EWGV dienen. Auch wenn die Präambel nicht ausdrücklich Art. 119 EWGV nennt, sind der Rat und die Kommission der Europäischen Gemeinschaften offenbar davon ausgegangen, daß Leistungen der betrieblichen Systeme der sozialen Sicherheit „Entgelt" i.S.d. Lohngleichheitsgebotes sind[293].

---

[287] EuGH, Urt. v. 8. 4. 1976, Defrenne / SABENA (Nr. 2), Rs 43 / 75, Slg. 1976, 455, 479.

[288] Curtin, The European Community Right to Sex Equality and its Implementation in Irish Labour Law (1983) 5 D.U.L.J. 42, 48.

[289] Siehe zum Beispiel EuGH, Urt. v. 27. 3. 1980, Macarthys Ltd. / Smith, Rs 129 / 79, Slg. 1980, 1275, 1290; EuGH, Urt. v. 11. 3. 1981, Worringham / Lloyds, Rs 69 / 80, Slg. 1981, 767, 791.

[290] Langenfeld, S. 187; vgl. Dieball, Gleichbehandlung von Frau und Mann im Recht der EG, ArbuR 1991, 166, 167.

[291] Vgl. Langenfeld, S. 182.

[292] ABl. EG 1986 Nr. L 225 / 40.

[293] Vgl. Langenfeld, S. 61; National Pensions Board, Report on Equal Treatment for Men and

Die auf Art. 100 und 235 EWGV gestützte Richtlinie des Rates bezweckt gem. Art. 1, den Grundsatz der Gleichbehandlung von Männern und Frauen bei den betrieblichen Systemen der sozialen Sicherheit zu verwirklichen. Betriebliche Systeme der sozialen Sicherheit sind nach Art. 2 Abs. 1 Systeme, die nicht bereits von der Richtlinie 79 / 7 / EWG[294] geregelt werden, und die für unselbständig oder selbständig Ewerbstätige Zusatz- oder Ersatzleistungen zu den gesetzlichen Systemen der sozialen Sicherheit vorsehen. Nicht erfaßt werden gem. Art. 2 Abs. 2 Einzelabreden, Systeme mit nur einem Mitglied und Versicherungsverträge zugunsten von Arbeitnehmern, bei denen der Arbeitgeber nicht Vertragspartei ist. Gem. Art. 4 gilt der Grundsatz der Gleichbehandlung für betriebliche Systeme, die vor Krankheit, Invalidität, Alter sowie vorzeitiger Versetzung in den Ruhestand, Arbeitsunfall, Berufskrankheit und Arbeitsunfähigkeit schützen. Ebenso findet er Anwendung auf Hinterbliebenen- und Familienleistungen, die aufgrund betrieblicher Systeme gewährt werden.

Der Gleichbehandlungsgrundsatz verpflichtet die Mitgliedstaaten gem. Art. 5, jede unmittelbare und mittelbare Diskriminierung aufgrund des Geschlechts, des Ehe- oder Familienstandes hinsichtlich des Anwendungsbereiches zu den Systemen, der Beitragspflicht, der Berechnung der Beiträge und Leistungen sowie der Zuschläge für Ehegatten und unterhaltsberechtigte Personen und der Bedingungen bezüglich der Geltungsdauer und Aufrechterhaltung des Leistungsanspruchs zu beseitigen. Gem. Art. 7 sind Bestimmungen, die das Diskriminierungsverbot verletzen, für nichtig zu erklären oder zu ändern. Darüberhinaus sollen die Mitgliedstaaten gem. Art. 10 den betroffenen Personen die gerichtliche Geltendmachung des Anspruchs auf Gleichbehandlung ermöglichen. Art. 8 Abs. 1 der Richtlinie verpflichtet sie, dem Grundsatz der Gleichbehandlung widersprechende Bestimmungen der betrieblichen Systeme spätestens bis zum 1. Januar 1993 zu ändern.

Zweifelhaft ist seit der Entscheidung des EuGH in *Barber / Guardian Royal Exchange Assurance Group*[295], inwieweit die Richtlinie 86 / 378 / EWG neben Art. 119 EWGV eigenständige Bedeutung hat[296]. Der EuGH befand, daß betriebliche Systeme der sozialen Sicherheit, wie eine Altersrente, im Gegensatz zu den gesetzlichen Systemen[297] unter den Begriff des Entgelts i.S.v. Art. 119 EWGV

Women in Occupational Pension Schemes, Ch. 3, S. 25. Zunächst war Art. 119 EWGV in der Präambel ausdrücklich genannt, wurde aber später gestrichen, National Pensions Board, Ch. 3, S. 18, 19; Curtin, Irish Employment Equality Law, Ch. 2, S. 71.

[294] ABl. EG 1978 Nr. L 6 / 24.

[295] EuGH, Urt. v. 17. 5. 1990, Rs C - 262 / 88, NZA 1990, 775.

[296] Watson-Olivier, Europäische Gemeinschaft und Soziale Sicherheit, ZIAS 1991, 53, 64, 65.

[297] Siehe EuGH, Urt. v. 25. 5. 1971, Defrenne / Belgien, Rs 80 / 70, Slg. 1971, 445, 451.

fallen. Anders als die Leistungen der gesetzlichen Systeme der sozialen Sicherheit berühten sie weniger auf sozialpolitischen Erwägungen als auf dem Arbeitsvertrag. Der Anwendung von Art. 119 EWGV stehe nicht entgegen, daß die Beiträge und Leistungen der betrieblichen Systeme diejenigen der gesetzlichen Systeme ersetzen[298]. Damit rückte der EuGH von seiner Rechtsprechung in *Newstead / Department of Transport*[299] ab, wo er entschied, daß Beiträge zu einem betrieblichen Altersversorgungssystem nicht in den Anwendungsbereich von Art. 119 EWGV fallen, weil sie günstigere Bedingungen als das gesetzliche System enthalten und dieses ersetzen[300].

Der Prüfungsmaßstab für die meisten betrieblichen Systeme der sozialen Sicherheit scheint demnach in Zukunft nicht die Richtlinie 86 / 378 / EWG, sondern Art. 119 EWGV zu sein. Nicht geklärt ist bislang, welcher Anwendungsbereich der Richtlinie neben dem Lohngleichheitsgebot bleibt[301].

(2) Das Verbot der unmittelbaren und mittelbaren Geschlechterdiskriminierung im nationalen Recht

(a) Der Anti-Discrimination (Pay) Act, 1974

Im folgenden soll untersucht werden, inwieweit das irische Arbeitsrecht Teilzeitarbeitnehmerinnen vor unmittelbaren und mittelbaren Lohndiskriminierungen schützt. Von besonderem Interesse ist dabei die Frage nach der Umsetzung der Richtlinie 75 / 117 / EWG sowie der Einfluß der Rechtsprechung des EuGH auf die Auslegung und Anwendung des irischen Lohngleichheitsgebotes.

(aa) Entstehungsgeschichte

Eine öffentliche Auseinandersetzung mit der Frage der Lohngleichheit von Männern und Frauen begann im Juni 1970 als die irische Regierung die *Commission on the Status of Women* einsetzte. Die Kommission sollte Vorschläge zur Verwirklichung der Gleichbehandlung, insbesondere im öffentlichen Dienst, erarbeiten[302]. Sie kam in ihrem Bericht vom August 1971 zu dem Ergebnis, daß

---

[298] EuGH, Urt. v. 25. 5. 1971, Slg. 1971, 445, 451.

[299] EuGH, Urt. v. 3. 12. 1987, Rs 192 / 85, Slg. 1987, 4753.

[300] EuGH, Urt. v. 3. 12. 1987, Slg. 1987, 4753, 4783.

[301] Watson-Olivier, ZIAS 1991, 53, 64, 65; vgl. Curtin, Irish Employment Equality Law, Ch. 2, S. 71.

[302] Curtin, Irish Employment Equality Law, Ch. 3, S. 96; von Prondzynski / McCarthy, Ch. 6, S. 86.

gesetzgeberische Maßnahmen notwendig seien, um die Zahlung gleichen Entgelts an Männer und Frauen zu gewährleisten; die Lohngleichheit sollte bis zum 31. Dezember 1977 im irischen Recht verwirklicht sein[303].

Dennoch herrschte weiterhin die Auffassung vor, daß sich die Angleichung der Löhne von männlichen und weiblichen Arbeitnehmern auf freiwilliger Basis zu vollziehen habe. So wurde aufgrund des *National Wage Agreement*[304] eine Reduzierung der Lohndifferenz zwischen Männern und Frauen um 17,5 % erreicht; das zwei Jahre später geschlossene *National Wage Agreement* hatte eine weitere Angleichung nach oben zur Folge[305].

Sechs Monate nach dem Eintritt Irlands in die Europäische Gemeinschaft wurde dem Parlament der *Conditions of Employment (Equal Pay) Bill, 1973* vorgelegt[306]. Unmittelbar nach seiner Ablehnung im Februar 1974 brachte die Regierung den *Anti-Discrimination (Pay) Bill, 1974* ein, der schließlich im Juli 1974 angenommen wurde[307]. Das Gesetz sollte am 31. Dezember 1975, zwei Jahre vor dem von der *Commission on the Status of Women* empfohlenen Termin, in Kraft treten. Dieses Datum geht auf den Entwurf der EG-Kommission zum Erlaß einer Lohngleichheitsrichtlinie zurück, der bis zum 31. Dezember 1975 die Umsetzung in nationales Recht vorsah[308]. Da der Arbeitgeberverband wegen der Vorverlegung des Termins erheblichen Druck auf die Regierung ausübte, veröffentlichte diese im Februar 1976 einen Änderungsentwurf, der die vollständige Verwirklichung des Grundsatzes der Lohngleichheit bis zum 31. Dezember 1977 hemmen sollte[309]. Gleichzeitig wurde bei der EG-Kommission unter Hinweis auf die finanziellen Folgen eines Lohngleichheitsgebotes eine zweijährige Befreiung von der Richtlinie 75 / 117 / EWG beantragt, die ebenso wie ein Antrag auf finanzielle Unterstützung abgelehnt wurde. Jedoch erhöhte die Kommission die Mittel für Irland im Regional- und Sozialfond[310]. Der *Anti-Discrimination (Pay) Act, 1974* trat daher, wie ursprünglich vorgesehen, mit Wirkung zum 31. Dezember 1975 in Kraft.

---

[303] Commission on the Status of Women, Interim Report to the Minister for Finance 1971, Ch. 14, S. 91, 92.

[304] Eine Art der Kollektivvereinbarung, die zwischen dem Arbeitgeber und Arbeitnehmer unter Mitwirkung der Regierung geschlossen wird.

[305] Curtin, Irish Employment Equality Law, Ch. 3, S. 99, 100.

[306] Doyle, Equal Pay in Ireland: ten years of legislation, S. 64, 65.

[307] Doyle, S. 68; Curtin, Irish Employment Equality Law, Ch. 3, S. 106.

[308] ABl. EG 1973 Nr. C 114 / 46; Doyle, S. 70; Curtin, Irish Employment Equality Law, Ch. 3, S. 106.

[309] Curtin, Irish Employment Equality Law, Ch. 3, S. 106, 109.

[310] Barrington / Cooney, Inside the EEC, Ch. 1, S. 155, 156; Doyle, S. 132, 133.

Verfehlt wäre es, den Erlaß des *Anti-Discrimination (Pay) Act, 1974* als bloße Erfüllung der aus der EG-Mitgliedschaft folgenden Verpflichtung zu betrachten. Wie die Umsetzung der Richtlinie vor Ablauf der dafür vorgesehenen Frist zeigt, bestand in Irland ein politischer Konsens über die Notwendigkeit eines Lohngleichheitsgebotes[311]. Irland verfügte somit etwa fünf Jahre früher als die Bundesrepublik über ein gesetzliches Lohngleichheitsgebot[312].

(bb) Unmittelbare Geschlechterdiskriminierung

Der *Anti-Discrimination (Pay) Act, 1974*, der das irische Pendant zu § 612 Abs. 3 BGB bildet, verbietet ebenso wie Art. 119 EWGV nach seinem Wortlaut nur geschlechtsbezogene, unmittelbare Diskriminierungen. *Section 2 (1)* bestimmt:

„*Subject to this Act, it shall be a term of the contract under which a woman is employed in any place that she shall be entitled to the same rate of remuneration as a man who is employed in that place by the same employer (or by an associated employer if the employees, whether generally or of a particular class, of both employers have the same terms and conditions of employment), if both are employed on like work.*"

Diese Form der Diskriminierung ist in der Praxis für Teilzeitbeschäftigte weitaus weniger relevant als die mittelbare Geschlechterdiskriminierung. Sie soll daher nicht ausführlicher behandelt werden.

(cc) Mittelbare Geschlechterdiskriminierung

Der Anwendungsbereich des *Anti-Discrimination (Pay) Act, 1974* ist trotz des Wortlauts von *Section 2 (1)* nicht auf das Verbot der unmittelbaren Geschlechterdiskriminierung beschränkt. Er ist durch die Entscheidungen der *Equality Officer*[313] fortgeschrieben worden: Bis 1984 traf die irische Rechtsprechung keine begriffliche Unterscheidung zwischen unmittelbaren und mittelbaren Ge-

---

[311] Doyle, S. 70, 71.

[312] Siehe § 612 Abs. 3 BGB, eingefügt durch das Arbeitsrechtliche EG-Anpassungsgesetz vom 13.8.1980, BGBl. I S. 1308.

[313] Vgl. oben 2. Kapitel, § 1 VI 2 b).

schlechterdiskriminierungen. Verlangten weibliche Teilzeitbeschäftigte die Zahlung des gleichen Entgelts wie männliche Vollzeitbeschäftigte, beschränkte sich die Prüfung in der Regel darauf, ob die Verkürzung der wöchentlichen Arbeitszeit die unterschiedliche Vergütungsregelung rechtfertigt. Denn *Section 2 (3)* des *Anti-Discrimination (Pay) Act, 1974* bestimmt:

> *„Nothing in this Act shall prevent an employer from paying to his employees who are employed on like work in the same place different rates of remuneration on grounds other than sex."*

Die *Equality Officer* entschieden, daß die Teilzeitbeschäftigung an sich keinen triftigen Grund i.S.v. *Section 2 (3)* für die Zahlung einer niedrigeren Vergütung darstellt[314]. Das Argument der Arbeitgeber, Teilzeitbeschäftigte seien dem Betrieb weniger verpflichtet und trügen eine geringere Verantwortung, konnte sich nicht durchsetzen[315]. Ein sachlicher Grund, der die unterschiedliche Vergütung von Teilzeit- und Vollzeitarbeit hätte rechtfertigen können, wurde in den entschiedenen Fällen nicht gesehen.

Hingegen hielt man es nicht von vornherein für unzulässig, weiblichen Teilzeitbeschäftigten im Verhältnis zu weiblichen Vollzeitbeschäftigten oder männlichen Teilzeitbeschäftigten im Verhältnis zu männlichen Vollzeitbeschäftigten einen niedrigeren Stundenlohn zu zahlen, wenn die Tätigkeit nicht mehr als „gleich" i.S.v. *Section 3* des *Anti-Discrimination (Pay) Act, 1974* zu bewerten ist. In *Dunnes Stores Ltd (Navan) v. 17 Female Employees*[316] heißt es:

> *„... the equality officer is satisfied that there may be justifiable reasons for paying a lower hourly rate to part-time staff than that paid to full-time staff in the case of part-time females versus full-time females and in the case of part-time males versus full-time males but justifiable in a „work performed" context rather than a „section 2 (3)" context."*

Der unterschiedliche Ansatz der irischen Rechtsprechung und des EuGH war nicht etwa auf die Ignoranz der Auslegung des europäischen Gemeinschaftsrechtes zurückzuführen. In *Carey and O'Reilly v. Dunnes Stores Ltd. (Navan)*[317] verwies der zuständige *Equality Officer* ausdrücklich darauf, daß kein Konflikt

---

[314] Montrose Hotel v. Two Female Employees EP 52 / 1981; Carey and O'Reilly v. Dunnes Stores Ltd. (Navan) EP 15 / 1982; Dunnes Stores Ltd. (Navan) v. 17 Female Employees EP 14 / 1983.

[315] Dunnes Stores Ltd. (Navan) v. 17 Female Employees.

[316] EP 14 / 1983.

[317] EP 15 / 1982.

zwischen seiner Entscheidung und der des EuGH in *Jenkins / Kinsgate*[318] bestehe, diese aber auf den vorliegenden Fall nicht anwendbar sei.

Das Rechtsinstitut der mittelbaren Geschlechterdiskriminierung wurde erstmals 1984 in *St. Patrick's College, Maynooth v. 19 Female Employees*[319] angewandt. Den systematischen Anknüpfungspunkt bildete *Section 56 (2)* des *Employment Equality Act, 1977*, der bestimmt, daß dieser und der *Anti-Discrimination (Pay) Act, 1974* als ein Gesetz gelten sollen. Anders als das Lohngleichheitsgesetz verbietet der *Employment Equality Act, 1977* ausdrücklich eine mittelbare Diskriminierung wegen des Geschlechts. *Section 2 (c)* bestimmt:

„For the purposes of this Act, discrimination shall be taken to occur in any of the following cases—
where because of his sex or marital status a person is obliged to comply with a requirement, relating to employment ..., which is not an essential requirement for such employment ... and in respect of which the proportion of persons of the other sex or of a different marital status but of the same sex able to comply is substantially higher."

Der *Equality Officer* befand, daß aufgrund dieser Vorschriften auch solche Gründe nicht als Rechtfertigung i.S.v. *Section 2 (3)* des *Anti-Discrimination (Pay) Act, 1974* dienen, die eine mittelbare Geschlechterdiskriminierung zur Folge haben. In Anlehnung an die Definition des *Employment Equality Act, 1977* entschied er, daß die Voraussetzung, Vollzeitarbeit zu verrichten, um ein höheres Entgelt zu erhalten, eine mittelbare Diskriminierung begründet, wenn ein wesentlich größerer Anteil der Männer des Betriebes in der Lage ist, diese Voraussetzung zu erfüllen und der Arbeitgeber keine wesentliche Gründe darlegen kann, die eine unterschiedliche Behandlung objektiv rechtfertigen. Ebenso wurde in zwei weiteren Entscheidungen argumentiert, die eine mittelbare Geschlechterdiskriminierung aus anderen Gründen zum Gegenstand hatten[320]. Auch der *High Court* bestätigte die Einbeziehung der Fälle mittelbarer Geschlechterdiskriminierung in den Anwendungsbereich des *Anti-Discrimination (Pay) Act, 1974*. Gem. *Section 56 (2)* des *Employment Equality Act, 1977* sei jeder Teil der Gleichbehandlungsgesetze so zu behandeln als sei er gleichzeitig Bestandteil des anderen Gesetzes, wenn nicht wesentliche Unterschiede bestehen, die eine Abänderung des älteren Gesetzes durch das jüngere als notwendig erscheinen lassen[321].

---

[318] EuGH, Urt. v. 31. 3. 1981, Rs 96 / 80, Slg. 1981, 911.

[319] EP 4 / 1984.

[320] North Western Health Board v. Brady EP 12 / 1985, EE 9 / 1985; McCarren and Company Ltd. v. Jackson EP 5 / 1987.

[321] Bank of Ireland v. Kavenagh (1987) 6 J.I.S.L.L. 192.

Angesichts dieser Entscheidungspraxis ist von einer Akzeptanz der Rechtsprechung des EuGH zu Art. 119 EWGV in Irland auszugehen. In *McCarren and Company*[322] befand der *Equality Officer*, daß Art. 119 EWGV und die Richtlinie 75 / 117 / EWG bei der Auslegung der irischen *Anti-Discrimination (Pay) Act, 1974* zu berücksichtigen seien. Zudem verwies er auf das Urteil des EuGH in *Bilka Kaufhaus / Karin Weber von Hartz*[323].

Unklar ist, inwiefern der Rechtfertigungsmaßstab des EuGH von der irischen Rechtsprechung vollständig übernommen wurde; bislang fehlen Entscheidungen, die eine Überprüfung ermöglichen. Die irische Rechtsprechung hat sich dahingehend noch nicht in dem Maße fortentwickelt wie die Rechtsprechung des BAG, die in Übereinstimmung mit dem EuGH für die Rechtfertigung einer mittelbaren Diskriminierung ein „unabweisbares Bedürfnis" des Unternehmens und die Verhältnismäßigkeit der Maßnahme verlangt[324].

Abschließend ist festzuhalten, daß das von dem *Anti-Discrimination (Pay) Act, 1974* normierte Lohngleichheitsgebot auch für mittelbare Diskriminierungen wegen des Geschlechts gilt. Zahlt der Arbeitgeber Teilzeit- und Vollzeitbeschäftigten trotz gleicher Arbeit eine unterschiedliche Vergütung, stellt dies eine gesetzlich verbotene mittelbare Geschlechterdiskriminierung dar, wenn davon wesentlich mehr Frauen als Männer betroffen sind und der Arbeitgeber die unterschiedliche Behandlung nicht durch wesentliche Gründe rechtfertigen kann. In einem solchen Falle steht der Teilzeitarbeitnehmerin gem. *Section 2 (1)* i.V.m. *Section 4 des Anti-Discrimination (Pay) Act, 1974* ein Anspruch auf gleiche Vergütung wie männlichen Vollzeitbeschäftigten zu.

(dd) Reichweite des Diskriminierungsverbotes

Das Eingreifen des Lohngleichheitsgebotes i.S.v. *Section 2 (1) des Anti-Discrimination (Pay) Act, 1974* ist von verschiedenen Voraussetzungen abhängig. Sie bestimmen die Reichweite des Diskriminierungsverbotes.

Die größte Hürde bildete in der Regel das Erfordernis, eine männliche Vergleichsperson zu benennen[325]. Da der *Anti-Discrimination (Pay) Act, 1974* nicht bezweckt, die Zahlung niedriger Löhne zu verbieten, wenn in dem Unternehmen

---

[322] EP 5 / 1987.

[323] Urt.v. 13. 5. 1986, Rs 170 / 84, Slg. 1986, 1607.

[324] BAG, Urt. v. 14. 3. 1989, BB 1989, 2115; BAG, Urt. v. 23. 1. 1990, BB 1990, 1202.

[325] von Prondzynski / McCarthy, Ch. 6, S. 89.

keine oder nur wenige Männer beschäftigt sind, obliegt es der Teilzeitbeschäftigten eine männliche Vergleichsperson anzugeben, die bei demselbelben Arbeitgeber und am selben Ort beschäftigt ist und die gleiche Arbeit verrichtet. Die Verweisung auf eine rein hypothetische Vergleichsperson reicht nicht aus[326]. Diese Rechtsprechung steht im Einklang mit der Judikatur des EuGH zu Art. 119 EWGV, wonach zur Feststellung einer Diskriminierung ein Vergleich mit einem bestimmten männlichen Arbeitnehmer erforderlich ist[327]. Insbesondere die Angabe einer männlichen teilzeitbeschäftigten Vergleichsperson wird schwer fallen, da viele Teilzeitbeschäftigungen nur von Frauen ausgeübt werden. Dieses Erfordernis hat daher eine nicht unerhebliche Einschränkung des Anwendungsbereiches des *Anti-Discrimination (Pay) Act, 1974* zur Folge.

Für den Anspruch auf Zahlung gleichen Lohnes ist weiterhin Voraussetzung, daß der Mann und die Frau bei demselben Arbeitgeber und am selben Ort beschäftigt sind[328]. Der Arbeitgeber gilt gem. *Section 2 (2)* i.V.m. *Section 2 (1)* des *Anti-Discrimination (Pay) Act, 1974* auch dann als identisch, wenn die Arbeitnehmer in verschiedenen, voneinander kontrollierten Betrieben einer Gesellschaft unter denselben Bedingungen tätig sind. Eine Beschäftigung am selben Ort liegt vor, wenn die Arbeitnehmer in einer *„city, town or locality"* arbeiten[329]. Dies wurde beispielsweise für die Anstellung bei einer öffentlichen Behörde in verschiedenen Stadtteilen von Dublin bejaht[330].

Außerdem müssen der Mann und die Frau gem. *Section 2 (1)* des *Anti-Discrimination (Pay) Act, 1974* gleiche Arbeit verrichten. *Section 3* definiert den Begriff der gleichen Arbeit wie folgt:

„Two persons shall be regarded as employed on like work—
(a) where both perform the same work under the same or similar conditions, or where each is in every respect interchangeable with the other in relation to the work, or
(b) where the work performed by one is of similar nature to that performed by the other and any differences between the work performed or the conditions under which it is performed by each occur only infrequently or are of small importance in relation to the work as a whole, or

---

[326] Ostlanna Iompair Eireann Teo v. 9 Female Employees EP 38 / 1981; von Prondzynski / McCarthy, Ch. 6, S. 89; Curtin, The European Community Right to Sex Equality, 42, 59.

[327] EuGH, Urt. v. 27. 3. 1980, Macarthys Ltd. v. Smith, Rs 129 / 79; Slg. 1980, 1275, 1289.

[328] *Section 2 (1)* des *Anti-Discrimination (Pay) Act, 1974.*

[329] Siehe die Legaldefinition von *„place"* in *Section 1 (1)* des *Anti-Discrimination (Pay) Act, 1974.*

[330] Dublin Corporation v. Sixteen Female Bath Attendands EP 5 / 1980.

*(c) where the work performed by one is equal in value to that performed
by the other in terms of the demands it makes in relation to such matters
as skill, physical or mental effort, responsibility and working conditions. "*

Danach ist die identische, ähnliche oder gleichwertige Arbeit „gleich" i.S.d.
Anti-Discrimination (Pay) Act, 1974. Für die Ähnlichkeit der Tätigkeit ist maß-
geblich, ob Unterschiede nur gelegentlich auftreten oder diese im Verhältnis zur
Gesamttätigkeit untergeordnete Bedeutung haben.

In der überwiegenden Zahl der Fälle berufen sich die Klägerinnen auf die
Gleichwertigkeit der Arbeit[331], da diese einen Anspruch auf gleichen Lohn auch
dann stützen kann, wenn der Inhalt der Tätigkeiten vollkommen verschieden ist.
Entscheidend ist allein die Vergleichbarkeit der Anforderungen, die die Beschäftigung an den Arbeitnehmer stellt[332]. So kann beispielsweise ein geringerer
körperlicher Einsatz durch größeren geistigen Einsatz oder höhere Verantwortung ausgeglichen werden[333].

Hingegen verneinte der *Labour Court* ursprünglich das Vorliegen gleicher
Arbeit, wenn die Tätigkeit der Arbeitnehmerin höherwertig ist[334]. Diese Auffassung wurde nun aufgrund der Vorabentscheidung des EuGH in *Murphy / An
Bord Telecom Eireann*[335] aufgegeben, die auch die höherwertige Arbeit in den
Anwendungsbereich von Art. 119 EWGV einbezog. Der irische *High Court* legte daraufhin *Section 3 (c)* des *Anti-Discriminaion (Pay) Act, 1974* dahingehend
aus, daß „mindestens gleichwertige" Arbeit dieser Vorschrift unterfällt[336]. Demzufolge entspricht der Begriff der gleichen Arbeit i.S.d. irischen Lohngleichheitsgesetzes der von Art. 119 EWGV und Art. 1 der Richtlinie 75 / 117 / EWG
vorausgesetzten Definition. Der *Anti-Discrimination (Pay) Act, 1974* ist insoweit
mit dem europäischen Gemeinschaftsrecht vereinbar[337].

Sind die genannten Voraussetzungen erfüllt, steht der Teilzeitbeschäftigten
gem. *Section 2 (1)* des *Anti-Discrimination (Pay) Act, 1974 „the same rate of
remuneration"* zu wie dem männlichen Arbeitnehmer. *Section 1 (1)* definiert
den Begriff der *„remuneration"* als

---

[331] Curtin, The European Communtiy Right to Sex Equality, 42, 53.

[332] Curtin, Irish Employment Equality Law, Ch. 6, S. 195.

[333] Coombe Lying-In Hospital v. Bracken DEE 21 / 80; Blood Transfusion Service Board v.
O'Sullivan EP 23 / 81.

[334] Arthur Guinness Son & Co (Dublin) Ltd. v. Federated Workers' Union of Ireland DEP
11 / 1983.

[335] EuGH, Urt. v. 4. 2. 1988, Rs 157 / 86, Slg. 1988, 673.

[336] Murphy v. An Bord Telecom Eireann, H.C., 11. April 1988.

[337] Curtin, The European Community Right to Sex Equality, 42, 55.

„... any consideration, whether in cash or in kind, which an employee receives, directly or indirectly, in respect of his employment from his employer."

Danach ist „Entgelt" jede Gegenleistung, die der Arbeitgeber dem Arbeitnehmer mittelbar oder unmittelbar aufgrund des Arbeitsverhältnisses bar oder in Sachleistungen gewährt. Die Legaldefinition stimmt damit fast wörtlich mit derjenigen in Art. 119 EWGV überein[338].

Auch die *Equality Officer* und der *Labour Court* gehen in ihren Entscheidungen von einem weiten Begriff des Entgelts aus. So umfaßt er beispielsweise Sonderzuwendungen[339], Betriebsrenten[340], Abfindungszahlungen, die über den gesetzlichen Mindestsatz hinausgehen[341], Überstundenvergütungen[342] und die Lohnfortzahlung im Krankheitsfalle[343]. Differenziert der Arbeitgeber bei solchen Leistungen wegen des Geschlechts der Arbeitnehmerin, ist das Lohngleichheitsgebot aus *Section 2 (1)* des *Anti-Discrimination (Pay) Act, 1974* verletzt.

(ee) Rechtsfolgen eines Verstoßes gegen das Diskriminierungsverbot

Enthält der Arbeitsvertrag eine nicht gerechtfertigte Lohndifferenzierung, wird diese gem. *Section 4* des *Anti-Discrimination (Pay) Act, 1974* durch einen *„implied term"* automatisch beseitigt. Die Teilzeitarbeitnehmerin hat dann aufgrund des modifizierten Arbeitsvertrages einen Anspruch auf das Entgelt, das einem vergleichbaren, männlichen Arbeitnehmer gewährt wird[344]. Gem. *Section 8 (5)* kann sie Zahlungsrückstände für einen Zeitraum von drei Jahren seit der Klageerhebung geltend machen.

Section 5 (1) i.V.m. *Section 5 (2) (a)* des *Anti-Discrimination (Pay) Act, 1974* bestimmt darüberhinaus, daß tarifliche Regelungen, die eine Ungleichbehandlung wegen des Geschlechts vorsehen, „null und nichtig" sind. Dies gilt selbst dann, wenn die Voraussetzungen von *Section 2 (1)*, wie die Beschäftigung am selben

---

[338] Vgl. oben 3. Kapitel § 1 III b) bb) (1) (a).

[339] Clery and Company Ltd. EP 25 / 1983, DEP 1 / 1984; Polymark (Ireland) Ltd. v. Breen EP 15 / 1984.

[340] Clery & Co (1941) Ltd. v. O'Brien EP 17 / 1984; Linson Ltd. v. ASTMS EP 1 / 1977, DEP 7 / 1977.

[341] Leonard v. Grant, Barnett & Co. Ltd. EP 7 / 1983.

[342] Clery and Company (1941) Ltd. EP 26 / 1983, DEP 2 / 1984.

[343] North Western Health Board v. Brady EP 12 / 1985.

[344] Vgl. Curtin, Irish Employment Equality Law, Ch. 4, S. 114.

Arbeitsplatz und die Gleichwertigkeit der Arbeit, nicht erfüllt sind[345]. Jedoch können die *Equality Officer* oder der *Labour Court* die betreffende Klausel nicht für nichtig erklären oder abändern, so daß der Grundsatz der Lohngleichheit im Hinblick auf diskriminierende Kollektivvereinbarungen nicht durchsetzbar ist[346]. Darin wird ein Verstoß gegen Art. 4 der Richtlinie 75 / 117 / EWG gesehen, der den Mitgliedstaaten der Europäischen Gemeinschaft aufgibt, Ungleichbehandlungen durch Tarifvertrag zu beseitigen[347]. Zudem steht *Section 5* in Widerspruch zu der Entscheidung des EuGH in *Kowalska / Freie und Hansestadt Hamburg*, nach der Art. 119 EWGV einen Gleichbehandlungsgrundsatz begründet, wenn tarifliche Regelungen Teilzeitbeschäftigte mittelbar wegen ihres Geschlechts diskriminieren[348].

(b) Insbesondere der Pensions Act, 1990

Wie oben erwähnt, können Leistungen der betrieblichen Systeme der sozialen Sicherheit nach der Rechtsprechung des EuGH „Entgelt" i.S.v. Art. 119 EWGV sein[349]. Auch haben die *Equality Officer* und der *„Labour Court"* den Begriff der *remuneration*[350] weit ausgelegt und Leistungen der betrieblichen Altersversorgung in den Anwendungsbereich des *Anti-Discrimination (Pay) Act, 1974* einbezogen[351].

Spätestens mit Wirkung zum 1. Januar 1993 wird für diese Form von Entgelt das besondere Diskriminierungsverbot des *Pensions Act, 1990*[352] gelten, das bis heute nicht ratifiziert wurde[353]. Es dient der Umsetzung der Richtlinie 86 / 378 / EWG[354], die die Mitgliedstaaten verpflichtet, den Grundsatz der Gleichbehandlung von Männern und Frauen bei den betrieblichen Systemen der

---

[345] Bank of Ireland v. Kavanagh EP 11 / 1985; Curtin, Irish Employment Equality Law, Ch. 4, S. 146.

[346] Bank of Ireland v. Kavanagh; Curtin, Irish Employment Equality Law, Ch. 4, S. 146.

[347] Curtin, Irish Employment Equality Law, Ch. 4, S. 147; Doyle, S. 253.

[348] EuGH, Urt. v. 27. 6. 1990, Rs C - 33 / 89, EuZW 1990, 316, 317; vgl. oben 3. Kapitel, § 1 III 2 b) bb) (1) (a).

[349] Vgl. oben 3. Kapitel, § 1 III 2 b) bb) (1) (a).

[350] Siehe die Legaldefinition in *Section 1 (1)* des *Anti-Discrimination (Pay) Act, 1974*.

[351] Vgl. oben 3. Kapitel, § 1 III 2 b) bb) (2) (a) (dd).

[352] Vgl. oben 2. Kapitel, § 1 III 2 d).

[353] Hamilton, Trusteeship and the Pensions Act, 1990 (1991) 85 Gazette 75, 80.

[354] ABl. EG 1986 Nr. L 225 / 40; vgl. oben 3. Kapitel, § 1 III 2 b) bb) (1) (c).

sozialen Sicherheit zu verwirklichen. Der *National Pensions Board*[355] hatte in seinem 1989 veröffentlichten Bericht den Erlaß eines eigenen *Pensions Act, 1990* empfohlen, da die Regelungen des *Anti-Discrimination (Pay) Act, 1974* nicht hinreichend seien, um dem europäischen Gleichbehandlungsgebot Geltung zu verschaffen[356].

Nach der Generalklausel von *Section 66* ist der Grundsatz der Gleichbehandlung bei den betrieblichen Systemen der sozialen Sicherheit zu beachten, die vor den Risiken der Beendigung des Arbeitsverhältnisses, des Eintritts in den Ruhestand, Alter, Tod, Krankheit, Invalidität, Arbeitsunfall, Berufskrankheit, Arbeitslosigkeit und Aufwendungen für unterhaltsberechtigte Kinder oder Erwachsene[357] schützen. Anders als der *Anti-Discrimination (Pay) Act, 1974* verbietet der *Pensions Act, 1990* ausdrücklich auch mittelbare Diskriminierungen wegen des Geschlechts. *Section 67 (3)* definiert den Begriff der Geschlechterdiskriminierung wie folgt:

> *„(3) For the purposes of this section, disrimination on the basis of sex shall be deemed to occur in respect of a matter relating to an occupational benefit scheme in but only in the following cases—*
> *(a) where because of a person's sex the person is treated less favourably than a person of the other sex,*
> *(b) where a person is treated, by reference to his marital or family status, less favourably than a person of the other sex with the same status,*
> *(c) where because of a person's sex the person is unable to comply with a requirement or condition—*
> *(i) in respect of which the proportion of persons of the other sex able to comply with such requirement or condition is substantially higher than the proportion of persons of the first mentioned sex so able and,*
> *(ii) which is not justifiable irrespective of the sex of the persons to whom it applies, ..."*

Der hier verwandte Begriff der mittelbaren Geschlechterdiskriminierung kann als sprachliche Fortentwicklung von *Section 2 (c)* des *Employment Equality Act, 1977* betrachtet werden, der erstmals für das irische Arbeitsrecht die Voraussetzungen der mittelbaren Geschlechterdiskriminierung normierte[358]. Während der Formulierung von *Section 2 (c)* noch englische Anti-Diskriminierungsgesetze

---

[355] Behörde, die dem Sozialministerium angegliedert ist.

[356] National Pensions Board, Ch. 3, S. 28.

[357] Siehe die Legaldefinition von *„Occupational Benefits"* in *Section 65* des *Pensions Act, 1990*.

[358] Vgl. oben 3. Kapitel, § 1 III 2 b) bb) (2) (a) (cc).

zugrundeliegen[359], lehnt sich *Section 67 (c)* des *Pensions Act, 1990* offenbar an die Rechtsprechung des EuGH zur mittelbaren Geschlechterdiskriminierung[360] an. Auch im übrigen orientieren sich die Vorschriften des *Pensions Act, 1990* zur Gleichbehandlung von Männern und Frauen eng an dem Wortlaut der Richtlinie 86 / 378 / EWG[361]. Konflikte mit dem europäischen Gleichbehandlungsgebot sind nicht zu erwarten.

Der Anwendungsbereich des *Pensions Act, 1990* geht insoweit über den des *Anti-Discrimination (Pay) Act, 1977* hinaus, als er das Gleichbehandlungsgebot auch auf die Angehörigen der Mitglieder der betrieblichen Systeme der sozialen Sicherheit erstreckt[362]. Daneben enthält *Section 68* des *Pensions Act, 1990* für den Fall der mittelbaren Geschlechterdiskriminierung eine ausdrückliche Beweislastregel, nach der die Partei, die die Rechtfertigung einer unterschiedlichen Behandlung behauptet, diese auch zu beweisen hat.

Die Wahl der Anspruchsgrundlage ist im Falle der Verletzung des Gleichbehandlungsgrundsatzes für den Rechtsweg bedeutsam: Verlangt eine Person Gleichbehandlung bei der Gewährung von Leistungen der betrieblichen Altersversorgung, ist nicht die Arbeitsgerichtsbarkeit, sondern gem. *Section 75 (1) i.V.m. 76 (1) (a)* des *Pensions Act, 1990* der *Pensions Board*[363] zuständig. Gegen die Entscheidung des Ausschusses kann bei Vorliegen einer Rechtsfrage der *High Court* angerufen werden[364]. Zur Entscheidung über Ansprüche auf Gleichbehandlung bei den anderen betrieblichen Systemen der sozialen Sicherheit ist — mit einigen Modifikationen — das allgemeine arbeitsgerichtliche Verfahren durchzuführen[365].

Auch nach Inkrafttreten des *Pensions Act, 1990* kann der *Anti-Discrimination (Pay) Act, 1974* für Leistungen der betrieblichen Systeme der sozialen Sicherheit Ansprüche auf Gleichbehandlung begründen, wenn sie auf dem Einzelarbeitsvertrag beruhen. Entsprechende Leistungen fallen nicht in den Anwendungsbereich des *Pensions Act, 1990*[366].

---

[359] Curtin, Irish Employment Equality Law, Ch. 7, S. 236.

[360] Vgl. oben 3. Kapitel, § 1 III b) bb) (1) (a).

[361] Siehe zum Beispiel *Section 65* und Art. 4 der Richtlinie, *Section 67 (3) (b)* und Art. 5 Abs. 1 der Richtlinie, *Section 72 (1)* und Art. 5 Abs. 2 der Richtlinie.

[362] Siehe *Section 67 (2)* des *Pensions Act, 1990*.

[363] Der *Pensions Board* setzt sich aus einem Vorsitzenden und 12 Mitgliedern zusammen, die verschiedene Interessenverbände, wie beispielsweise Gewerkschaften, Arbeitgeber und das Finanzministerium, vertreten, *Paragraph 2 und 8 der First Schedule* des *Pensions Act, 1990*.

[364] *Section 75 (3)* des *Pensions Act, 1990*.

[365] Vgl. oben 2. Kapitel, § 1 VI 2 b).

[366] Siehe die Legaldefinition von „*Occupational Benefits*" in *Section 65* des *Pensions Act, 1990*.

(3) Zusammenfassung

Dem irischen Gesetzgeber ist es mit der Normierung des *Anti-Discrimination (Pay) Act, 1974* weitgehend gelungen, Konflikte zwischen dem europäischen und nationalen Recht zu vermeiden. Der *Anti-Discrimination (Pay) Act, 1974* gilt daher als Modell für die ordnungsgemäße Umsetzung der Richtlinie 75 / 117 / EWG[367].

Ist keine der Richtlinie entsprechende Normierung erfolgt, nimmt die irische Rechtsprechung eine Nachbesserung vor, die mit dem europäischen Recht in Einklang steht: Sie legt den *Anti-Discrimination (Pay) Act, 1974* über seinen Wortlaut hinaus dahingehend aus, daß er weibliche Teilzeitbeschäftigte nicht nur vor unmittelbaren, sondern auch vor mittelbaren Geschlechterdiskriminierungen schützt. Verstößt der Arbeitgeber gegen das Verbot der mittelbaren Diskriminierung, ist das nationale Gesetz die spezialgesetzliche Anspruchsgrundlage. Eine Berufung auf Art. 119 EWGV erscheint aufgrund der Vereinbarkeit des *Anti-Discrimination (Pay) Act, 1974* mit dem europäischen Recht nicht erforderlich. Dem europäischen Recht kann eine eigenständige Bedeutung allenfalls im Hinblick auf eine mittelbare Diskriminierung von Teilzeitbeschäftigten durch Tarifvertrag zukommen, da der *Anti-Discrimination (Pay) Act, 1974* für diesen Fall keine Sanktionen vorsieht.

Der *Pensions Act, 1990* wird spätens ab dem 1. Januar 1993 das Lohngleichheitsgebot ergänzen. Teil VII des Gesetzes normiert für einen Ausschnitt des Entgelts, die Leistungen der betrieblichen Systeme der sozialen Sicherheit, ein ausdrückliches Gleichbehandlungsbot. Inhaltliche Überschneidungen zwischen dem allgemeineren *Anti-Discrimination (Pay) Act, 1974* und dem *Pensions Act, 1990* sind aufgrund der arbeitsgerichtlichen Rechtsprechung nicht auszuschließen. Eine Ursache dafür liegt in den europäischen Rechtsgrundlagen, deren Anwendungsbereiche sich aufgrund der neueren Rechtsprechung des EuGH ebenfalls nur schwer abgrenzen lassen[368].

cc) Ungleichbehandlung hinsichtlich der sonstigen Arbeitsbedingungen

(1) Das Verbot der unmittelbaren und mittelbaren Geschlechterdiskriminierung im europäischen Recht: Die Richtlinie 76 / 207 / EWG

Da Art. 119 EWGV nicht dahingehend ausgelegt werden kann, daß er über die Lohngleichheit hinaus auch die Gleichheit der sonstigen Arbeitsbedingungen

---

[367] Doyle, S. 64.

[368] Vgl. oben 3. Kapitel § 1 III 2 b) bb) (1) (c).

für Männer und Frauen gebietet[369], hat der Rat der Europäischen Gemeinschaften am 9. Februar 1976 eine weitere, für die Praxis äußerst bedeutsame
Richtlinie erlassen. Die Richtlinie 76 / 207 / EWG[370] bezweckt, in den Mitgliedstaaten die Gleichbehandlung von Männern und Frauen hinsichtlich des Zugangs
zur Beschäftigung, zur Berufsbildung und zum beruflichen Aufstieg sowie in
Bezug auf die Arbeitsbedingungen zu verwirklichen[371]. Art. 2 Abs. 1 verbietet
neben unmittelbaren Diskriminierungen ausdrücklich auch mittelbarer Diskriminierungen wegen des Geschlechts, des Ehe- oder Familienstandes. Aufgrund der
Art. 3 - 5 sind die Mitgliedstaaten verpflichtet, solche Ungleichbehandlungen in
nationalen Rechts- und Verwaltungsvorschriften zu beseitigen sowie die Beachtung des Gleichbehandlungsgrundsatzes in Einzelarbeitsverträgen und Tarifverträgen sicherzustellen. Ausnahmen von dem Gebot der Gleichbehandlung sind
gem. Art. 2 Abs. 2 nur in bezug auf diejenigen Tätigkeiten zulässig, für die das
Geschlecht eine unabdingbare Voraussetzung darstellt. Ebenso steht die Richtlinie Vorschriften zum Mutterschutz und Maßnahmen zur Förderung der Chan-
cengleichheit für Männer und Frauen nicht entgegen[372]. Gem. Art. 7 haben die
Mitgliedstaaten die Arbeitnehmer vor Entlassungen zu schützen, die eine
Reaktion des Arbeitgebers auf die Geltendmachung des Gleichbehandlungsgrundsatzes darstellen. Art. 8 sieht eine Bekanntmachungspflicht im Betrieb
hinsichtlich der Maßnahmen zur Verwirklichung der Richtlinie vor. Gem. Art. 6
haben die Mitgliedstaaten dafür Sorge zu tragen, daß den Arbeitnehmern eine
gerichtliche Geltendmachung ihres Rechtes auf Gleichbehandlung ermöglicht
wird. Obwohl diese Vorschrift keine bestimmte Sanktion für Verstöße des
Arbeitgebers gegen das Diskriminierungsverbot fordert, muß sie doch geeignet
sein, einen wirksamen Rechtsschutz zu schaffen[373]. Daher ist es mit der Richtlinie nicht vereinbar, die Haftung des Arbeitgebers von seinem Verschulden abhängig zu machen[374]. Der Rat gab den Mitgliedstaaten auf, die Richtlinie innerhalb von 30 Monaten seit ihrer Bekanntgabe in nationales Recht umzusetzen[375].

Während der EuGH bislang der Frage nach der unmittelbaren Anwendbarkeit
der Lohngleichheitsrichtlinie ausgewichen ist, war er in zwei Verfahren gezwungen, sich mit der horizontalen Geltung der Richtline 76 / 207 / EWG aus-
einanderzusetzen. Der EuGH entschied, daß Art. 5 Abs. 1 unbedingt und hinrei-

---

[369] EuGH, Urt. v. 15. 6. 1978, Defrenne / SABENA (Nr.3), Rs 149 / 77, Slg. 1978, 1365, 1378.

[370] ABl. EG 1976 Nr. L 39 / 40.

[371] Siehe Art. 1 der Richtlinie.

[372] Art. 2 Abs. 3 und 4 der Richtlinie.

[373] EuGH, Urt. v. 10. 4. 1984, von Colson und Kamann / Land Nordrhein-Westfalen, Rs 14 / 83,
Slg. 1984, 1891.

[374] EuGH, Urt. v. 8. 11. 1990, Rs C - 177 / 88, NZA 1991, 171.

[375] Art. 9 Abs. 1 der Richtlinie.

chend bestimmt ist, so daß sich der einzelne vor den innerstaatlichen Gerichten auf diese Vorschrift berufen kann[376]. Auch eine unmittelbare Anwendbarkeit von Art. 3 Abs. 1, Art. 4 und Art. 6 wurde für möglich gehalten, wenn die Bestimmungen der Richtlinie nicht ordnungsgemäß in nationales Recht umgesetzt sind[377]. Somit scheint es nicht ausgeschlossen, daß sich irische Teilzeitarbeitnehmer gegenüber dem Arbeitgeber oder staatlichen Hoheitsträgern vor den nationalen Gerichten auf einzelne Vorschriften der Richtlinie 75 / 117 / EWG berufen können.

(2) Das Verbot der unmittelbaren und mittelbaren Geschlechterdiskriminierung im nationalen Recht: Der Employment Equality Act, 1977

(a) Entstehungsgeschichte

Am 1. Juli 1977 trat in der Republik Irland der *Employment Equality Act, 1977* in Kraft[378]. Er ergänzt den *Anti-Discrimination (Pay) Act, 1974* hinsichtlich der sonstigen Arbeitsbedingungen, die nicht die Lohnzahlungspflicht des Arbeitgebers betreffen. Anders als der *Anti-Discrimination (Pay) Act, 1974* kann das Gesetz von 1977 nicht auf eine mehrjährige geschichtliche Entwicklung zurückblicken. Seine Verabschiedung war vielmehr eine prompte Reaktion des irischen Gesetzgebers auf den Erlaß der Richtlinie 76 / 207 / EWG, die bis zum Sommer 1978 von den Mitgliedstaaten der europäischen Gemeinschaft umgesetzt werden sollte[379]. Damit war die sogenannte Gleichbehandlungsrichtlinie in Irland drei Jahre früher verwirklicht als in der Bundesrepublik, wo der entsprechende § 611a BGB erst 1980 durch das Arbeitsrechtliche EG-Anpassungsgesetz[380] in das BGB aufgenommen wurde.

(b) Unmittelbare Geschlechterdiskriminierung

Der *Employment Equality Act, 1977* enthält in *Section 2 (a)* eine Legaldefinition des Begriffes der unmittelbaren Diskriminierung wegen des Geschlechts. Sie lautet:

---

[376] EuGH, Urt. v. 26. 2. 1986, Marshall / Southhampton and South West Hampshire Area Health Authority (Teaching), Rs 152 / 84, Slg. 1986, 723, 749, 750.

[377] EuGH, Urt. v. 15. 5. 1986, Johnston / Chief Constable of the Royal Ulster Constabulary, Rs 222 / 84, Slg. 1986, 1651, 1691, 1692.

[378] Wayne, Labour Law in Ireland, A Guide to Workers' Rights, Ch. 8, S. 179.

[379] Aer Lingus v. Labour Court, H.C., 26. Februar 1988; Wayne, Ch. 8, S. 179; Barrington / Cooney, Ch. 19, S. 156.

[380] BGBl. I, S. 1308.

„For the purposes of this Act, discrimination shall be taken to occur in any of the following cases—
(a) where by reason of his sex a person is treated less favourably than a person of the other sex, ..."

Die Fälle der unmittelbaren Diskriminierung von Teilzeitarbeitnehmerinnen haben auch hinsichtlich der sonstigen Arbeitsbedingungen praktisch keine Bedeutung erlangt.

(c) Mittelbare Geschlechterdiskriminierung

Von weitaus größerem Interesse für die Stellung der Teilzeitbeschäftigten im irischen Arbeitsrecht ist demgegenüber die Frage nach dem gesetzlichen Schutz vor mittelbaren Geschlechterdiskriminierungen.

Im Unterschied zu § 611a BGB enthält der *Employment Equality Act, 1977* ein ausdrückliches Verbot dieser Art der Benachteiligung. Nach der Legaldefinition in *Section 2 (c)*[381] liegt eine mittelbare Geschlechterdiskriminierung vor, wenn eine Person hinsichtlich ihrer Beschäftigung eine geschlechtsneutral formulierte Voraussetzung zu erfüllen hat, die dafür nicht wesentlich ist, und aufgrund des Geschlechts ein erheblich größerer Anteil des einen als des anderen Geschlechts in der Lage ist, diese Voraussetzung zu erfüllen.

Eine Diskriminierungsabsicht des Arbeitgebers ist nicht erforderlich; maßgeblich ist allein, ob sich die Vereinbarung oder Maßnahme, die scheinbar alle Arbeitnehmer trifft, für ein Geschlecht besonders nachteilig auswirkt[382]. In *North Western Health Board v. Martyn* bezeichnete der *High Court* das Rechtsinstitut der mittelbaren Geschlechterdiskriminierung als *„mixed question of law and of fact"*[383].

Für die Feststellung einer mittelbaren Geschlechterdiskriminierung i.S.v. *Section 2 (c)* des *Employment Equality Act, 1977* sind vier verschiedene Prüfungsschritte zu vollziehen[384]: Zunächst stellt sich die Frage, ob die Arbeitnehmerin im Zusammenhang mit dem Beschäftigungsverhältnis eine Voraussetzung zu erfüllen hat *(„requirement relating to employment")*. Anders als die englische Rechtsprechung legen die *Equality Officer* und der *Labour Court* den

---

[381] Siehe oben 3. Kapitel, § 1 III 2 b) bb) (2) (a) (cc).

[382] von *Prondzynski / McCarthy*, Ch. 6, S. 101; *Wayne*, Ch. 8, S. 181; Kildare Vocational Education Committee v. Three Female Cleaners EE 9 / 1989.

[383] [1985] I.L.R.M. 226, 232.

[384] Kildare Vocational Education Committee v. Three Female Cleaners EE 9 / 1989; *Curtin*, Irish Employment Equality Law, Ch. 7, S. 237.

Begriff des *requirement* weit aus, um einen möglichst umfassenden Schutz vor mittelbaren Geschlechterdiskriminierungen zu gewährleisten[385]. In *Kildare Vocational Education Committee v. Three Female Cleaners*[386] und *O'Neill & Sons Ltd. v. Federated Workers' Union of Ireland*[387] wurde die Voraussetzung, Vollzeitarbeit zu verrichten, um einer Reduzierung der ursprünglich vereinbarten Arbeitszeit zu entgehen beziehungsweise um nicht für eine Entlassung wegen Arbeitsmangels ausgewählt zu werden, als *requirement* i.S.v. *Section 2 (c) des Employment Equality Act, 1977* bezeichnet. In *Packard Electric Ireland Ltd. v. Employment Equality Agency*[388] bejahte der *Equality Officer* dieses Tatbestandsmerkmal für die Voraussetzung, nicht als Teilzeitarbeitnehmer beschäftigt zu sein, um Zugang zur Vollzeitarbeit zu erhalten. Die Anknüpfung einer Vereinbarung oder Maßnahme an die Beschäftigungsform fällt danach unter das gesetzliche Verbot der mittelbaren Geschlechterdiskriminierung.

Problematischer ist hingegen die Prüfung des Tatbestandsmerkmals einer mittelbaren Geschlechterdiskriminierung, wonach die Arbeitnehmerin zu beweisen hat, daß ein wesentlich größerer Anteil der Männer als der Frauen in der Lage ist, die von dem Arbeitgeber gestellte Voraussetzung zu erfüllen *(„in respect of which the proportion of persons of the other sex ... able to comply is substantially higher.")*. Der *High Court* verlangte dafür in *North Western Health Board v. Martyn* den Nachweis durch zwei verschiedene Statistiken: Zunächst habe die Arbeitnehmerin den Anteil der Männer und Frauen darzulegen, die aufgrund des *requirement* von der Vereinbarung oder Maßnahme des Arbeitgebers betroffen sind. Darüberhinaus sei zu zeigen, inwiefern sich die Vereinbarung oder Maßnahme ohne die angefochtene Voraussetzung geschlechtsspezifisch auswirkt. Ist dann im ersten Falle der Anteil der Männer, die die Voraussetzung erfüllen können, erheblich größer als im zweiten Falle, ist dieses zweite Tatbestandsmerkmal einer mittelbaren Geschlechterdiskriminierung erfüllt. Der *High Court* bejahte eine *„substantially higher proportion"* für ein Zahlenverhältnis von 80 zu 20 und 60 zu 40[389].

Insbesondere die Vorlage der zweiten Statistik wird in der Regel auf extreme Schwierigkeiten stoßen, da in Irland die Arbeitgeber nicht verpflichtet sind, Statistiken über die geschlechtsspezifische Zusammensetzung ihrer Belegschaft

---

[385] Curtin, Irish Employment Equality Law, Ch. 7, S. 239.

[386] EE 9 / 1989.

[387] DEE 1 / 1989.

[388] EE 14 / 1985.

[389] [1985] I.L.R.M. 226, 232.

zu führen[390]. Die konsequente Anwendung des Präjudizes würde daher in der überwiegenden Zahl der Fälle zur Erfolglosigkeit der Klage führen[391].

Jedoch scheint es, daß die *Equality Officer* und der *Labour Court* trotz ihrer rechtlichen Bindung an die Rechtsprechung des *High Court* einen weniger strengen Maßstab anlegen[392]. Die unterinstanzliche Rechtsprechung beschränkt sich auf die Prüfung, wie groß der Anteil der Männer und wie groß der Anteil der Frauen ist, die aufgrund der Erfüllung der Voraussetzung, Vollzeitarbeit zu leisten, von einer Vereinbarung oder Maßnahme des Arbeitnehmers betroffen werden. Die gesetzlich verlangte *"substantially higher proportion"* wurde für ein Zahlenverhältnis von 3 zu 1 bejaht[393]. Verfolgen die *Equality Officer* und der *Labour Court* weiterhin diese Entscheidungspraxis, wird Teilzeitarbeitnehmerinnen aufgrund der Tatsache, daß der überwiegenden Anteil der Teilzeitbeschäftigten Frauen sind, in der Regel der Nachweis gelingen, daß wesentlich mehr Männer die Anforderung, Vollzeitarbeit zu verrichten, erfüllen können.

Gem. *Section 2 (c)* des *Employment Equality Act, 1977* ist in einem weiteren Schritt die Voraussetzung zu püfen „*... where because of his sex a person is able to comply with a requirement ... .*" Diese mißverständliche Formulierung verlangt nicht, daß die Differenzierung ausdrücklich an das Geschlecht einer Person anknüpft. Vielmehr genügt es, wenn sich die Vereinbarung oder Maßnahme aufgrund geschlechtsspezifischer Umstände in besonderem Maße nachteilig für die Arbeitnehmer eines Geschlechts auswirkt[394]. Diese Voraussetzung wurde für Teilzeitarbeitnehmerinnen bejaht, da sie infolge familiärer Verpflichtungen weniger häufig als Männer in der Lage sind, Vollzeitarbeit zu verrichten[395].

Sind diese Tatbestandsvoraussetzungen erfüllt, liegt prima facie eine mittelbare Geschlechterdiskriminierung vor. Es obliegt dann dem Arbeitgeber zu beweisen, daß die gestellte Anforderung für die Beschäftigung wesentlich ist („*... which is not an essential requirement for such employment ...*")[396]. In *O'Shea v. Donegal County Council*[397] verlangte der *Equality Officer* dafür:

---

[390] Curtin, Irish Employment Equality Law, Ch. 7, S. 246, 247.

[391] Curtin, Irish Employment Equality Law, Ch. 7, S. 247; von Prondzynski / McCarthy, Ch. 6, S. 103.

[392] Vgl. von Prondzynski / McCarthy, Ch. 6, S. 103.

[393] O'Neill & Sons Ltd. v. Federated Workers' Union of Ireland DEE 1 / 1988; siehe auch Kildare Vocational Education Committee v. Three Female Cleaners EE 9 / 1989; Packard Electric Ireland Ltd. v. Employment Equality Agency EE 14 / 1985.

[394] [1985] I.L.R.M. 226, 234.

[395] Kildare Vocational Education Committee v. Three Female Cleaners EE 9 / 1989.

[396] Revenue Commissioners v. Kelly EE 9 / 1987; Curtin, Irish Employment Equality Law, Ch. 7, S. 248.

[397] EE 8 / 1982.

"... it must be absolutely necessary for a person to meet the particular requirement in order to be employed in and to perform the duties of a particular post."

In *Packard Electric Ireland Ltd. v. Employment Equality Agency*[398] entschied der *Equality Officer*, daß der Begriff *"essential"* enger auszulegen ist als die Formulierungen *"reasonable"* oder *"justifiable"*. Demzufolge wurde keine Rechtfertigung dafür gesehen, nur Teilzeitbeschäftigte wegen Arbeitsmangel zu entlassen[399]; auch die Voraussetzung, nicht teilzeitbeschäftigt zu sein, um Zugang zur Vollzeitbeschäftigung zu erhalten, galt als kein *"essential requirement"* für die Vollzeitbeschäftigung[400]. Somit legt die irische Rechtsprechung einen strengen Rechtfertigungsmaßstab an, der im Ergebnis nicht hinter dem des EuGH zurückbleibt.

Vergleicht man *Section 2 (c)* des *Employment Equality Act, 1977* mit der Rechtsprechung des EuGH zur mittelbaren Geschlechterdiskriminierung, ist festzustellen, daß sich das nationale und das europäische Verständnis des Rechtsinstituts der mittelbaren Geschlechterdiskriminierung nahezu decken. Allein der Rechtfertigungsmaßstab des EuGH ist differenzierter als derjenige der irischen Rechtsprechung.

Dennoch ist der Inhalt des irischen Diskriminierungsverbotes nicht vom europäischen Gemeinschaftsrecht geprägt. Denn bis zum Erlaß des *Employment Equality Act, 1977* war der Begriff der mittelbaren Geschlechterdiskriminierung nur in *Defrenne / SABENA (Nr. 2)*[401] und der Richtlinie 76 / 207 / EWG erwähnt worden; ein mit *Section 2 (c)* zu vergleichendes Konzept der mittelbaren Geschlechterdiskriminierung hatte sich noch nicht entwickelt. Dies geschah erst mit der Entscheidung des EuGH in *Jenkins / Kinsgate*[402].

Das Vorgreifen des irischen Gesetzgebers beruht auf einer Anlehnung an die Bestimmungen des englischen *Sex Discrimination Act, 1975*, dessen nordirische Fassung[403] und des englischen *Race Relations Act, 1976*, die ausdrücklich eine mittelbare Geschlechterdiskriminierung verbieten[404]. Die britische Gesetzgebung hatte sich wiederum an einer Entscheidung des amerikanischen *Supreme Court*

---

[398] EE 14 / 1985.

[399] Kildare Vocational Education Committee v. Three Female Cleaners EE 9 / 1989.

[400] Packard Electric Ireland Ltd. v. Employment Equality Agency EE 14 / 1985.

[401] EuGH, Urt. v. 8. 4. 1976, Rs 43 / 75, Slg. 1976, 455.

[402] EuGH, Urt. v. 31. 3. 1981, Rs 96 / 80, Slg. 1981, 911; Hanau / Preis, 177, 181.

[403] *Sex Discrimination (Northern Ireland) Order, 1976.*

[404] *Section 1 (1) (b), Section 3 (1) (B)* und *Section 1 (1) (b);* Curtin, Irish Employment Equality Law, Ch. 7, S. 236.

in *Griggs v. Duke Power Co.*[405] orientiert, die als rechtlicher Ursprung der mittelbaren Geschlechterdiskriminierung gilt[406]. Das Gericht befand, daß Titel VII des *Civil Rights Act*

„... *proscribes not only overt discrimination but also practices that are fair in form, but discriminatory in operation.*"

Das irische Recht enthielt somit bereits vor dem europäischen Recht ein Konzept der mittelbaren Geschlechterdiskriminierung. Da *Section 2 (c)* des *Employment Equality Act, 1977* schon nach seinem Wortlaut mit dem europäischen Recht vereinbar ist, erübrigt sich eine europarechtskonforme Auslegung. Insofern unterscheidet sich die Rechtslage in Irland von derjenigen in der Bundesrepublik, wo § 611a BGB mangels ausdrücklicher Normierung eines Verbotes der mittelbaren Geschlechterdiskriminierung so auszulegen ist, daß er auch diese Art der Benachteiligung erfaßt[407].

(d) Reichweite des Diskriminierungsverbotes

Im Unterschied zu § 611a BGB enthält der *Employment Equality Act, 1977* ausführliche Regelungen zu den einzelnen Ansatzbereichen für Diskriminierungen. Die Generalklausel des *Section 3 (1)* gebietet, Männer und Frauen hinsichtlich des Zugangs zur Beschäftigung, der Arbeitsbedingungen, die weder das Entgelt, noch die betriebliche Altersversorgung betreffen, hinsichtlich der Berufsbildung, des beruflichen Aufstiegs und der beruflichen Einstufung gleich zu behandeln.

Für die Stellung von Teilzeitbeschäftigten im Arbeitsrecht ist das Gleichbehandlungsgebot in bezug auf die Arbeitsbedingungen von besonderer Bedeutung. Gem. *Section 3 (4)* ist es unter anderem bei Überstundenregelungen, der Anordnung von Schichtarbeit, Entlassungen wegen Arbeitsmangel, Kündigungen und Disziplinarmaßnahmen des Arbeitgebers zu beachten. *Section 3 (2)* erstreckt das Verbot der unmittelbaren und mittelbaren Geschlechterdiskriminierung auf die Ausübung des Direktionsrechtes durch den Arbeitgeber.

Der *Employment Equality Act, 1977* gilt, anders als § 611a BGB, nicht nur im Rahmen eines zu begründenden oder schon bestehenden Arbeitsverhältnisses.

---

[405] (1971) 401 US 424.

[406] Curtin, Irish Employment Equality Law, Ch. 7, S. 235, 236.

[407] Hanau / Preis, 177, 183, 184; vgl. Pfarr / Bertelsmann, Diskriminierung im Erwerbsleben, 6., S. 111.

Gem. *Section 5* ist es Gewerkschaften, Arbeitgeberorganisationen oder Körperschaften, die über die Zulassung zu einem Beruf entscheiden, nicht gestattet, bei der Aufnahme von Mitgliedern oder der Zulassungsentscheidung nach dem Geschlecht zu differenzieren. Ebenso dürfen berufsbildende Einrichtungen Arbeitnehmer eines Geschlechts nicht ungleich behandeln[408]. Außerdem ist es Arbeitsvermittlungen untersagt, hinsichtlich der Anbietung und Ausübung ihrer Dienste unmittelbar oder mittelbar wegen des Geschlechts zu diskriminieren. Gem. *Section 8* des *Employment Equality Act, 1977* sind Stellenanzeigen, die ausdrücklich nur auf die Einstellung eines bestimmten Geschlechts abzielen, unzulässig. *Section 9* verbietet, eine andere Person zu einer Handlung zu zwingen, die eine Ungleichbehandlung zur Folge hat.

Das so definierte Verbot der unmittelbaren und mittelbaren Diskriminierung wegen des Geschlechts gilt nicht für alle Arbeitnehmer. Gem. *Section 12 (1) (a) und (b)* des *Employment Equality Act, 1977* findet das Gesetz keine Anwendung auf die Beschäftigung bei den Streitkräften und die Pflege alter oder behinderter Personen in deren Haushalt, wenn das Geschlecht dafür eine wesentliche Voraussetzung darstellt. Außerdem ermächtigt *Section 12 (2)* den Arbeitsminister, mit Zustimmung des Parlamentes weitere Beschäftigungen durch Rechtsverordnung von dem Anwendungsbereich des *Employment Equality Act, 1977* auszuschließen.

Die heutige Fassung von *Section 12 (1)* beruht auf einer Änderung des *Employment Equality Act, 1977*, die durch die *European Communities (Employment Equality) Regulations, 1985*[409] vollzogen wurde. Dennoch ist zweifelhaft, ob die Normierung der Ausschlußtatbestände mit Art.2 Abs. 2 der Gleichbehandlungsrichtlinie vereinbar ist, denn nach der Rechtsprechung des EuGH sind die näheren Umstände einer Tätigkeit bei der Definition eines Ausschlußtatbestandes stets zu berücksichtigen[410].

Section 13 bis *17A* des *Employment Equality Act, 1977* regeln weitere Voraussetzungen, unter denen die Diskriminierungsverbote nicht eingreifen: Gem. *Section 13* besteht keine Verpflichtung für den Arbeitgeber, einen Arbeitnehmer einzustellen oder zu beschäftigen, der nicht bereit ist, die für seine Tätigkeit vorgesehenen Pflichten zu erfüllen. Jedoch ist es dem Arbeitgeber aufgrund von *Section 2 (c)* des *Employment Equality Act, 1977* nicht gestattet, dem Arbeitneh-

---

[408] *Section 6* des *Employment Equality Act, 1977*.

[409] *S.I. No. 331 of 1985*.

[410] Urt. v. 15. 5. 1986, Johnston / Chief Constable of the Royal Ulster Constabulary, Rs 222 / 84, Slg. 1986, 1651, 1686, 1687; Curtin, Irish Employment Equality Law, Ch. 8, S. 283, 284; von Prondzynski / McCarthy, Ch. 6, S. 109.

mer Pflichten aufzuerlegen, die für die Beschäftigung keine wesentliche Voraussetzung sind und ein Geschlecht besonders nachteilig treffen[411].

Section 14 des Gesetzes bestimmt, daß keine gesetzlich verbotene Diskriminierung vorliegt, wenn eine Ungleichbehandlung durch die Beachtung von Arbeitnehmerschutzvorschriften entsteht. Nimmt der Arbeitgeber allerdings diese Bestimmungen nur zum Vorwand für ein diskriminierendes Verhalten, greift *Section 14* nicht ein[412]. Außerdem ist eine besondere Behandlung von Arbeitnehmerinnen, wie beispielsweise die Zuweisung leichterer Arbeit, gestattet, wenn sie im Zusammenhang mit einer Schwangerschaft oder der Geburt eines Kindes geschieht[413].

Ebenso wie § 611a Abs. 1 S. 2 BGB sieht der *Employment Equality Act, 1977* vor, daß eine unterschiedliche Behandlung gestattet ist, wenn das Geschlecht eine Voraussetzung für die Tätigkeit darstellt. *Section 17 (2)* und *17A* definieren weitergehend geschlechtsspezifische Umstände, die als Rechtfertigung betrachtet werden. Es ist zum Beispiel zulässig, Arbeitnehmer eines Geschlechts bei der Einstellung vorzuziehen, wenn die Tätigkeit bestimmte physische Eigenschaften erfordert oder eine Tätigkeit im Unterhaltungsgewerbe nur durch Personen eines Geschlechts ausgeführt werden kann. Obwohl *Section 17* seit seinem Erlaß bereits zweimal geändert wurde, um den Anforderungen der Richtlinie 76 / 207 / EWG zu genügen[414], ist fraglich, ob die zum Teil weit gefaßten Definitionen geschlechtsspezifischer Tätigkeiten mit der vom EuGH geforderten engen Auslegung von Art. 2 Abs. 2 der Gleichbehandlungsrichtlinie vereinbar sind[415].

(e) Rechtsfolgen eines Verstoßes gegen das Diskriminierungsverbot

Verstößt der Arbeitgeber gegen das Verbot der unmittelbaren oder mittelbaren Geschlechterdiskriminierung, kommen verschiedene Rechtsfolgen in Betracht:

---

[411] von Prondzynski / McCarthy, Ch. 6, S. 110.

[412] Employment Equality Agency, Code of Practice for the elemination of sex and marital status discrimination and the promotion of Equality of Opportunity in Employment, 13.1, S. 21.

[413] *Section 16* des *Employment Equality Act, 1977.*

[414] *Art. 3* der *European Communities (Employment Equality) Regulations, 1982 (S.I. No. 302 of 1982* und *Art.4* und *5* der *European Communities (Employment Equality) Regulations, 1985 (S.I. No. 331 of 1985).*

[415] EuGH, Urt. v. 15. 5. 1986, Johnston / Chief Constable of the Royal Ulster Constabulary, Slg. 1986, 1651. Dies gilt insbesondere für *Section 17 A (1) (a) (ii)* und *(b) (ii)*, vgl. Curtin, Irish Employment Equality Law, Ch. 8, S. 278.

Gem. *Section 10 (2)* des *Employment Equality Act, 1977* sind diskriminierende Vereinbarungen „null und nichtig". Dies entspricht der Rechtslage in der Bundesrepublik, wo Vereinbarungen oder rechtsgeschäftliche Maßnahmen, die dem Gleichbehandlungsgebot zuwiderlaufen, gem. § 134 BGB nichtig sind[416]. *Section 4* des *Employment Equality Act, 1977* bestimmt darüberhinaus, daß die Arbeitsbedingungen von Männern und Frauen durch eine *equality clause* einander angepaßt werden, wenn der Arbeitgeber sie diesbezüglich unterschiedlich behandelt und er nicht durch geschlechtsunabhängige Gründe gerechtfertigt ist. Aufgrund der Gleichbehandlungsklausel steht der Arbeitnehmerin hinsichtlich ihrer Arbeitsbedingungen ein vertraglicher Anspruch auf Gleichbehandlung zu[417]. Auch tarifliche Regelungen, die eine Ungleichbehandlung wegen des Geschlechts vorsehen, sind gem. *Section 10 (1) (b) (i)* des *Employment Equality Act, 1977* nichtig. Diese Vorschrift hat nur begrenzte Bedeutung, da der *Labour Court* nicht befugt ist, die betreffende Klausel für nichtig zu erklären oder zu modifizieren, um die Diskriminierung zu beseitigen[418].

Im übrigen steht die Bestimmung der Rechtsfolge eines Verstoßes gegen das Diskriminierungsverbot weitgehend im Ermessen des *Equality Officer* und des *Labour Court,* die für die Entscheidung von Klagen wegen Ungleichbehandlungen zuständig sind[419]. Der *Employment Equality Act, 1977* regelt nicht, welche Sanktionen die *Equality Officer* verhängen dürfen; folglich unterliegt ihre Entscheidungsfindung theoretisch keinen rechtlichen Grenzen[420]. In der Praxis gehen die *recommendations* der *Equality Officer* jedoch nicht darüber hinaus, Sanktionen zu verhängen, die auch der *Labour Court* im Rahmen eines erstinstanzlichen Verfahrens oder eines Berufungsverfahrens zu verhängen befugt ist: Gem. *Section 22 (a)* kann sich die Entscheidung auf die Feststellung beschränken, daß eine Diskriminierung erfolgt ist. Dies ist jedoch nur in den seltenen Fällen denkbar, in denen die Arbeitnehmerin durch die Diskriminierung keinerlei Schaden erlitten hat[421].

Von größerer Bedeutung ist demgegenüber die Möglichkeit, dem Arbeitgeber eine bestimmte Handlung oder Unterlassung aufzuerlegen[422]. So kann das Ge-

---

[416] Staudinger-Richardi, BGB, § 611a, Rdnr. 51; Erman-Hanau, BGB, § 611a, Rdnr. 16.

[417] Curtin, Irish Employment Equality Law, Ch. 4, S. 115; von Prondzynski / McCarthy, Ch. 6, S. 107.

[418] von Prondzynski / McCarthy, Ch. 6, S. 107, 108; vgl. von Prondzynski, Implementation of Equality Directives, Ch. 5, S. 35.

[419] Vgl. oben 2. Kapitel, § 1 VI 2 b).

[420] Vgl. Wayne, Ch. 8, S. 200.

[421] Wayne, Ch. 8, S. 201.

[422] *Section 22 (b)* des *Employment Equality Act, 1977.*

richt verlangen, daß der Arbeitgeber das diskriminierende Verhalten in Zukunft unterläßt[423], der Arbeitnehmerin den nächsten verfügbaren Arbeitsplatz anbietet[424] oder sie auf die Beförderungsliste setzt[425]. In einem Falle entschied der *Equality Officer*, daß eine weitere Stelle einzurichten ist, um dem Gleichbehandlungsanspruch der Arbeitnehmerin Geltung zu verschaffen[426]. Diese Entscheidungsmöglichkeit der sogenannten *„action recommendation"* hat bislang keine klaren Konturen gewonnen[427].

Darüberhinaus kann eine ungerechtfertigte Diskriminierung einen Schadensersatzanspruch zur Folge haben[428]. Ebenso wie in der Bundesrepublik[429] führt dieser in der Regel nicht zur Einstellung, wenn die Arbeitnehmerin aus geschlechtsspezifischen Gründen abgelehnt wurde[430]. Sie kann jedoch das entgangene Einkommen verlangen, wenn sie nachweist, daß sie die qualifizierteste Bewerberin für die zu besetzende Stelle war[431]. Der Schadensersatzanspruch i.S.v. *Section 22 (c)* des *Employment Equality Act, 1977* ist nicht auf den Ersatz materieller Schäden begrenzt; teilweise wird dem Opfer der Diskriminierung Ersatz für den erlittenen immateriellen Schaden gewährt, der über den Ausgleich für den finanziellen Verlust hinausgehen kann[432]. Die *Equality Officer* und der *Labour Court* haben bei der Berechnung der Anspruchshöhe einen weiten Ermessensspielraum[433]; *Section 23 (1)* bestimmt lediglich, daß alle Umstände des Falles zu berücksichtigen sind, der Betrag jedoch den Lohn für eine Dauer von drei Jahren nicht übersteigen darf. Das irische Recht differenziert hinsichtlich des Schadensersatzanspruchs nicht zwischen unmittelbaren und mittelbaren Geschlechterdiskriminierungen. Der bisher höchste Schadensersatz (£ 3000) wurde für eine mittelbare Diskriminierung zugesprochen[434].

---

[423] Zum Beispiel Packard Electric Ireland Ltd. v. Irish Transport and General Workers' Union and others EE 14 / 1985.

[424] Board of Management of Grange National School Clonmel v. Heffernan DEE 6 / 1983.

[425] Revenue Commissioner v. Four Female Clerical Assistants EE 6 / 1986.

[426] Board of Management, Grange National School Clonmel v. Heffernan EE 2 / 1983.

[427] Curtin, Irish Employment Equality Law, Ch. 8, S. 289.

[428] *Section 22 (c)* des *Employment Equality Act, 1977.*

[429] Staudinger-Richardi, BGB, § 611a, Rdnr. 58.

[430] Vgl. Curtin, Irish Employment Equality Law, Ch. 8, S. 290.

[431] Alfred Beit Foundation v. Gahan EE 18 / 1983; Aer Lingus Teo (Shannon) v. Hewitt EE 8 / 1983.

[432] Curtin, Irish Employment Equality Law, Ch. 8, S. 290; Wayne, Ch. 8, S. 201. Die Anspruchshöhe für immaterielle Schäden schwankt in der Regel zwischen £ 20 und £ 1500, so Curtin.

[433] Wayne, Ch. 8, S. 201.

[434] CERT Ltd. v. Landy EE 20 / 1983; Curtin, Irish Employment Equality Law, Ch. 8, S. 292.

Section 27 i.V.m. *Section 26* des *Employment Equality Act, 1977* treffen schließlich eine besondere Regelung für den Fall, daß der Arbeitgeber bei der Kündigung eine diskriminierende Auswahl vorgenommen hat. Dann kann das Gericht eine Weiterbeschäftigung des Arbeitnehmers, seine Wiedereinstellung oder die Zahlung von Schadensersatz anordnen[435].

Die Darstellung zeigt, daß das Sanktionssystem der irischen *Employment Equality Act, 1977* über das des deutschen § 611a BGB hinausgeht. Das gilt insbesondere in bezug auf die Ersatzfähigkeit immaterieller Schäden, die nach § 611a BGB nicht auszugleichen sind. In der Praxis hat eine Ungleichbehandlung von Teilzeitarbeitnehmerinnen jedoch regelmäßig nur einen Beseitigungsanspruch zur Folge, so daß insoweit ein Unterschied zum deutschen Recht nicht besteht[436].

(3) Zusammenfassung

Der *Employment Equality Act, 1977* schützt weibliche Teilzeitbeschäftigte innerhalb des Anwendungsbereiches der Richtlinie 76 / 207 / EWG umfassend vor unmittelbaren und mittelbaren Geschlechterdiskriminierungen. Anders als § 611a BGB stellt das irische Gesetz ausdrücklich klar, daß sich der Gleichbehandlungsgrundsatz auf die Fälle mittelbarer Diskriminierungen erstreckt. Die Legaldefinition der mittelbaren Diskriminierung deckt sich nahezu mit dem vom EuGH entwickelten Konzept. Einen wichtigen Beitrag zum Schutz der Teilzeitbeschäftigten vor dieser Art der Ungleichbehandlung leistet die irische Rechtsprechung, die die tatbestandlichen Voraussetzungen für die mittelbare Diskriminierung weit auslegt und strenge Anforderungen an die Rechtfertigung stellt.

Das nationale Gleichbehandlungsgebot erfüllt danach die Verpflichtung aus der Richtlinie 76 / 207 / EWG, mittelbare Geschlechterdiskriminierungen zu beseitigen. Zweifel über die Vereinbarkeit des irischen mit dem europäischen Recht bestehen hinsichtlich der gesetzlich normierten Ausnahmen von dem Diskriminierungsverbot.

dd) Die Durchsetzbarkeit der Diskriminierungsverbote

Die Verletzung des *Anti-Discrimination (Pay) Act, 1974* und des *Employment Equality Act, 1977* kann in einem gerichtlichen Verfahren über drei Instanzen

---

[435] *Section 27 (2)* i.V.m. *Section 26 (1) (d)* des *Employment Equality Act, 1977.*

[436] Staudinger-Richardi, BGB, § 611a, Rdnr. 55.

geltend gemacht werden[437]. Damit erfüllt der irische Gesetzgeber seine Verpflichtung zur Eröffnung des Rechtswegs aus Art. 2 der Richtlinie 75 / 117 / EWG und Art. 6 der Richtlinie 76 / 207 / EWG.

Problematisch ist, daß die Entscheidungen der erstinstanzlich zuständigen *Equality Officer,* dem Arbeitgeber keinerlei rechtliche Verpflichtungen auferlegen[438]. Die Mißachtung einer *recommendation* eröffnet lediglich die Möglichkeit, innerhalb von sechs Wochen den *Labour Court* anzurufen, der dann rechtlich verbindlich über das Vorliegen und die Rechtsfolgen einer Diskriminierung entscheidet[439]. Somit bildet die Entscheidungsebene der *Equality Officer* keine „echte" erste Instanz.

Gerade die Gleichberechtigungsbeamten haben inzwischen ein beachtliches Fachwissen über die Auslegung der Gleichbehandlungsgesetze und ihr Zusammenspiel mit dem europäischen Recht gewonnen[440]. Da der *Labour Court* hingegen vorwiegend mit der Schlichtung von *trade disputes* befaßt ist, kann er bei der Lösung von Diskriminierungsfällen nur auf wenig praktische Erfahrung zurückgreifen. Zudem lassen die Entscheidungen der verschiedenen Kammern häufig keinen gemeinsamen Ansatz erkennen[441].

Es ist fraglich, ob das Verfahren zur Vollstreckung der verbindlichen Entscheidung des *Labour Court* die Durchsetzbarkeit der Gleichbehandlungsansprüche hinreichend sichert: Gem. *Section 8 (4) (a)* des *Anti-Discrimination (Pay) Act, 1974* und *Section 24 (1)* des *Employment Equality Act, 1977* kann die Arbeitnehmerin den *Labour Court* anrufen, wenn sich der Arbeitgeber über die gerichtliche Entscheidung hinwegsetzt. Dieser erläßt dann eine Verfügung, die dem Arbeitgeber aufgibt, die Entscheidung durch ein Handeln oder Unterlassen zu verwirklichen. Kommt der Arbeitgeber der Verfügung nicht innerhalb von zwei Monaten nach, macht er sich eines strafrechtlichen Vergehens schuldig, für das er mit einer Geldbuße bis zu £ 100 und bei Fortdauer der Diskriminierung zu einem Tagessatz von £ 10 verurteilt werden kann[442]. Außerdem besteht die Möglichkeit, den Arbeitgeber zur Zahlung von Schadensersatz für entgangenes

---

[437] Siehe oben näher zu dem Gang des Verfahrens 2. Kapitel, § 1 VI 2 b).

[438] Aer Lingus Teo v. Labour Court, H.C., 26. Februar 1988; Curtin, Irish Employment Equality Law, Ch. 9, S. 299.

[439] *Section 8 (1)* des *Anti-Discrimination (Pay) Act, 1974* und *Section 21 (1)* des *Employment Equality Act, 1977.*

[440] Vgl. Curtin, Irish Employment Equality Law, Ch. 9, S. 299.

[441] Curtin, Irish Employment Equality Law, Ch. 9, S. 300.

[442] *Section 4 (1)* des *Anti-Discrimination (Pay) Act, 1974; Section 24 (2)* des *Employment Equality Act, 1977.*

Entgelt zu verpflichten[443]. Für die Verhängung dieser Sanktionen sind die ordentlichen Gerichte und nicht der *Labour Court* zuständig. Sie werden aufgrund eines Strafverfolgungsantrages von seiten des Arbeitsministeriums tätig[444].

Weder der *Anti-Discrimination (Pay) Act, 1974*, noch der *Employment Equality Act, 1977* sehen eine Möglichkeit zur Vollstreckung das Arbeitgebervermögen vor. Es bleibt daher ein nicht unerheblicher Spielraum für die Abwägung der wirtschaftlichen Vor- und Nachteile einer Ungleichbehandlung. Offenbar wird das komplizierte Vollstreckungsverfahren nicht häufig durchgeführt, denn bislang ist nur ein Fall bekannt, in dem der Arbeitgeber zur Zahlung einer Geldbuße von £ 100 verurteilt wurde[445].

Das Verfahren zur Durchsetzung der Gleichbehandlungsgesetze wird durch die Befugnisse der *Employment Equality Agency* ergänzt[446], die die Aufgabe hat, sich für die Beseitigung der Diskriminierung im Arbeitsleben einzusetzen, die Gleichbehandlung von Männern und Frauen zu fördern und die funktionsgerechte Anwendung des *Anti-Discrimination (Pay) Act, 1974* und des *Employment Equality Act, 1977* zu kontrollieren[447]. Die *Employment Equality Agency* setzt sich aus einer Vorsitzenden und zehn ordentlichen Mitgliedern zusammen, die paritätisch die Arbeitnehmer- und Arbeitgeberseite repräsentieren; sie ist vom Arbeitsministerium unabhängig[448].

Eine wichtige Funktion der *Employment Equaltiy Agency* besteht darin, den Betroffenen bei der gerichtlichen Geltendmachung einer Diskriminierung zu unterstützen. Ist sie der Auffassung, daß der Fall grundsätzliche Bedeutung hat oder eine eigene Initiative vernünftigerweise nicht zur erwarten ist, kann sie auf Antrag den *Equality Officer* oder den *Labour Court* anrufen[449].

Daneben ist die *Employment Equality Agency* gem. *Section 20 (a)* des *Employment Equality Act, 1977* unabhängig von einer Antragstellung befugt, vor dem Arbeitsgericht die Benachteiligung einer Mehrzahl von Arbeitnehmern geltend zu machen. Dasselbe Recht steht ihr zu, wenn der Arbeitgeber eine

---

[443] *Section 8 (4) (b)* des *Anti-Discrimination (Pay) Act, 1974; Section 24 (2)* des *Employment Equality Act, 1977.*

[444] Wayne, Ch. 8, S. 200; Redmond, Labour Law, Introduction, S. 52.

[445] Siehe Jennings v. White Ltd. EEO 1 / 1981. Der *Labour Court* reduzierte schließlich die Geldbuße auf £ 25, Employment Equality Agency, The Role of the Labour Court in Enforcement Procedures under Equality Legislation — Recommendations for Change, S. 17.

[446] Siehe *Section 34 (2)* des *Employment Equality Act, 1977.*

[447] *Section 35* des *Employment Equality Act, 1977.*

[448] Curtin, Irish Employment Equality Law, Ch. 9, S. 307; Redmond, Labour Law, Part II, Ch. VII, S. 125.

[449] *Section 48* des *Employment Equality Act, 1977.*

bestimmte Person benachteiligt und von dieser wiederum eine Anrufung des Gerichts nicht erwartet werden kann[450].

Gem. *Section 39 (1)* ist die Behörde befugt, in Betrieben, Industrien oder öffentlichen Einrichtungen Untersuchungen über das Vorliegen von Diskriminierungen zu führen, in deren Verlauf sie Zeugen vernehmen, Beweismittel anfordern und Bußgelder verhängen kann[451]. Gelangt sie zu dem Ergebnis, daß der Arbeitgeber gegen die Vorschriften des *Anti-Discrimination (Pay) Act, 1974* oder des *Employment Equality Act, 1977* verstoßen hat, kann sie an ihn eine sogenannte *„Non-Discrimination-Notice"* richten[452]. Eine solche bezweckt, Ungleichbehandlungen ohne Durchführung eines gerichtlichen Verfahrens und Pönalisierung des Arbeitgebers zu beseitigen[453]. Legt der Arbeitgeber innerhalb von sechs Wochen kein Rechtsmittel beim *Labour Court* ein, wird die *„Non-Discrimination Notice"* bestandskräftig[454]. Nach Ablauf von fünf Jahren kann die *Employment Equality Agency* vor dem *High Court* eine Verfügung erwirken, wenn der Arbeitgeber die Diskriminierung bis dahin nicht beseitigt hat[455]. Demzufolge schafft der *Employment Equality Act, 1977* weitere Möglichkeiten, die Gleichbehandlungsansprüche unabhängig von einer Initiative der betroffenen Arbeitnehmer zu verwirklichen.

Die *Employment Equality Agency* macht nur wenig Gebrauch von diesen Durchsetzungsinstrumenten. Sie hat sie von 1977 bis 1988 vier Untersuchungen i.S.v. *Section 39 (1)* des *Employment Equality Act, 1977* vorgenommen; eine *„Non-Discrimination-Notice"* wurde nicht erlasssen[456]. Ebenso hat sie nur selten den *Labour Court* angerufen, um eine unmittelbare oder mittelbare Geschlechterdiskriminierung geltend zu machen[457].

Der gezielte Einsatz der gesetzlichen Befugnisse könnte gerade für Teilzeitbeschäftigte von Nutzen sein, denn sie sind häufig nicht über ihre Rechte informiert oder auf eine Vertretung durch die Gewerkschaften angewiesen. Die gerichtliche Geltendmachung einer Verletzung der Diskriminierungsverbote wäre dann nicht allein von der Eigeninitiative der Arbeitnehmerin oder ihrer gewerkschaftlichen Repräsentation abhängig.

---

[450] *Section 20 (b)* des *Employment Equality Act, 1977.*

[451] *Section 41 (1), Section 42* des *Employment Equality Act, 1977.*

[452] *Section 44 (1)* des *Anti-Discrimination (Pay) Act, 1974.*

[453] Wayne, Ch. 8, S. 205.

[454] *Section 45 (1)* und *(2)* des *Employment Equality Act, 1977.*

[455] *Section 47* des *Employment Equality Act, 1977.*

[456] Curtin, Irish Employment Equality Law, Ch. 9, S. 317.

[457] Siehe *Section 48* und *Section 20* des *Employment Equality Act, 1977;* Curtin, Irish Employment Equality Law, Ch. 9, S. 318.

Der *Employment Equality Agency* fehlen jedoch die finanziellen Mittel, um auf diesem Gebiete effektive Arbeit leisten zu können: 97 % des Budget werden für fixe Kosten, wie Mieten und Gehälter,verwandt; nur 3 % können für die Wahrnehmung der ihr zugewiesenen Aufgaben eingesetzt werden[458]. Die Tätigkeit der *Employment Equality Agency* beschränkt sich daher im wesentlichen darauf, ein öffentliches Bewußtsein für die Gleichbehandlung von Männern und Frauen zu wecken[459]. Dies geschieht beispielsweise durch die vierteljährliche Veröffentlichung der *Equality News*. Wiederholt hatte sich die *Employment Equality Agency* für eine Änderung der damaligen Gesetze eingesetzt und auf den Zusammenhang zwischen der Teilzeitarbeit und der Geschlechterdiskriminierung hingewiesen[460]. Insoweit ist die Tätigkeit der Einrichtung als ein nützlicher Beitrag zur Förderung der Gleichbehandlung von Teilzeitbeschäftigten zu verstehen.

ee) Zusammenfassung und Bewertung

Teilzeitbeschäftigte haben in Irland keinen gesetzlichen Anspruch auf Gleichbehandlung mit Vollzeitbeschäftigten, wenn sie hinsichtlich der Höhe des Entgelts oder der sonstigen Arbeitsbedingungen benachteiligt werden. Auch die Verfassung von 1937 und das *common law* enthalten keinen allgemeinen Gleichbehandlungsgrundsatz. Die Gleichstellung mit Vollzeitbeschäftigten kann allenfalls im Rahmen einer Regelungsstreitigkeit verlangt werden, die auf eine Änderung des Arbeitsvertrages gerichtet ist. Da die Anrufung des *Labour Court* in der Regel von einer gewerkschaftlichen Vertretung der Teilzeitbeschäftigten abhängt und seine Entscheidungen rechtlich nicht verbindlich sind, bildet sie keinen gleichwertigen Ersatz für einen gesetzlichen Anspruch, wie ihn § 2 Abs. 1 BeschFG 1990 normiert.

Jedoch kann sich ein Anspruch weiblicher Teilzeitbeschäftigter auf Gleichbehandlung mit Vollzeitbeschäftigten ergeben, wenn ein Fall der mittelbaren Geschlechterdiskriminierung vorliegt. Aufgrund einer europarechtskonformen Auslegung des *Anti-Discrimination (Pay) Act, 1974* steht Teilzeitarbeitnehmerinnen ein Anspruch auf gleiches Entgelt wie männlichen Vollzeitarbeitnehmern zu, wenn die geschlechtsneutral formulierte Vergütungsregelung überwiegend weibliche Teilzeitbeschäftigte benachteiligt und sie nicht durch wesentliche Gründe gerechtfertigt ist. Liegt eine mittelbare Geschlechterdiskriminierung hin-

---

[458] Curtin, Irish Employment Equality Law, Ch. 9, S. 319; vgl. von Prondzynski / McCarthy, Ch. 6, S. 115.

[459] Curtin, Irish Employment Equality Law, Ch. 9, S. 320.

[460] Vgl. oben 3. Kapitel, § 1 II 2 a) bb) (2).

sichtlich der sonstigen Arbeitsbedingungen vor, kann sich die Teilzeitbeschäftigte auf die Vorschriften des *Employment Equality Act, 1977* berufen. Eine erfolgreiche Klage wegen der Verletzung des Gleichbehandlungsgebotes hat nach den Vorschriften dieses Gesetzes nicht in jedem Falle eine Beseitigung der Diskriminierung durch ein Handeln oder Unterlassen zur Folge; es steht dem *Labour Court* frei, der Klägerin statt dessen einen Schadensersatzanspruch zuzusprechen.

Das Fehlen einer materiellrechtlichen Anspruchsgrundlage Teilzeitbeschäftigter auf Gleichbehandlung mit Vollzeitbeschäftigten hat zur Folge, daß nur teilzeitbeschäftigte Frauen über den Weg der mittelbaren Geschlechterdiskriminierung nach den Vorschriften des *Anti-Discrimination (Pay) Act, 1974* und des *Employment Equality Act, 1977* die Gleichbehandlung mit Vollzeitbeschäftigten verlangen können. Abgesehen von der Möglichkeit, die Umgestaltung der Rechtslage durch ein Schlichtungsverfahren vor dem *Labour Court* zu erreichen, gehen die teilzeitbeschäftigten Männer leer aus, da sie sich nicht auf eine mittelbare Geschlechterdiskriminierung berufen können.

3. Ungleichbehandlung durch Gesetz

Neben arbeits- und tarifvertraglichen Regelungen unterscheiden in der Republik Irland auch Gesetze nach dem Umfang der Beschäftigung. Während in der Bundesrepublik nur wenige Regelungen an den Umfang der Beschäftigung anknüpfen[461], normieren wichtige Gesetze des irischen Arbeitsrechts Stundengrenzen: Nach den Vorschriften des *Worker Protection (Regular Part-Time Employees) Act, 1991* gelten die *Redundancy Payments Acts, 1967 - 1984*, der *Minimum Notice and Terms of Employment Act, 1973*, der *Holidays (Employees) Act, 1973*, die *Worker Participation (State Enterprises) Acts, 1977 - 1988*, der *Unfair Dismissals Act, 1977*, der *Maternity Protection of Employees Act, 1981* und der *Protection of Employees (Employers' Insolvency) Act, 1984* nicht für Teilzeitbeschäftigte, die wöchentlich weniger als acht Stunden arbeiten und seit weniger als 13 Wochen kontinuierlich bei dem Arbeitgeber beschäftigt sind[462]. Da auch in Irland der größte Anteil der Teilzeitbeschäftigten Frauen sind[463], stellt sich die Frage, ob diese Regelungen mit Art. 119 EWGV, der Richtlinie 75 / 117 / EWG und der Richtlinie 76 / 207 / EWG vereinbar sind.

---

[461] Siehe § 1 Abs. 3 Nr. 2 LohnfortzG, § 11 Abs. 3 MuSchG und § 23 Abs. 1 S. 3 KSchG.

[462] *Section 3* i.V.m. *Section 1 (1)* des *Worker Protection (Regular Part-Time Employees) Act, 1991;* vgl. oben 3. Kapitel, § 1 II 2 a) bb) (3).

[463] Vgl. oben 1. Kapitel, § 2 I.

Bisher hatte der EuGH nur in einem Falle zu der Vereinbarkeit einer nationalen Rechtsvorschrift mit dem europäischen Lohngleichheitsgebot Stellung zu nehmen: Das Arbeitsgericht Oldenburg legte ihm die Frage vor, ob § 1 Abs. 3 Nr. 2 LohnfortzG Art. 119 EWGV und die Richtlinie 75 / 117 / EWG verletzt[464]. Diese Vorschrift setzt für den Anspruch gewerblicher Arbeitnehmer auf Lohnfortzahlung im Krankheitsfalle eine Arbeitszeit von mehr als zehn Wochenstunden oder 45 Stunden im Monat voraus.

Der EuGH befand in der Rechtssache *Rinner-Kühn / FWW Spezial-Gebäudereinigung GmbH & Co. KG*[465], daß eine geschlechtsneutral formulierte Regelung, die wesentlich mehr Männer als Frauen benachteiligt, das Verbot der mittelbaren Diskriminierung aus Art. 119 EWGV verletzt, es sei denn, der Mitgliedstaat legt dar, daß die betreffende Regelung durch objektive Faktoren, die nichts mit einer Diskriminierung wegen des Geschlechts zu tun haben, gerechtfertigt ist. Eine Rechtfertigung wurde für den Fall bejaht, daß das gewählte Mittel einem notwendigen Ziel der Sozialpolitik dient und für die Erreichung dieses Ziels geeignet und erfoderlich ist. Hingegen hielt das Gericht die Begründung der Bundesregierung, die betroffenen Teilzeitbeschäftigten seien nicht wie andere Arbeitnehmer in den Betrieb eingegliedert, für nicht ausreichend[466]. Der EuGH legt damit für die mittelbare Geschlechterdiskriminierung durch gesetzliche Regelungen im Ergebnis keinen anderen Rechtfertigungsmaßstab an wie für die mittelbare Diskriminierung durch Arbeits- und Tarifverträge[467]. Er überließ es dem nationalen Gericht im einzelnen festzustellen, ob der Tatbestand einer mittelbaren Geschlechterdiskriminierung sowie die Voraussetzungen einer Rechtfertigung vorliegen[468].

Folgt man dieser Rechtsprechung, könnte die Ausnahme der Teilzeitbeschäftigten, die wöchentlich weniger als acht Stunden arbeiten und seit weniger als 13 Wochen ununterbrochen bei dem Arbeitgeber beschäftigt sind, eine mittelbare Geschlechterdiskriminierung durch gesetzliche Vorschriften begründen. Hinsichtlich der gesetzlichen Leistungen mit Entgeltcharakter kommen Art. 119 EWGV und die Richtlinie 75 / 117 / EWG als Prüfungsmaßstab in Betracht; in bezug auf andere gesetzlich geregelte Arbeitsbedingungen ist die Richtlinie 76 / 207 / EWG heranzuziehen.

---

[464] EuGH, Urt. v. 13. 7. 1989, Rinner-Kühn / FWW Spezial-Gebäudereinigung GmbH & Co. KG, Rs 171 / 88, Slg. 1989, 2743.

[465] EuGH, Urt. v. 13. 7. 1989, Slg. 1989, 2743.

[466] EuGH, Urt. v. 13. 7. 1989, Slg. 1989, 2743, 2761.

[467] Kritisch dazu Darmon, Schlußanträge, EuGH, 2753, 2754; Wißmann, Lohnfortzahlung auch für geringfügig beschäftigte Arbeiter, DB 1989, 1922, 1923; Käppler, Gemeinsame Anmerkung zu den Entscheidungen Nr. 84 - 86, ArR - Blattei (D) Gleichbehandlung im Arbeitsverhältnis.

[468] EuGH, Urt. v. 13. 7. 1989, Slg. 1989, 2743, 2781.

Der EuGH hat bislang nicht festgelegt, welches Ausmaß die überwiegende Betroffenheit des weiblichen Geschlechts erreichen muß[469]. Er hielt die geschlechtsspezifische Auswirkung in der Rechtssache *Rinner-Kühn / Spezial-Gebäudereinigung* für gegeben, da in der Bundesrepublik 89 % der Teilzeitbeschäftigten, die weniger als zehn Stunden in der Woche arbeiten, Frauen sind[470]. In der Republik Irland fehlen gesicherte Zahlen über den Anteil der weiblichen Teilzeitbeschäftigten, die der gesetzlichen Definition von *regular part-time* nicht unterfallen: 1988 waren etwa 81 % der regelmäßig beschäftigten Teilzeitarbeitnehmer, die wöchentlich 9 Stunden oder weniger tätig sind, Frauen[471]. Unklar ist, welche Mindestbeschäftigungsdauer der statistisch verwandte Begriff der regelmäßigen Teilzeitbeschäftigung voraussetzt. Der genannte Prozentsatz läßt dennoch eine deutliche Tendenz zur überwiegenden Betroffenheit des weiblichen Geschlechts vermuten.

Fraglich ist, ob es der irischen Regierung gelingen könnte, die vom EuGH geforderte Rechtfertigung für die Ausnahme der Teilzeitbeschäftigten von den arbeitsrechtlichen Gesetzen darzutun. Ein entsprechender Nachweis wird gewöhnlich nur schwer zu erbringen sein[472]. Das BAG entschied in Anlehnung an die Rechtsprechung des EuGH, daß § 1 Abs. 3 Nr. 2 LohnfortzG das Verbot der mittelbaren Geschlechterdiskriminierung aus Art. 119 EWGV verletzt. Der Ausschluß der geringfügig beschäftigten Arbeiter von dem Anspruch auf Lohnfortzahlung im Krankheitsfalle sei nicht etwa durch eine geringere Fürsorgepflicht des Arbeitgebers oder eine geringere Schutzbedürftigkeit dieser Teilzeitbeschäftigten gerechtfertigt[473].

Die Abhängigkeit des gesetzlichen Schutzes von einem bestimmten Mindestumfang der Beschäftigung ist kein typisch irisches Phänomen. Nahezu alle Mitgliedstaaten der Europäischen Gemeinschaft haben Gesetze erlassen, die Stundengrenzen normieren[474]. Selbst die Richtlinienvorschläge der Kommission der Europäischen Gemeinschaften über bestimmte Arbeitsverhältnisse[475] gelten nicht für Arbeitnehmer, deren durchschnittliche Arbeitszeit acht Stunden in der Woche unterschreitet. Somit wird offenbar auf europäischer Ebene eine Notwendigkeit dafür gesehen, geringfügig beschäftigte Arbeitnehmer von den gesetzlichen Schutzsystemen auszunehmen.

---

[469] Vgl. Pfarr / Bertelsmann, 6.2.2.2, S. 118.

[470] EuGH, Urt. v. 13. 7. 1989, Slg. 1989, 2746, 2760.

[471] Blackwell, 1, 11, Table 10.

[472] Vgl. Darmon, Schlußanträge, EuGH, Urt. v. 13. 7. 1989, Slg. 1989, 2753.

[473] BAG, Urt. v. 9. 10. 1991, NZA 1992, 259, 261.

[474] Vgl. Thurman / Trah, 23, 28.

[475] ABl. EG 1990 Nr.C 224 / 4; ABl. EG 1990 Nr.C 224 / 6, modifizierend ABl. EG 1990 Nr. C 305 / 8.

Die geschichtliche Entwicklung der gesetzlichen Grundlagen der Teilzeitarbeit in der Republik Irland[476] zeigt, daß sich in den letzten Jahren die Beweggründe für die Normierung der Stundengrenzen gewandelt haben. Die der 18-Stundengrenze zugrundeliegende Erwägung, Teilzeitarbeitnehmer seien weniger schutzbedürftig, da ihre Existenz nicht von der Teilzeitbeschäftigung abhinge[477], würde dem Rechtfertigungsmaßstab des EuGH kaum standhalten. Es spricht daher einiges dafür, daß die betreffenden Regelungen bis zu ihrer Modifizierung durch den *Worker Protection (Regular Part-Time Employees) Act, 1991* mit Art. 119 EWGV, der Richtlinie 75 / 117 / EWG und der Richtlinie 76 / 207 / EWG nicht vereinbar waren[478].

Dagegen könnte die Normierung der 8-Stundengrenze und der dreizehnwöchigen Beschäftigungsfrist einem notwendigen Ziel der irischen Sozialpolitik dienen und zur Erreichung dieses Ziels geeignet und erforderlich sein. Die Regierung bezweckte damit, die Attraktivität der Teilzeitarbeit für die Arbeitgeber zu erhalten. Da diese Beschäftigungsform mehr und mehr eine Alternative zur Vollzeitarbeit ist und für viele Arbeitnehmer den einzigen Ausweg aus der weitverbreiteten Arbeitslosigkeit bietet, sollte die Zunahme der Teilzeitarbeitsverhältnisse nicht durch eine Überregulierung beschränkt werden[479]. In dem *Programme for Economic and Social Progress* wurde die Förderung der Beschäftigung als vorrangiges Ziel irischer Regierungpolitik in den 90er Jahren bezeichnet[480]. Aufgrund dieser Erwägungen könnte der irischen Regierung der Nachweis gelingen, daß der Ausschluß der Teilzeitbeschäftigten von dem gesetzlichen Schutzsystem nicht auf dem Geschlecht der überwiegend betroffenen weiblichen Teilzeitarbeitnehmer beruht.

§ 2 Arbeitsrechtliche Rahmenbedingungen

I. Die Pflichten des Arbeitnehmers im Teilzeitarbeitsverhältnis

1. Arbeitspflicht

Das *common law* unterscheidet nicht zwischen Vollzeit- und Teilzeitarbeitnehmern. Beide Arbeitnehmergruppen haben dieselben arbeitsvertraglichen

---

[476] Vgl. oben 3. Kapitel, § 1 II 2 a) bb).

[477] Vgl. oben 3. Kapitel, § 1 II 2 a) bb) (1).

[478] Vgl. Whyte, Part-time Workers, 74, 87, 88; Barry, Part-time Workers and Discrimination, Statuory Schemes Challengeable? (1990) I.L.T. 38, 39.

[479] Vgl. oben 3. Kapitel, § 1 II 2 a) bb) (3).

[480] Stationery Office (Hrsg.), Programme for Economic and Social Progress, Section I, S. 7.

Rechte und Pflichten. Der Teilzeitarbeitnehmer ist daher wie jeder andere Arbeitnehmer verpflichtet, die Arbeitsleistung persönlich zu erbringen. Die Arbeitspflicht bildet die Hauptpflicht des Arbeitnehmers gegenüber dem Arbeitgeber[1].

Die wöchentliche Arbeitszeit des Teilzeitarbeitnehmers ist im Vergleich zur betriebsüblichen Arbeitszeit reduziert. Der Umfang der vom Arbeitnehmer geschuldeten Arbeitsleistung bestimmt sich nach der zwischen den Parteien getroffenen Vereinbarung.

2. Befreiung von der Arbeitspflicht

Der Teilzeitbeschäftigte ist grundsätzlich während der gesamten Dauer der vertraglich vereinbarten Arbeitszeit zur Erbringung der Arbeitsleistung verpflichtet. Jedoch kann er unter vertraglich oder gesetzlich näher bestimmten Voraussetzungen vorübergehend von der Arbeitspflicht befreit sein.

a) Annual Leave und Public Holidays

Teilzeitbeschäftigte sind nicht zur Erbringung der Arbeitsleistung verpflichtet, wenn ihnen Ansprüche auf Jahresurlaub und auf Freistellung an gesetzlichen Feiertagen zustehen. Diese können sich aus dem *Holidays (Employees) Act, 1973*, dem *Worker Protection (Regular Part-Time Employees) Act, 1991*, einzel- oder tarifvertraglichen Vereinbarungen ergeben.

Gem. *Section 3 (2)* i.V.m. *Section 3 (7)* und *Section 3 (3)* des *Holidays (Employees) Act, 1973* haben Teilzeitbeschäftigte ebenso wie Vollzeitbeschäftigte Anspruch auf insgesamt drei Wochen Jahresurlaub, wenn sie entweder in dem Urlaubsjahr 120 Stunden monatlich oder 1400 Stunden im Jahresdurchschnitt gearbeitet haben[2]. Daraus folgt, daß die Anwendbarkeit des Urlaubsgesetzes — je nach der Länge des Monats und der Arbeitswoche — eine wöchentliche Arbeitszeit von durchschnittlich 27 Stunden voraussetzt[3].

Für Teilzeitbeschäftigte, deren wöchentliche Arbeitszeit die im *Holidays (Employees) Act, 1973* normierten Stundengrenzen unterschreitet, kann sich ein

---

[1] Ready Mixed Concrete (South East) Ltd. v. Minister of Pensions and National Insurance [1968] 2 Q.B. 497, 515; Nethermere (St. Neots) Ltd. v. Taverna [1984] I.R.L.R. 240, 241.

[2] Vgl. oben zum *Holidays (Employees) Act, 1973* 2. Kapitel, § 1 III 2 a).

[3] Vgl. Redmond, Ireland, Ch. 6, III., S. 285.

Anspruch auf Jahresurlaub aus *Section 4* des *Worker Protection (Regular Part-Time Employees) Act, 1991* ergeben. Das setzt voraus, daß der Arbeitnehmer seit mindestens 13 Wochen bei dem Arbeitgeber kontinuierlich beschäftigt ist und nicht weniger als acht Stunden in der Woche arbeitet[4]. Die Kontinuität der Beschäftigung bestimmt sich nach den Vorschriften der *First Schedule* des *Minimum Notice and Terms of Employment Act, 1973*[5].

Ist der Arbeitnehmer danach regelmäßig teilzeitbeschäftigt, kann er für 100 geleistete Arbeitsstunden im Urlaubsjahr eine sechsstündige Befreiung von der Arbeitspflicht verlangen. Der Anspruch mindert sich proportional, wenn die 100-Stundengrenze nicht erreicht wurde[6]. Die Arbeitsstunden, die der Beschäftigte während der dreizehnwöchigen Wartefrist geleistet hat, bleiben bei der Berechnung unberücksichtigt[7].

Wenn der regelmäßig Teilzeitbeschäftigte länger als acht Monate bei dem Arbeitgeber ununterbrochen beschäftigt ist, hat er Anspruch auf zusammenhängenden Jahresurlaub. Dessen Länge entspricht entweder dem Anspruch, der während der ersten acht Monate der Beschäftigung erworben wurde oder zwei Dritteln des vollen Anspruchs, der aufgrund des ersten Beschäftigungsjahres entstanden ist[8].

Die Modifizierung des *Holidays (Employees) Act, 1973* durch die Vorschriften des *Worker Protection (Regular Part-Time Employees) Act, 1991* hat zur Folge, daß regelmäßig Teilzeitbeschäftigte nahezu gleichgestellt werden mit Arbeitnehmern, die unmittelbar von dem *Holidays (Employees) Act, 1973* erfaßt sind.

Das deutsche BUrlG differenziert demgegenüber nicht nach dem Umfang der Beschäftigung. Teilzeitarbeitnehmer haben unter den gleichen Voraussetzungen und in entsprechendem Umfang Anspruch auf Urlaub wie Vollzeitarbeitnehmer[9]. Der Urlaubsanspruch ist gem. § 5 Abs. 1 BUrlG allein davon abhängig, daß der Arbeitnehmer mindestens einen vollen Monat beschäftigt war[10].

---

[4] *Section 4* i.V.m. *Section 1 (1)* des *Worker Protection (Regular Part-Time Employees) Act, 1991.*

[5] *Section 2 (1)* des *Worker Protection (Regular Part-Time Employees) Act, 1991*; vgl. oben zur Kontinuität der Beschäftigung 3. Kapitel, § 1 I 1.

[6] *Section 4 (3) (a)* des *Worker Protection (Regular Part-Time Employees) Act, 1991.*

[7] *Section 2 (4)* des *Worker Protection (Regular Part-Time Employees) Act, 1991.*

[8] *Section 4 (3) (c) (a)* des *Worker Protection (Regular Part-Time Employees) Act, 1991.*

[9] BAG, Urt. v. 21. 10. 1965, AP Nr. 1 zu § 1 BUrlG; Dersch / Neumann, § 2 BUrlG, Rdnr. 44.

[10] Dersch / Neumann, § 5 BUrlG, Rdnr. 11.

Gem. *Section 4 (1)* des *Worker Protection (Regular Part-Time Employees) Act, 1991* i.V.m. *Section 4* des *Holidays (Employees) Act, 1973* haben regelmäßig Teilzeitbeschäftigte Anspruch auf Befreiung von der Arbeitspflicht an den acht gesetzlichen Feiertagen. Insoweit gelten für sie keine Besonderheiten. Allerdings bestimmt *Section 4 (3) (e)* des Gesetzes von 1991, daß Teilzeitbeschäftigte, deren Arbeitsverhältnis während der letzten fünf Wochen vor dem Feiertag endet, nur dann eine Entschädigung verlangen können, wenn sie innerhalb dieser Frist nicht weniger als vier Wochen gearbeitet haben. Arbeitnehmer, die in den fünf Wochen vor dem Feiertag mindestens 120 Arbeitsstunden geleistet haben, müssen diese Voraussetzung nicht erfüllen. Für sie ist allein die Gesamtzahl der geleisteten Arbeitsstunden maßgeblich[11].

Gem. *Section 4 (4)* des *Worker Protection (Regular Part-Time Employees) Act, 1991* haben die besonderen Regelungen für *regular part-time employees* keine Rückwirkung. Ein kontinuierlicher Beschäftigungszeitraum, der vor dem 6. April 1991[12] liegt, ist bei der Prüfung eines Anspruchs auf Befreiung von der Arbeitspflicht nicht zu berücksichtigen.

Bestimmt sich der Anspruch auf Jahresurlaub nicht nach dem Gesetzesrecht, sondern nach einzel- oder kollektivvertraglichen Vereinbarungen und werden Teilzeitarbeitnehmer — unabhängig von ihrer Arbeitszeit — gegenüber vergleichbaren Vollzeitarbeitnehmern benachteiligt, können sie im Rahmen eines *trade dispute* Jahresurlaub auf anteiliger Basis verlangen. Das Argument der Arbeitgeber, die proportionale Anwendung von Urlaubsregelungen auf das Teilzeitarbeitsverhältnis sei zu kostspielig, erkannte der *Labour Court* als sachliche Rechtfertigung einer Ungleichbehandlung nicht an[13].

Darüberhinaus kann die Benachteiligung von Teilzeitkräften durch einzel- oder kollektivvertragliche Vereinbarungen eine mittelbare Geschlechterdiskriminierung zur Folge haben. Hinsichtlich der Urlaubsdauer kommt ein Verstoß gegen das Gleichbehandlungsgebot des *Employment Equality Act, 1977* in Betracht, da der Begriff der Arbeitsbedingung i.S.d. Gesetzes weit ausgelegt wird[14].

---

[11] *Section 4 (2) (a)* des *Holidays (Employees) Act, 1973*.

[12] *Section 4* des *Worker Protection (Regular Part-Time Employees) Act, 1991* wurde am 6. April 1991 ratifiziert; siehe die *Worker Protection (Regular Part-Time Employees) Act, 1991 (Commencement) Order, 1991 (S.I. No. 75 of 1991)*.

[13] Dublin Voluntary Hospitals, Department of Health v. Local Government and Public Services Union LCR No. 7672; Department of Education, Greendale Community School v. Irish Women Workers' Branch, Federated Workers' Union of Ireland LCR No. 11167; Town of Galway Vocational Education Committee, Department of Education, Department of the Public Service v. Federates Workers' Union of Ireland LCR No. 9263.

[14] Curtin, Irish Employment Equality Law, Ch. 8, S. 261.

b) Maternity Leave

Teilzeitbeschäftigte Arbeitnehmerinnen sind außerdem von der Arbeitspflicht befreit, wenn ihnen ein gesetzlicher, einzelvertraglicher oder tariflicher Anspruch auf Mutterschutzurlaub zusteht.

Voraussetzung für den gesetzlichen Mutterschutzurlaub von 14 Wochen ist, daß die Teilzeitarbeitnehmerin seit mindestens 13 Wochen bei dem Arbeitgeber beschäftigt ist und ihre wöchentliche Arbeitszeit acht Stunden nicht unterschreitet[15]. Die Kontinuität des Beschäftigungsverhältnisses bestimmt sich allein nach der *First Schedule* des *Minimum Notice and Terms of Employment Act, 1973*.

Ist die dreizehnwöchige Wartefrist nicht erfüllt, hat dies nicht automatisch zur Folge, daß ihr kein gesetzlicher Mutterschutz zusteht. Die Vorschriften des *Maternity Protection of Employees Act, 1981* sind unmittelbar anwendbar, wenn die Arbeitnehmerin mindestens 18 Wochenstunden arbeitet und ihre Beschäftigung der Sozialversicherungspflicht unterliegt[16]. Die Voraussetzung der Sozialversicherungspflicht stellt dann in der Regel keine Hürde dar, da sie ab einem wöchentlichen Einkommen £ 25 besteht[17].

Der Anspruch auf Mutterschutz ist in jedem Falle ausgeschlossen, wenn die Arbeitnehmerin aufgrund eines Arbeitsvertrages beschäftigt ist, der für weniger als 26 Wochen befristet ist[18].

Nach der Beendigung des Mutterschaftsurlaubs kann die Arbeitnehmerin verlangen, auf demselben oder einem anderen Arbeitsplatz unter nicht erheblich schlechteren Bedingungen weiterbeschäftigt zu werden[19]. Der *Employment Appeals Tribunal* hielt es nicht für gerechtfertigt, der Arbeitnehmerin anstelle der vorher ausgeübten Teilzeitbeschäftigung eine Vollzeitbeschäftigung anzubieten[20].

---

[15] *Section 3 (1)* i.V.m. *Section 1 (1)* des *Worker Protection (Regular Part-Time Employees) Act, 1991;* vgl. oben zum *Maternity Protection of Employees Act, 1981,* 2. Kapitel, § 1 III 2 d).

[16] *Section 2 (1)* des *Maternity Protection of Employees Act, 1981.*

[17] *Social Welfare (Employment of Inconsiderable Extent) Regulations, 1991 (S.I. No. 72 of 1991).* Ausnahmsweise kann der Anspruch an der Voraussetzung der Sozialversicherungspflicht scheitern, wenn die Beschäftigung der Arbeitnehmerin zu einer der als „*Subsidiary Employments*" geltenden Tätigkeiten gehört, siehe die *Social Welfare (Subsidiary Employments) Regulations, 1991 (S.I. No. 73 of 1991).*

[18] *Section 2 (1) (b)* des *Maternity Protection of Employees Act, 1981.*

[19] *Section 20 und 21* des *Maternity Protection of Employees Act, 1991.*

[20] Leech v. PMPA Insurance Co. Ltd. P 13 / 1982.

In der Bundesrepublik ist das Recht auf Mutterschutz grundsätzlich nicht von dem Umfang der Beschäftigung abhängig. Eine Ausnahme enthält nur § 11 Abs. 3 MuSchG, der bestimmt, daß Frauen, die in einem Familienhaushalt beschäftigt sind, ohne dort ihre Arbeitskraft voll einzusetzen, keine Garantie für die Zahlung ihres letzten Durchschnittseinkommens im Falle von Beschäftigungseinschränkungen oder -verboten haben.

Die Ansprüche der Teilzeitarbeitnehmerinnen, die aufgrund des Umfanges und der Dauer ihrer Beschäftigung nicht von dem *Maternity Protection of Employees Act, 1981* erfaßt sind, bestimmen sich ausschließlich nach einzelvertraglichen Vereinbarungen oder in den Arbeitsvertrag einbezogene tarifliche Regelungen.

Da der *Maternity Protection of Employees Act, 1981* nur Mindestarbeitsbedingungen normiert[21], kann zugunsten der Arbeitnehmerinnen von den Vorschriften des Gesetzes abgewichen werden. Wird Vollzeitarbeitnehmerinnen dann beispielsweise kraft tariflicher Regelungen ein längerer Mutterschaftsurlaub als vergleichbaren Teilzeitarbeitnehmerinnen gewährt, stellt sich die Frage nach der sachlichen Rechtfertigung der Ungleichbehandlung. Die betroffenen Teilzeitarbeitnehmerinnen können in einem solchen Falle vor dem *Labour Court* die Einbeziehung in den Anwendungsbereich der betreffenden Kollektivvereinbarung verlangen.

c) Weitere Befreiungsgründe

Außerdem können Teilzeitbeschäftigte, die von den *Redundancy Payments Acts, 1967 - 1984* erfaßt werden[22], im Falle einer Entlassung wegen Arbeitsmangels von dem Arbeitgeber verlangen, für die Suche eines neuen Arbeitsplatzes während der letzten zwei Wochen vor Ablauf der Kündigungsfrist freigestellt zu werden[23].

Gehört der Teilzeitbeschäftigte einer Geschworenenkammer an, ist er nach dem *Juries Act, 1976* während seiner Tätigkeit nicht zur Erbringung der Arbeitsleistung verpflichtet[24].

Ein weiterer Befreiungsgrund kann nach entsprechender tariflicher oder einzelvertraglicher Vereinbarung gewerkschaftliches Engagement sein. Er greift insbesondere für Vertrauensleute der Gewerkschaften ein[25].

---

[21] Siehe *Section 5 (1)*.

[22] Vgl. oben 2. Kapitel, § 1 III 2.

[23] *Section 7 des Redundancy Payments Act, 1979*.

[24] Vgl. Wayne, Ch. 3, S. 52.

[25] Wayne, Ch. 3, S. 52.

3. Sonstige Pflichten

Arbeitnehmer und Arbeitgeber treffen im Rahmen des Arbeitsverhältnisses weitere Pflichten, die neben den gegenseitigen Hauptpflichten zu beachten sind. Sie lassen sich für beide Parteien als Pflicht zur Zusammenarbeit, Sorgfalt und Treue zusammenfassen[26]. Das Arbeitsverhältnis soll ein *„mutual bond of trust"* sein[27].

Daraus folgt für den Arbeitnehmer die Pflicht, seine Arbeitsleistung sorgfältig und mit Sachkunde zu erbringen; er muß ehrlich und fleißig sein[28]. Er hat rechtmäßigen Weisungen des Arbeitgebers Folge zu leisten, wenn sie im Zusammenhang mit der Erbringung der Arbeitsleistung stehen. Weiterhin ist der Arbeitnehmer verpflichtet, solche Handlungen zu unterlassen, die den Geschäftsbetrieb des Arbeitgebers behindern und damit dessen Interessen zuwiderlaufen[29]. Dazu gehört die Pflicht, nicht in Wettbewerb zu dem Arbeitgeber zu treten und keine Betriebsgeheimnisse zu offenbaren. Die Pflicht zur Verschwiegenheit kann gegebenenfalls auch nach der Beendigung des Arbeitsverhältnisses fortwirken[30].

Diese sonstigen arbeitsvertraglichen Pflichten erfahren im Rahmen des Teilzeitarbeitsverhältnisses keine Einschränkung. Eine Herabsetzung der Anforderungen an Teilzeitbeschäftigte etwa aufgrund einer weniger engen Bindung an den Betrieb wird nicht erwogen.

II. Die Pflichten des Arbeitgebers im Teilzeitarbeitsverhältnis

1. Lohnzahlungspflicht

Der Arbeitgeber ist dem Teilzeitarbeitnehmer aufgrund des Arbeitsvertrages zur Zahlung des vereinbarten Lohnes verpflichtet. Die Lohnzahlungspflicht bildet die Hauptpflicht des Arbeitgebers gegenüber dem Arbeitnehmer; sie steht im Gegenseitigkeitsverhältnis zur Verpflichtung, die Arbeitsleistung zu erbringen[31]. Haben sich die Parteien nicht ausdrücklich auf eine Pflicht zur

---

[26] von Prondzynski / McCarthy, Ch. 3, S. 47.

[27] Skelly v. S.A. Roantree and Sons Ltd. UD 585 / 1983.

[28] Lister v. Romford Ice and Cold Storage Co. Ltd. [1957] A.C. 555, 594.

[29] Secretary of State for Employment v. A.S.L.E.F. (No. 2) [1972] 2 All E.R. 946, 967; Redmond, Labour Law, Part I, Ch. II, S. 76, 77.

[30] Faccenda Chicken Ltd. v. Fowler [1984] I.R.L.R. 61; Redmond, Labour Law, Part I, Ch. II, S. 77.

[31] Ready Mixed Concrete (South East) Ltd. v. Minister of Pensions and National Insurance [1968] 2 Q.B. 497, 515; Hepple / O'Higgins, Employment Law, Ch. 10, S. 151.

Lohnzahlung geeinigt, gilt sie als stillschweigend vereinbart, wenn der Arbeitnehmer seine Dienste unter Umständen verrichtet, die eine Entlohnung erwarten lassen[32].

a) Allgemeines

aa) Lohnhöhe

(1) Rechtliche Grundlagen

Seit 1989 diskutieren die irische Regierung, Gewerkschaften und der Arbeitgeberverband über die Einführung eines gesetzlichen Mindestlohnes. Den Anstoß dafür lieferten eine Kampagne des ICTU gegen *low pay*[33] sowie die Verabschiedung der Gemeinschaftscharta der sozialen Grundrechte der Arbeitnehmer[34].

Die Gewerkschaften favorisieren die Normierung eines Mindestlohnes als geeignetste Maßnahme im Kampf gegen das niedrige Lohnniveau in Irland[35]. Dagegen vertreten die Regierung und der Arbeitgeberverband die Auffassung, daß die Einführung eines gesetzlichen Mindestlohnes zu dem Verlust von Arbeitsplätzen führe und die Wettbewerbsfähigkeit irischer Unternehmen gefährde. Die tarifliche Normsetzung in Verbindung mit dem System der *Joint Labour Committees* sei einer gesetzlichen Normierung vorzuziehen[36].

Nach den Vorschriften der *Industrial Relations Acts, 1946 - 1990* kann der *Labour Court* für bestimmte Industrien *Joint Labour Committees* einsetzen[37]. Die Ausschüsse bestehen aus Vertretern der Arbeitnehmer- und Arbeitgeberseite

---

[32] McEvoy v. Moore [1902] 36 I.L.T.R. 99; Doolan, Ch. 38, S. 360.

[33] ICTU, Campaign on Low Pay.

[34] Siehe Art. 5 der Gemeinschaftscharta der sozialen Grundrechte, der bestimmt, daß alle Arbeitnehmer ein gerechtes Entgelt erhalten sollen, Commission of the European Communities (Hrsg.), Community Charter of Fundamental Social Rights of Workers.

[35] ICTU, Campaign on Low Pay; O'Donovan, The Trade Union Response, in: The Combat Poverty Agency and the Irish Congress of Trade Unions (Hrsg.), Low Pay - The Irish Experience, Ch. 3, S. 49, 51.

[36] Ahern, Government Policy and Low Pay, in: Combat Poverty Agency and the Irish Congress of Trade Unions (Hrsg.), Low Pay - The Irish Experience, Ch. 3, S. 23, 24; Department of Labour, Annual Report 1990, Ch. 2, S. 15; O'Brien, An Employer Perspective, in: Combat Poverty Agency and the Irish Congress of Trade Unions (Hrsg.), Low Pay - The Irish Experience, Ch. 3, S. 43, 44, 45.

[37] Gemeinsame Arbeitsausschüsse; siehe *Section 35 - 41* des *Industrial Relations Act, 1946; Section 44 - 50* des *Industrial Relations Act, 1990.*

und einem unabhängigen Mitglied. Sie haben die Aufgabe, im Rahmen ihrer sachlichen Zuständigkeit Vorschläge für *employment regulation orders*[38] zu erarbeiten, die die Arbeitsbedingungen unter Einschluß eines Mindestlohnes regeln. Hat der *Labour Court* eine solche Verordnung in Kraft gesetzt, ist sie rechtlich bindend. Dies hat zur Folge, daß die Arbeitsverträge der von der Norm erfaßten Arbeitnehmer hinsichtlich der Lohnhöhe automatisch abgeändert werden; dagegen bleiben günstigere einzel- oder kollektivvertragliche Vereinbarungen wirksam. Verstößt der Arbeitgeber gegen Bestimmungen einer *employment regulation order*, macht er sich eines Vergehens schuldig[39].

1987 gab es in Irland 17 *Joint Labour Committees*, die vorwiegend Arbeitnehmer der Landwirtschaft, Hotelangestellte und Rechtsanwaltsgehilfen repräsentierten; kürzlich wurde ein *Joint Labour Committee* für das Reinigungsgewerbe eingesetzt[40]. *Employment regulations orders* legen den Mindestlohn für etwa 40.000 Arbeitnehmer fest[41].

Die Einführung eines gesetzlichen Mindestlohnes — unabhängig von dem jeweiligen Industriezweig — würde insbesondere Teilzeitarbeitnehmern zugute kommen, denn sie gehören zu den schlechtest bezahlten Arbeitnehmern auf dem Arbeitsmarkt[42]. Während 60 % der Teilzeitbeschäftigten weniger als £ 100 in der Woche verdienen, liegt das Einkommen von nur 12 % der Vollzeitbeschäftigten unterhalb der Untergrenze für *low pay*[43].

Neben den *employment regulation orders* können auch *registered employment agreements*[44] die Zahlung eines Mindestlohnes garantieren. Der Verstoß gegen eine solche eingetragene Vereinbarung ist mit der Verhängung eines Ordnungsgeldes sanktioniert[45]. Nur mit Zustimmung des Arbeitsgerichtes dürfen die *registered employment agreements* geändert werden[46].

---

[38] Arbeitsrechtliche Regelungsanordnungen mit Normqualität.

[39] von Prondzynski / McCarthy, Ch. 4, S. 64, 65; Wayne, Ch. 3, S. 54 - 56.

[40] von Prondzynski / McCarthy, Ch. 4, S. 65.

[41] Ahem, Government Policy and Low Pay, Ch. 3, S. 23, 24.

[42] Vg. oben 1. Kapitel, § 1 I 2.

[43] Blackwell / Nolan, Low Pay — The Irish Experience, in : The Combat Poverty Agency and the Irish Congress of Trade Unions (Hrsg.), Low Pay — The Irish Experience, Ch. 2, S. 1, 11. Arbeitnehmer, die 30 oder mehr Wochenstunden arbeiten, gelten im Rahmen dieser Untersuchung als Vollzeitarbeitnehmer.

[44] Vgl. oben 2. Kapitel, § 1 IV 4.

[45] *Section 10* des *Industrial Relations Act, 1969*.

[46] Wayne, Ch. 3, S. 56.

Bestimmt sich der Lohn des Teilzeitbeschäftigten weder nach einer *employment regulation order,* einem *registered employment agreement* oder einer demgegenüber günstigeren kollektivvertraglichen Vereinbarung, ist die Lohnhöhe von der Parteivereinbarung abhängig[47]. Haben der Arbeitgeber und der Arbeitnehmer keine ausdrückliche Abrede getroffen, besteht nach der vom *common law* entwickelten quantum-meruit-Doktrin dann ein Anspruch auf den Lohn, der in einem angemessenen Verhältnis zu dem Wert der Arbeitsleistung steht. Voraussetzung ist nur, daß sich die Parteien über eine Lohnzahlungspflicht des Arbeitgebers geeinigt haben[48].

(2) Grundsatz der Lohngleichheit

Nicht nur erhalten Teilzeitbeschäftigte ein geringeres Entgelt als Vollzeitbeschäftigte, sondern Teilzeitarbeitnehmerinnen wird auch gewöhnlich weniger als vergleichbaren männlichen Teilzeitarbeitnehmern gezahlt. Dies führt dazu, daß sie in zweifacher Weise diskriminiert werden: Einerseits knüpft die Benachteiligung an die Beschäftigungsform der Teilzeitarbeit an, andererseits erfolgt sie wegen des Geschlechts[49].

Wie oben gezeigt[50], schützt der *Anti-Discrimination (Pay) Act, 1974* teilzeitbeschäftigte Arbeitnehmerinnen bei der Bemessung des Entgelts sowohl vor unmittelbarer als auch vor mittelbarer Geschlechterdiskriminierung. Gewährt der Arbeitgeber weiblichen Teilzeitkräften trotz gleichwertiger Arbeit einen geringeren Stundenlohn als männlichen Teilzeitkräften, steht ihnen ein Anspruch auf Gleichbehandlung zu. Dasselbe gilt, wenn die Voraussetzungen einer mittelbaren Geschlechterdiskriminierung vorliegen. Die Teilzeitbeschäftigung stellt für sich betrachtet keinen sachlichen Grund für eine unterschiedliche Vergütungsregelung dar.

Nach *Section 5 (2) (a) - (c)* des *Anti-Discrimination (Pay) Act, 1974* ist dieser Grundsatz der Lohngleichheit auch bei dem Abschluß von Kollektivvereinbarungen, *Registered Employment Agreements* und *Employment Regulation Orders* zu beachten: Enthalten die betreffenden Vereinbarungen Bestimmungen, die zu einer geschlechtsspezifischen Ungleichbehandlung weiblicher

---

[47] Redmond, Labour Law, Part I, Ch. IV, S. 96.

[48] O'Connell v. Listowel UCD [1957] Ir.Jur.Rep. 43; vgl. Redmond, Labour Law, Part I, Ch. IV., S. 96.

[49] Daly, The hidden workers: The work lives of part-time women cleaners, Chapter One, S. 9.

[50] Vgl. oben 3. Kapitel, § 1 III 2 b) bb) (2) (a).

Teilzeitbeschäftigter führen, sind sie null und nichtig[51]. Jedoch sind die *Equality Officer* und der *Labour Court* nach geltendem Recht nicht befugt, eine Nichtigkeitserklärung auszusprechen oder die diskriminierenden Klauseln abzuändern[52].

Darüberhinaus kann die Frage nach der Gleichbehandlung von Teilzeit- und Vollzeitbeschäftigten unabhängig von einer Geschlechterdiskriminierung Gegenstand eines *trade dispute* i.S.d. *Industrial Relations Acts, 1946 - 1990* sein. Die Gewerkschaften haben in mehreren Fällen geltend gemacht, daß Teilzeitarbeitnehmern bei vergleichbarer Tätigkeit ein Anspruch auf Lohngleichheit mit Vollzeitarbeitnehmern zusteht. Die Klagen waren im wesentlichen auf Einfügung einer entsprechenden Klausel in eine Kollektivvereinbarung gerichtet[53]. Zum Teil wurde von seiten der Arbeitgeber entgegengehalten, daß die Tätigkeit der Teilzeitbeschäftigten mit derjenigen der Vollzeitbeschäftigten nicht vergleichbar sei[54], zum Teil, daß es in dem entsprechenden Berufszweig nicht üblich sei, anteilige Leistungen zu zahlen und daß ansonsten zu hohe Kosten entstünden[55]. Die Untersuchungen des *Labour Court* gelangten in der Regel zu dem Ergebnis, daß Teilzeitarbeitnehmern ein anteiliger Lohn zu zahlen ist. Die *recommendations* zeigen die schon oben festgestellte Tendenz[56], den Schutz der regelmäßig Teilzeitbeschäftigten vor den der gelegentlich Teilzeitbeschäftigten zu stellen.

bb) Art und Weise der Lohnzahlung

Der *Anti-Discrimination (Pay) Act, 1974* ist das bedeutsamste Gesetz hinsichtlich des Inhalts der Lohnzahlungspflicht. Darüberhinaus regeln die *Truck Acts, 1831, 1887* und *1896* sowie der *Payment of Wages Act, 1979* für Arbeiter unabhängig von dem Umfang der Beschäftigung die Art und Weise der Lohnzahlung[57].

Gem. *Section 3* des *Truck Act, 1831* ist die Arbeitsleistung in bar zu vergüten; gem. *Section 3* des *Payment of Wages Act, 1979* kann die Zahlung zum

---

[51] *Section 5 (1)* des *Anti-Discrimination (Pay) Act, 1974*.

[52] Curtin, Irish Employment Equality Law, Ch. 4, S. 146.

[53] Dublin Voluntary Hospitals, Department of Health v. Local Government and Public Services Union LCR No. 7672; Tax Print Limited v. Irish Print Union LCR No. 10889; Joint Industrial Council for the Bakery Workers' Trade Unions LCR No. 11095.

[54] Tax Print Limited v. Irish Print Union LCR No. 10889.

[55] Dublin Voluntary Hospitals, Department of Health v. Local Government and Public Services Union LCR No. 7672.

[56] Vgl. oben 3. Kapitel, § 1 III 2 a).

[57] Nur *Section 5* des *Payment of Wages Act, 1979*, gilt für alle Arbeitnehmer.

Beispiel durch Scheck oder Überweisung erfolgen, wenn dies zwischen den Vertragsparteien schriftlich vereinbart wurde. Außerdem enthalten die betreffenden Gesetze Vorschriften, nach denen Abzüge vom Lohn ausnahmsweise zulässig sind[58].

Es wird erwogen, die *Truck Acts 1831 - 1896* und den *Payment of Wages Act, 1979* aufzuheben oder zumindest abzuändern, da ihre Bestimmungen zum Teil nicht mehr zeitgemäß sind[59]. Für Teilzeitbeschäftigte, die keine Arbeiter sind, bestimmt sich die Art und Weise der Lohnzahlung nach dem Inhalt des Arbeitsvertrages[60]. Von dem Lohn sämtlicher Arbeitnehmer werden die Einkommenssteuer[61], Sozialversicherungsbeiträge[62] und Unterhaltsleistungen abgeführt. Inzwischen ist es auch verbreitete Praxis, Gewerkschaftsbeiträge abzuziehen[63].

b) Lohnnebenleistungen

aa) Sonderzuwendungen

Der Anspruch Teilzeitbeschäftigter auf Zuschläge zum Grundlohn, wie Prämien, Weihnachtsgeld und dergleichen, bestimmt sich danach, ob entsprechende einzel- oder kollektivvertragliche Vereinbarungen getroffen wurden. In Irland erhalten nur etwa 20 % der Teilzeitkräfte Sonderzuwendungen[64]. Nicht zuletzt wird diese Praxis für das niedrige Lohnniveau der Teilzeitarbeit verantwortlich gemacht[65].

Bleiben teilzeitbeschäftigten Arbeitnehmern *bonus payments* im Gegensatz zu vergleichbaren Vollzeitbeschäftigten versagt, stellt sich die Frage nach der Rechtfertigung einer solchen unterschiedlichen Behandlung. In *Penneys Ltd. v. Irish Distributive and Administrative Union*[66] befand der *Labour Court*, daß die von dem Arbeitgeber befürchteten Wettbewerbsnachteile keinen sachlichen Grund dafür liefern, Teizeitbeschäftigte von der Vergütungsregelung auszunehmen.

---

[58] *Section 3 des Truck Act, 1831; Section 1 und 2 des Truck Act, 1896 und Section 5 des Payment of Wages Act, 1979.*

[59] Department of Labour, Discussion Document, Ch. III, S. 46; Department of Labour, Annual Report 1989, Ch. 4, S. 28.

[60] Redmond, Labour Law, Part I, Ch. IV, S. 97.

[61] *Section 126 des Income Tax Act, 1967.*

[62] *Section 10 des Social Welfare (Consolidation) Act, 1981.*

[63] Redmond, Labour Law, Part I, Ch. IV, S. 99.

[64] Vaughan, Social Insurance Implications of Part-time Employment, 4.6.17.

[65] Daly, Ch. 1, S. 9.

[66] LCR No. 11610.

Die Benachteiligung der Teilzeitarbeitnehmer kann zudem eine mittelbare Geschlechterdiskriminierung zur Folge haben, die gegen die Vorschriften des *Anti-Discrimination (Pay) Act, 1974* verstößt. Wiederholt haben die *Equality Officer* und der *Labour Court* entschieden, daß Zuschläge zum Grundlohn dem Begriff des Entgelts i.S.v. *Section 1 (1)* des Lohngleichheitsgesetzes unterfallen[67]. Sind von der benachteiligenden Regelung wesentlich mehr Frauen als Männer betroffen und gelingt es dem Arbeitgeber nicht, die unterschiedliche Behandlung durch wesentliche Gründe zu rechtfertigen, haben die betroffenen Teilzeitarbeitnehmerinnen gem. *Section 2 (1)* i.V.m. *Section 4* des *Anti-Discrimination (Pay) Act, 1974* einen Anspruch auf Gleichbehandlung mit vergleichbaren Vollzeitarbeitnehmern.

bb) Betriebliche Altersversorgung

Teilzeitbeschäftigten kann ein Anspruch auf Leistungen der betrieblichen Altersversorgung zustehen, wenn sie kraft einzel- oder kollektivvertraglicher Vereinbarung in das System der sozialen Sicherheit des Betriebes einbezogen sind. In Irland bleibt den meisten Teilzeitbeschäftigten wegen ihrer kürzeren wöchentlichen Arbeitszeit die Gewährung betrieblicher Versorgungsleistungen versagt[68].

Sind von dem Ausschluß aus dem betrieblichen Altersversorgungssystem erheblich mehr Frauen als Männer betroffen, kann eine mittelbare Geschlechterdiskriminierung beim Entgelt vorliegen. Schon früh haben die *Equality Officer* und der *Labour Court* entschieden, daß Leistungen der betrieblichen Altersversorgung an Arbeitnehmer und deren Hinterbliebene dem Begriff der *remuneration* i.S.v. *Section 1* des *Anti-Discrimination (Pay) Act, 1974* unterfallen[69]. Diese Betrachtungsweise steht im Einklang mit der Rechtsprechung des EuGH, nach der Leistungen der betrieblichen Systeme der sozialen Sicherheit vom Anwendungsbereich des Art. 119 EWGV erfaßt sind[70]. Hinsichtlich der Leistungen

---

[67] Galway Crystal v. IGTWU EP 22 / 1978; Waterford Crystal Ltd. v. 60 Women Canteen Assistants EP 35 / 1981; Polymark (Ireland) Ltd. v. Breen EP 15 / 1984; Lissadell Towels Ltd. v. Fifty-six Female Employees EP 10 / 1986, DEP 2 / 1987.

[68] McMahon / Murphy, European Community Law in Ireland, Ch. 25, S. 508.

[69] Linson Ltd. v. ASTMS EP 1 / 77, DEP 2 / 77; Department of the Public Service v. Robinson DEP 7 / 1977; University College Dublin v. Irish Federation of University Teachers DEP 17 / 1979; Clery & Co. (1941) Ltd. v. O'Brien EP 17 / 1984.

[70] Vgl. oben EuGH, Urt. v. 13. 5. 1986, Bilka Kaufhaus / Karin Weber von Hartz, Rs 170 / 84, Slg. 1986, 1607, 1626; Urt. v. 17. 5. 1990, Barber / Guardian Royal Exchange Assurance Group, Rs C-262 / 88, NZA 1990, 775.

an Hinterbliebene des Arbeitnehmers greift die Auslegung der irischen Gerichtsbarkeit dem EuGH vor, der die Frage nach ihrer Einordnung als Entgelt bislang nicht abschließend entschieden hat[71].

Die meisten Fälle der mittelbaren Geschlechterdiskriminierung bei Leistungen der betrieblichen Altersversorgung werden spätestens mit Wirkung zum 1. Januar 1993 nicht mehr über den *Anti-Discrimination (Pay) Act, 1974*, sondern den *Pensions Act, 1990* zu lösen sein[72]. *Section 67 (3) (c)* normiert für Leistungen der betrieblichen Systeme der sozialen Sicherheit ein spezielles Verbot der mittelbaren Diskriminierung wegen des Geschlechts. Für betriebliche Altersversorgungssysteme, die auf dem Einzelarbeitsvertrag beruhen, bleibt der *Anti-Discrimination (Pay) Act, 1974* weiterhin einschlägig, denn diese sind nicht von dem *Pensions Act, 1990* erfaßt[73].

Die Ungleichbehandlung teilzeitbeschäftigter Arbeitnehmer gegenüber Vollzeitbeschäftigten bei Leistungen betrieblicher Altersversorgungssysteme kann außerdem — unabhängig von der Frage der Geschlechterdiskriminierung — Gegenstand eines Schlichtungsverfahrens nach den *Industrial Relations Acts, 1946 - 1990* sein. In *University College Galway v. Federated Workers' Union of Ireland*[74] verlangte die Gewerkschaft im Namen der benachteiligten Teilzeitarbeitnehmer, diese an den Leistungen aus dem Pensionsfond teilhaben zu lassen. Der *Labour Court* empfahl die Einbeziehung der Teilzeitarbeitnehmer in das System der betrieblichen Altersversorgung. Er erkannte die Argumentation des Arbeitgebers, die Gleichbehandlung von Teilzeit- und Vollzeitkräften hätte erhebliche Kosten und letztlich den Wegfall von Arbeitsplätzen zur Folge, nicht als sachliche Rechtfertigung für die unterschiedliche Behandlung der beiden Arbeitnehmergruppen an.

Haben Teilzeitbeschäftigte kraft einzel- oder kollektivvertraglicher Vereinbarung einen Anspruch auf Leistungen der betrieblichen Altersversorgung oder wurde er ihnen zugesprochen, können sie ebenso wie Vollzeitbeschäftigte unter den Voraussetzugen von Teil III des *Pensions Act, 1990* unverfallbare Anwartschaften auf Versorgungsleistungen erwerben. Vergleichbare Regelungen finden

---

[71] Vgl. National Pensions Board, Ch. 3, S. 26, 27. Zwar bejahte der EuGH in *Razzouk und Beydoun / Kommission der Europäischen Gemeinschaften*, Urt. v. 20. 3. 1984, Rs 75 und 117 / 82, Slg. 1984, 1509, eine Verletzung des Grundsatzes der Gleichbehandlung durch den Ausschluß der Witwer von der Hinterbliebenenversorgung, stützte sich dabei aber nicht ausdrücklich auf Art. 119 EWGV.

[72] Vgl. oben 3. Kapitel, § 1 III 2 b) bb) (2) (b).

[73] Siehe die Legaldefinition von „*Occupational Benefit Scheme*" in *Section 65* des *Pensions Act, 1990*.

[74] LCR No. 10602.

sich im deutschen Recht in dem Gesetz zur Verbesserung der betrieblichen Altersversorgung[75].

Section 28 (2) des *Pensions Act, 1990* bestimmt, daß Mitgliedern eines betrieblichen Systems der sozialen Sicherheit, deren Beschäftigung vor Erreichung des Pensionsalters nicht durch Tod endet, unverfallbare Ansprüche auf die vorgesehenen Leistungen zustehen, wenn sie eine „qualifizierende Beschäftigung" von mindestens fünf Jahren vorweisen können. Zwei der fünf Jahre müssen in die Zeit nach Inkrafttreten des Gesetzes fallen. Die fünfjährige „qualifizierende Beschäftigung" berechnet sich gem. *Section 27 (1)* nach der Addition verschiedener zu berücksichtigender Beschäftigungsperioden; ein zusammenhängender Beschäftigungszeitraum muß nicht vorliegen. Daher ist der Anspruch Teilzeitbeschäftigter auf unverfallbare Versorgungsanwartschaften nicht von vornherein ausgeschlossen, wenn sie nur gelegentlich beschäftigt sind.

Ist der Arbeitnehmer hinsichtlich der Leistungen der betrieblichen Altersversorgung anwartschaftsberechtigt, besteht im Falle eines Wechsels des Arbeitsplatzes gem. *Section 34 (1)* des *Pensions Act, 1990* ein Anspruch auf deren Übertragung, wenn die Leistungen aus einer Pensionskasse finanziert werden. Erhält der Arbeitnehmer bereits die Versorgungsleistung oder hat er es versäumt, die Übertragung innerhalb von zwei Jahren seit Beendigung des früheren Arbeitsverhältnisses zu verlangen, ist der Anspruch gem. *Section 34 (7)* ausgeschlossen.

c) Die Vergütung zusätzlicher Arbeitszeit

Teilzeitarbeitnehmer können, ebenso wie Vollzeitarbeitnehmer, verpflichtet sein, Arbeitsstunden zu leisten, die über die vereinbarte Arbeitszeit hinausgehen. So ist es nicht unüblich, daß sich die Parteien auf ein wöchentliches Mindestarbeitsdeputat einigen, das bis zu einer festgelegten Stundengrenze überschritten werden darf. Die Vereinbarung einer kürzeren wöchentlichen Arbeitszeit ist somit nicht als Verzicht des Arbeitgebers auf die Anordnung von Mehrarbeit auszulegen.

Fraglich ist, ob Teilzeitbeschäftigten ein Anspruch auf eine über den normalen Stundenlohn hinausgehende Vergütung für die zusätzliche Arbeitszeit zusteht. Dabei ist zwischen der Überschreitung der gesetzlich zulässigen Arbeitszeit[76] und der Überschreitung der vertraglich oder tariflich vereinbarten Arbeits-

---

[75] BGBl. I S. 3610.

[76] „Mehrarbeit".

zeit[77] zu unterscheiden: Nach den *Conditions of Employment Acts, 1936 - 1944* und den *Shops (Conditions of Employment) Acts, 1938 - 1942* darf die wöchentliche Arbeitszeit für Beschäftigte der Industrie und Beschäftigte des Einzelhandels, Gaststätten- und Reinigungsgewerbes 48 beziehungsweise 56 Stunden nicht überschreiten. Leistet der Arbeitnehmer zulässige Mehrarbeit, ist jede weitere Arbeitsstunde mit einem 25 %igen Zuschlag zu dem normalen Stundenlohn zu vergüten. Kollektivvereinbarungen sehen in der Regel eine höhere Zulage vor[78].

Demzufolge haben Teilzeitarbeitnehmer nur dann einen Anspruch auf Mehrarbeitsvergütung, wenn sie dem gesetzlich geschützten Personenkreis angehören und wöchentlich mehr als 48 Stunden gearbeitet haben. Die letztgenannte Voraussetzung werden sie in der Regel nicht erfüllen. Ebenso wie in der Bundesrepublik beträgt die regelmäßige wöchentliche Arbeitszeit heute in Irland kraft kollektivvertraglicher Vereinbarung oder betrieblicher Übung höchstens 40 Stunden[79]. Die *Conditions of Employment Acts, 1936 - 1944* und die *Shops (Conditions of Employment) Acts, 1938 - 1942* haben daher selbst für Vollzeitbeschäftigte nur noch geringe praktische Bedeutung[80]. Obwohl es seit 1984 Bestrebungen gibt, die veralteten Arbeitszeitgesetze zu reformieren, ist bislang keine Neuregelung erfolgt[81].

Somit kann allenfalls ein Anspruch Teilzeitbeschäftigter auf Überstundenzuschläge in Betracht kommen, der nicht an die gesetzlich zulässige, sondern an die tarifliche oder individuell vereinbarte Arbeitszeit anknüpft. Nach der in der Bunbesrepublik vertretenen h.M. besteht ein Anspruch Teilzeitbeschäftigter auf zusätzliche Vergütung von Überstunden nur für die Arbeitsstunden, die über die regelmäßige tarifliche Arbeitszeit hinausgehen[82]. Sie stützt sich zum einen darauf, daß unter dem Begriff der Überstunden nur die Arbeitsstunden zu verstehen

---

[77] „Überarbeit"; siehe zur Terminologie: BAG, Urt. v. 31. 5. 1972, AP Nr. 16 zu § 611 BGB Bergbau; Denecke / Neumann, § 15 AZO, Anm. 2. In Irland wird keine begriffliche Unterscheidung zwischen Mehrarbeit und Überarbeit getroffen. Beide Begriffe sind von der Bezeichnung „Overtime" erfaßt.

[78] Redmond, Ireland, Ch. 6, III, S. 261, 268.

[79] Trine, Employers' Liabilities under Social Service Legislation in the Countries of the European Market, Ch. 2, S. 13.

[80] Vgl. Department of Labour, Annual Report 1989, Ch. 4, S. 29, 30.

[81] Siehe den *Hours of Work Bill, 1989;* vgl. Department of Labour, Annual Report 1989, Ch. 4, S. 30.

[82] BAG, Urt. v. 23. 2. 1977, AP Nr. 1 zu § 1 TVG Tarifverträge: Techniker-Krankenkasse; BAG, Urt. v. 7. 2. 1985, Nr. 48 zu § 37 BetrVG 1972; LAG Bremen, Urt. v. 21. 5. 1971, DB 1971, S. 1429; Schaub, Handbuch des Arbeitsrechts, § 44 III 3 b), S. 233; GK-TzA-Lipke, Art. 1 § 2 BeschFG, Rdnr. 143; Isele, Arbeitsrechtliche Besonderheiten der Teilzeitarbeit, RdA 1964, 201, 204. Dagegen: Schüren, Der Anspruch Teilzeitbeschäftigter auf Überstundenzuschläge, RdA 1990, 18; Schlüter, Überstunden bei Teilzeitbeschäftigungsverhältnissen, RdA 1975, 113.

seien, die die tarifliche Arbeitszeit überschreiten[83]. Zum anderen sei eine Zahlung von Zuschlägen bei Überschreitung der individuell vereinbarten Arbeitszeit nicht mit dem Zweck der Überstundenzuschläge vereinbar, die erhöhte körperliche Belastung auszugleichen[84]. Die h.M. führt zu dem Ergebnis, daß Teilzeitbeschäftigten in der Praxis nur ausnahmsweise ein Anspruch auf Überstundenzuschläge zustehen kann.

Die irische Rechtslehre hat sich demgegenüber bislang nicht mit dem Anspruch Teilzeitbeschäftigter auf Überstundenzuschläge auseinandergesetzt. Allgemein ist unter dem Begriff der Überstunden im anglo-irischen Recht die Arbeitszeit zu verstehen, die die *normal working hours* des Arbeitnehmers überschreitet[85]. Die *normal working hours* bestimmen sich wiederum nach dem Inhalt des Arbeitsvertrages[86]. Für Teilzeitbeschäftigte ist in der Regel eine einzelvertragliche Vereinbarung entscheidend, da ihre Arbeitszeit im Vergleich zu der tariflich festgelegten, betrieblichen Arbeitszeit reduziert ist. Teilzeitarbeitnehmer leisten somit Überstunden, wenn ihre Arbeitszeit das individuell vereinbarte Arbeitsdeputat überschreitet.

Daraus folgt noch nicht zwingend, daß die zusätzliche Arbeitszeit mit einem Zuschlag zu dem normalen Lohn zu vergüten ist. Der Arbeitgeber ist grundsätzlich zur Zahlung von Überstundenzuschlägen nur verpflichtet, wenn sich die Parteien darüber geeinigt haben[87]. Der Anspruch Teilzeitbeschäftigter auf Überstundenzuschläge für jede zusätzlich geleistete Arbeitsstunde setzt danach voraus, daß der Arbeitsvertrag eine entsprechende Regelung enthält. Insofern ist die Rechtslage in Irland nicht anders als in der Bundesrepublik[88].

Fehlt eine ausdrückliche einzel- oder kollektivvertragliche Vereinbarung, ist problematisch, ob Teilzeitbeschäftigte darüberhinaus die Zahlung einer zusätzlichen Vergütung für Überstunden verlangen können, wenn eine ausdrückliche einzel- oder kollektivvertragliche Vereinbarung fehlt. Ähnlich wie in der Bundesrepublik[89] besteht in Irland die Praxis, Zuschläge nur für die Arbeitszeit zu

---

[83] BAG, Urt. v. 23. 2. 1977, AP Nr. 1 zu § 1 TVG Tarifverträge: Techniker-Krankenkasse; BAG, Urt. v. 7. 2. 1985, Nr. 48 zu § 37 BetrVG 1972; Isele, S. 201, 204.

[84] BAG Bremen, Urt. v. 21. 5. 1971, DB 1971, S. 1429.

[85] Smith / Wood, Industrial Law, Ch. 7, S. 412; Harvey on Industrial Relations and Employment Law, Vol. I, I / 135, [772]; Wesley College v. Irish Transport and General Workers' Union LCR 6305.

[86] ITT Components (Europe) Ltd v. Y Kolah [1977] I.R.L.R. 53, 54; Smith / Wood, Ch. 7, S. 411; Harvey on Industrial Relations and Employment Law, Vol. I, I / 135, [771].

[87] Hepple / O'Higgins, Employment Law, Ch. 9, S. 151, 152; vgl. Smith / Wood, Ch. 7, S. 412.

[88] Vgl. Schlüter, RdA 1975, 113.

[89] Schüren, Der Anspruch Teilzeitbeschäftigter auf Überstundenzuschläge, RdA 1990, 18, 19.

gewähren, die über die regelmäßige betriebliche Arbeitszeit hinausgeht[90]. Dies hat zur Folge, daß Teilzeitbeschäftigten entsprechend der h.M. der deutschen Rechtswissenschaft ein tariflicher Anspruch auf Überstundenzuschläge grundsätzlich nur für die Arbeitstunden zusteht, die die regelmäßige tarifliche Arbeitszeit von 40 Wochenstunden überschreitet. Die zusätzlich geleistete Arbeitszeit, die die 40-Stundengrenze nicht erreicht, wird mit dem normalen Stundenlohn vergütet. Teilzeitarbeitnehmer können daher bei Überschreitung der individuell vereinbarten Arbeitszeit in der Regel keine Überstundenzuschläge verlangen. Vollzeitbeschäftigten steht demgegenüber bei Überschreitung ihrer persönlichen Arbeitszeit grundsätzlich ein Anspruch auf Überstundenzuschläge zu, da die Überschreitung der persönlichen und der tariflich festgelegten, betrieblichen Arbeitszeit zusammenfallen. Anders als in der Bundesrepublik scheitert der Anspruch Teilzeitbeschäftigter nicht bereits daran, daß die zusätzlich geleistete, untertarifliche Arbeitszeit begrifflich nicht als Überstunden einzuordnen ist. Im Gegenteil hielt es der *Labour Court* in *Wesley College v. Irish Transport and General Workers' Union*[91] für unzulässig, hinsichtlich der besonderen Vergütungspflicht an die regelmäßige betriebliche Arbeitszeit anzuknüpfen. Wenn ein wöchentliches Mindestarbeitsdeputat von 25 Stunden vereinbart sei und der Arbeitnehmer mehr als 25 Stunden aber weniger als 40 Stunden arbeite, sei die zusätzlich erbrachte Arbeitsleistung mit Überstundenzuschlägen zu vergüten.

Nach Ansicht des *Labour Court* ist kein Grund dafür ersichtlich, nur Teilzeitarbeitnehmern mit einer über 40 Stunden hinausgehenden Arbeitszeit Zuschläge zu gewähren, während Teilzeitarbeitnehmern mit einer darunter liegenden zusätzlichen Arbeitszeit ein solcher Anspruch versagt bleibe. Offensichtlich stellt das Arbeitsgericht auf die Definition der Überstunden als Überschreitung der individuellen Arbeitszeit ab. Es entschied, daß der Arbeitgeber sämtlichen Teilzeitbeschäftigten einen Überstundenzuschlag zu zahlen hat.

Darüberhinaus kann die unterschiedliche Behandlung von Teilzeitarbeitnehmern und Vollzeitarbeitnehmern hinsichtlich der Gewährung von Überstundenzuschlägen eine mittelbare Geschlechterdiskriminierung begründen, denn gewöhnlich sind wesentlich mehr Frauen als Männer von der benachteiligenden Tarifpraxis betroffen. Nach der Rechtsprechung des *Labour Court* sind Überstundenzuschläge „Entgelt" i.S.v. *Section 1 (1)* des *Anti-Discrimination (Pay) Act, 1974*[92].

---

[90] Drew, Who needs Flexibility?, Ch. 2, S. 13.

[91] LCR No. 6305.

[92] Clery and Company (1941) Ltd. v. Forty-Seven Female Sales Assistants EP 26 / 1983; DEP 2 / 1984.

d) Lohnfortzahlung im Krankheitsfalle

Das irische Arbeitsrecht kennt im Unterschied zum deutschen Recht[93] keine gesetzliche Vorschrift, die die Lohnfortzahlung im Krankheitsfalle regelt. Ein dahingehender Anspruch des Teilzeitarbeitnehmers hängt somit ausschließlich von einer einzel- oder kollektivvertraglichen Vereinbarung oder der tatsächlichen Übung in dem jeweiligen Unternehmen oder Industriezweig ab[94].

Wiederholt hat der *Labour Court* Teilzeitbeschäftigten im Rahmen von Schlichtungsverfahren *sick pay* zugesprochen[95]. Der Anspruch auf Lohnfortzahlung im Krankheitsfalle wurde teilweise auf regelmäßig Teilzeitbeschäftigte beschränkt[96]; teilweise wurde als Anspruchsvoraussetzung die Erfüllung einer einjährigen Mindestbeschäftigungsdauer verlangt[97].

Den Verfahren lag gewöhnlich die Argumentation zugrunde, daß kollektivvertragliche Bestimmungen zur Lohnfortzahlung im Krankheitsfalle, die nicht ausdrücklich zwischen Vollzeit- und Teilzeitarbeitnehmern differenzieren, für Teilzeitarbeitnehmer anteilig anzuwenden seien. Die Arbeitgeber hielten dem entgegen, daß die geltenden *sick pay schemes* bereits Vollzeitarbeitnehmern Anreiz zu gelegentlicher Abwesenheit böten. Dieser Mißstand solle nicht durch die Einführung von *sick pay* für Teilzeitbeschäftigte ausgeweitet werden[98].

Davon abgesehen kann sich ein Anspruch teilzeitbeschäftigter Arbeitnehmerinnen auf Lohnfortzahlung im Krankheitsfalle aus dem *Anti-Discrimination (Pay) Act, 1974* ergeben, wenn die Voraussetzungen einer mittelbaren Ge-

---

[93] § 616 Abs. 2 BGB und § 616 Abs. 3 i.V.m. § 1 LohnfortzG. Siehe den Vorlagebeschluß des BAG vom 5. 8. 1987 zu § 1 Abs. 3 Nr. 2 LohnfortzG, BAG AP Nr. 72 zu § 1 LohnFG sowie das Urteil des BAG vom 9. 10. 1991, NZA 1992, 259. Nach der Rechtsprechung des BAG verletzt § 1 Abs. 3 Nr. 2 LohnfortzG das Verbot der mittelbaren Geschlechterdiskriminierung i.S.v. Art. 119 EWGV und ist deshalb im Streitfalle nicht mehr anzuwenden, vgl. oben Einleitung und 3. Kapitel, § 1 III 3.

[94] Wayne, Ch. 3, S. 53; Redmond, Labour Law, Part I, Ch. V, S. 103.

[95] Mater Hospital v. Federated Workers' Union of Ireland No. LCR 9812; Associated Banks v. Irish Bank Official's Association LCR No. 9031; Dublin and Dun Loaghaire Drapery Footwear and Allied Trades v. Irish Distributive and Administrative Trade Union LCR No. 11706.

[96] Dublin v. Dun Loaghaire Drapery Footwear and Allied Trades v. Irish Distributive and Administrative Trade Union LCR No. 10465.

[97] Associated Banks v. Irish Bank Official's Association LCR No. 9031.

[98] Dublin and Dun Laoghaire Drapery Footwear and Allied Trades v. Irish Distributive and Administrative Trade Union LCR No. 10465; Roches Stores v. Irish Distributive and Administrative Trade Union LCR No. 11706; Limerick Distributive Trades v. Irish Distributive and Administrative Trade Union LCR No. 11195.

schlechterdiskriminierung erfüllt sind. Auch *sick pay* fällt in den weiten Anwendungsbereich des Lohngleichheitsgegesetzes[99].

Sehen einzel- oder kollektivvertragliche Vereinbarungen einen Anspruch Teilzeitbeschäftigter auf Lohnfortzahlung im Krankheitsfalle vor oder wird er ihnen zugesprochen, bedeutet dies automatisch, daß der Arbeitgeber während der krankheitsbedingten Abwesenheit den vollen Lohn fortzahlt. Verschiedene Vertragsgestaltungen werden praktiziert: Der Arbeitgeber verpflichtet sich entweder einen festgelegten, wöchentlichen Pauschalbetrag, einen Anteil des Wochenlohnes, den wöchentlichen Durchschnittslohn oder eben den vollen Lohn zu zahlen[100]. Die Zahlung erfolgt in der Regel für einen Zeitraum, der zwei Wochen im Kalenderjahr nicht überschreitet; bei einem langandauerndem Beschäftigungsverhältnis ist häufig eine Anhäufung unverbrauchter Ansprüche möglich. Der Anspruch auf Lohnfortzahlung setzt zum Teil die Erfüllung einer dreitägigen Wartefrist voraus. Anders als nach deutschem Recht[101] ist unerheblich, ob die Arbeitsunfähigkeit auf einem Verschulden des Arbeitnehmers beruht.

Von dem arbeitsrechtlichen Anspruch auf *sick pay* ist der sozialrechtliche Anspruch des Arbeitnehmers auf *disability benefit* zu trennen. Erfüllt der Teilzeitarbeitnehmer die gesetzlichen Beitragsvoraussetzungen, kann er ab dem 4. Tag der Krankheit für mindestens 52 Wochen die Zahlung einer wöchentlichen Pauschale in Höhe von £ 50 verlangen[102].

Stehen dem Arbeitnehmer aus beiden Rechtsgründen Ansprüche auf Lohnfortzahlung zu, kann er sie theoretisch nebeneinander geltend machen; sie schließen sich nicht aus. Jedoch enthalten die *sick pay schemes* häufig Regelungen, die den Arbeitgeber ermächtigen, von der seinerseits geschuldeten Leistung einen Betrag in Höhe der Sozialleistung abzuziehen[103]. Eine Bereicherung des Arbeitnehmers ist daher nicht möglich.

Es ist davon auszugehen, daß etwa der Hälfte der Teilzeitbeschäftigten in der Republik Irland ein einzel- oder kollektivvertraglichen Anspruch auf anteilige Zahlung von *sick pay* zusteht[104].

---

[99] North Western Health Board v. Brady EP 12 / 1985, EE 9 / 1985.

[100] Redmond, Labour Law, Part I, Ch. V, S. 104.

[101] Das BAG verneint einen Anspruch auf Lohnfortzahlung im Krankheitsfalle bei „grobem Verschulden" des Arbeitnehmers: BAG, Urt. v. 23. 11. 1971, AP Nr. 8 zu § 1 LohnFortzG.

[102] *Section 18 - 22 des Social Welfare (Consolidation) Act, 1981;* Department of Social Welfare, Social Welfare Statistics 1990.

[103] Wayne, Ch. 3, S. 54; Hughes, Social Insurance and Absence from Work in Ireland, Section 1, S. 15, 16.

[104] Vaughan, 4.6.17.

e) Urlaubsentgelt

Teilzeitarbeitnehmer, die nach den Vorschriften des *Holidays (Employees) Act, 1973* Anspruch auf Jahresurlaub haben[105], können für die Dauer des Urlaubs im voraus die Fortzahlung des Wochenlohnes verlangen[106]. Für regelmäßig Teilzeitbeschäftigte i.S.v. *Section 1 (1)* des *Worker Protection (Regular Part-Time Employees) Act, 1991* ist das Urlaubsentgelt anteilig zu berechnen[107]. Im übrigen bestimmt sich der Anspruch nach einer einzel- oder kollektivvertraglichen Vereinbarung. Sehen der Arbeitsvertrag oder eine darin einbezogene tarifliche Klausel einen Urlaubsanspruch vor, wird der Arbeitgeber grundsätzlich während des Urlaubs auch zur Fortzahlung des Entgelts verpflichtet sein.

f) Mutterschaftsgeld

Das während des Mutterschaftsurlaubs zu zahlende Mutterschaftsgeld ist in Irland — ebenso wie in der Bundesrepublik[108] — eine Sozialleistung. Die anspruchsbegründenden Voraussetzungen sind daher nicht im *Maternity Protection of Employees Act, 1981,* sondern in den Sozialgesetzen geregelt.

Hat die teilzeitbeschäftigte Arbeitnehmerin Anspruch auf 14 Wochen *maternity leave*[109], kann sie für diesen Zeitraum eine finanzielle Unterstützung verlangen, wenn ihre Beschäftigung sozialversicherungspflichtig ist und die gesetzlichen Beitragsvoraussetzungen erfüllt sind[110]. Dafür ist erforderlich, daß die Teilzeitarbeitnehmerin entweder mindestens 39 Wochen im letzten Steuerjahr und mindestens 39 Wochen seit ihrem Eintritt in die Sozialversicherung Beiträge geleistet hat oder mindestens 39 Beitragswochen innerhalb der letzten zwölf Monaten vor dem ersten Tag des Mutterschaftsurlaubs einer sozialversicherungspflichtigen Beschäftigung nachgegangen ist[111].

---

[105] Vgl. oben 3. Kapitel, § 2 I 2 a).

[106] *Section 6 (3) (b)* des *Holidays (Employees) Act, 1973.*

[107] *Section 4 (3) (f)* des *Worker Protection (Regular Part-Time Employees) Act, 1991* i.V.m. *Section 6 (3) (b)* des *Holidays (Employees) Act, 1973.*

[108] Vgl. § 200 RVO.

[109] Vgl. oben 3. Kapitel, § 2 I 2 b).

[110] *Section 24 (2)* des *Social Welfare (Consolidation) Act, 1981* i.V.m. *Section 9 (a)* des *Social Welfare (Amendment) Act, 1981.*

[111] *Section 25* des *Social Welfare (Consolidation) Act, 1981* i.V.m. *Section 10* des *Social Welfare (Amendment) Act, 1981.*

Der Anspruch auf *maternity allowance* berechnet sich nach 70 % des anrechenbaren Einkommens[112]. Der Mindestsatz beträgt £ 76 in der Woche; der Höchstsatz £ 154[113].

Hat die Teilzeitarbeitnehmerin aufgrund des Umfanges und der Dauer ihrer Beschäftigung keinen gesetzlichen Anspruch auf Mutterschaftsurlaub, kann sie gegebenenfalls für die Dauer von zwölf Wochen eine Pauschale von £ 48 verlangen. Das setzt voraus, daß sie seit Aufnahme der sozialversicherungspflichtigen Beschäftigung sowie im letzten Steuerjahr nicht weniger als 39 Beitragswochen geleistet hat.

Die Arbeitnehmerin kann nicht die Zahlung der finanziellen Unterstützung verlangen, wenn sie bereits *widow's pension, deserted wife's allowance* oder *benefit, unmarried mothers' allowance, prisoners wife's allowance* oder *death benefit* erhält[114].

Sind die gesetzlichen Voraussetzungen für die Gewährung eines Mutterschaftsgeldes nicht erfüllt, bestimmt sich der Anspruch der Teilzeitbeschäftigten nach einer einzel- oder kollektivvertraglichen Vereinbarung[115]. Dies gilt insbesondere für Arbeitnehmerinnen, die keiner sozialversicherungspflichtigen Beschäftigung nachgehen, weil ihr wöchentliches Einkommen £ 25 unterschreitet[116].

g) Zahlungen im Falle der Insolvenz des Arbeitgebers

Im Falle der Insolvenz des Arbeitgebers kann Teilzeitbeschäftigten ebenso wie Vollzeitbechäftigten ein Anspruch auf Begleichung offener Geldforderungen aus dem Sozialversicherungsfond zustehen. Das setzt voraus, daß sie entweder unmittelbar von dem *Protection of Employees (Employers' Insolvency) Act, 1984* erfaßt werden oder der *Worker Protection (Regular Part-Time Employees) Act, 1991* dessen Vorschriften für anwendbar erklärt.

Der *Protection of Employees (Employers' Insolvency) Act, 1984* greift gem. *Section 3* ein, wenn der Arbeitnehmer eine sozialversicherungspflichtige Beschäftigung ausübt. Dafür verlangen die *Social Welfare (Employment of Incon-*

---

[112] *Section 26B (2) (a) des Social Welfare (Consolidation) Act, 1986.*

[113] Department of Social Welfare, Social Welfare Statistics 1990.

[114] Department of Social Welfare, Guide, Social Welfare Services, SW 4, S. 46.

[115] Vgl. Redmond, Labour Law, Part I, Ch. V, S. 106.

[116] Siehe die *Social Welfare (Employment of Inconsiderable Extent) (No. 2) Regulations, 1991 (S.I. No. 72 of 1991).*

siderable Extent) (No. 2) Regulations, 1991[117] ein wöchentliches Einkommen von insgesamt nicht weniger als £ 25. Zudem darf der Beschäftigte keine Tätigkeit ausüben, die von den *Social Welfare (Subsidiary Employments) Regulations, 1991*[118] als nicht versicherungspflichtige Nebenbeschäftigung gilt.

Ist der Teilzeitbeschäftigte danach nicht sozialversichert, kann ihm aufgrund des *Worker Protection (Regular Part-Time Employees) Act, 1991* ein Anspruch auf Ausgleich von Zahlungsrückständen zustehen. Gem. *Section 3* i.V.m. *Section 1 (1)* des *Worker Protection (Regular Part-Time Empoyees) Act, 1991* gilt der *Protection of Employees (Employers' Insolvency) Act, 1984* auch für Teilzeitarbeitnehmer, die in der Regel wöchentlich nicht weniger als acht Stunden arbeiten und bei dem Arbeitgeber seit mindestens 13 Wochen kontinuierlich beschäftigt sind. Da das Gesetz von 1984 selbst keine Wartefrist normiert, bestimmt sich die Kontinuität der Beschäftigung allein nach der der *First Schedule* des *Minimum Notice and Terms of Employment Act, 1973*[119]. Der Teilzeitbeschäftigte muß daher in jeder der 13 Wochen acht Stunden gearbeitet haben, um die Mindestbeschäftigungsdauer zu erfüllen[120].

2. Sonstige Pflichten

Die Vergütungspflicht des Arbeitgebers wird durch weitere arbeitsvertragliche Pflichten ergänzt, die sich aus dem *common law* ableiten.

Aus der gegenseitigen Sorgfaltspflicht folgt für den Arbeitgeber, daß er einen sicheren Arbeitsplatz und sichere Arbeitsgeräte zur Verfügung stellen muß. Er ist verpflichtet, für einen sicheren Arbeitsablauf und sorgfältige Arbeitskollegen zu sorgen[121].

Aufgrund der beiderseitigen Treuepflicht hat der Arbeitgeber die andere Vertragspartei mit Respekt zu behandeln[122]; er ist nicht befugt, die Ausführung rechtswidriger Weisungen zu verlangen[123].

---

[117] *S.I. No. 72 of 1991.*

[118] *S.I. No. 73 of 1991.*

[119] Vgl. oben 3. Kapitel, § 1 I 1.

[120] *Paragraph 8* der *First Schedule* des *Minimum Notice and Terms of Employment Act, 1973* i.V.m. *Section 2 (1) (b)* des *Worker Protection (Regular Part-Time Employees) Act, 1991.*

[121] McGrath v. C.A. Jenkins & Sons Ltd. UD 227 / 1978; von Prondzynski / McCarthy, Ch. 3, S. 47.

[122] O'Leary v. Cranehire Ltd. UD 167 / 1979.

[123] von Prondzynski / McCarthy, Ch. 3, S. 47.

Die sonstigen arbeitsvertraglichen Pflichten des Arbeitgebers bestehen unabhängig von dem Umfang der Beschäftigung. Insofern gelten im Rahmen des Teilzeitarbeitsverhältnisses keine Besonderheiten.

III. Die Beendigung des Teilzeitarbeitsverhältnisses

1. Einführung

Das Teilzeitarbeitsverhältnis kann, wie jedes andere Arbeitsverhältnis, auf verschiedene Weise beendet werden. Nach den allgemeinen Regeln des Vertragsrechts wird es beispielsweise aufgelöst, wenn die Erfüllung nachträglich unmöglich geworden ist[124], eine der Vertragsparteien die weitere Erfüllung verweigert[125] oder der Arbeitgeber und der Arbeitnehmer das Arbeitsverhältnis einvernehmlich aufheben[126].

Diese Beendigungsgründe, die auf kommerzielle Verträge ausgerichtet sind, haben für Arbeitsverhältnisse keine große Bedeutung erlangt[127]. Zumeist werden Arbeitsverträge durch einseitige Kündigungserklärung gegenüber dem anderen Teil aufgelöst. Voraussetzungen und Rechtsfolgen der Kündigung bestimmen sich danach, ob für das Teilzeitarbeitsverhältnis gesetzliche Vorschriften oder das *common law* gelten.

2. Dismissal with Notice

Die ordentliche Kündigung bildet den Regelfall für die Beendigung des Arbeitsverhältnisses. Kennzeichnend für sie ist, daß der Arbeitgeber eine Kündigungsfrist einzuhalten hat, deren Länge sich danach bestimmt, ob der *Minimum Notice and Terms of Employment Act, 1973*[128] anwendbar ist.

Die gesetzliche Kündigungsfrist gilt, wenn der Teilzeitarbeitnehmer seit mindestens 13 Wochen ununterbrochen bei dem Arbeitgeber beschäftigt ist und wöchentlich nicht weniger als acht Stunden arbeitet[129]. Hinsichtlich der Erfüllung

---

[124] *„Frustration"*.

[125] *„Repudiation"*.

[126] Vgl. Doolan, Ch. 38, S. 365, 366; Redmond, Labour Law, Part II, Ch. VI, S. 109.

[127] Vgl. von Prondzynski / McCarthy, Ch. 3, S. 53.

[128] Vgl. oben 2. Kapitel, § 1 III 2 g).

[129] *Section 3* i.V.m. *Section 1 (1)* des *Worker Protection (Regular Part-Time Employees) Act, 1991*.

der Wartefrist werden nur die Wochen berücksichtigt, in denen der Arbeitnehmer tatsächlich acht Stunden gearbeitet hat[130] Außerdem darf der Arbeitnehmer keiner der Tätigkeiten nachgehen, die vom Anwendungsbereich des Gesetzes ausgenommen sind[131]. Liegen diese Voraussetzungen vor, ist nach der Dauer des Beschäftigungsverhältnisses eine Kündigungsfrist zwischen einer Woche und zwei Monaten zu beachten[132]. Anderenfalls sind die Grundsätze des *common law* maßgeblich.

Greifen die Vorschriften des *Minimum Notice and Terms of Employment Act, 1973* nicht ein und besteht weder eine vertragliche Vereinbarung noch eine tatsächliche Übung in dem Betrieb oder Industriezweig, hat der Arbeitgeber nach dem *common law* eine „angemessene" Kündigungsfrist einzuhalten[133]. Die Angemessenheit beurteilt sich nach den gesamten Umständen der vertraglichen Beziehung[134]. Als Indiz für die Länge der Frist kann der zeitliche Abstand zwischen den einzelnen Lohnzahlungen herangezogen werden[135]. Daneben ist die Stellung des Arbeitnehmers im Betrieb zu berücksichtigen. Je bedeutsamer seine Tätigkeit ist, desto länger ist die vom Arbeitgeber zu beachtende Kündigungsfrist[136].

Im Unterschied zu der gesetzlichen Regelung stellt das *common law* nicht auf die Dauer des Beschäftigungsverhältnisses ab. Daher kann Teilzeitarbeitnehmern auch dann kurzfristig gekündigt werden, wenn sie seit mehreren Jahren bei dem Arbeitgeber beschäftigt sind[137].

Besteht in einem Betrieb oder Industriezweig hinsichtlich der Kündigungsfrist eine tatsächliche Übung, hält sie der richterlichen Überprüfung auch dann stand, wenn sie unter sozialen Gesichtspunkten unangemessen ist[138]. Nach dem *common law* wird demzufolge in der Regel eine kürzere Kündigungsfrist „angemessen" sein als nach dem Gesetzesrecht.

---

[130] *Section 2 (1)* des *Worker Protection (Regular Part-Time Employees) Act, 1991* i.V.m. *Section 4 (3)* und *Paragraph 8* der *First Schedule* des *Minimum Notice and Terms of Employment Act, 1973.*

[131] *Section 3 (b) - (f)* des *Minimum Notice and Terms of Employment Act, 1973.*

[132] *Section 4 (2)* des *Minimum Notice and Terms of Employment Act, 1973.*

[133] McDonnell v. Minister for Education [1940] I.R. 316, 321; Redmond, Dismissal Law in the Republic of Ireland, Ch. Three, S. 52.

[134] McDonnell v. Minister vor Education, [1940] I.R. 316, 321; Hepple / O'Higgins, Employment Law, Ch. 16, S. 264.

[135] Hepple / O'Higgins, Employment Law, Ch. 16, S. 264, 265.

[136] Smith / Wood, Ch. 5, S. 207; Redmond, Dismissal Law, Ch. Three, S. 54. Für Arbeiter wird eine Kündigungsfrist von einer Woche für ausreichend gehalten, von Prondzynski / McCarthy, Ch. 3, S. 49.

[137] Vgl. Smith / Wood, Ch. 5, S. 208.

[138] Vgl. Redmond, Labour Law, Part I, Ch. VI, S. 110.

Bis zum Ablauf der Kündigungsfrist bleiben dem Arbeitnehmer, der den gesetzlichen Vorschriften unterfällt, sämtliche vertragliche Ansprüche, wie Lohn und Urlaub, erhalten[139]. Dies gilt auch dann, wenn der Arbeitgeber in Annahmeverzug geraten ist[140]. Demgegenüber besteht nach dem *common law* kein garantiertes Recht auf Lohnfortzahlung während der Kündigungsfrist. Die Ansprüche des Arbeitnehmers bestimmen sich allein nach einer vertraglichen Vereinbarung oder einer tatsächlichen Übung.

Auch das Rechtschutzverfahren ist nach dem *Minimum Notice and Terms of Employment Act, 1973* und dem *common law* unterschiedlich gestaltet. Gem. *Section 11* i.V.m. *Section 12* des *Minmimum Notice and Terms of Employment Act, 1973* kann der Arbeitnehmer, dessen Arbeitsverhältnis gesetzlich geschützt ist, den *Employment Appeals Tribunal* anrufen, wenn der Arbeitgeber entweder die erforderliche Kündigungsfrist mißachtet oder seine Verpflichtungen während des Fristlaufs nicht erfüllt hat. Das Gericht ist dann befugt, dem Arbeitnehmer für einen erlittenen Verlust Schadensersatz zuzusprechen[141]. Hat der Beschäftigte eine andere Stelle angenommen, ist sein Anspruch auf eine etwaige Differenz zwischen der Vergütung aufgrund des beendeten und des neuen Arbeitsverhältnisses beschränkt[142]. Die Mißachtung der gesetzlichen Kündigungsfrist hat somit nicht zur Folge, daß das Arbeitsverhältnis erst mit Wirkung zum ordnungsgemäßen Kündigungstermin aufgelöst wird.

Teilzeitbeschäftigten, die die dreizehnwöchige Wartefrist und die Voraussetzung der achtstündigen wöchentlichen Mindestarbeitszeit nicht erfüllen, ist der Weg zum *Employment Appeals Tribunal* versperrt. Sie können allein vor den Zivilgerichten auf Schadensersatz wegen *wrongful dismissal*[143] klagen, denn die Mißachtung der angemessenen Kündigungsfrist ist ein Bruch des Arbeitsvertrages[144]. Der Schadensersatzanspruch beschränkt sich in der Regel auf die Vergütung, die der Arbeitnehmer bei Einhaltung der Frist erhalten hätte[145]. Aufgrund der kurzen Kündigungsfrist nach dem *common law* wird Teilzeitbeschäftigten grundsätzlich nur ein Anspruch in geringer Höhe zustehen[146]. Davon abge-

---

[139] *Section 5 (1)* i.V.m. *Paragraph 1* der *Second Schedule des Minimum Notice and Terms of Employemt Act, 1973*.

[140] *Section 5 (1)* i.V.m. *Paragraph 2 (a) (i)* des *Minimum Notice and Terms of Employment Act, 1973*.

[141] *Section 12 (1)* des *Minimum Notice and Terms of Employment Act, 1973*.

[142] Hogan v. Van Hool McArdle Ltd. M 315 / 1979.

[143] Rechtswidrige Kündigung; Rechtsfigur des *common law*.

[144] Redmond, Dismissal Law, Ch. Three, S. 62; Smith / Wood, Ch. 5, S. 214.

[145] Smith / Wood, Ch. 5, S. 228.

[146] Vgl. Meenan, 191.

sehen ist das Rechtschutzverfahren vor den Zivilgerichten weitaus kostspieliger und komplizierter als das Verfahren vor dem *Employment Appeals Tribunal*[147].

3. Dismissal without Notice[148]

Das irische Arbeitsrecht enthält im Unterschied zum deutschen Recht[149] keine gesetzliche Regelung der näheren Voraussetzungen für eine rechtmäßige fristlose Kündigung. *Section 8* des *Minimum Notice and Terms of Employment Act, 1973* bestimmt lediglich, daß das Gesetz das Recht des Arbeitgebers zur fristlosen Kündigung wegen eines Fehlverhaltens des Arbeitnehmers unberührt läßt. Daher ist die Rechtmäßigkeit einer fristlosen Kündigung für Teilzeit- und Vollzeitbeschäftigte gleichermaßen nach den Grundsätzen des *common law* zu beurteilen[150].

Die Rechtsprechung legt im allgemeinen einen strengen Maßstab an die Rechtfertigung der *dismissal without notice* an, der hinter dem des deutschen Rechts nicht zurückbleibt. In *Carvill v. Irish Industrial Bank Ltd*[151] entschied der *Supreme Court,* daß die fristlose Kündigung rechtmäßig ist, wenn dem Arbeitnehmer Handlungen oder Unterlassungen vorgeworfen werden können, die dem Inhalt des Arbeitsvertrages zuwiderlaufen. Dies gelte insbesondere im Falle großer Inkompetenz des Arbeitnehmers oder des Mißbrauchs von Arbeitgebereigentum zum eigenen Vorteil[152]. In *Sinclair v. Neighbour*[153] bejahte das Gericht den Grund für die fristlose Kündigung unter der Voraussetzung, daß nicht nur eine Pflichtverletzung des Arbeitvorliegt, sondern dem Vertrag auch die Vertrauensgrundlage entzogen ist[154]. Danach wird für die Rechtfertigung einer fristlosen Kündigung ein grobes Fehlverhalten des Arbeitnehmers zu verlangen sein, das sich als Bruch des Arbeitsvertrages darstellt[155].

Es reicht nicht aus, wenn der Arbeitgeber den rechtfertigenden Grund erst im Rahmen eines Prozesses geltend macht. Vielmehr ihm muß das Fehlverhalten

---

[147] Redmond, Dismissal Law, Ch. 4, S. 87; Smith / Wood, Ch. 5, S. 234.

[148] Auch *„summary dismissal"* genannt.

[149] Siehe § 626 BGB.

[150] Vgl. von Prondzynski / McCarthy, Ch. 7, S. 119.

[151] [1968] I.R. 325.

[152] [1968] I.R. 325, 335.

[153] [1967] 2 Q.B. 279.

[154] [1967] 2 Q.B. 279, 289.

[155] von Prondzynski / McCarthy, Ch. 3, S. 50; vgl. Smith / Wood, Ch. 5, S. 211.

des Arbeitnehmers im Zeitpunkt der Kündigung bekannt gewesen sein; er muß sich bei seiner Erklärung darauf berufen haben[156]. Anders als § 626 Abs. 2 BGB verlangt die irische Rechtsprechung dafür nicht die Beachtung einer Ausschlußfrist.

Während die Voraussetzungen einer rechtmäßigen fristlosen Kündigung für Teilzeit- und Vollzeitkräfte übereinstimmen, ergeben sich Unterschiede hinsichtlich der Rechtsfolgen und gerichtlichen Geltendmachung der Rechtswidrigkeit einer Kündigung. Hat der Arbeitgeber den Arbeitnehmer fristlos entlassen, ohne daß ihm ein grobes Fehlverhalten vorzuwerfen ist, liegt ein Bruch des Arbeitsvertrages vor[157]. Dieser berechtigt den Arbeitnehmer, vor den ordentlichen Gerichten wegen *wrongful dismissal* zu klagen.

Unterfällt das Beschäftigungsverhältnis dem Schutz des *Unfair Dismissals Act, 1977*[158], kann er zwischen der Beschreitung des Zivilrechtsweges und der Anrufung des *Rights Commissioner* beziehungsweise des *Employment Appeals Tribunal* wählen, denn der *Unfair Dismissals Act, 1977* ist auch auf fristlose Kündigungen anwendbar[159]. Voraussetzung dafür ist, daß der Arbeitnehmer bei dem Arbeitgeber seit mindestens einem Jahr kontinuierlich beschäftigt ist und er wöchentlich nicht weniger als acht Stunden arbeitet. Für die Beurteilung der Kontinuität der Beschäftigung werden nur die Wochen berücksichtigt, in denen der Arbeitnehmer mindestens acht Stunden arbeitet[160]. Außerdem verlangt die Anwendbarkeit des *Unfair Dismissals Act, 1977*, daß die Beschäftigung ihrer Art nach nicht zu den gesetzlich ausgenommenen Tätigkeiten gehört[161]. Im Gegensatz dazu sind in der Bundesrepublik Teilzeitbeschäftigte unabhängig von ihrer Arbeitszeit vom KSchG erfaßt[162]. Die Arbeitszeit ist allein für die Zählbarkeit der Betriebsmitglieder i.S.v. § 23 Abs. 1 S. 2 KschG von Bedeutung.

Die Anrufung des Arbeitsgerichts hat den Vorteil, daß nach den Vorschriften des *Unfair Dismissals Act, 1977* die Wiedereinstellung des Arbeitnehmers auf demselben Arbeitsplatz, seine Wiedereinstellung auf einem anderen Arbeitsplatz

---

[156] Carvill v. Irish Industrial Bank Ltd. [1968] I.R. 325, 346; Glover v. B.L.N.Ltd. [1973] I.R. 388, 426.

[157] von Prondzynski / McCarthy, Ch. 3, S. 51.

[158] Vgl. oben 2. Kapitel, § 1 III 2 f).

[159] Siehe die Legaldefintion von *„dismissal"* in *Section 1* des *Unfair Dismissals Act, 1977.*

[160] *Section 2 (4)* des *Unfair Dismissals Act, 1977* i.V.m. *Paragraph 8* der *First Schedule* des *Minimum Notice and Terms of Employment Act, 1973* und *Section 13* des *Protection of Employees (Employers' Insolvency) Act, 1984* i.V.m. *Section 1 (1), 2 (3) (b) (iii)* des *Worker Protection (Regular Part-Time Employees) Act, 1991.*

[161] *Section 2 (1)* und *2 (3)* des *Unfair Dismissals Act, 1977.*

[162] BAG, Urt. v. 9. 6. 1983, AP Nr. 2 zu § 23 KSchG.

oder die Zahlung von Schadensersatz als Rechtsfolge einer rechtswidrigen Kündigung in Betracht kommen[163]. Hingegen bildet die Verurteilung zur Leistung von Schadensersatz praktisch die einzige Sanktion, die die ordentlichen Gerichte bei einer *wrongful dismissal* anerkennen[164]. Eine Wiedereinstellung wird von der Rechtsprechung nur in dem seltenen Fall für möglich gehalten, in dem das Vertrauensverhältnis zwischen den Parteien fortbesteht[165]. Obwohl der *Employment Appeals Tribunal* den Klägern nur in etwa einem Viertel der Fälle Schadensersatz zuspricht[166], kann sich sein Bestandsinteresse in einem arbeitsgerichtlichen Verfahren noch wesentlich häufiger als in zivilprozessualen Verfahren durchsetzen.

Kein Unterschied zwischen beiden Rechtswegen besteht hinsichtlich der Klagefrist. Sowohl vor dem *Employment Appeals Tribunal* als auch den ordentlichen Gerichten beträgt sie sechs Monate[167]. Um eine Bereicherung des Arbeitnehmers auszuschließen, können die beiden Rechtsbehelfe nur alternativ geltend gemacht werden[168].

4. Der Kündigungsschutz

a) Allgemeiner Kündigungsschutz

Bei der Frage nach dem allgemeinen Kündigungsschutz des Teilzeitarbeitsverhältnisses ist zu unterscheiden, ob der *Unfair Dismissals Act, 1977*[169] oder das *common law* eingreift.

Gem. *Section 6 (1)* des *Unfair Dismissals Act, 1977* gilt die Kündigung des Arbeitnehmers bis zu dem Beweis des Gegenteils als nicht gerechtfertigt. Es obliegt dem Arbeitgeber zu beweisen, daß einer der fünf Kündigungsgründe vorliegt, die sich parallel zu § 1 Abs. 2 S. 1 KSchG im wesentlichen als personenbezogene, verhaltensbezogene und betriebsbezogene Gründe zusammenfassen

---

[163] *Section 7 (1)* des *Unfair Dismissals Act, 1977.*

[164] Hill v. C.A. Parsons & Co. Ltd. [1972] Ch. 305; Redmond, Dismissal Law, Ch. Four, S. 87; von Prondzynski / McCarthy, Ch. 3, S. 52.

[165] Hughes v. London Borough of Southwark [1988] I.R.L.R. 55, 58.

[166] von Prondzynski / McCarthy, Ch.7, S. 168.

[167] *Section 8 (2)* des *Unfair Dismissals Act, 1977* und *Section 11 (1)* des *Statute of Limitations, 1957.*

[168] *Section 15 (2)* des *Unfair Dismissals Act, 1977.*

[169] Vgl. oben 2. Kapitel, § 1 III 2 f).

lassen[170]. Darüberhinaus normiert der *Unfair Dismissals Act, 1977* verschiedene, die Kündigung nicht rechtfertigende Gründe, wie zum Beispiel die Religionszugehörigkeit des Arbeitnehmers und seine politischen Anschauungen[171].

Nach dem *common law* hingegen ist das Arbeitsverhältnis jederzeit ohne Angabe von Gründen unter der Voraussetzung kündbar, daß der Arbeitgeber eine angemessene Kündigungsfrist einhält[172]. Der Arbeitnehmer kann sich nur dann gegen seine Entlassung zur Wehr setzen, wenn sie eine *wrongful dismissal* darstellt.

Die Rechtsprechung hat verschiedene Fallgruppen herausgearbeitet, in denen die Entlassung als *wrongful dismissal* zu beurteilen ist: Neben der Kündigung unter Mißachtung der angemessenen Frist und der fristlosen Kündigung ohne hinreichenden Grund, ist diejenige Kündigung rechtswidrig, bei der sich der Arbeitgeber über vertraglich vereinbarte, ausschließliche Kündigungsgründe hinwegsetzt[173]. Außerdem liegt ein Fall von *wrongful dismissal* vor, wenn der Arbeitsvertrag oder darin einbezogene Klauseln vorsehen, daß der Kündigungserklärung ein bestimmtes Verfahren, wie beispielsweise eine Anhörung oder Warnung, vorauszugehen hat und der Arbeitgeber dagegen verstößt[174]. Jedoch enthalten in Irland Arbeitsvertäge nur selten entsprechende Vereinbarungen über die Kündigungsgründe und das Kündigungsverfahren[175].

Nicht abschließend geklärt ist bislang die Frage, ob das Konzept der *natural justice,* das ein faires Verfahren gebietet, auch dann zu beachten ist, wenn die Vertragsparteien keine Vereinbarung über das der Kündigung vorausgehende Verfahren getroffen haben[176]. Traditionell waren die Grundsätze der *natural justice* nur gegenüber Amtsinhabern und nicht gegenüber anderen Arbeitnehmern anwendbar[177]. Nun scheint es, als gingen die Gerichte dazu über, diese Unterscheidung aufzugeben[178].

---

[170] Siehe *Section 6 (4)* des *Unfair Dismissals Act, 1977.*

[171] *Section 6 (2), 6 (3) (a), (b); Section 5 (2) (a), (b)* des *Unfair Dismissals Act, 1977.*

[172] De Stempel v. Dunkels [1938] 1 All E.R. 238, 261; McDonnel v. Minister for Education [1940] I.R. 316, 320; Redmond, Dismissal Law, Ch. Three, S. 52.

[173] McClelland v. N.I. General Health Services Board [1957] 2 All E.R. 129; Walsh v. Dublin Health Authority [1964] 98 I.L.T.R. 82; Redmond, Dismissal Law, Ch. Three, S. 67.

[174] Gunton v. London Borough of Richmond-upon Thames [1970] I.R.L.R. 321; Redmond, Dismissal Law, Ch. Three, S. 63; Hepple / O'Higgins, Employment Law, Ch. 15, S. 257.

[175] Redmond, Dismissal Law, Ch. Three, S. 63; von Prondzynski / McCarthy, Ch. 3, S. 51.

[176] Vgl. von Prondzynski / McCarthy, Ch. 3, S. 51, 52.

[177] Malloch v. Aberdeen Corporation 1971] 2 All E.R. 1278, 1294; Doolan, Ch. 38, S. 370.

[178] Glover v. B.L.N. Ltd. [1973] I.R. 388, 427; Garvey v. Ireland [1981] I.R. 75, 88; vgl. Redmond, Dismissal Law, Ch. Three, S. 65.

Seit der Entscheidung des *Supreme Court* in *Meskell v. Coras Iompair Eireann*[179] ist eine Kündigung außerdem rechtswidrig, die gegen die Bestimmungen der Verfassung von 1937 verstößt. Eine Kündigung, die beispielsweise aus religiösen Gründen erfolgt, wird daher als *wrongful* zu beurteilen sein[180].

Das *common law* knüpft danach in erster Linie an die formelle Rechtswidrigkeit einer Kündigung an. Abgesehen von der Fallgruppe der fristlosen Kündigung ohne hinreichenden Grund und der Kündigung unter Verletzung der Verfassung wird die Entlassung des Arbeitnehmers nicht unter sozialen Gesichtspunkten gewürdigt[181].

Der äußerst begrenzte Schutz des gesetzlich nicht geregelten Teilzeitarbeitsverhältnisses vor rechtswidrigen Kündigungen wird noch vermindert durch Schwierigkeiten bei der gerichtlichen Geltendmachung einer *wrongful dismissal:* Während nach dem *Unfair Dismissals Act, 1977* die Rechtswidrigkeit der Kündigung zunächst vermutet wird[182], geht das *common law* von der Rechtmäßigkeit aus. Nach den Regeln des Prozeßrechtes obliegt es dem Arbeitnehmer zu beweisen, daß die Voraussetzungen für die Rechtswidrigkeit der Kündigung erfüllt sind. Zudem ist die Rechtsfolge der *wrongful dismissal* grundsätzlich auf einen Schadensersatzanspruch des Klägers beschränkt, der im allgemeinen kleiner ausfällt als nach dem *Unfair Dismissals Act, 1977*[183]. Da das Verfahren vor den Zivilgerichten im Unterschied zum arbeitsgerichtlichen Verfahren sehr formell und kostspielig ist, wird nur selten wegen *wrongful dismissal* geklagt[184].

Ein Kündigungsschutz zugunsten weiblicher Teilzeitbeschäftigter kann allenfalls — unabhängig von dem Umfang der Beschäftigung — über die Vorschriften des *Employment Equality Act, 1977* begründet werden[185]. Wählt der Arbeitgeber für eine Entlassung wegen Arbeitsmangel ausschließlich Teilzeitbeschäftigte aus, liegt eine mittelbare Geschlechterdiskriminierung vor, wenn wesentlich mehr Frauen als Männer davon betroffen sind und der Arbeitgeber seine Auswahl nicht durch wesentliche Gründe rechtfertigen kann[186].

---

[179] [1973] I.R. 121.

[180] von Prondzynski / McCarthy, Ch. 3, S. 51.

[181] Redmond, Dismissal Law, Ch. Five, S. 120.

[182] *Section 6 (4)* des *Unfair Dismissals Act, 1977.*

[183] Redmond, Dismissal Law, Ch. Four, S. 87.

[184] Redmond, Dismissal Law, Ch. Five, S. 116; vgl. Meenan, 191.

[185] Siehe *Section 3 (4)* i.V.m. *Section 2 (c)* des *Employment Equality Act, 1977.*

[186] O'Neill & Sons Ltd. v. Federated Workers' Union of Ireland DEE 1 / 1988.

b) Besonderer Kündigungsschutz

Der *Unfair Dismissals Act, 1977* erkennt eine besondere Schutzbedürftigkeit der Arbeitnehmer an, die gewerkschaftlichen Aktivitäten nachgehen, schwanger sind oder ihre Rechte aufgrund des *Maternity Protection of Employees Act, 1981* wahrnehmen. Für sie gilt das Erfordernis der einjährigen kontinuierlichen Beschäftigung mit einer wöchentlichen Mindestarbeitszeit von acht Stunden nicht[187], so daß sich alle Teilzeitbeschäftigten — unabhängig von dem Umfang ihrer Beschäftigung — auf den besondern Kündigungsschutz berufen können.

Gem. *Section 6 (2) (a)* des *Unfair Dismissals Act, 1977* gilt die Entlassung von Teilzeit- und Vollzeitbeschäftigten gleichermaßen als nicht gerechtfertigt, wenn sie auf der Gewerkschaftszugehörigkeit oder dem beabsichtigten Eintritt in eine autorisierte Gewerkschaft beruht oder auf gewerkschaftliches Engagement zurückzuführen ist, das der Arbeitnehmer erlaubtermaßen während der Arbeitszeit oder außerhalb der Arbeitszeit zeigt. Der besondere Kündigungsschutz während der Schwangerschaft setzt voraus, daß die Arbeitnehmerin ihre Arbeit angemessen fortsetzen konnte, keine der Vertragsparteien dadurch gegen eine gesetzliche Vorschrift verstößt und der Arbeitgeber ihr eine andere passende Beschäftigung anbieten konnte oder die Arbeitnehmerin sein Angebot zurückgewiesen hat[188]. Daneben ist diejenige Kündigung nicht gerechtfertigt, die der Arbeitgeber wegen der Befreiung von der Arbeitspflicht aufgrund der Vorschriften des *Maternity Protection of Employees Act, 1981* ausgesprochen hat[189]. Ist die Entlassung des Teilzeitbeschäftigten aus einem dieser Gründe rechtswidrig, kann er entweder die Wiedereinstellung oder die Zahlung von Schadensersatz verlangen[190].

5. Redundancy Payments

Eine Kündigung, die auf einer vollständigen oder teilweisen Stillegung des Betriebes, einer Umorganisation oder auf finanziellen Verlusten des Arbeitgebers beruht[191], ist nach *Section 6 (4) (c)* des *Unfair Dismissals Act, 1977* gerecht-

---

[187] *Section 6 (7)* i.V.m. *Section 6 (2) (a)* des *Unfair dismissals Act, 1977; Section 2 (1) (a)* i.V.m. *Section 6 (2) (f)* des *Unfair Dismissals Act, 1977; Section 25* des *Maternity Protection of Employees Act, 1981.*

[188] *Section 6 (2) (f)* des *Unfair Dismissals Act, 1977.*

[189] *Section 25* des *Unfair Dismissals Act, 1977.*

[190] *Section 7 (1)* des *Unfair Dismissals Act, 1977.*

[191] Siehe die Legaldefinition von *„redundancy"* in *Section 7 (2)* des *Redundancy Payments Act, 1967* i.V.m. *Section 4* des *Redundancy Payments Act, 1971.*

fertigt; es greift kein Kündigungsschutz ein. Dennoch ist der Arbeitnehmer in diesem Falle nicht völlig schutzlos gestellt. Wird er von den *Redundancy Payments Acts, 1967 - 1984*[192] erfaßt, kann er für den Verlust seines Arbeitsplatzes die Zahlung einer Abfindung verlangen.

Der Anspruch setzt voraus, daß der Arbeitnehmer nicht weniger als acht Stunden in der Woche arbeitet und bei dem Arbeitgeber seit mindestens 104 Wochen kontinuierlich beschäftigt ist[193]. Die Kontinuität der ersten 13 Wochen ist nach der *First Schedule* des *Minimum Notice and Terms of Employment Act, 1973* zu beurteilen[194]; insbesondere werden die Wochen nicht gezählt, in denen der Arbeitnehmer weniger als acht Stunden gearbeitet hat[195]. Die Kontinuität der verbleibenden 91 Wochen der Wartefrist bestimmt sich nach den Vorschriften der *Redundancy Payments Acts, 1967 - 1984*[196].

Diese unterscheiden ebenso wie der *Minimum Notice and Terms of Employment Act, 1973* zwischen Ereignissen, die die Kontinuität der Beschäftigung unterbrechen[197] und Zeiträumen, die bei der Berechnung der 104wöchigen Frist unberücksichtigt bleiben[198]. Gem. *Paragraph 4* der *Third Schedule* des *Redundancy Payments Act, 1967* gilt die Beschäftigung des Arbeitnehmers als kontinuierlich, es sei denn, ihm wurde gekündigt oder er hat freiwillig seine Arbeitsstelle aufgegeben. Keine Kündigung i.S. dieser Vorschrift liegt vor, wenn die Entlassung aufgrund des *Unfair Dismissals Act, 1977* rechtswidrig ist und daher die Weiterbeschäftigung oder Wiedereinstellung des Arbeitnehmers angeordnet wurde. *Paragraph 4A* bestimmt, daß eine gesetzliche Kündigungsfrist, die der Arbeitgeber nicht beachtet hat, dem kontinuierlichen Beschäftigungszeitraum hinzuzurechnen ist.

---

[192] Vgl oben 2. Kapitel, § 1 III 2

[193] *Section 3* i.V.m. *Section 1* des *Worker Protection (Regular Part-Time Employees) Act, 1991* i.V.m. *Section 4 (1)* und *(2)* der *Redundancy Payments Acts, 967 - 1984* i.V.m. *Section 12* des *Protection of Employees (Employers' Insolvency) Act, 1984*.

[194] *Section 2 (1)* des *Worker Protection (Regular Part-Time Employees) Act, 1991*.

[195] *Paragraph 8* der *First Schedule* des *Minimum Notice and Terms of Employment Act, 1973* i.V.m. *Section 2 (1) (b)* des *Worker Protection (Regular Part-Time Employees) Act, 1991;* vgl. oben 3. Kapitel, § 1 I 1.

[196] *Section 2 (3)* des *Worker Protection (Regular Part-Time Employees) Act, 1991*.

[197] Siehe „*continuous employment*", *Paragraphen 4 - 6* der *Third Schedule* des *Redundancy Payments Act, 1967* i.V.m. *Section 17* des *Redundancy Payments Act, 1979*.

[198] Siehe „*reckonable service*", *Paragraphen 7 - 12* der *Third Schedule* des *Redundancy Payments Act, 1967* i.V.m. *Section 19* des *Redundancy Payments Act, 1971* i.V.m. *Section 17* des *Redundancy Payments Act, 1979*. Der Begriff des „*reckonable service*" entspricht dem des *computable service* i.S.d. *Minimum Notice and Terms of Employment Act, 1973*.

Paragraph 5 der *Third Schedule* nennt verschiedene Ereignisse, die die Kontinuität der Beschäftigung unberührt lassen: Bleibt der Arbeitnehmer der Arbeit infolge einer Krankheit nicht länger als 78 Wochen fern, wird die Kontinuität der Beschäftigung nicht unterbrochen. Dasselbe gilt, wenn er wegen Arbeitsunterbrechung, Urlaub oder aus einem anderen, vom Arbeitgeber akzeptierten Grund für höchstens 26 aufeinanderfolgende Wochen keine Arbeitsleistung erbringt. Außerdem haben die Aussperrung des Arbeitnehmers, seine Teilnahme an einem Streik, die Ableistung des Wehrdienstes der Reserve sowie ein Betriebsübergang keinen Einfluß auf die Kontinuität der Beschäftigung. Unterbricht die Arbeitnehmerin wegen der Geburt eines Kindes für nicht länger als 13 aufeinanderfolgende Wochen ihre Tätigkeit, wird auch dieser Beschäftigungszeitraum nicht berücksichtigt. Darüberhinaus steht es der Kontinuität der Beschäftigung nicht entgegen, wenn ein Arbeitnehmer, dem wegen Arbeitsmangel gekündigt wurde, innerhalb von 26 Wochen auf seinen Arbeitsplatz zurückkehrt.

Gem. *Section 10 (a)* des *Redundancy Payments Act, 1971* wird die Kontinuität der Beschäftigung zunächst vermutet; es obliegt für die verbleibenden 91 Wochen der 104-wöchigen Wartefrist daher dem Arbeitgeber zu beweisen, daß der Arbeitnehmer ununterbrochen beschäftigt war. Der *Employment Appeals Tribunal* verfolgt bei der Auslegung der Vorschriften der *Third Schedule* der *Redundancy Payments Acts, 1967 - 1984* einen liberalen Ansatz: In *Kelly v. Tokus Grass Products*[199] bejahte er die Kontinuität des Arbeitsverhältnisses, obwohl der Arbeitnehmer infolge von Krankheit länger als 78 Wochen nicht arbeitete. Diese Entscheidungspraxis kann sich insbesondere zum Vorteil der Teilzeitarbeitnehmer auswirken, die über einen längeren Zeitraum hinweg aufgrund mehrerer befristeter Arbeitsverträge beschäftigt sind[200].

Obwohl die oben genannten Arbeitsunterbrechungen, wie zum Beispiel Krankheit, Urlaub, Aussperrung und Streik, die Kontinuität der Beschäftigung grundsätzlich nicht beeinträchtigen, können sie auf die Zählbarkeit der Arbeitswochen[201] Einfluß nehmen. Gem. *Paragraph 8* der *Third Schedule* des *Redundancy Payments Act, 1967* werden bei der Berechnung der Wartefrist bis zu einer Grenze von 52 beziehungsweise 26 aufeinanderfolgenden Wochen diejenigen Wochen nicht berücksichtigt, in denen der Arbeitnehmer wegen eines Arbeitsunfalles oder Krankheit nicht arbeitet. Erfolgte die Arbeitsunterbrechung aus einem mit dem Arbeitgeber vereinbarten Grunde, darf der Beschäftigte innerhalb eines Jahres 13 Wochen nicht arbeiten, ohne seinen Anspruch zu ge-

---

[199] 196 / 1981; vgl. auch Creagh v. Lee Footwear Ltd. 259 / 1980 und Coleman v. F.K.M. General Engeneering 78 / 1981.

[200] Vgl. von Prondzynski / McCarthy, Ch. 8, S. 177.

[201] *„Reckonable Service"*.

fährden. Wenn der Arbeitnehmer infolge einer vom Arbeitgeber zu vertretenden Arbeitsunterbrechung oder eines Streikes in seinem Betrieb oder der Industrie keine Arbeitsleistung erbringt, wird der betreffende Zeitraum der Wartefrist nicht hinzugerechnet. Dagegen betrachtet das Gesetz Wochen des Urlaubs und der Aussperrung als Arbeitswochen[202]. Außerdem findet die Abwesenheit vom Arbeitsplatz aufgrund einer rechtswidrigen Kündigung, der eine Wiederein-stellung nachfolgt, keine Berücksichtigung[203].

Diese Kriterien für die Berechnung der letzten 91 Wochen der Wartefrist unterscheiden sich nicht wesentlich von denen, die für die Erfüllung der ersten 13 Wochen[204] zu beachten sind. Allerdings schließen die Vorschriften zum *„reckonable service"* die Wochen nicht aus, in denen der Arbeitnehmer weniger als acht Stunden arbeitet. Schwankt somit die wöchentliche Arbeitszeit des Beschäftigten zwischen acht oder mehr Stunden und einer geringeren Arbeits-zeit, ist dies hinsichtlich des zweiten Teiles der hundertvierwöchigen Frist unschädlich; auch die Wochen werden mitgezählt, in denen der Arbeitnehmer weniger als acht Stunden arbeitet. Entscheidend ist allein, daß er im Zeitpunkt der Kündigung wegen Arbeitsmangel die Voraussetzung der achtstündigen wöchentlichen Arbeitszeit i.S.v. *Section 1 (1)* des *Worker Protection (Regular Part-Time Employees) Act, 1991* erfüllt hat.

6. Zusammenfassung

Teilzeitbeschäftigte, für die weder der *Unfair Dismissals Act, 1977* noch der *Minimum Notice and Terms of Employment Act, 1973* eingreift, werden sowohl hinsichtlich der materiellen Anforderungen an eine rechtmäßige Kündigung als auch der Rechtsfolgen und gerichtlichen Durchsetzung einer rechtswidrigen Kündigung gegenüber den anderen Arbeitnehmern benachteiligt. Ihr Abeits-verhältnis kann jederzeit unter Beachtung einer Kündigungsfrist beendet werden, die häufig kürzer sein wird als die gesetzlich normierte Frist. Nur in dem seltenen Fall der *wrongful dismissal* steht den betroffenen Teilzeitbeschäftigten der Zivilrechtsweg offen. Während der *Unfair Dismissals Act, 1977* als Rechts-folge einer rechtswidrigen Kündigung wahlweise die Wiedereinstellung des Arbeitnehmers auf demselben oder einem anderen Arbeitsplatz vorsieht, bildet eine Schadensersatzpflicht des Arbeitgebers nach dem *common law* praktisch die einzige Sanktion gegen eine rechtswidrige Kündigung. Außerdem erschwert die

---

[202] Bis zu der Grenze der Unterbrechung der Kontinuität, siehe *Paragraph 5 (1) (b) (ii)* der *Third Schedule* des *Redundancy Payments Act, 1967.*

[203] *Paragraphen 7* und *11* der *Third Schedule* des *Redundancy Payments Act, 1967.*

[204] Vgl. oben 3. Kapitel, § 1 I 1.

Gestaltung des Verfahrens vor den ordentlichen Gerichten im Vergleich zum arbeitsgerichtlichen Verfahren die Geltendmachung einer *wrongful dismissal*. Teilzeitbeschäftigten, die sich nicht auf die Vorschriften des *Unfair Dismissals Act, 1977* berufen können, wird im Falle einer rechtswidrigen Kündigung kein effektiver Rechtsschutz gewährt. Der Anspruch Teilzeitbeschäftigter auf Zahlung einer Abfindung im Falle der Entlassung wegen Arbeitsmangels ist nach den Vorschriften der *Redundancy Payments Acts, 1967 - 1984* und des *Worker Protection (Regular Part-Time Employees) Act, 1991* ebenfalls von dem Umfang und der Dauer der Beschäftigung abhängig.

Hingegen gilt bei einer fristlosen Kündigung für sämtliche Arbeitnehmer der Rechtfertigungsmaßstab des *common law*. Jedoch können die Beschäftigten, die von dem *Unfair Dismissals Act, 1977* erfaßt werden, zwischen der Anrufung der ordentlichen Gerichte und des *Employment Appeals Tribunal* wählen, während die anderen Teilzeitarbeitnehmer nur den Zivilrechtsweg beschreiten können.

Teilzeitbeschäftigte und Vollzeitbeschäftigte werden gleichbehandelt, wenn die Kündigung auf der Schwangerschaft der Arbeitnehmerin, der Wahrnehmung des Mutterschaftsurlaubs oder gewerkschaftlichen Aktivitäten beruht. Beruft sich der Arbeitgeber auf einen dieser Kündigungsgründe, greift das Erfordernis der einjährigen, kontinuierlichen Beschäftigung nicht ein.

Benachteiligt der Arbeitgeber Teilzeitkräfte bei der Auswahl für eine Kündigung gegenüber Vollzeitbeschäftigten, können sich die weiblichen Teilzeitkräfte gegebenenfalls auf die Vorschriften des *Employment Equality Act, 1977* berufen. Dies gilt auch dann, wenn weder nach dem Gesetzesrecht noch dem *common law* eine rechtswidrige Kündigung vorliegt. Die Klage wegen einer mittelbaren Geschlechterdiskriminierung bildet für Teilzeitarbeitnehmerinnen, denen keine Rechte aus dem *Unfair Dismissals Act, 1977* zustehen, die einzige Möglichkeit, einen gewissen Kündigungsschutz zu erlangen.

IV. Die kollektive Vertretung der Teilzeitbeschäftigten

Gewerkschaften nehmen im allgemeinen erheblichen Einfluß auf die Gestaltung der Arbeitsbedingungen in Irland. Etwa 44 % der Arbeitnehmer werden von den mehr als 80 Einzelgewerkschaften des ICTU vertreten[205].

Der ICTU hatte sich bereits seit Beginn der 80er Jahre für eine Änderung der damaligen Arbeits- und Sozialgesetze sowie den Erlaß einer EG-Richtlinie zur Regelung der Teilzeitarbeit eingesetzt; seine Tätigkeit war von großer Bedeutung

---

[205] Däubler / Lecher, Die Gewerkschaften in den 12 EG-Ländern, Teil II, S. 191.

für die Stellung der Teilzeitbeschäftigten im irischen Recht[206]. *National Wage Agreements* und *National Understandings,* die der ICTU und der FIE unter Mitwirkung der Regierung zur Festlegung des Lohnes bis 1982 schlossen[207], galten auch für Teilzeitbeschäftigte[208].

Demgegenüber haben die dem Gewerkschaftsverband angeschlossenen Einzelgewerkschaften erst in den letzten Jahren begonnen, ihren Einfluß auch zugunsten teilzeitbeschäftigter Arbeitnehmer geltend zu machen. Eine Ursache dafür ist die traditionelle Beurteilung der Teilzeitarbeit durch die Gewerkschaften: Sie galt in erster Linie als Instrument einer Arbeitgeberpolitik, die darauf abzielt, mißbräuchlich die Lohnkosten zu senken[209]. Daneben hatte Teilzeitarbeit nach Auffassung der Gewerkschaften negative Auswirkungen auf die Arbeitsbedingungen der gewerkschaftlich organisierten Vollzeitbeschäftigten. Die Beschäftigung von Teilzeitkräften wurde als Gefahr für rechtlich geschützte Vollzeitarbeitsplätze betrachtet[210].

Diese Einschätzung scheinen die Gewerkschaften heute — nicht zuletzt unter dem Druck ihrer Frauenbeauftragten — mehr und mehr aufzugeben[211]. Die Teilzeitarbeit bietet aus ihrer Sicht insbesondere verheirateten Frauen mit Kindern die Möglichkeit, am Arbeitsleben teilzunehmen[212]. Zudem wäre die Ablehnung der Teilzeitarbeit nicht mehr mit dem von den Gewerkschaften verfolgten Ziel der *job creation* vereinbar, das aufgrund der hohen Arbeitslosenquote in der Republik Irland einen hohen Stellenwert besitzt. Da die Gewerkschaften infolge der wirtschaftlichen Depression seit Ende der 70er einen Rückgang ihrer Mitgliederzahlen hinnehmen müssen[213], sehen sie heute eher eine Notwendigkeit, auch die sogenannten Randbelegschaften zu organisieren.

Trotz des sich abzeichnenden Wandels der Haltung der Gewerkschaften hat sich noch keine allgemeine Strategie durchgesetzt, die auf eine tarifliche Regelung der Arbeitsbedingungen für Teilzeitbeschäftigte gerichtet ist. Nur wenige Tarifverträge enthalten Bestimmungen, die Teilzeitbeschäftigte ausdrücklich in

---

[206] Vgl. oben 3. Kapitel, § 1 II 2 a) bb).

[207] Vgl. O'Brien, Pay Determination in Ireland, Retrospect and Prospects, in: Faculty of Commerce, University College Dublin (Hrsg.), Industrial Relations in Ireland, Contemporary Issues and Developments, S. 133, 134.

[208] Redmond, Ireland, Ch. 6, III., S. 257, 286.

[209] Drew, Ch. 2, S. 15.

[210] Drew, Ch. 2, S. 15; Redmond, Beyond the Net, 1, 2.

[211] Drew, Ch. 2, S. 15 und Ch. 8, S. 57.

[212] Drew, Ch. 8, S. 57.

[213] Däubler / Lecher, Teil II, S. 191.

den Geltungsbereich der tariflichen Regelungen einbeziehen[214]. Zumeist sind „Arbeitnehmer" die Adressaten des Tarifvertrages, so daß im Einzelfall streitig sein kann, ob die tariflichen Regelungen für Teilzeitbeschäftigte eingreifen.

Eine kollektive Vertretung der Teilzeitbeschäftigten wird erschwert durch den geringen Organisationsgrad teilzeitbeschäftigter Arbeitnehmer, der weit unter dem der Vollzeitarbeitnehmer liegt[215]. Eine Untersuchung der Gewerkschaftszugehörigkeit von Teilzeitreinigungskräften ergab eine Quote von nur 13 %[216]. Teilzeitbeschäftigten Arbeitnehmerinnen bleibt aufgrund familiärer Verpflichtungen nur wenig Zeit, sich gewerkschaftlich zu engagieren. Außerdem sind viele Teilzeitkräfte angesichts des niedrigen Lohnnivieaus nicht bereit, Gewerkschaftsbeiträge zu zahlen[217].

Die Mitgliedschaft in einer Gewerkschaft ist nach anglo-irischem Recht zwar keine notwendige Voraussetzung für die normative Wirkung von Kollektivvereinbarungen[218]. Entscheidend ist die ausdrückliche oder stillschweigende Einbeziehung tariflicher Regelungen in den Einzelarbeitsarbeitsvertrag[219]. Die Gerichte sind aber eher geneigt, eine stillschweigende Einbeziehung in den Arbeitsvertrag zu bejahen, wenn der Arbeitnehmer einer Gewerkschaft angehört[220]. Zudem bleiben Teilzeitbeschäftigte, die nicht gewerkschaftlich organisiert sind, in der Regel anonym. Die Gewerkschaften sind über die Arbeitsbedingungen dieser Arbeitnehmer nicht informiert, so daß bereits aus diesem Grunde eine kollektive Vertretung nicht in Betracht kommt.

Ist in einem Unternehmen ein größerer Anteil der Teilzeitbeschäftigten Mitglied der Gewerkschaft, setzt sie sich gewöhnlich vor dem *Labour Court* für die Gleichbehandlung der Teilzeitbeschäftigten mit vergleichbaren Vollzeitbeschäftigten ein. Obwohl der Zugang zum Arbeitsgericht keine Mitgliedschaft in einer Gewerkschaft voraussetzt, werden Teilzeitbeschäftigte in den Schlichtungsverfahren ausnahmslos von Gewerkschaften vertreten. 37 der 40 Verfahren zwischen 1987 und 1990 aufgrund des *Anti-Discrimination (Pay) Act, 1974*

---

[214] Beispielsweise haben die *Irish Union of Distributive Workers and Clerks* und die *Irish National Union of Vintners Grocers and Allied Grocers and Allied Trades Assistants (INUVGATTA)* gleiche Arbeitsbedingungen für Teilzeit- und Vollzeitbeschäftigte ausgehandelt, Redmond, Ireland, Ch. 6, III., S. 257, 286, 287.

[215] Vgl. Drew, Ch. 2, S. 15.

[216] Daly, Ch. 4, S. 37.

[217] Daly, Ch. 4, S. 39.

[218] Smith / Wood, Ch. 4, S. 149; Harvey on Industrial Relations and Employment Law, [120] I / 23B; vgl. oben 2. Kapitel, § 1 II 1 d) und IV 4.

[219] Hulland v. Sanders [1945] K.B. 78; Smith / Wood, Ch. 4, S. 149.

[220] Siehe Young v. Canadian Nothern Railway Co. [1931] A.C. 83; Singh v. British Steel Corporation [1974] I.R.L.R. 131; Smith / Wood, Ch. 4, S. 152.

wurden von den Gewerkschaften geführt; in 14 von 30 Klagen aufgrund des *Employment Equality Act, 1977* traten die Gewerkschaften auf[221]. Die Entscheidungen kommen auch Arbeitnehmern zugute, die nicht gewerkschaftlich organisiert sind. Insoweit leisten die Gewerkschaften einen wichtigen Beitrag dazu, Teilzeitbeschäftigte aus ihrer Isolation zu befreien.

In den letzten Jahren haben der ICTU und einzelne Gewerkschaften Teilzeitbeschäftigte durch breit angelegte Werbekampagnen aufgefordert, aus ihrer Isolation herauszutreten und Mitglied einer Gewerkschaft zu werden[222]. Einige Kollektivvereinbarungen enthalten Klauseln, die bestimmen, daß die Mitgliedschaft in der Gewerkschaft eine Arbeitsbedingung der Teilzeitbeschäftigten ist[223].

Die Kluft zwischen Teilzeit- und Vollzeitbeschäftigten würde eher überwunden, wenn die Gewerkschaften die Mitgliedschaft für Teilzeitbeschäftigte attraktiver machen würden. Dazu beitragen könnten beispielsweise eine anteilige Beitragspflicht sowie die Veranstaltung von Gewerkschaftsversammlungen zu familiengerechten Zeiten.

Darüberhinaus würde eine effektive Arbeit der Gewerkschaften voraussetzen, daß sie im Rahmen von Kollektivverhandlungen eine aktive Position einnehmen, die darauf gerichtet ist, günstige Arbeitsbedingungen für Teilzeitbeschäftigte auszuhandeln. Gerade Kollektivvereinbarungen könnten die Teilzeitbeschäftigten auffangen, die von dem gesetzlichen Schutzsystem nicht erfaßt sind. In der Regel setzt jedoch der Hebel der Gewerkschaften erst an, wenn die Arbeitsbedingungen der Teilzeitkräfte bereits nachteilig von denen der Vollzeitkräfte abweichen.

V. Die Mitbestimmung der Teilzeitbeschäftigten im Betrieb und Unternehmen

Die Arbeitnehmermitbestimmung im Betrieb und Unternehmen hat — im Vergleich zu der Mitbestimmung auf kollektiver Ebene — in der Republik Irland nur untergeordnete Bedeutung. Für private Betriebe und Unternehmen gibt es bis heute weder ein gesetzlich normiertes Betriebsverfassungsrecht noch ein Unternehmensmitbestimmungsrecht[224].

---

[221] ICTU, Implementation of Equality Report „Programme for Progress", Progress Report to Women's Conference, 1990, Part I, S. 7.

[222] ICTU, Equal Rights for Part-time Workers; ders., A Programme for Progress, S. 7; Meenan, S. 191.

[223] Redmond, Ireland, Ch. 6, III., S. 257, 286.

[224] Vgl. oben 2. Kapitel, § 1 V.

Die *Worker Participation (State Enterprises) Acts, 1977 - 1988* regeln für die elf halbstaatlichen Unternehmen ein Recht der Mitbestimmung. Teilzeitbeschäftigte zwischen 18 und 65 Jahren können als Arbeitnehmervertreter in den Vorstand der Unternehmen gewählt werden, wenn sie seit mindestens drei Jahren ununterbrochen beschäftigt sind und ihre wöchentliche Arbeitszeit acht Stunden nicht unterschreitet[225]. Das aktive Wahlrecht setzt voraus, daß die Arbeitnehmer seit mindestens einem Jahr kontinuierlich beschäftigt sind und wöchentlich nicht weniger als acht Stunden arbeiten. Zudem wird ein Mindestalter von 18 Jahren verlangt[226].

Die in dem *Worker Protection (Regular Part-Time Employees) Act, 1991* normierte dreizehnwöchige kontinuierliche Wartezeit ist Bestandteil der Wartezeiten nach den *Worker Protectin (Regular Part-Time Employees) Act, 1991*. Die Kontinuität der ersten 13 Wochen bestimmt sich gem. *Section 2 (1)* des *Worker Protection (Regular Part-Time Employees) Act, 1991* nach der *First Schedule* des *Minimum Notice and Terms of Employment Act, 1973*. Für die Kontinuität der darüber hinausgehenden Frist sind gem. *Section 2 (3)* des *Worker Protection (Regular Part-Time Employees) Act, 1991* die Vorschriften des jeweiligen Gesetzes maßgeblich, das eine Wartezeit normiert.

Im Unterschied zu den *Redundancy Payments Acts, 1967 - 1984* enthalten die *Worker Participation (State Enterprises) Acts, 1977 - 1988* keine dahingehenden Regelungen, so daß insoweit eine Gesetzeslücke besteht. Sie wird in der Praxis durch eine Anwendung der *First Schedule* des *Minimum Notice and Terms of Employment Act, 1973* geschlossen. Daher weren bei der Berechnung der dreijährigen und einjährigen Wartezeit diejenigen Wochen nicht berücksichtigt, in denen der Teilzeitbeschäftigte weniger als acht Stunden arbeitet. Die betriebliche Mitbestimmung teilzeitbeschäftigter Arbeitnehmer in der Bundesrepublik ist hingegen nicht vom Umfang und der Dauer der Beschäftigung abhängig.

Teilzeitarbeitnehmern, die von den *Worker Participation (State Enterprises) Acts, 1977 - 1988* erfaßt sind, steht das Mitbestimmungsrecht ebenso zu wie vollzeitbeschäftigten Arbeitnehmern.

---

[225] *Section 3* i.V.m. *Section 1 (1)* des *Worker Protection (Regular Part-Time Employees) Act, 1991* i.V.m. *Section 11 (1) (a) - (c)* i.V.m. *Section 1* des *Worker Participation (State Enterprises) Act, 1977* i.V.m. *13 (d)* des *Worker Participation (State Enterprises) Act, 1988*.

[226] *Section 3* i.V.m. *Section 1 (1)* des *Worker Protection (Regular Part-Time Employees) Act, 1991* i.V.m. *Section 10 (1)* und *2 (a) (b)* i.V.m. *Section 1* des *Worker Participation (State Enterprises) Act, 1977* i.V.m. *Section 13 (d)* des *Worker Participation (State Enterprises) Act, 1988*.

§ 3 Zusammenfassung und Bewertung

Stundengrenzen sind neben Wartefristen eine charakteristische Erscheinung des irischen Arbeitsrechts. Die Rechte des Arbeitnehmers auf Aushändigung eines Schriftstücks mit den wesentlichen Vertragsbestimmungen, auf Urlaub, Mutterschutz, Insolvenzzahlungen, Kündigungsschutz, Einhaltung einer Kündigungsfrist, Abfindung im Falle der Entlassung wegen Arbeitsmangels und Mitbestimmung sind seit ihrer gesetzlichen Regelung von einer wöchentlichen Mindestarbeitszeit abhängig[1].

Der *Worker Protection (Regular Part-Time Employees) Act, 1991* hat zwar die Mindestarbeitsbedingungen einer Vielzahl von Teilzeitbeschäftigten verbessert. Er hält aber die gesetzliche Differenzierung zwischen Teilzeit- und Vollzeitbeschäftigten aufrecht. Gem. *Section 3* i.V.m. *Section 1 (1)* gelten heute diejenigen Gesetze, deren Anwendbarkeit vorwiegend eine wöchentliche Mindestarbeitszeit von 18 Stunden voraussetzten[2], für Arbeitnehmer, die mindestens acht Wochenstunden arbeiten und seit nicht weniger als 13 Wochen kontinuierlich bei dem Arbeitgeber beschäftigt sind. Diese Arbeitnehmer sind nach der gesetzlichen Definition „regelmäßig Teilzeitbeschäftigte". Bei der Berechnung der dreizehnwöchigen Beschäftigungsfrist bleiben die Wochen unberücksichtigt, in denen der Arbeitnehmer weniger als acht Stunden arbeitet[3].

Der *Worker Protection (Regular Part-Time Employees) Act, 1991* hat die ursprünglichen Regelungen nicht aufgehoben. Daher können der *Holidays (Employees) Act, 1973*, der *Minimum Notice and Terms of Employment Act, 1973*, der *Maternity Protection of Employees Act, 1981* und der *Protection of Employees (Employer's Insolvency) Act, 1984* bis heute Ansprüche zugunsten der Beschäftigten begründen, die nicht seit mindestens 13 Wochen bei dem Arbeitgeber beschäftigt sind. Insoweit geht die Intention des Gesetzgebers fehl, nur regelmäßig Teilzeitbeschäftigte mit Vollzeitbeschäftigten gleichzubehandeln[4].

Die Ausweitung des gesetzlichen Schutzes des Teilzeitarbeitsverhältnisses war einerseits durch eine nationale Bewegung beeinflußt. Der sich abzeichnende

---

[1] Siehe den *Minimum Notice and Terms of Employment Act, 1973*, den *Holidays (Employees) Act, 1973*, den *Maternity Protection of Employees Act, 1981*, den *Protection of Employees (Employer's Insolvency) Act, 1984*, den *Unfair Dismissals Act, 1977*, die *Redundancy Payments Acts, 1967 - 1984*, die *Worker Protection (Regular Part-Time Employees) Acts, 1977 - 1988*.

[2] Siehe die Tabelle 3. Kapitel, § 1 II 2 a) bb) (1).

[3] *Paragraph 8* i.V.m. *Section 2 (1) (b)* und *Section 1 (1)* des *Worker Protection (Regular Part-Time Employees) Act, 1991*.

[4] 405 Dáil Debates c. 1996 (28. Februar 1991); vgl. oben 3. Kapitel, § 1 II 2 a) bb) (3).

Wandel in der irischen Beschäftigungsstruktur[5] hatte das Bewußtsein für die rechtlichen Probleme der Teilzeitarbeit verstärkt. Andererseits haben die Rechtsangleichungsbemühungen der Kommission der Europäischen Gemeinschaften zur Fortentwicklung des irischen Arbeitsrechts beigetragen[6].

In der Bundesrepublik sind Teilzeitbeschäftigte im wesentlichen in das gesetzliche Schutzsystem einbezogen[7]. § 1 Abs. 3 Nr. 2 LohnfortzG, der gewerblichen Arbeitnehmern mit einer Arbeitszeit von weniger als 10 Stunden in der Woche oder 45 Stunden im Monat Ansprüche auf Lohnfortzahlung im Krankheitsfalle versagt, verletzt nach der Rechtsprechung des BAG das Verbot der mittelbaren Geschlechterdiskriminierung aus Art. 119 EWGV und ist daher im Streitfalle nicht mehr anzuwenden[8].

Diese unterschiedliche Anerkennung eines Gleichbehandlungsgrundsatzes ist auf eine unterschiedliche Umsetzung des europäischen Gemeinschaftsrechts zurückzuführen. Bei der Herabsetzung der Anwendbarkeitsgrenze auf acht Wochenstunden orientierte sich der irische Gesetzgeber an den Richtlinienvorschlägen der Kommission der Europäischen Gemeinschaften über bestimmte Arbeitsverhältnisse hinsichtlich der Arbeitsbedingungen[9] und im Hinblick auf Wettbewerbsverzerrungen[10], die eine Angleichung der Arbeitsbedingungen nur für Beschäftigte vorsehen, die durchschnittlich acht Stunden in der Woche arbeiten[11]. Finden die Richtlinienentwürfe im Rat die erforderlichen Mehrheiten, wäre eine Nachbesserung des *Worker Protection (Regular Part-Time Employees) Act, 1991* nicht erforderlich. Allenfalls müßte der Gesetzgeber in Zukunft ein Recht auf gleichen Zugang zu betriebsinternen Berufsausbildungsmaßnahmen[12] und zu den Sozialdiensten des Unternehmens[13] sowie Informationspflichten des Arbeitgebers normieren[14].

---

[5] Vgl. oben 1. Kapitel, § 2.

[6] Vgl. oben 3. Kapitel, § 1 II 2 a) bb).

[7] Eine Ausnahmeregelung enthält § 11 Abs. 3 MuSchG. Gem. § 23 Abs. 1 S. 3 KschG begründen Arbeitnehmer, die weniger als 10 Stunden in der Woche oder 45 Stunden im Monat arbeiten, keinen Kündigungsschutz, können sich aber auf das KschG berufen, wenn es in dem Betrieb Anwendung findet.

[8] BAG, Urt. v. 9. 10. 1991, NZA 1992, 259.

[9] ABl. EG 1990 Nr. C 224 / 4.

[10] ABl. EG 1990 Nr. C 224 / 6, modifizierend ABl. EG 1990 Nr. C 305 / 8.

[11] Siehe jeweils Art. 1 Abs. 3 der Richtlinienvorschläge; vgl. oben 3. Kapitel, § 1 II 1 a) bb).

[12] Art. 2 Abs. 1 des Richtlinienvorschlags über bestimmte Arbeitsverhältnisse hinsichtlich der Arbeitsbedingungen.

[13] Art. 4 des Richtlinienvorschlags über bestimmte Arbeitsverhältnisse hinsichtlich der Arbeitsbedingungen.

[14] Art. 2 Abs. 3 und Art. 5 des Richtlinienvorschlags über bestimmte Arbeitsverhältnisse hinsichtlich der Arbeitsbedingungen.

Das BAG hingegen sah in den Richtlinienvorschlägen offenbar keine Legitimation, an der gesetzlichen Differenzierung zwischen Teilzeit- und Vollzeitbeschäftigten festzuhalten. Vielmehr stützte es sich auf die Vorabentscheidung des EuGH in *Rinner-Kühn / FWW Spezial-Gebäudereinigung GmbH & Co. KG*[15] zu § 1 Abs. 3 Nr. 2 LohnfortzG. Der EuGH entschied, daß eine mittelbare Geschlechterdiskriminierung durch gesetzliche Vorschriften nur dann gerechtfertigt ist, wenn das gewählte Mittel einem notwendigen Ziel der Sozialpolitik dient und zur Erreichung dieses Ziels geeignet und erforderlich ist[16].

Dem Ausschluß einer bestimmten Gruppe der Teilzeitbeschäftigten von dem Anwendungsbereich gesetzlicher Regelungen in der Republik Irland liegt nicht die Erwägung zugrunde, Arbeitnehmer mit einer geringen wöchentlichen Arbeitszeit seien weniger schutzbedürftig als andere Arbeitnehmer. Die gesetzliche Differenzierung ist die irische Lösung des Interessenkonfliktes zwischen der Schutzbedürftigkeit der Teilzeitkräfte einerseits und dem Streben nach mehr Beschäftigung und Flexibilität auf der anderen Seite. Die Gefahr einer beschäftigungshemmenden Regulierung des Arbeitsverhältnisses wird angesichts des großen Anteils der Arbeitslosen und der damit verbundenen wirtschaftlichen und sozialen Probleme in Irland besonders hoch eingeschätzt[17]. Vor diesem Hintergrund könnte der irischen Regierung der Nachweis gelingen, daß die Aufrechterhaltung einer Stundengrenze nicht nur in Einklang mit den Richtlinienvorschlägen der Kommission steht, sondern auch mit Art. 119 EWGV, der Richtlinie 75 / 117 / EWG und der Richtlinie 76 / 207 / EWG vereinbar ist.

Die Mindestarbeitsbedingungen der Arbeitnehmer, die von den gesetzlichen Regelungen nicht erfaßt sind, bestimmen sich nach einzel- oder kollektivvertraglichen Vereinbarungen oder den Grundsätzen des *common law*. Der soziale Schutz durch das *common law* ist sehr begrenzt. Dies zeigt sich insbesondere im Falle der Beendigung des Arbeitsverhältnisses. Greifen weder der *Unfair Dismissals Act, 1977* noch der *Minimum Notice and Terms of Employment Act, 1973* ein, kann das Teilzeitarbeitsverhältnis jederzeit unter Einhaltung einer angemessenen Kündigungsfrist beendet werden[18]. Nur in dem seltenen Fall der *wrongful dismissal* können die betroffenen Teilzeitarbeitnehmer ein Interesse am Bestand ihres Arbeitsplatzes geltend machen[19].

---

[15] EuGH, Urt. v. 13. 7. 1989, Rs 171 / 88, Slg. 1989, 2743.

[16] EuGH, Urt. v. 13. 7. 1989, 2743, 2761.

[17] Vgl. oben 3. Kapitel, § 1 II 1 a) bb) (3) und III 3.

[18] Redmond, Dismissal Law, Ch. Three, S. 52.

[19] von Prondzynski / McCarthy, Ch. 3, S. 51; vgl. oben 3. Kapitel, § 2 III 4 a).

Keine Unterscheidung zwischen Teilzeit- und Vollzeitbeschäftigten treffen die Gesetze zur Gleichbehandlung im Arbeitsleben[20], der Sicherheit am Arbeitsplatz[21], der Art und Weise der Lohnzahlung[22] sowie der Arbeitsbedingungen in Industrie und Handel[23].

Während § 2 Abs. 1 BeschFG 1990 ein allgemeines Benachteiligungsverbot wegen der Teilzeitarbeit normiert, enthält das irische Arbeitsrecht keine entsprechende Regelung. Der *Protection of Part-Time Workers (Employment) (No. 2) Bill, 1989*, der eine Gleichbehandlung auch hinsichtlich vertraglicher Ansprüche vorsah, konnte sich im Parlament nicht durchsetzen[24]. Allerdings eröffnen die *Industrial Relations Acts, 1946 - 1990* die Möglichkeit, im Rahmen eines arbeitsgerichtlichen Schlichtungsverfahrens beispielsweise die Anwendung tariflicher Regelungen auf Teilzeitarbeitsverhältnisse und die Einfügung besonderer Regelungen in den Arbeitsvertrag Teilzeitbeschäftigter zu verlangen[25]. Die Entscheidungen des *Labour Court,* die nur unverbindliche Empfehlungen sind, spiegeln die Einschätzung wider, daß in erster Linie regelmäßig Teilzeitbeschäftigte[26] gleichzubehandeln sind mit Vollzeitbeschäftigten; gelegentlich Teilzeitbeschäftigte werden für weniger schutzbedürftig gehalten[27]. Die Durchführung solcher Schlichtungsverfahren setzt in der Praxis eine Unterstützung von seiten der Gewerkschaften voraus.

Im übrigen kann sich ein Anspruch auf Gleichbehandlung beim Entgelt und hinsichtlich der sonstigen Arbeitsbedingungen durch Arbeits- und Tarifverträge allein unter dem Gesichtspunkt der mittelbaren Geschlechterdiskriminierung ergeben. Der *Anti-Discrimination (Pay) Act, 1974* und der *Employment Equality Act, 1977* enthalten — ebenso wie die §§ 612 Abs. 3, 611a BGB — ein Verbot der unmittelbaren und der mittelbaren Diskriminierung wegen des Geschlechts. Die Gleichbehandlungsgesetze setzten die Richtlinien 75 / 117 / EWG[28] und 76 / 207 / EWG[29] noch vor Ablauf der jeweiligen Durchführungszeiträume in

---

[20] *Anti Discrimination (Pay) Act, 1974; Employment Equalty Act, 1977.*

[21] *Safety, Health and Welfare at Work Act, 1989.*

[22] *Truck Acts, 1831, 1887, 1896; Payment of Wages Act, 1979.*

[23] *Conditions of Employment Acts, 1936 - 1944; Shops (Conditions of Employment) Acts, 1938 - 1942.*

[24] Vgl. oben 3. Kapitel, § 1 II 1 a) bb) (2).

[25] *Section 26 (1)* des *Industrial Relations Act, 1990; Section 20 (1)* des *Industrial Relations Act, 1969.*

[26] Im untechnischen Sinne.

[27] Vgl. oben 3. Kapitel, § 1 III 2 a).

[28] ABl. EG 1975 Nr. L 45 / 19.

[29] ABl. EG 1976 Nr. L 39 / 40.

nationales Recht um. Spätestens mit Wirkung zum 1. Januar 1993 wird außerdem Teil IV des *Pensions Act, 1990* die Richtlinie 86 / 378 / EWG zur Verwirklichung des Grundsatzes der Gleichbehandlung von Männern und Frauen bei den betrieblichen Systemen der sozialen Sicherheit[30] umsetzen.

Anders als der *Employment Equality Act, 1977*[31], regelt der *Anti-Discrimination (Pay) Act, 1974* kein ausdrückliches Verbot der mittelbaren Geschlechterdiskriminierung. Jedoch legt die arbeitsgerichtliche Rechtsprechung das Lohngleichheitsgesetz über seinen Wortlaut hinaus dahingehend aus, daß er auch mittelbare Geschlechterdiskriminierungen erfaßt. Sie stützt sich zu einem Teil auf die Rechtsprechung des EuGH zur Reichweite von Art. 119 EWGV und zu der Richtlinie 75 / 117 / EWG[32]. Der Inhalt des Verbotes der mittelbaren Geschlechterdiskriminierung hinsichtlich der sonstigen Arbeitsbedingungen ist dagegen nicht vom europäischen Recht geprägt, denn zur Zeit der Verabschiedung des *Employment Equality Act, 1977* hatte der EuGH die näheren Voraussetzungen einer mittelbaren Geschlechterdiskriminierung noch nicht definiert. Der irische Gesetzgeber lehnte sich vielmehr an den englischen *Sex Discrimination Act, 1975* an, dem das von dem amerikanischen *Supreme Court* entwickelte Konzept der mittelbaren Geschlechterdiskriminierung[33] zugrunde liegt. Aufgrund der Vereinbarkeit des nationalen Verbotes der mittelbaren Geschlechterdiskriminierung mit dem europäischen Gemeinschaftsrecht ist eine europarechtskonforme Auslegung des *Employment Equality Act, 1977* nicht erforderlich[34].

Allerdings ist die praktische Effizienz der Gleichbehandlungsgebote nur begrenzt: Gelingt es der Teilzeitarbeitnehmerin nicht, einen männlichen Vollzeitbeschäftigten zu benennen, der gleiche oder ähnliche Arbeit leistet, ist ein Anspruch auf Gleichbehandlung ausgeschlossen[35]. Ein Vergleich der Arbeitsbedingungen kommt insbesondere hinsichtlich solcher Tätigkeiten nicht in Betracht, die typischerweise nur von Teilzeitbeschäftigten ausgeübt werden. Darüberhinaus bleibt das Lohngleichheitsgebot hinsichtlich derjenigen Beschäftigungen wirkungslos, die keine oder eine geringe Qualifikation voraussetzen und — unabhängig von der wöchentlichen Arbeitszeit — niedrig vergütet werden. Nur ein gesetzlicher Mindestlohn könnte das Lohnniveau dieser Beschäftigten heben.

---

[30] ABl. EG 1986 Nr. L 225 / 40.

[31] Siehe *Section 2 (c)* des *Employment Equality Act, 1977*.

[32] Vgl. oben 3. Kapitel, § 1 III 2 b) bb) (2) (a) (aa).

[33] Griggs v. Duke Power Co. (1971) 401 US 424.

[34] Vgl. oben 3. Kapitel, § 1 III 2 b) cc) (2) (b).

[35] Curtin, Ch. 10, S. 323; Daly, Chapter One, S. 10.

Die Verwirklichung des Grundsatzes der Lohngleicheit und der Gleichheit hinsichtlich der sonstigen Arbeitsbedingungen wird auch dadurch erschwert, daß Teilzeitarbeitnehmerinnen immer noch schlecht über ihre Rechte informiert sind. Die Geltendmachung der Ansprüche auf Gleichbehandlung ist in vielen Fällen von einer gewerkschaftlichen Repräsentation abhängig.

Allein eine offensive Gewerkschaftspolitik könnte dazu beitragen, die Kluft zwischen Teilzeit- und Vollzeitbeschäftigten zu überwinden. Obwohl die Gewerkschaften die Teilzeitarbeit inzwischen als eine Form der *Job Creation* akzeptieren, haben sie bislang nur punktuell eine Gleichbehandlung von Teilzeit- und Vollzeitbeschäftigten in Tarifverträgen durchgesetzt[36].

Der niedrige Organisationsgrad der Teilzeitbeschäftigten steht dem nicht entgegen. Tarifliche Regelungen können auch Ansprüche zugunsten nicht gewerkschaftlich organisierter Teilzeitkräfte begründen, denn die normative Wirkung von Kollektivvereinbarungen setzt im anglo-irischen Rechtskreis keine Mitgliedschaft in einer Gewerkschaft voraus[37]. Die Tätigkeit der Gewerkschaften beschränkt sich im wesentlichen auf die Information der Teilzeitbeschäftigten sowie deren Unterstützung in Verfahren von dem *Labour Court* und dem *Employment Appeals Tribunal*.

---

[36] Vgl. oben 3. Kapitel, § 2 IV.

[37] Vgl. oben 2. Kapitel, § 1 IV 4.

4. Kapitel
Die Stellung der Teilzeitbeschäftigten
im irischen Sozialrecht

§ 1 Sozialrechtliche Rahmenbedingungen

Der soziale Schutz des Arbeitsverhältnisses wird durch die *Social Welfare Acts, 1981 - 1991* ergänzt, die die näheren Voraussetzungen der irischen Sozialversicherung und Sozialhilfe regeln.

I. Die Ansprüche Teilzeitbeschäftigter auf Sozialleistungen

1. Sozialversicherungsleistungen

a) Allgemeines

aa) Anspruchsvoraussetzungen

Die irische Sozialversicherung umfaßt eine Vielzahl verschiedener Leistungen, die von der Erfüllung der gesetzlichen Beitragsvoraussetzungen abhängig sind. Eine Beitragspflicht besteht nur dann, wenn der Teilzeitarbeitnehmer eine sozialversicherungspflichtige Beschäftigung ausübt.

(1) Sozialversicherungspflicht

(a) Geschichtliche Entwicklung

Der Anspruch Teilzeitbeschäftigter auf die Leistungen der Sozialversicherung setzt seit dem Erlaß des *Social Welfare (Insurance) Act, 1952* voraus, daß der Arbeitnehmer zwischen 17 und 66 Jahren alt ist und er keine Beschäftigung ausübt, die von der Sozialversicherungspflicht ausgenommen ist[1]. Geändert haben sich jedoch die Regelungen zur Sozialversicherungspflicht der Teilzeitarbeit: Nach den Vorschriften des *Social Welfare (Insurance) Act, 1952* waren Angestellte sozialversicherungspflichtig, deren Jahreseinkommen £ 600 nicht überstieg. Für Teilzeitbeschäftigte wurde proportional zur Arbeitszeit die Hälfte des Einkommens als Grenze für die Sozialversicherungspflicht zugrunde gelegt[2]. War der Teilzeitarbeitnehmer beispielsweise halbtags beschäftigt, unterfiel er der Sozialversicherungspflicht, wenn er weniger als £ 300 im Jahr verdiente. Durch die Einkommensgrenze sollten Personen mit regelmäßigem Einkommen von dem Sozialversicherungssystem ausgeschlossen werden, die in der Lage waren, eigene Rücklagen zu bilden[3]. Die Einkommensgrenze, die zuletzt bei £ 1600 im Jahr lag, wurde im April 1974 abgeschafft[4].

Unabhängig von der Höhe des Einkommen waren solche Teilzeitbeschäftigungen nicht sozialversicherungspflichtig, die nach den *Social Welfare (Subsidiary Employments) Regulations, 1953*[5] und den *Social Welfare (Subsidiary Employments) (No. 2) Regulations, 1952*[6] zu den 44 Nebenbeschäftigungen gehörten, von denen nach der Vermutung des Gesetzgebers nicht der Lebensunterhalt des Arbeitnehmers abhängig war. Einige Teilzeitbeschäftigungen galten schlechthin als nicht sozialversicherungspflichtig, während andere nur ausgenommen waren, wenn der Arbeitnehmer weniger als 18 Wochenstunden arbeitete. So bestand keine Sozialversicherungspflicht für teilzeitbeschäftigte Bewährungshelfer[7] und für Personen, die weniger als 18 Stunden wöchentlich Milch oder Zeitungen austragen[8].

Teilzeitbeschäftigte, die weder aufgrund ihres Jahreseinkommens noch der Art der Tätigkeit von der Sozialversicherungspflicht befreit waren und für den Geschäftsbetrieb des Arbeitgebers arbeiteten, unterfielen wie Vollzeitbeschäftigte der Sozialversicherungspflicht. Erfolgte die Beschäftigung nicht im Unternehmen des Arbeitgebers, sondern beispielsweise in dessen Haushalt, bestand die Sozialversicherungspflicht nur dann, wenn der Arbeitnehmer aufgrund eines oder mehrerer Beschäftigungsverhältnisse mindestens 18 Wochenstunden tätig war

---

[1] *Section 4 (1) (a) des Social Welfare (Insurance) Act, 1952;* heute gilt *Section 5 (1) (a)* des *Social Welfare (Consolidation) Act, 1981.*

[2] Paragraph 1 von Teil II der *First Schedule* des *Social Welfare (Insurance) Act, 1952.*

[3] Farley, Social Insurance and Social Assistance in Ireland, Ch. 11, S. 85, 86.

[4] *Section 12 (1) des Social Welfare Act, 1973.*

[5] *S.I. No. 321 of 1953.*

[6] *S.I. No. 321 of 1953.*

[7] *Art. 18 der Social Welfare (Subsidiary Employments) Regulations, 1953.*

[8] *Art. 29 der Social Welfare (Subsidiary Employments) (No. 2) Regulations, 1953.*

und sein Lebensunterhalt im wesentlichen von dem erworbenen Verdienst abhängig war. Anderenfalls galt seine Tätigkeit als „of inconsiderable extent"[9].

Mit Wirkung zum 5. April 1979 wurde die Definition der Beschäftigung „of inconsiderable extent" durch eine andere ersetzt. Gem. Art. 4 der Social Welfare (Employment of Inconsiderable Extent) Regulations, 1979[10] galt der Umfang folgender Beschäftigungen als unbedeutend und deshalb als nicht sozialversicherungspflichtig:

> „(a) Employment ... in one or more employments (other than systematic short-time employment) for less than eighteen hours in a contribution week where the employed person is not mainly dependent for his livelihood on the remuneration received for such employment or employments.
> (b) Employment ... in respect of which the rate of remuneration of the employed person does not exceed a rate equivalent to a rate of £ 6 a week, or £ 26 a month, where the employed person has no other employment".

Danach waren fortan Teilzeitbeschäftigte, die wöchentlich weniger als 18 Stunden arbeiteten, von der Sozialversicherung ausgenommen, wenn ihr Lebensunterhalt nicht im wesentlichen von der erworbenen Vergütung abhing. Außerdem war eine solche Tätigkeit „of inconsiderable extent", durch die der Arbeitnehmer entweder nicht mehr als £ 6 in der Woche oder £ 26 im Monat verdiente.

Die „dependency condition" i.S.v. Paragraph 4 (a) galt nach der Verwaltungspraxis des Sozialministeriums als nicht erfüllt, wenn eine im Vergleich zu dem durch die Teilzeitarbeit erworbenen Verdienst größere Einnahmequelle vorhanden war. Als andere Einkünfte waren insbesondere das Einkommen des Ehepartners, Sozialleistungen, geschätzte Einkünfte aus der Landwirtschaft und die finanzielle Unterstützung durch die Eltern zu berücksichtigen[11].

Die Social Welfare (Employment of Inconsiderable Extent) Regulations, 1979, die etwa gleichzeitig mit der Einführung des Pay-Related Social Insurance-System erlassen wurden, sollten verhindern, daß Teilzeitarbeitnehmer trotz Zahlung minimaler Beiträge im selben Umfange wie Vollzeitarbeitnehmer Ansprüche auf Sozialversicherungsleistungen erlangen können. Zudem bezweckte man, Arbeitnehmer, deren Lebensunterhalt nicht vorwiegend durch das

---

[9] Paragraph 6 von Teil II der First Schedule des Social Welfare (Insurance) Act, 1952 i.V.m. den Social Welfare (Employment of Inconsiderable Extent) (No. 2) Regulations, 1953 (S.I. No. 290 of 1953).

[10] S.I. No. 136 of 1979.

[11] Vaughan, Social Insurance Implications of Part-time Employment, 2.4.3.

Erwerbseinkommen bestritten wird, von dem System der Sozialversicherung auszunehmen[12].

Die Wahl der Einkommensgrenzen hing damit zusammen, daß der Arbeitgeber nicht verpflichtet war, Arbeitnehmer mit einem wöchentlichen Einkommen von £ 6 oder einem Monatseinkommen von £ 26 bei der Steuerbehörde anzumelden. Da Beschäftigte, die bis zu £ 6 in der Woche verdienen, gewöhnlich nicht mehr als zwei Stunden wöchentlich arbeiten, hatte *Art. 4 (b)* der *Social Welfare (Employment of Inconsiderable Extent) Regulations, 1979* neben *Art. 4 (a)* nur geringe praktische Bedeutung[13].

Auch die *Social Welfare (Subsidiary Employments) Regulations, 1953* wurden mit Wirkung zum 6. April 1979 durch die *Social Welfare (Subsidiary Employments) Regulations, 1979*[14] ersetzt. Nach den Vorschriften der ministeriellen Rechtsverordnung galten nun 49 verschiedene Beschäftigungen als nicht sozialversicherungspflichtige Nebenbeschäftigungen[15]. *Art. 2* der ministeriellen Rechtsverordnung lautet:

„*Each of the employments set forth in the First Schedule hereto is hereby specified as being of such a nature that it is ordinarily adopted as subsidiary employment only and not as the principal means of livelihood*".

Bei den nachfolgend aufgeführten Tätigkeiten handelte es sich entweder um gelegentliche Beschäftigungen, wie zum Beispiel die Tätigkeit als Dolmetscher vor Gericht[16], oder um Teilzeitbeschäftigungen. Während einige der Teilzeitbeschäftigungen unabhängig von der wöchentlichen Arbeitszeit von der Sozialversicherung ausgenommen waren, setzen andere dafür eine wöchentliche Arbeitszeit von weniger als 18 Stunden voraus. Eine Prüfung der Abhängigkeit des Unterhalts von der Beschäftigung entfällt in der Regel, denn das Gesetz vermutet, daß die Tätigkeit nur dem Nebenerwerb dient. Viele der in den *Social Welfare (Subsidiary Employment) Regulations, 1979* genannten Tätigkeiten haben sich praktisch als wenig bedeutsam erwiesen[17]; zu den wichtigsten zählte

---

[12] Stationery Office (Hrsg.), Report of the Commission on Social Welfare, Ch. 10, S. 241, 243; Vaughan, 2.4.1; 6.4.19.

[13] Vaughan, 6.4.19, 20.

[14] *S.I. No. 127 of 1979.*

[15] 1982 wurden sie durch die *Social Welfare (Subsidiary Employments) Regulations, 1982 (S.I. No. 172 of 1982)* um eine weitere Beschäftigung ergänzt.

[16] *Paragraph 2* der *First Schedule* der *Social Welfare (Subsidiary Employments) Regulations, 1979.*

[17] Zum Beispiel die Tätigkeit als Modell, *Paragraph 28* der *First Schedule.*

die Teilzeitbeschäftigung von Lehrern bestimmter öffentlicher Bildungsstätten und diejenige von Reinigungspersonal öffentlicher Einrichtungen[18].

Problematisch war, daß bei der Beurteilung der Sozialversicherungspflicht nach den *Social Welfare (Subsidiary Employments) Regulations, 1979* weitere, eventuell bestehende Arbeitsverhältnisse unberücksichtigt blieben[19]. Dies konnte beispielsweise zu Unbilligkeiten führen, wenn der Arbeitnehmer mehreren Teilzeitbeschäftigungen der bezeichneten Art bei verschiedenen Arbeitgebern nachging. Dann war keine seiner Beschäftigungen sozialversichert, obwohl sein Lebensunterhalt insgesamt davon abhing.

War die Tätigkeit nach den *Social Welfare (Employment of Inconsiderable Extent) Regulations, 1979* oder den *Social Welfare (Subsidiary Employments) Regulations, 1979* nicht sozialversicherungspflichtig, gehörte der Arbeitnehmer der Beitragsklasse J an, die ausschließlich Versicherungsschutz bei Arbeitsunfällen bietet. Teilzeitbeschäftigte, die weniger als 18 Wochenstunden arbeiteten und deren Lebensunterhalt im wesentlichen von dem erworbenen Verdienst abhing oder die keiner der gesetzlich ausgenommenen Nebenbeschäftigungen nachgingen, waren ebenso wie Vollzeitbeschäftigte überwiegend in der Beitragsklasse A sozialversichert[20].

Die Anwendung der *Social Welfare (Employment of Inconsiderable Extent) Regulations, 1979* stieß auf praktische Schwierigkeiten: War der Arbeitnehmer nicht mindestens 18 Wochenstunden beschäftigt, oblag es dem Arbeitgeber festzustellen, ob der Lebensunterhalt in erster Linie von dem erworbenen Verdienst abhing[21]. Dies bedeutete, daß er Einblick in die privaten Verhältnisse des Arbeitnehmers nehmen mußte[22]. Insbesondere traten Probleme auf, wenn sich die Beitragsklasse des Arbeitnehmers im nachhinein änderte; dann konnten Rückstände hinsichtlich der Beitragsleistungen entstehen, für die der Arbeitgeber aufzukommen hatte[23]. In diesem Falle entstand für das Sozialministerium ein beträchtlicher Verwaltungsaufwand[24]. Darüberhinaus hielten Arbeitnehmer es für unbefriedigend, daß sie trotz desselben Umfanges der Beschäftigung und derselben Tätigkeit unterschiedliche Beitragssätze zu zahlen hatten, wenn nur die

---

[18] Siehe *Paragraphen 17, 19, 23, 48* der *First Schedule* der *Social Welfare (Subsidiary Employments) Regulations, 1979.*

[19] Stationery Office (Hrsg.), Report of the Commission on Social Welfare, Ch. 10, S. 241.

[20] Department of Social Welfare, PRSI Guide for Part-time Workers, SW 57.

[21] Vaughan, 2.4.2.

[22] Vaughan, 2.4.2 und 2.7.1.

[23] Stationery Office (Hrsg.), Report of theCommission on Social Welfare, Ch. 10, S. 242; Vaughan, 2.5.2.

[24] Stationery Office (Hrsg.), Report of the Commission on Social Welfare, Ch. 10, S. 242.

häuslichen Verhältnisse voneinander abwichen[25]. Davon abgesehen eröffneten die *Social Welfare (Employment of Inconsiderable Extent) Regulations, 1979* Arbeitgebern einen weiten Spielraum, der Verpflichtung zur Zahlung von Sozialversicherungsbeiträgen zu entgehen. Es war für sie weitaus günstiger, anstelle von Vollzeitkräften sozialversicherungsfreie Teilzeitkräfte zu beschäftigen. Die *Commission on Social Welfare* bezeichnete die Vorschriften zur Beschäftigung *"of inconsiderable extent"* in ihrem Bericht von 1986 als nahezu inoperabel[26].

Eine gewisse Korrektur der Regelung der Sozialversicherungspflicht von 1979 wurde mit Wirkung zum 6. April 1990 vorgenommen: Aufgrund einer Rechtsverordnung des Finanzministers haben Arbeitnehmer der Beitragsklasse A, die bis zu £ 60 in der Woche oder £ 260 im Monat verdienen, keine Beiträge zur Sozialversicherung zu leisten[27]. Ebenso wie Arbeitnehmer der Beitragsklasse J sind sie verpflichtet, statt 7,75 % der ersten £ 16.700 des anrechenbaren Einkommens 2,25 % für Leistungen des beitragsunabhängigen Gesundheitswesens und für Maßnahmen zur Beschäftigungsförderung zu zahlen. Die Sozialversicherungsleistungen für die von der Beitragspflicht befreiten Arbeitnehmer werden durch den Arbeitgeberbeitrag und einen staatlichen Zuschuß finanziert.

Eine Arbeitsgruppe aus Vertretern des Sozial- und Finanzministeriums und der Steuerbehörde, die Anfang der 80er Jahre die Aufgabe hatte, das Funktionieren der *Social Welfare (Employment of Inconsiderable Extent) Regulations, 1979* zu kontrollieren, gelangte nie zu einem Ergebnis[28]. Auch die Empfehlungen der *Commission on Social Welfare,* den Sozialversicherungsschutz entweder durch Gewährung eines Anspruchs auf 50 %ige Sozialversicherungsleistungen für Teilzeitbeschäftigte, deren Arbeitszeit 18 Wochenstunden unterschreitet, oder durch Berechnung der Anspruchshöhe nach dem Einkommen im letzten Steuerjahr auszudehnen[29], wurden von seiten des Sozialministeriums nicht aufgegriffen. Daher blieben die *Social Welfare (Employment of Inconsiderable Extent) Regulations, 1979,* die ursprünglich nur als vorübergehende Regelungen vorgesehen waren[30], zwölf Jahre in Kraft.

---

[25] Stationery Office (Hrsg.), Report of the Commission on Social Welfare, Ch. 10, S. 242; Vaughan, 2.6.1.

[26] Stationery Office (Hrsg.), Report of the Commission on Social Welfare, Ch. 10, S. 242.

[27] *Social Welfare (Contributions) (Amendment) Regulations, 1990 (S.I. No. 88 of 1990).* Eine vergleichbare Regelung existiert in der Bundesrepublik: Bei sozialversicherungspflichtigen Arbeitnehmern, deren Monatseinkommen (1991) 610,- DM (in den neuen Bundesländern 280,- DM) nicht übersteigt, trägt allein der Arbeitgeber den Sozialversicherungsbeitrag, § 249 Abs. 2 Nr. 1 SGB V, § 1385 Abs. 4 lit. a RVO, § 112 Abs. 4 lit. a AVG, § 171 Abs. 1 Nr. 1 AFG.

[28] Vaughan, 2.4.1.

[29] Stationery Office (Hrsg.), Report of the Commission on Social Welfare, Ch. 10, S. 243.

[30] Vaughan, 2.4.1.

Eine öffentliche Diskussion über die Regelung der Sozialversicherungspflicht Teilzeitbeschäftigter fand praktisch kaum statt. Im Vordergrund der Auseinandersetzung mit der rechtlichen Stellung der Teilzeitbeschäftigten standen die arbeitsrechtlichen Rahmenbedingungen[31]. In diesem Zusammenhang setzte sich der Gewerkschaftsverband auch für eine Änderung der *Social Welfare (Employment of Incosiderable Extent) Regulations, 1979* ein; Teilzeitbeschäftigten seien anteilige Ansprüche auf Sozialversicherungsleistungen zu gewähren[32]. Es stand fest, daß eine Änderung der Arbeitsrechtsgesetze auch eine Änderung der Regelungen zur Sozialversicherungspflicht zur Folge haben würde[33].

Im Rahmen der Parlamentsdebatte über den *Protection of Part-Time Workers (Employment) (No. 2) Bill, 1989* kündigte der Sozialminister an, die Voraussetzungen der Sozialversicherungspflicht zu ändern. Auch in Zukunft sei eine Stunden- oder Einkommensgrenze oder eine Kombination beider Kriterien als Voraussetzung für die Sozialversicherungspflicht erforderlich[34]. Der Sozialminister begründete die Regelungen von 1979 mit dem Zweck der Sozialversicherung: Sozialversicherungsleistungen dienten dazu, das Einkommen der Arbeitnehmer im Falle der Verwirklichung eines sozialen Risikos zu ersetzen. Es wäre daher kaum zu rechtfertigen, Teilzeitbeschäftigte mit einer geringen wöchentlichen Arbeitszeit auf derselben Grundlage in den Sozialversicherungsschutz einzubeziehen wie Vollzeitbeschäftigte[35].

Die Entscheidung des EuGH in *Ruzius Wilbrink / Bestuur van de Bedrijsvereniging voor Overheitsdiensten*[36] belebte die Diskussion über die sozialrechtliche Regelung der Teilzeitarbeit. Angesichts der Rechtsprechung des EuGH zur mittelbaren Geschlechterdiskriminierung teilzeitbeschäftigter Arbeitnehmerinnen wurde bezweifelt, daß die *Social Welfare (Employment of Inconsiderable Extent) Regulations, 1979* mit der Richtlinie 79 / 7 / EWG zur schrittweisen Verwirklichung des Grundsatzes der Gleichbehandlung von Männern und Frauen im Bereich der sozialen Sicherheit[37] vereinbar sind[38]. Da Teilzeitarbeitnehmer, die wöchentlich weniger als 18 Stunden arbeiteten, nur dann nicht sozialversiche-

---

[31] Vgl. oben 3. Kapitel, § 1 II 2 bb).

[32] ICTU, ICTU Campaign to improve the rights of part-time workers; vgl. ders., Equal rights for Part-time Workers.

[33] Mr. Ahern, Minister for Labour, 389 Dáil Debates c. 523 (14. März 1989).

[34] Dr. Wood, Minister for Social Welfare 398 Dáil Debates cc. 232, 235, 236 (1. Mai 1990).

[35] Dr. Wood, Minister for Social Welfare 398 Dáil Debates c. 235 (1. Mai 1990).

[36] EuGH, Urt. v. 13. 12. 1989, Rs C - 102 / 88, Slg. 1989, 4311; vgl. unten 4. Kapitel, § 2 III 2.

[37] ABl. EG 1978 Nr. L 6 / 24.

[38] Barry, Part-time Workers, Equal Treatment and Work Related Social Welfare Rights, M.L. Ruzius-Wilbrink v. Bestur van de Bedrijsvereniging, I.L.T. 1990, 86, 87; Whyte, Part-time Workers under Labour Law and Social Welfare Law (1989) 11 D.U.L.J. 74, 89.

rungspflichtig sind, wenn ihr Lebensunterhalt nicht in erster Linie von dem erworbenen Einkommen abhing und der größte Anteil der Teilzeitbeschäftigten Frauen sind, waren überwiegend Frauen durch die *Social Welfare (Employment of Inconsiderable Extent) Regulations, 1979* von der irischen Sozialversicherung ausgeschlossen. Insbesondere FLAC[39], eine freiwillige Organsation zur Rechtsberatung, setzte sich unter Berufung auf die Richtlinie 79 / 7 / EWG für eine Gleichbehandlung der Teilzeit- und Vollzeitbeschäftigten bei den Leistungen der Sozialversicherung ein. Sie unterstützte Teilzeitarbeitnehmerinnen dabei, gegen Entscheidungen über Ansprüche auf Sozialversicherungsleistungen Beschwerde einzulegen. Wegen der geplanten Neuregelung wurden die Verfahren von seiten der zuständigen Behörde nicht weiter verfolgt.

Daneben hatten die beiden ersten Richtlinienvorschläge der Kommission über bestimmte Arbeitsverhältnisse hinsichtlich der Arbeitsbedingungen und über bestimmte Arbeitsvehältnisse im Hinblick auf Wettbewerbsverzerrungen vom 29. Juni 1990[40] Einfluß auf die Entwicklung. Eine 18-Stundengrenze wäre im Falle der Verabschiedung der Entwürfe — unabhängig von der Frage der mittelbaren Geschlechterdiskriminierung — nicht haltbar gewesen. Gem. Art. 3 i.V.m. Art. 1 Abs. 3 und Art. 2 i.V.m. Art. 1 Abs. 3 der Entwürfe sind Teilzeitbeschäftigte, die mindestens acht Wochenstunden arbeiten, hinsichtlich der Sach- und Geldleistungen der Sozialhilfe sowie der Leistungen der gesetzlichen Systeme der sozialen Sicherheit nicht gegenüber Vollzeitbeschäftigten zu benachteiligen.

Am 14. Februar 1991 erließ der Sozialminister gestützt auf die Ermächtigung aus *Section 3* i.V.m. *Paragraph 5* von Teil II der *First Schedule des Social Welfare (Consolidation) Act, 1981* die *Social Welfare (Employment of Inconsiderable Extent) Regulations, 1991*[41]. *Art. 5 (1)* definierte „*employment of inconsiderable extent"* als eine oder mehrere Beschäftigungen, durch die der Arbeitnehmer insgesamt weniger als £ 40 in der Woche verdient. Die Ratifizierung der *Social Welfare (Employment of Inconsiderable Extent) Regulations, 1991* scheiterte insbesondere am Widerstand des ICTU, der SIPTU[42] und des Reinigungsgewerbes[43], in dem traditionell ein großer Anteil der Teilzeitkräfte beschäftigt ist. Es wurde kritisiert, daß die Regelung Arbeitnehmer von der Sozialversicherung ausnehme, die nach altem Recht sozialversichert gewesen seien. Zudem befürchteten Vertreter des Reinigungsgewerbes eine Zunahme der Schwarzarbeit,

---

[39] Free Legal Advice Centre Ltd..

[40] ABl. EG 1990 Nr. C 224 / 4; ABl. EG 1990, Nr. C 224 / 6, modifizierend ABl. EG Nr. 305 / 8; vgl. oben 3. Kapitel, § 1 II 1 a) bb).

[41] S.I. No. 28 of 1991.

[42] Services Industrial Professional Technical Union.

[43] Irish Times, 9. Oktober 1991, S. 12.

mit der Arbeitgeber die £ 40-Grenze umgehen würden. Die *Social Welfare (Employment of Inconsiderable Extent) Regulations, 1991* wurden am 30. März 1991 wieder aufgehoben[44].

(b) Geltendes Recht

Am 31. März 1991 erließ der Sozialminister die *Social Welfare (Employment of Inconsiderable Extent) (No.2) Regulations, 1991*[45]. Sie traten ebenso wie einige Vorschriften des *Worker Protection (Regular Part-Time Employees) Act, 1991* am 6. April 1991 in Kraft. Durch *Art. 5 (1)* wurde die Einkommensgrenze für die Sozialversicherungspflicht auf £ 25 in der Woche gesenkt. *Art. 5 (1)* lautet:

> „..., *employment in any contribution week ... in one or more employments (other than systematic short-time employment) where the total amount of reckonable earnings payable to or in respect of an employee from such employment or employments is less than £ 25 in or in respect of that contribution week is hereby specified as being employment of inconsiderable extent.*"

Danach sind Teilzeitbeschäftigte unabhängig von dem Umfang ihrer wöchentlichen Arbeitszeit sozialversicherungspflichtig, wenn sie aufgrund einer oder mehrerer Beschäftigungen ein anrechenbares Einkommen von nicht weniger als £ 25 in der Woche haben[46]. Ist der Arbeitnehmer bei mehreren Arbeitgebern beschäftigt und betragen seine Einkünfte jeweils weniger als £ 25, ist er verpflichtet, jeden Arbeitgeber über die anderen Einkünfte zu unterrichten[47]. Die Einkünfte aus den verschiedenen Beschäftigungen werden zusammengerechnet. Jeder Arbeitgeber hat Beiträge zu leisten, selbst wenn die Beschäftigung für sich betrachtet nicht sozialversicherungspflichtig ist.

Für die Wahl der £ 25-Grenze war entscheidend, daß Reinigungskräfte mit einem üblichen Stundenlohn von £ 3,45 in der Regel nicht weniger als £ 25 in der Woche verdienen. Erst ab diesem Einkommen ist es für Reinigungsunternehmen wirtschaftlich, *contract cleaners* zu beschäftigen.

---

[44] *Art. 2 der Social Welfare (Employment of Inconsiderable Extent) (Revocation) Regulations, 1991 (S.I. No. 71 of 1991).*

[45] *S.I. No. 72 of 1991;* siehe Anhang.

[46] *Section 5 (1)* i.V.m. *Paragraph 5* von Teil II der *First Schedule* des *Social Welfare (Consolidation) Act, 1981* i.V.m. *Art. 5 (1)* der *Social Welfare (Employment of Inconsiderable Extent) (No. 2) Regulations, 1991.*

[47] *Art. 8 der Social Welfare (Employment of Inconsiderable Extent) (No. 2) Regulations, 1991.*

Der Begriff des anrechenbaren Einkommens, nach dem sich auch die Beitragspflicht des Arbeitnehmers bestimmt, ist im Steuerrecht definiert. Darunter fallen alle Bruttoeinkünfte abzüglich der Beiträge für eine betriebliche Altersrente[48].

Gem. *Art. 5 (2)* der *Social Welfare (Employment of Inconsiderable Extent) (No. 2) Regulations, 1991* gilt keine Einkommensgrenze für Kurzarbeiter, deren ursprünglich vereinbarte Arbeitszeit voraussichtlich wiederhergestellt wird. Sie werden unabhängig von ihrem Verdienst als Vollzeitarbeitnehmer behandelt, weshalb ihre Beschäftigung der Versicherungspflicht unterliegt.

Darüberhinaus bestimmen die *Social Welfare (Employment of Inconsiderable Extent) (No. 2) Regulations, 1991*, daß Arbeitnehmer, die an einem *Social Employment Scheme*[49] oder einer staatlich geförderten Fortbildungsmaßnahme teilnehmen, nur gegen Arbeitsunfälle versichert sind; die Höhe des Einkommens ist unerheblich[50].

Neben den *Social Welfare (Employment of Inconsiderable Extent) Regulations, 1979* wurden auch die *Social Welfare (Subsidiary Employment) Regulations, 1979* aufgehoben. An ihre Stelle traten die *Social Welfare (Subsidiary Employments) Regulations, 1991*[51], die einige Beschäftigungen als Nebenbeschäftigungen und nicht als Haupteinnahmequelle für den Lebensunterhalt einordnen. Gem. *Paragraph 1 (a)* der *Schedule* i.V.m. *Art. 4* gilt die Beschäftigung im Geschäftsbetrieb des Ehegatten oder im gemeinsamen Haushalt von Arbeitnehmer und Arbeitgeber als *subsidiary employment*. Außerdem sind gem. *Paragraph 1 (b)* die Beschäftigten unabhängig von dem Umfang der wöchentlichen Arbeitszeit nicht sozialversicherungspflichtig, die den Beitragsklassen B, C, D und H angehören. Als Arbeitnehmer des öffentlichen Dienstes und Angehörige der Streitkräfte hatten sie bereits vor der Neuregelung Anspruch auf nur wenige Sozialversicherungsleistungen, wie beispielsweise Witwen- und Waisenrente und *Deserted Wife's Benefit*[52]. Dementsprechend hatten sie auch niedrigere Beiträge zu leisten als Arbeitnehmer der Beitragsklasse A[53]. Der Grund für den Ausschluß dieser Personen von der Sozialversicherung ist, daß sie in der Regel

---

[48] *Art.4* der *Social Welfare (Collection of Employment Contributions by the Collector General) Regulations, 1989 (S.I. No. 298 of 1989).*

[49] Vgl.oben 1. Kapitel, § 2 II.

[50] *Paragraph 7* der *Social Welfare (Employment of Inconsiderable Extent) (No. 2) Regulations, 1991.*

[51] *S.I. No. 73 of 1991;* siehe Anhang.

[52] Department of Social Welfare, Guide, Social Welfare Services, SW 4, S. 20 - 22.

[53] Department of Social Welfare, PRSI, Rates of Contributions for the Income Tax Year 1990-91, SW 14.

weniger schutzbedürftig sind als andere Arbeitnehmer. Sie werden im Falle der Verwirklichung eines sozialen Risikos gewöhnlich von eigenen staatlichen Systemen der sozialen Sicherheit aufgefangen.

Daneben besteht gem. *Paragraph 2* und *3* i.V.m. *Art. 4* der *Social Welfare (Subsidiary Employments) Regulations, 1991* keine Sozialversicherungspflicht für Arbeitnehmer, die als Aufseher bei Prüfungen unter der Organisation des Erziehungsministeriums tätig sind oder die gelegentlich als Wahlvorsteher arbeiten.

Die Teilzeitbeschäftigten, die nach den aktuellen Vorschriften einer Beschäftigung *„of inconsiderable extent"* oder einer *„subsidiary employment"* nachgehen, gehören der Beitragsklasse J an. Sie sind lediglich unfallversichert. Die andere Gruppe der Teilzeitbeschäftigten ist in der Beitragsklasse A gegen sämtliche, von der Sozialversicherung erfaßte Risiken geschützt. Es ist davon auszugehen, daß sich die Sozialversicherungspflicht für die meisten Teilzeitbeschäftigten nach den *Social Welfare (Employment of Inconsiderable Extent) (No. 2) Regulations, 1991* bestimmt.

Obwohl auch eine Einkommensgrenze in der Regel auf der Erwägung beruht, daß dem Arbeitnehmer andere Einnahmequellen zur Verfügung stehen, entfällt durch die Neuregelung die aufwendige und unerfreuliche Prüfung der Abhängigkeit des Beschäftigten von dem erworbenen Verdienst. Zudem wurde bei der Prüfung der *dependency condition* eher ein theoretischer als ein praxisorientierter Maßstab angelegt: Auch wenn in dem betreffenden Haushalt größere Einkünfte vorhanden sind, ist kaum davon auszugehen, daß der Verlust des Einkommens aus der Teilzeitbeschäftigung keine Härte darstellt. Insoweit wird eine gewisse Abhängigkeit des Arbeitnehmers von dem erworbenen Verdienst grundsätzlich zu bejahen sein[54]. Gegen die damalige Regelung in *Art. 4 (a)* der *Social Welfare (Employment of Inconsiderable Extent) Regulations, 1979* spricht auch, daß sich für eine Gruppe von Arbeitnehmern die Sozialversicherungspflicht nicht nach individuellen, sondern den familiären Verhältnissen bestimmte[55]. Die Berücksichtigung familiärer Umstände erscheint eher im Zusammenhang mit den staatlich finanzierten Sozialhilfeleistungen als angemessen.

Abgesehen davon, daß der Ersatz der 18-Stundengrenze durch die Einkommensgrenze zu einer Ausweitung des Sozialversicherungsschutzes geführt hat, erscheint die Einkommensgrenze als sachnäheres Kriterium. Da den Sozialversicherungsleistungen eine Ersetzungsfunktion für eigenes wirtschaftliches Unver-

---

[54] Vgl. Vaughan, 6.4.8, 9.
[55] Vgl. Vaughan, 6.4.9.

mögen zukommt[56], bildet die auf dem Erwerbseinkommen beruhende wirtschaftliche Leistungsfähigkeit den richtigen Anknüpfungspunkt für die Sozialversicherungspflicht. Zwar wird auch die Überschreitung einer bestimmten wöchentlichen Arbeitszeit die Erzielung eines ausreichenden Verdienstes zur Folge haben. Jedoch ist der Zusammenhang zwischen der Arbeitszeit und der wirtschaftlichen Leistungsfähigkeit weniger zwingend. Auf eine aufgrund des Umfanges der Beschäftigung vermutete Eingliederung in den Betrieb des Arbeitgebers oder seine Fürsorgepflicht kann es bei der gesetzlichen Sozialversicherung vernünftigerweise nicht ankommen.

Darüberhinaus wirkt sich die £ 25-Grenze weniger geschlechtsspezifisch aus als die 18-Stundengrenze in Verbindung mit der *dependency condition:* Der Anteil der durch die *Social Welfare (Employment of Inconsiderable Extent) Regulations, 1979* benachteiligten Teilzeitarbeitnehmerinnen war nicht allein deshalb überproportional, weil etwa zwei Drittel der Teilzeitbeschäftigten Frauen sind. Die Voraussetzung der finanziellen Abhängigkeit von dem Einkommen aus der Teilzeitbeschäftigung konnten vorwiegend Frauen nicht erfüllen, da der Verdienst ihres Ehemannes in der Regel den eigenen Verdienst überstieg und daher berücksichtigt wurde.

Allerdings könnte die Einkommensgrenze für Arbeitgeber einen Anreiz schaffen, den Stundenlohn zu senken oder eine größere Zahl Teilzeitbeschäftigter einzustellen, deren Verdienst aufgrund einer geringeren wöchentlichen Arbeitszeit £ 25 unterschreitet. Die Einstellung vieler so geringfügig beschäftigter Teilzeitkräfte führt zu einem hohen organisatorischen Aufwand, der mit einem Anstieg der Betriebskosten verbunden ist[57]. Die Gefahr der Umgehung der *Social Welfare (Employment of Incosidarable Extent) Regulations, 1979* ist daher nicht als besonders groß einzuschätzen.

Die Sozialversicherungspflicht teilzeitbeschäftigter Arbeitnehmer ist in der Bundesrepublik zum einen davon abhängig, ob eine geringfügige Beschäftigung i.S.v. § 8 SGB IV vorliegt. Dies bestimmt sich nach der Arbeitszeit sowie teilweise dem Einkommen. Teilzeitbeschäftigte, die wöchentlich mindestens 15 Stunden arbeiten, sind ohne Rücksicht auf ihr Einkommen in der Kranken- und Rentenversicherung pflichtversichert. Wird dieser Schwellenwert unterschritten, besteht eine Mitgliedschaft in der Kranken- und Rentenversicherung nur, wenn das Monatseinkommen 500,- DM[58] übersteigt[59]. Mehrere geringfügige Beschäfti-

---

[56] Farley, Ch. 11, S. 110; Vaughan, 5.3.4.

[57] Vgl. oben 1. Kapitel, § 1 II 2.

[58] In den neuen Bundesländern 370,- DM.

[59] Krankenversicherung: § 7 SGB V i.V.m. § 8 Abs. 1 Nr. 1 lit. b SGB IV; Rentenversicherung: § 5 Abs. 2 Nr. 1 SGB VI i.V.m. § 8 Abs. 1 Nr. 1 lit. b SGB IV.

gungen werden zusammengerechnet[60]. Von der Arbeitslosenversicherung sind neben den geringfügig Beschäftigten, die weniger als 500,- DM im Monat verdienen, auch kurzzeitig Beschäftigte ausgenommen[61]. Gem. § 169a Abs. 1 S. 1 AFG i.V.m. § 102 AFG ist eine kurzzeitige Beschäftigung eine Tätigkeit, die auf weniger als 18 Stunden wöchentlich der Natur der Sache nach beschränkt zu sein pflegt oder im voraus durch den Arbeitsvertrag beschränkt ist. Übt der Arbeitnehmer mehrere kurzzeitige Beschäftigungen aus, werden sie nicht zusammengerechnet[62]. Die Schwellenwerte für die Sozialversicherungspflicht liegen damit in der Bundesrepublik erheblich höher als in der Republik Irland. Dort werden Arbeitnehmer, die umgerechnet etwa 280,- DM im Monat verdienen, in die Sozialversicherung einbezogen. Kein Unterschied besteht dagegen hinsichtlich der Unfallversicherung: Sowohl in Irland als auch in der Bundesrepublik sind sämtliche Arbeitnehmer unfallversichert.

Der Richtlinienvorschlag der Kommission der Europäischen Gemeinschaften über bestimmte Arbeitsverhältnisse im Hinblick auf Wettbewerbsverzerrungen[63] sieht keinen höheren sozialen Mindeststandard als die irischen *Social Welfare (Employment of Inconsiderable Extent) (No. 2) Regulations, 1991* vor. Gem. Art. 2 i.V.m. Art. 1 Abs. 3 soll der Grundsatz der Gleichbehandlung hinsichtlich der gesetzlichen Systeme der sozialen Sicherheit nicht für Teilzeitarbeitnehmer zu verwirklichen sein, die durchschnittlich weniger als acht Wochenstunden arbeiten. Es kann davon ausgegangen werden, daß ein Arbeitnehmer, der wöchentlich bis zu £ 25 verdient, auch nicht mehr als acht Stunden in der Woche arbeitet.

(2) Beitragsvoraussetzungen

Teilzeitbeschäftigte, die nach den oben genannten Regelungen sozialversicherungspflichtig sind, gehören ebenso wie Vollzeitbeschäftigte der Beitragsklasse A an. Dies bedeutet, daß sie den vollen Arbeitnehmeranteil von 7,75 % der ersten £ 16.700 des anrechenbaren Einkommens zu tragen haben, es sei denn, ihr wöchentliches Einkommen beträgt weniger als £ 60[64].

Die Beitragszahlungen können jedoch nur dann den mit der Beitragsklasse korrespondierenden umfassenden Versicherungsschutz begründen, wenn die

---

[60] § 8 Abs. 2 SGB IV.

[61] § 104 Abs. 1 AFG i.V.m. § 168 Abs. 1 AFG i.V.m. § 169a AFG.

[62] § 169a Abs. 1 S. 2 AFG.

[63] ABl. EG 1990 Nr. C 224 / 6, modifizierend ABl. EG 1990 Nr. C 305 / 8.

[64] Department of Social Welfare, PRSI, Rates of Contributions.

Sozialversicherungspflicht und damit die Beitragspflicht über einen längeren Zeitraum hinweg bestanden hat[65]. Die Bezugsgröße für die meisten Leistungen ist einerseits die Zeit zwischen der Aufnahme der versicherungspflichtigen Beschäftigung und dem Antrag auf die Sozialversicherungsleistung und andererseits das der Antragstellung vorausgehende Steuerjahr[66].

Der Anspruch auf *short-term benefits*, wie *Unemployment, Disability* und *Treatment Benefit* sowie *Maternity Allowance* und *Death Grant* setzt nicht weniger als 39 Beitragswochen seit dem Eintritt in die Sozialversicherung voraus; daneben werden 39 Beitragswochen für das vorhergehende Steuerjahr verlangt[67].

Die Ansprüche auf *long-term benefits* sind von modifizierten Beitragsvoraussetzungen abhängig: Erste Voraussetzung für den Anspruch auf *Old Age* und *Retirement Pension, Widow's Pension* und *Deserted Wife's Benefit* ist, daß der Teilzeitbeschäftigte seit der Begründung eines sozialversicherungspflichtigen Beschäftigungsverhältnisses für mindestens 156 Wochen Beiträge entrichtet hat; für den Anspruch auf *Invalidity Pension* sind 260 Beitragswochen erforderlich[68]. Des weiteren besteht nur dann ein Anspruch auf *Old Age Pension*, wenn der Arbeitnehmer zwischen 1953 beziehungsweise seinem Eintritt in die Sozialversicherung und dem dem 66. Lebensjahr vorhergehenden Steuerjahr mindestens 20 Beitragswochen im Jahresdurchschnitt erfüllt hat und vor Erreichung des 56. beziehungsweise des 57. Lebensjahres mit den Beitragsleistungen begonnen hat[69]. Der Anspruch auf *Retirement Pension* verlangt außerdem, daß der Arbeitnehmer zwischen 1953 beziehungsweise dem Eintritt in die Sozialversicherung und dem Ende des Steuerjahres vor Erreichung des 65. Lebensjahres durchschnittlich für eine Dauer von mindestens 24 Wochen Beiträge geleistet hat[70]. Teilzeitbeschäftigte Arbeitnehmerinnen können Witwenrente verlangen, wenn neben der Beitragszeit von 156 Wochen entwender im Jahresdurchschnitt 39 Beitragswochen während der letzten drei bis fünf Jahre vor dem Tod des Ehemannes oder seines 66. Geburtstages oder — für eine Mindestrente — durchschnittlich nicht weniger als 24 Wochen seit der Aufnahme einer Beschäftigung erfüllt sind[71]. Der Anspruch auf *Deserted Wife's Benefit* ist davon abhängig, daß die Teilzeitbeschäftigte während der letzten drei bis fünf Jahre

---

[65] Trine, Employers' Liabilities under Social Service Legislation in the Countries of the European Common Market, Ch. 4, S. 45.

[66] Grimes / Horgan, Introduction to Law in the Republic of Ireland, Ch. 18, S. 310.

[67] Department of Social Welfare, Guide, S. 37.

[68] Department of Social Welfare, Guide, S. 49 - 61.

[69] Department of Social Welfare, Retirement and Old Age Contributory Pension, SW 18.

[70] Department of Social Welfare, Retirement Pension and Old Age Contributary Pension, S. 3.

[71] Department of Social Welfare, Widow's Pension, SW 25, 2.

vor dem Versicherungsfall durchschnittlich 39 Wochen Beiträge geleistet hat; der Mindestsatz ist zu zahlen, wenn seit dem Eintritt in die Sozialversicherung im Jahresdurchschnitt nicht weniger als 24 Beitragswochen vorliegen[72]. Die *Invalidity Pension* steht Arbeitnehmern zu, die für mindestens 48 Wochen im letzten Steuerjahr vor der Beantragung Sozialversicherungsbeiträge gezahlt haben[73].

Angesichts der Anzahl der Beitragswochen wären zum Teil beträchtliche Wartezeiten zu erfüllen, bis im Falle der Verwirklichung eines sozialen Risikos der Sozialversicherungsschutz eingreifen würde. Daher sieht der *Social Welfare (Consolidation) Act, 1981* vor, daß für bestimmte Zeiträume vor dem Eintritt in die Sozialversicherung Beiträge kreditiert werden können[74]. Jede Woche in dem Steuerjahr vor Aufnahme der Beitragszahlungen gilt als Beitragswoche; außerdem werden zwei volle Steuerjahre vor dem Beginn einer Beschäftigung fingiert[75].

Darüberhinaus werden bestimmte Zeiträume in dem Steuerjahr vor Eintritt des Versicherungsfalles als Beitragswochen gezählt, um die Kontinuität des Versicherungsverhältnisses aufrechtzuerhalten. So gelten Zeiten der Arbeitslosigkeit, Krankheit, der Arbeitsunfähigkeit aufgrund von Mutterschaft oder eines Arbeitsunfalles als Beitragswochen, obwohl der Arbeitgeber tatsächlich keine Beiträge geleistet hat[76]. Unerheblich ist, ob die jeweiligen Beitragszeiten aufgrund einer vorhergehenden Vollzeit- oder einer Teilzeitbeschäftigung erfüllt sind.

Im Falle diskontinuierlicher Teilzeitbeschäftigung kann der Anspruch auf Sozialversicherungsleistungen daran scheitern, daß der Arbeitnehmer im vorhergehenden Steuerjahr nicht für 39 Wochen Beiträge geleistet hat. Arbeitet er beispielsweise jeweils in der zweiten und vierten Woche des Monats, zahlt er nur für 26 Wochen im Jahr Beiträge[77]. Teilzeitbeschäftigte, deren Tätigkeit in dieser Weise organisiert ist, könnten nur dann Sozialversicherungsleistungen verlangen, wenn die fehlenden Beitragswochen fingiert würden. Um dies zu erreichen, müßten sie sich für die freien Wochen im Jahr arbeitslos melden. Allerdings wird es diesen Teilzeitbeschäftigten kaum gelingen nachzuweisen, daß sie für

---

[72] Department of Social Welfare, Guide, S. 55, 56.

[73] Department of Social Welfare, Guide, S. 49.

[74] *Section 14 (b) (ii)* des *Social Welfare (Consolidation) Act, 1981.*

[75] Department of Social Welfare, Guide, S. 26.

[76] Siehe die *Social Welfare (Contributions) Regulations, 1953 - 1980 (S.I. No. 5 of 1953), (S.I. No. 107 of 1980).*

[77] Vgl. The National Social Service Board, Entitlements for the Unemployed, S. 8.

diese Zeiten ernsthaft eine Beschäftigung suchen[78]; die Organsation der Arbeitszeit entspricht gerade ihrem Bedürfnis nach mehr Flexibilität. Daneben kann es für Teilzeitkräfte, deren Arbeitszeit und damit auch Einkommen schwankt, schwierig sein, die Beitragsvoraussetzungen zu erfüllen. In den Wochen, in denen das Einkommen unter £ 25 liegt, sind sie nicht beitragspflichtig. Auch für gelegentlich Teilzeitbeschäftigte, wie Schüler und Studenten, die nur wenige Wochen im Jahr arbeiten, ist die Erfüllung der gesetzlichen Beitragsvoraussetzungen gewöhnlich nicht möglich.

(3) Die freiwillige Sozialversicherung

Die freiwillige Sozialversicherung bildet für die meisten Teilzeitbeschäftigten keine echte Alternative zur Pflichtversicherung. Voraussetzung für die Aufnahme in die freiwillige Sozialversicherung ist, daß der Arbeitnehmer seit Begründung eines sozialversicherungspflichtigen Beschäftigungsverhältnisses für mindestens 156 Wochen Beiträge entrichtet hat sowie innerhalb von zwölf Monaten seit der letzten Beitragzahlung einen Antrag auf freiwillige Sozialversicherung gestellt hat[79]. Für teilzeitbeschäftigte Arbeitnehmerinnen, die wegen familiärer Verpflichtungen für einige Jahre aus dem Berufsleben ausgeschieden sind, versperrt bereits die Antragsfrist den Weg in die freiwillige Sozialversicherung.

Der Beitragssatz und der Umfang des Versicherungsschutzes für freiwillig Sozialversicherte bestimmt sich nach der Beitragsklasse, der der Arbeitnehmer vor dem Ausscheiden aus der Pflichtversicherung angehörte[80]. Arbeitnehmer der Beitragsklasse A haben 6,6 % ihres anrechenbaren Einkommens zu leisten[81]. Sie können nur einige Sozialversicherungsleistungen, wie *Retirement* und *Old Age Pension, Widow's Pension, Orphan's Allowance, Deserted Wife's Benefit* und *Death Grant,* verlangen[82]. Ein der Pflichtversicherung entsprechender Versicherungsschutz wird nicht gewährt.

Im allgemeinen machen nur relativ wenig Arbeitnehmer von der Möglichkeit der freiwilligen Sozialversicherung Gebrauch[83].

---

[78] Siehe *Section 29 (4) (a)* des *Social Welfare (Consolidation) Act, 1981* i.V.m. *Section 28 (1)* des *Social Welfare Act, 1989.*

[79] *Section 11* des *Social Welfare (Consolidatio) Act, 1981* i.V.m. *Section 5* des *Social Welfare Act, 1982,* Dpartment of Social Welfare, Guide, S. 27.

[80] Department of Social Welfare, Guide, S. 27.

[81] Social Welfare Information Service, Social Welfare Rates of Payment 1991, SW 19, S. 38.

[82] Department of Social Welfare, Guide, S. 27.

[83] Stationery Office (Hrsg.), Report of the Commission on Social Welfare, Ch. 10, S. 223.

bb) Das Verhältnis zwischen Beitragsleistungen und Anspruchshöhe

Liegen die gesetzlichen Mindestbeitragsvoraussetzungen für die einzelnen Sozialversicherungsleistungen vor, stellt sich die Frage nach dem Verhältnis zwischen Beitragsleistungen und Anspruchshöhe.

Die Anspruchshöhe bestimmt sich zunächst danach, inwieweit die erforderliche Mindestzahl der durchschnittlichen Beitragswochen oder der Beitragswochen im vorhergehenden Steuerjahr überschritten wurde. Zum Beispiel erhielt ein Arbeitnehmer mit durchschnittlich 24 Beitragswochen 1991 £ 60,30 *Old Age-* oder *Retirement Pension;* hat er für einen Zeitraum von durchschnittlich 48 Wochen Beiträge geleistet, standen ihm wöchentlich £ 64 zu[84].

Hinsichtlich der Sozialversicherungsleistungen, die daran anknüpfen, daß der Arbeitnehmer außerstande ist, seine Arbeitsleistung zu erbringen, ist außerdem die Lage der Arbeitszeit zu berücksichtigen. Ist der Arbeitnehmer an jedem Tag der Woche beschäftigt, steht ihm bei Arbeitslosigkeit, Krankheit oder einem Arbeitsunfall die volle Leistung zu. Geht er nur an einigen Tagen der Woche einer Teilzeitbeschäftigung nach, erhält er bei Verwirklichung des Risikos für jeden der ausgefallenen Arbeitstage ein Sechstel des wöchentlichen Satzes, denn der *Social Welfare (Consolidation) Act, 1981* legt für die Berechnung der Leistung eine Sechstagewoche zugrunde[85].

Die Sozialversicherungsleistung kann sich erhöhen, wenn der Leistungsempfänger unterhaltsberechtigte Personen zu unterstützen hat. Dann wird ihm für den Erwachsenen oder das Kind ein zusätzlicher Betrag gezahlt[86]. 1991 konnte der Arbeitnehmer zu einem wöchentlichen Arbeitslosengeld von £ 50 für einen Erwachsenen £ 33 und für das erste und zweite Kind jeweils eine *Dependence Allowance* von £ 12 verlangen[87].

Das vorherige Einkommen des Teilzeitbeschäftigten findet — anders als in der Bundesrepublik[88] — bei der Berechnung der Leistungen grundsätzlich keine Berücksichtigung; sie werden auf einer sogenannten *flat-rate*-Basis als Pauschalbetrag gewährt[89]. Eine Anpassung an das Einkommen kann nur erfolgen, wenn

---

[84] Social Welfare Information Service, Social Welfare Rates of Payment 1991, S. 9.

[85] *Section 18 (6), 29 (6),* und *42 (5)* des *Social Welfare (Consolidation) Act, 1981.*

[86] *Section 21, 32, 81, 86, 91, 95* und *103* des *Social Welfare (Consolidation) Act, 1981.*

[87] Department of Social Welfare, Social Welfare Statistics 1990 and Weekly Rates from July 1991.

[88] Arbeitslosenversicherung: §§ 111, 112 AFG, Rentenversicherung: §§ 1253 ff RVO, 30 ff AVG, Krankenversicherung: § 47 Abs. 1 SGB V, Unfallversicherung: §§ 561, 581 RVO.

[89] Vgl. oben 2. Kapitel, § 2 III 1.

der Arbeitnehmer mindestens drei Wochen außerstande war, zu arbeiten und daher *Disability Benefit, Occupational Injury Benefit* oder *Unemployment Benefit* erhält. Liegt sein anrechenbarer Verdienst dann bei mindestens £ 75 in der Woche, hat er bis zu 62 Wochen einen Anspruch auf Zahlung von *Pay-Related Benefit*. Dieser bemißt sich bis zu einer Obergrenze von £ 220 nach 12 % des anrechenbaren Einkommens[90]. Ausgeschlossen ist, daß die Sozialversicherungs-leistungen zuzüglich des einkommensbezogenen Zuschlages das frühere Ein-kommen des Arbeitnehmers übersteigen. Nach den *Social Welfare (Pay Related Benefit) Regulations, 1979 - 1983*[91] und den *Social Welfare (Amendment of Miscellanous Social Insurance Provisions) Regulations, 1984*[92] darf der Gesamt-betrag von *Disabiltiy Benfit* und *Injury Benefit* nicht höher sein als 75 % des zugrunde gelegten Einkommens; für *Unemployment Benefit* liegt die Grenze bei 85 %.

Dem Anspruch Teilzeitbeschäftigter auf Sozialversicherungsleistungen stehen entweder keine oder verhältnismäßig geringe Beitragsleistungen gegenüber: Liegt das wöchentliche Einkommen unter £ 61, ist der Arbeitnehmer von der Beitragspflicht befreit[93]. Er hat lediglich Beiträge in Höhe von 2,25 % seines anrechenbaren Einkommens zu entrichten, mit dem Leistungen des Gesundheits-wesen und Maßnahmen zur Beschäftigungsförderung finanziert werden. Somit haben Teilzeitbeschäftigte, die wöchentlich zwischen £ 25[94] und £ 60 verdienen zum Beispiel auch dann einen vollen Anspruch auf Arbeitslosengeld, wenn sie keine Beiträge geleistet haben.

Derselbe Anspruch Vollzeitbeschäftigter wird aufgrund ihres größeren Ein-kommens durch Beitragsleistungen begründet, deren Höhe sich nach dem Jahres-einkommen bestimmt. Hinsichtlich der ersten £ 16.700 hat der Arbeitnehmer 7,75 % seines anrechenbaren Einkommens zu zahlen[95]. Eine gewisse Anpassung an den vorherigen Verdienst und damit an die Beitragsleistungen kann allenfalls bei Arbeitslosigkeit und Arbeitsunfähigkeit infolge von Krankheit oder eines Arbeitsunfalles durch die Gewährung von *Pay-Related Benefit* geschehen[96].

---

[90] *Section 73* des *Social Welfare (Consolidation) Act, 1981* i.V.m. *Section 16 (1)* des *Social Welfare Act, 1991*.

[91] *S.I. No. 141 of 1979; S.I. No. 92 of 1983.*

[92] *S.I. No. 90 of 1984.*

[93] *Social Welfare (Contributions) (Amendment) Regulations, 1990, (S.I. No. 88 of 1990).*

[94] £ 25 sind die Grenze für die Sozialversicherungspflicht.

[95] Department of Social Welfare, PRSI, Rates of Contributions.

[96] 1985 erhielten etwa 24 % der Empfänger von *Disability Benefit* und *Occupational Injuries Benefit;* 51 % der Empfänger von *Unemployment Benefit* wurde der einkommensabhängige Zuschuß gezahlt, Stationery Office (Hrsg.), Report of the Commission on Social Welfare, Ch. 9, S. 203, 204.

Auch wenn das wöchentliche Einkommen des Teilzeitbeschäftigten £ 60 in der Woche übersteigt und er daher beitragspflichtig ist, besteht nur ein begrenzter Zusammenhang zwischen den Beitragsleistungen und der Anspruchshöhe. Da der Beitragssatz in dem *Pay-Related Social Insurance-System* mit zunehmendem Einkommen steigt, die Sozialversicherungsleistungen aber als feste Pauschale gewährt werden, erhalten Teilzeitbeschäftigte trotz der Zahlung geringer Beiträge Sozialversicherungsleistungen in voller Höhe. Während Vollzeitbeschäftigte jedenfalls hinsichtlich der Leistungen, die sich nicht durch *Pay-Related Benefit* erhöhen, gewöhnlich eine Minderung des Lebensstandards hinnehmen müssen, ist dies für viele Teilzeitbeschäftigte nicht der Fall. Im Gegenteil ist nicht ausgeschlossen, daß die Sozialversicherungsleistungen ihr vorheriges Einkommen übersteigen; ein sogenannter *wage stop* ist nicht vorgesehen. Das *Pay-Related Social Insurance-System*, das eine gewisse Einkommensumverteilung zugunsten schwächer verdienender Arbeitnehmer vornimmt[97], kann sich somit zum Vorteil Teilzeitbeschäftigter auswirken.

Das unausgewogene Verhältnis zwischen den Beitragsleistungen und der Anspruchshöhe resultiert daraus, daß das irische System der sozialen Sicherheit auf Vollzeitarbeitnehmer zugeschnitten ist[98].

Erst 1991 hat eine Anpassung des Sozialrechtes an die geänderte Beschäftigungsstruktur begonnen: *Section 18 - 20* des *Social Welfare Act, 1991* vom 1. April 1991 sieht vor, daß Beschäftigte mit niedrigem Einkommen auch nur anteilige Ansprüche auf *Disablity Benefit, Unemployment Benefit* und *Invalidity Pension* erhalten sollen. Die Vorschriften ermächtigen den Sozialminister Rechtsverordnungen zu erlassen, die verhältnismäßige Leistungen und eine Einkommensgrenze dafür regeln[99]. Es ist beabsichtigt, daß nur Arbeitnehmer ab einem wöchentlichen Einkommen von £ 70 Sozialversicherungsleistungen in voller Höhe erhalten sollen. Da der überwiegende Anteil der Teilzeitbeschäftigten aufgrund der zu erfüllenden Beitragszeiten erst 1993 eine Anwartschaft auf Sozialversicherungsleistungen erworben haben wird, sind die entsprechenden Vorschriften bislang nicht ratifiziert worden. Die proportionale Berechnung der Leistungen entspricht Art. 2 des Richtlinienvorschlags über bestimmte Arbeitsverhältnisse im Hinblick auf Wettbewerbsverzerrungen[100], der eine anteilige Berechnng auf der Grundlage des Umfanges der Beschäftigung und / oder des Arbeitsentgelts vorsieht.

---

[97] Vgl. Vaughan, 6.3.6.

[98] Vgl. Barry, Part-time Workers and Social Insurance (1991) I.L.T. 78, 79.

[99] *Section 18 (1) (a) und (b); Section 19 (1) (a) und (b), Section 20 (1) (a) und (b)* des *Social Welfare Act, 1991*.

[100] ABl. EG 1990 Nr. C 224 / 6, modifizierend ABl. EG Nr. C 305 / 8.

b) Einzelne Leistungen

Für die Ansprüche Teilzeitbeschäftigter auf einzelne Sozialversicherungsleistungen gelten grundsätzlich keine Besonderheiten. Sind die Beitragsvoraussetzungen erfüllt, können sie im Falle der Verwirklichung des sozialen Risikos ebenso wie Vollzeitbeschäftigte die entsprechende Leistung verlangen. Nur ausnahmsweise wirken sich die gesetzlichen Regelungen, die für Vollzeitbeschäftigte konzipiert wurden, zum Vor- oder Nachteil teilzeitbeschäftigter Arbeitnehmer aus.

aa) Unemployment Benefit

Der Anspruch Teilzeitbeschäftigter auf Arbeitslosengeld setzt neben der Beitragsleistung für eine Mindestzahl von Beitragswochen[101] voraus, daß der Arbeitnehmer das Pensionsalter von 66 Jahren noch nicht erreicht hat, arbeitsfähig und verfügbar ist und trotz ernsthafter Suche keine Beschäftigung findet, die mit seinem Alter, Geschlecht, seiner körperlichen Verfassung, Erziehung, gewöhnlicher Beschäftigung, seinem Wohnort und Familienstand vereinbar ist[102].

Die Verfügbarkeit wird bejaht, wenn der Arbeitnehmer keine Hindernisse schafft, die der Aufnahme einer Vollzeitbeschäftigung entgegenstehen würden[103]. Daher müssen Teilzeitarbeitnehmer grundsätzlich auch bereit sein, eine Vollzeitbeschäftigung anzunehmen. Insbesondere teilzeitbeschäftigte Arbeitnehmerinnen mit kleinen Kindern erschwert die Verwaltungspraxis des Sozialministeriums, ihre Verfügbarkeit zu beweisen: Sie haben den Nachweis zu erbringen, daß die Möglichkeit besteht, die Kinder während der Ausübung einer Beschäftigung beaufsichtigen zu lassen[104].

Weitere Voraussetzung für den Anspruch auf Arbeitslosengeld in Höhe von £ 50 in der Woche[105] ist, daß der Teilzeitbeschäftigte an mindestens drei von sechs aufeinanderfolgenden Tagen ohne Beschäftigung ist; Sonntage werden nicht mitgezählt. Unerheblich ist, ob der Arbeitnehmer an drei Tagen hinter-

---

[101] Vgl. oben 4. Kapitel, § 1 I 1 a) aa) (2).

[102] *Section 29 (1) und (4) (a) des Social Welfare (Consolidation) Act, 1981 i.V.m. Section 28 (1) des Social Welfare Act, 1989.*

[103] Stationery Office (Hrsg.),Report of the Commission on Social Welfare, Ch. 16, S. 335.

[104] The National Social Service Board, S. 6.

[105] Department of Social Welfare, Social Welfare Statistics 1990.

einander arbeitslos ist[106]. Bei der Prüfung dieses Erfordernisses stellt das Sozialministerium nicht darauf ab, ob der Teilzeitbeschäftigte an den Tagen der
Arbeitslosigkeit auch tatsächlich gearbeitet hätte. Daher kann Teilzeitbeschäftigten auch dann ein Anspruch auf Arbeitslosengeld zustehen, wenn sie gewöhnlich nur an zwei von sechs aufeinanderfolgenden Tagen arbeiten. Für jeden der
Tage ohne Beschäftigung erhält der Arbeitnehmer ein Sechstel des wöchentlichen Satzes[107].

Für die ersten drei Tage einer Unterbrechung der Beschäftigung kann der
Arbeitnehmer kein *Unemployment Benefit* verlangen[108]. Auch wenn der Teilzeitbeschäftigte nur an wenigen Tagen der Woche tätig ist, gilt die Wartefrist nach
drei Tagen der Arbeitslosigkeit als erfüllt. Verliert der Arbeitnehmer innerhalb
von 13 Wochen erneut seinen Arbeitsplatz, greift die dreitägige Wartezeit ausnahmsweise nicht ein[109]. Der Arbeitnehmer kann dann bereits für den ersten Tag
der Arbeitslosigkeit die Sozialversicherungsleistung verlangen.

Erhält der Beschäftigte neben dem Arbeitslosengeld *Widow's Pension,
Deserted Wife's Benefit* oder *Allowance, Unmarried Mother's Allowance* oder
Prisoner's Wife's Allowance, wird ihm nur die Hälfte des persönlichen Satzes
des Arbeitslosengeldes gezahlt[110].

Arbeitnehmer unter 18 Jahren können für eine Dauer von sechs Monaten
Unemployment Benefit verlangen; liegt das Alter des Antragstellers zwischen 19
und 64 Jahren, besteht ein Anspruch für eine Zeit von 15 Monaten[111]. Ein
erschöpfter Anspruch kann wiederaufleben, wenn der Arbeitnehmer nach
Begründung eines neuen Arbeitsverhältnisses für 13 Wochen gearbeitet und
Beiträge geleistet hat. Anderenfalls bleibt ihm nur die Möglichkeit, die einkommensabhängige *Unemployment Assistance* zu beantragen[112].

Der Anspruch auf Arbeitslosengeld besteht bis zu sechs Wochen nicht, wenn
der Beschäftigte zum Beispiel den Arbeitsplatz durch eigenes Fehlverhalten ver-
loren oder ihn grundlos aufgegeben hat, eine passende Beschäftigung abgelehnt
oder sich einer beruflichen Fortbildungsmaßnahme widersetzt hat. Darüberhinaus
wird kein *Unemployment Benefit* gezahlt, wenn der Arbeitnehmer seine Arbeits-

---

[106] *Section 29 (1) i.V.m. Section 29 (4) (c) des Social Welfare (Consolidation) Act, 1981.*

[107] *Section 29 (6) des Social Welfare (Consolidation) Act, 1981.*

[108] *Section 29 (2) des Social Welfare (Consolidation) Act, 1981.*

[109] *Section 29 (4) (c) des Social Welfare (Consolidation) Act, 1981.*

[110] Department of Social Welfare, Unemployment Benefit, SW 65, S. 7.

[111] *Section 34 des Social Welfare (Consolidation) Act, 1981 i.V.m. Section 12 des Social Welfare
(Amendment) Act, 1981 i.V.m. Section 6 des Social Welfare (No.2) Act, 1985.*

[112] Department of Social Welfare, Unemployment Benefit, S. 6.

leistung aufgrund eines Arbeitskampfes, der seine Interessen berührt, nicht erbringen kann[113].

Bezieht der Arbeitnehmer bereits eine *Retirement* oder *Old Age Pension, Disability Benefit, Maternity Benefit, Occupational Injury Benefit, Invalidity Pension* oder *Unemployment Assistance*, kann er ebenfalls kein Arbeitslosengeld verlangen[114].

bb) Disability Benefit und Invalidity Pension

An die Stelle eines gesetzlichen Anspruchs auf Lohnfortzahlung im Krankheitsfalle tritt in der Republik Irland ein Anspruch auf *Disability Benefit*.

Sind die gesetzlichen Beitragsvoraussetzungen erfüllt und hat der Teilzeitbeschäftigte das Pensionsalter noch nicht erreicht, kann er ab dem vierten Tag der Arbeitsunfähigkeit die Zahlung eines Krankengeldes verlangen[115]. Die Wartezeit entfällt wiederum, wenn der Arbeitnehmer innerhalb von 13 Wochen seit seiner Genesung erneut erkrankt[116]. Ebenso wie der Anspruch auf *Unemployment Benefit* setzt der Anspruch auf *Disability Benefit* voraus, daß der Teilzeitbeschäftigte an mindestens drei von sechs aufeinanderfolgenden Tagen krank ist; Sonntage bleiben unberücksichtigt[117]. Das Krankengeld beträgt £ 50 in der Woche[118].

Der Anspruch auf *Disability Benefit* besteht mindestens für eine Dauer von 52 Wochen; hat der Beschäftigte seit dem Eintritt in die Sozialversicherung eine Beitragzeit von fünf Jahren seit Aufnahme einer Beschäftigung erfüllt, kann er bis zum Wegfall der Arbeitsunfähigkeit *Disabiltiy Benefit* verlangen[119]. Ein einmal erloschener Anspruch lebt wieder auf, wenn der Arbeitnehmer für weitere 13 Wochen seine Beitragsleistungen erbracht hat[120].

Die *Commission on Social Welfare* sprach sich in ihrem Bericht dafür aus, die Verantwortlichkeit für die Zahlung von Krankengeld vom Staat vollständig

---

[113] *Section 35* des *Social Welfare (Consolidation) Act, 1981* i.V.m. *Section 2* des *Social Welfare (Amendment) Act, 1984.*

[114] Department of Social Welfare, Unemployment Benefit, S. 13.

[115] *Section 18 (1)* und *(2)* des *Social Welfare (Consolidation) Act, 1981.*

[116] *Section 18 (4) (d)* des *Social Welfare (Consolidation) Act, 1981.*

[117] *Section 18 (4) (c)* des *Social Welfare (Consolidation) Act, 1981.*

[118] Department of Social Welfare, Social Welfare Statistics 1990.

[119] Department of Social Welfare, Guide, S. 42.

[120] *Section 22 (2)* des *Social Welfare (Consolidation) Act, 1981.*

auf den Arbeitgeber zu verlagern. Dadurch könne eine Überschneidung zwischen einzel- oder kollektivvertraglichen Ansprüchen auf *Sick Pay* und *Disability Benefit* vermieden werden, die häufig zu Abwicklungsproblemen zwischen dem Arbeitnehmer, Arbeitgeber und dem Sozialministerium führt; außerdem würde eine Anpassung an das Einkommen des Arbeitnehmers ermöglicht[121]. In dem *Programme for Economic and Social Progress* vom Januar 1991 kündigte die Regierung an, daß das Verhältnis zwischen den Regelungen der betrieblichen Lohnfortzahlung und dem sozialrechtlichen Anspruch in Zukunft einer kritischen Überprüfung unterzogen werden[122].

Eine *Invalidity Pension* kann nach Ablauf von zwölf Monaten an die Stelle von *Disability Benefit* treten, wenn der Teilzeitbeschäftigte dauerhaft arbeitsunfähig ist und er die gesetzlichen Beitragsvoraussetzungen erfüllt hat[123]. Die wöchentliche Invalidenrente von £ 56,40[124] wird so lange gezahlt, bis der Arbeitnehmer seine Beschäftigung wieder aufnehmen kann oder eine Altersrente bezieht[125].

cc) Treatment Benefits und Leistungen des Gesundheitswesens

Sozialversicherungspflichtige Teilzeitbeschäftigte, die die gesetzlichen Beitragsvoraussetzungen erfüllen, haben Anspruch auf *Treatment Benefits*[126]. Diese umfassen im wesentlichen die Finanzierung von zahn- und augenärztlichen Behandlungen, von Brillen, Kontaktlinsen und Hörgeräten[127].

Der Anspruch auf die vom Gesundheitsministerium verwalteten Leistungen[128], wie ärztliche und stationäre Behandlungen und Arzneimittel, ist hingegen nicht von der Sozialversicherungspflicht, sondern der Bedürftigkeit des Arbeitnehmers abhängig. Nahezu sämtliche Leistungen des Gesundheitswesen werden kostenlos gewährt, wenn das wöchentliche Einkommen eines Ehepaares im Alter bis zu 66 Jahren £ 111 unterschreitet. Für Kinder und andere unterhaltsberechtigte Personen ist bei der Bedürftigkeitsprüfung jeweils ein zusätzlicher Betrag von

---

[121] Stationery Office (Hrsg.), Report of the Commission on Social Welfare, Ch. 17, S. 351, 352.

[122] Stationery Office (Hrsg.), Programme, Section IV, S. 24.

[123] *Section 88 (1)* des *Social Welfare (Consolidation) Act, 1981*.

[124] Department of Social Welfare, Social Welfare Statistics 1990.

[125] Trine, Ch. 4, S. 51.

[126] *Section 110* des *Social Welfare (Consolidation) Act, 1981*.

[127] Department of Social Welfare, Guide, S. 65.

[128] Vgl. oben zur Überschneidung der Leistungssysteme 2. Kapitel, § 2 III 1.

£ 13 beziehungsweise £ 14,50 in der Woche zu berücksichtigen[129]. Die betreffenden Arbeitnehmer sind durch eine *Medical Card* ausgewiesen[130].

Ist der Teilzeitbeschäftigte nicht Inhaber der *Medical Card* und hatte er im letzten Steuerjahr ein Einkommen von weniger als £ 16.700 muß er insbesondere für ärztliche Behandlungen selbst aufkommen; Arzneimittel werden bezuschußt. Arbeitnehmer, deren Einkommen £ 16.700 im letzten Steuerjahr überstieg, haben darüberhinaus ein Krankenhaustagegeld zu zahlen[131].

dd) Occupational Injuries Benefits

Die Unfallversicherung greift in Irland ebenso wie in der Bundesrepublik[132] unabhängig von dem Umfang der Arbeitszeit und dem wöchentlichen Einkommen ein; Beitragsvoraussetzungen sind nicht zu erfüllen. Daher stehen auch nicht sozialversicherten Teilzeitbeschäftigten Ansprüche auf *Injury Benefit, Disablement Benefit, Medical Care* und *Death Benefit* zu[133].

Nach einer dreitägigen Wartezeit kann der Arbeitnehmer *Injury Benefit* verlangen, es sei denn, er ist zwölf Tage oder länger arbeitsunfähig[134]. In diesem Falle werden auch die ersten drei Tage berücksichtigt. Das Verletztengeld beträgt £ 65 in der Woche[135]. Es wird für höchstens 26 Wochen vom Unfalltage oder dem Auftreten der Erkrankung an gerechnet gezahlt. Besteht die Arbeitsunfähigkeit für einen längeren Zeitraum fort, kann dem Arbeitnehmer gegebenenfalls ein Anspruch auf *Disability Benefit* zustehen[136].

Der Anspruch auf *Disablement Benefit* setzt voraus, daß der Arbeitnehmer infolge eines Arbeitsunfalles eine körperliche oder geistige Einbuße erlitten hat[137]. Die Höhe der Leistung ist von dem Grad der Beeinträchtigung abhängig. Liegt sie bei mindestens 20 %, wird dem Arbeitnehmer eine wöchentliche Rente gezahlt. Anderenfalls erhält er eine einmalige finanzielle Unterstützung[138]. Der

---

[129] Social Welfare Information Service, S. 42.

[130] Department of Health, 1988 Summary of Health Services, 1.

[131] Department of Health, 1.

[132] Siehe § 539 Abs. 1 Nr. 1 RVO.

[133] *Section 36 - 70* des *Social Welfare (Consolidation) Act, 1981*.

[134] *Section 42 (1)* des *Social Welfare (Consolidation) Act, 1981* i.V.m. *Section 13* des *Social Welfare Act, 1988*.

[135] Department of Social Welfare, Social Welfare Statistics 1990.

[136] Department of Social Welfare, Guide, S. 68.

[137] *Section 43 (1)* des *Social Welfare (Consolidation) Act, 1981*.

[138] Department of Social Welfare, Guide, S. 69.

Anspruch auf *Disablement Benfit* greift in der Regel ein, wenn der Anspruch auf *Injury Benefit* erloschen ist[139].

In der Bundesrepublik bestimmt sich die Höhe der Leistungen der Unfallversicherung im wesentlichen nach dem Jahresarbeitsverdienst[140]

ee) Widow's Pension

Den Höchstsatz der Witwenrente von wöchentlich £ 58,20[141] erhalten teilzeitbeschäftigte Arbeitnehmerinnen, die seit dem Eintritt in die Sozialversicherung durchschnittlich 48 Beitragswochen vorweisen können[142].

Unerheblich für den Anspruch ist, ob der Verstorbene oder die hinterbliebene Ehefrau die Beiträge gezahlt haben[143]. Daher kann teilzeitbeschäftigten Arbeitnehmerinnen die beitragsabhängige Witwenrente selbst dann zustehen, wenn die Beitragsvoraussetzungen aufgrund eigener Beitragszahlungen nicht erfüllt sind.

Der Anspruch der Witwe wird durch eine betriebliche Hinterbliebenenrente nicht berührt[144]. Er erlischt jedoch, wenn die Witwe erneut heiratet oder sie eine Altersrente bezieht[145].

ff) Retirement Pension und Old Age Pension

Sozialversicherte Personen können ab dem 65. Lebensjahr die Zahlung einer *Retirement Pension* verlangen, wenn sie die gesetzlichen Beitragsvoraussetzungen erfüllen und vor Erreichung des 55. Lebensjahres in die Sozialversicherung eingetreten sind[146]. Außerdem setzt der Anspruch voraus, daß der Teilzeitarbeitnehmer seine sozialversicherungspflichtige Beschäftigung aufgegeben hat[147].

---

[139] Department of Social Welfare, Guide, S. 69.

[140] §§ 561, 581 RVO; vgl. GK-TzA-Steinwedel, SozR, Rdnr. 125.

[141] Department of Social Welfare, Social Welfare Statistics 1990.

[142] Department of Social Welfare, Widow's Pension, 2.

[143] *Section 93 (1) des Social Welfare (Consolidation) Act, 1981.*

[144] Department of Social Welfare, Widow's Pension, 1.

[145] Trine, Ch. 4, S. 52.

[146] *Section 83 (1) des Social Welfare (Consolidation) Act, 1981;* Department of Social Welfare, Retirement Pension and Old Age Contributory Pension, 3.

[147] *Section 83 (1) des Social Welfare (Consolidation) Act, 1981* i.V.m. *Art. 3 der Social Welfare (Retirement Pension) Regulations, 1970 (S.I. No. 225 of 1970).*

19 Siemes

Ein Anspruch auf *Old Age Pension* besteht, wenn der Arbeitnehmer das 66. Lebensjahr erreicht hat, die erforderlichen Beitragsleistungen erbracht worden sind und er — nach dem Geburtsjahr — seit dem 56. oder 57. Lebensjahr sozialversichert ist[148]. Im Unterschied zur *Retirement Pension* ist eine Aufgabe der sozialversicherungspflichten Beschäftigung nicht erforderlich.

Während in der Bundesrepublik die Höhe der Altersrente neben der Gesamtdauer der beitragspflichtigen Erwerbstätigkeit von dem früheren Einkommen des Arbeitnehmers abhängt[149], werden die *Retirement* und *Old Age Pension* nicht von dem vorherigen Verdienst beeinflußt. Jeder Anspruchsberechtigte erhält eine Pauschale von £ 64 in der Woche[150]; eine gewisse Einkommensanpassung durch *Pay-Related Benefit* ist nicht vorgesehen[151]. Dies wirkt sich zugunsten der Teilzeitbeschäftigten mit niedrigen Einkommen aus. Im Unterschied zu Vollzeitbeschäftigten müssen sie im Alter keine Minderung ihres Lebensstandards hinnehmen. Im Gegenteil ist es möglich, daß die Rente ihr vorheriges Einkommen übersteigt[152].

2. Sozialhilfeleistungen

Teilzeitbeschäftigte, die entweder nicht sozialversicherungspflichtig sind, die gesetzlichen Beitragsvoraussetzungen nicht erfüllen oder deren Anspruchsberechtigung infolge Zeitablaufs erloschen ist, haben keine Ansprüche auf Leistungen der Sozialversicherung. Ihnen können jedoch Leistungen des anderen Zweiges des irischen Systems der sozialen Sicherheit — der Sozialhilfe — zustehen[153].

Anders als in der Bundesrepublik[154] greift in Irland die Sozialhilfe nicht bereits dann ein, wenn der Antragsteller außerstande ist, aus eigenen Mitteln einen angemessenen Lebensunterhalt zu bestreiten. Weitere Voraussetzung für die meisten Leistungen ist, daß sich ein bestimmtes Risiko, wie beispielsweise

---

[148] *Section 78 (1)* i.V.m. *Section 79 (1)* und *(2)* des *Social Welfare (Consolidation) Act, 1981.*

[149] Siehe §§ 1253 ff RVO; §§ 30 ff AVG.

[150] Department of Social Welfare, Social Welfare Statistics 1990.

[151] Jedoch begann Mitte der 70er Jahre eine Diskussion über die Einführung einer einkommensabhängigen Altersrente, die zu keinem Ergebnis geführt hat, Stationery Office (Hrsg.), Report of the Commission on Social Welfare, Ch. 15, S. 323, 324.

[152] Vgl. oben 4. Kapitel § 1 I 1 a) bb).

[153] Vgl. oben 2. Kapitel, § 2 III 2.

[154] Siehe § 9 SGB I.

Arbeitslosigkeit, Witwenschaft, Eintritt in das Pensionsalter oder der Trennung vom Ehegatten, verwirklicht hat. Die meisten Sozialhilfeleistungen knüpfen an die Realisierung derselben Risiken an wie die Sozialversicherungsleistungen. Nur für die Ansprüche auf *Supplementary Welfare Allowance* und *Family Income Supplement* ist die Bedürftigkeit des Antragstellers das entscheidende Kriterium[155].

Die Bedürftigkeit des Teilzeitbeschäftigten wird vom Sozialministerium im Wege einer Bedürftigkeitsprüfung festgestellt[156]. Für einen Teil der Leistungen sind der jährliche Wert des nicht privat genutzten Eigentums, die daraus gezogenen Nutzungen, Einkünfte aus einem Geschäftsbetrieb oder der Landwirtschaft und Vergünstigungen durch eine Unterbringung im Elternhaus oder bei Verwandten zu berücksichtigen[157]. In die Bedürftigkeitsprüfung für alle Sozialhilfeleistungen werden das jährliche Bareinkommen des Antragstellers und seines Ehegatten einbezogen[158]. Dies kann für verheiratete Teilzeitarbeitnehmerinnen zur Folge haben, daß sie trotz der Verwirklichung eines von der Sozialhilfe erfaßten Risikos keine finanzielle Unterstützung verlangen können. Darin liegt ein wesentlicher Unterschied zum Sozialversicherungsrecht, das seit der Aufhebung der *Social Welfare (Employment of Inconsiderable Extent) Regulations, 1979* auch dann eingreift, wenn Einkünfte Dritter vorhanden sind.

Nicht alle Einkünfte der Teilzeitbeschäftigten werden im Rahmen des *means test* berücksichtigt. So ist es für den Anspruch auf *Old Age Pension, Widow's Pension, Deserted Wife's Allowance, Prisoner's Wife's Allowance* und *Unmarried Mother's Allowance* ohne Einfluß, wenn sie bis zu £ 6 in der Woche verdienen. Weitere £ 6 werden für jedes unterhaltsberechtigte Kind veranschlagt[159]. Hingegen sind in die Bedürfigkeitsprüfung für *Unemployment Assistance* und *Supplementary Welfare Allowance* sämtliche Einkünfte einzubeziehen[160]. Das Einkommen aus der Teilzeitarbeit, das einen etwaigen Freibetrag übersteigt, wird unmittelbar von der betreffenden Sozialhilfeleistung abgezogen[161].

---

[155] *Section 200* des *Social Welfare (Consolidation) Act; Section 232A - 232F* des *Social Welfare (Consolidation) Act, 1981,* eingefügt durch *Section 13* des *Social Welfare Act, 1984.*

[156] Vgl. Stationery Office (Hrsg.), Report of the Commission on Social Welfare, Ch. 11, S. 256.

[157] Stationery Office (Hrsg.), Report of the Commission on Social Welfare, Ch. 11, S. 259 - 264.

[158] Stationery Office (Hrsg.), Report of the Commission on Social Welfare, Ch. 11, S. 257.

[159] *Section 161 (2) (a), 178 (2) (a), 195 (2), 196 (2), 197 (2)* des *Social Welfare (Consolidation) Act, 1981* und *Rule 1 (4) (i)* der *Third Schedule* des Gesetzes von 1981 i.V.m. *Section 6* des *Social Welfare Act, 1982;* Whyte, Part-time Workers, 74, 89.

[160] *Section 140 (1)* und *207 (1)* des *Social Welfare (Consolidation) Act, 1981;* Whyte, Part-time Workers, 74, 89; vgl. Stationery Office (Hrsg.), Report of the Commission on Social Welfare, Ch. 11, S. 264.

[161] Whyte, Part-time Workers, 74, 89, 90.

Die Höhe der Sozialhilfeleistung bestimmt sich danach, inwieweit die zur Verfügung stehenden Mittel — abgesehen von einem Freibetrag — die für die Sozialhilfeleistungen vorgesehenen Beträge unterschreiten. Diese weichen nur unerheblich von dem für die entsprechenden Sozialversicherungsleistungen geltenden Höchstsätze ab. Zum Beispiel liegt die wöchentliche beitragsunabhängige *Old Age Pension* bei £ 55, während die beitragsabhängige *Old Age Pension* höchstens £ 64 beträgt. Die Sätze für *Unemployment Assistance* und *Unemployment Benefit* entsprechen sich mit £ 50 in der Woche[162]. Ebenso wie die Sozialversicherungsleistungen können sich die Sozialhilfeleistungen erhöhen, wenn unterhaltsberechtigte Erwachsene oder Kinder vorhanden sind[163].

Besondere Bedeutung für die soziale Sicherung Teilzeitbeschäftigter mit niedrigem Einkommen kann der *Supplementary Welfare Allowance* zukommen. Auch wenn sich keines der von den anderen Sozialhilfeleistungen erfaßten sozialen Risiken verwirklicht hat, greift die *Supplementary Welfare Allowance* im Falle der Bedürftigkeit des Teilzeitbeschäftigten ein[164]. Der Anspruch setzt gerade voraus, daß der Arbeitnehmer keine Vollzeitbeschäftigung ausübt[165]. Der Höchstsatz der ergänzenden finanziellen Unterstützung beträgt £ 50 in der Woche[166]. Davon werden das Einkommen aus der Teilzeitbeschäftigung sowie andere Mittel der Person abgezogen.

Es ist nicht davon auszugehen, daß das geltende Sozialhilferecht in Widerspruch zu Art. 3 i.V.m. Art. 1 Abs. 3 des Richtlinienvorschlags der Kommission der Europäischen Gemeinschaften über bestimmte Arbeitsverhältnisse hinsichtlich der Arbeitsbedingungen[167] steht. Während der Richtlinienentwurf nur die Gleichbehandlung einer bestimmten Gruppe von Teilzeitbeschäftigten in bezug auf Sach- oder Geldleistungen eines Sozialfürsorgesystems oder eines nicht beitragsgebundenen Systems der sozialen Sicherheit gebietet, begründen im irischen Recht die Bedürftigkeit und / oder die Verwirklichung eines sozialen Risikos für Teilzeit- und Vollzeitbeschäftigte gleichermaßen Ansprüche auf Sozialleistungen.

---

[162] Department of Social Welfare, Social Welfare Statistics 1990 and Weekly Rates from July 1991.

[163] Department of Social Welfare, Social Welfare Statistics 1990.

[164] *Section 200* des *Social Welfare (Consolidation) Act, 1981.*

[165] *Section 201 (1)* des *Social Welfare (Consolidation) Act, 1981.*

[166] Department of Social Welfare, Social Welfare Statistics 1990.

[167] ABl. EG 1990 Nr. C 224 / 4.

II. Die Teilzeitarbeit neben dem Bezug von Sozialleistungen

Der bisherigen Untersuchung lag die Vermutung zugrunde, daß die Teilzeitarbeit die einzige Einnahmequelle des Arbeitnehmers bildet, die gegebenenfalls durch Leistungen der Sozialversicherung oder Sozialhilfe ersetzt wird.

Bezieht der Arbeitnehmer bereits Sozialleistungen, ist problematisch, inwiefern er sie durch Einkünfte aus der Teilzeitbeschäftigung ergänzen kann. Dies gilt insbesondere hinsichtlich solcher Leistungen, die daran anknüpfen, daß dem Versicherten oder Bedürftigen kein Erwerbseinkommen zur Verfügung steht[168]. Geht er seiner bisherigen Beschäftigung nicht nach, weil er arbeitslos ist, eröffnen gesetzliche Regelungen die Möglichkeit, die Einkünfte durch Teilzeitarbeit aufzubessern und den Kontakt zum Arbeitsmarkt zu erhalten[169]. Voraussetzung für den Anspruch auf *Unemployment Benefit* und *Unemployment Assistance* ist, daß der Arbeitnehmer an mindestens drei von sechs aufeinanderfolgenden Tagen ohne Beschäftigung ist und der Aufnahme einer Beschäftigung keine Hindernisse entgegenstehen. Diejenigen Tage, an denen er gegen ein Entgelt tätig ist, gelten grundsätzlich nicht als Unterbrechung der Beschäftigung[170].

Danach ist bei der Prüfung eines ergänzenden Anspruchs zwischen denjenigen Teilzeitarbeitnehmern zu unterscheiden, die an jedem Tag der Woche arbeiten, und solchen, die nur an bestimmten Tagen beschäftigt sind: Geht der Arbeitnehmer an jedem Tag der Woche einer Halbtagsbeschäftigung nach, ist er an diesen Tagen weder arbeitslos noch zur Aufnahme einer Vollzeitbeschäftigung in der Lage. Daher kann er für den Rest des Tages jeweils kein Arbeitslosengeld oder Arbeitslosenhilfe beantragen[171]. Ist der Arbeitnehmer hingegen an bis zu drei ganzen Tagen beschäftigt, hat er für die verbleibenden Tage der Woche Anspruch auf *Unemployment Benefit* oder *Unemployment Assistance*[172].

Bei der Berechnung des Arbeitslosengeldes wird eine Sechstagewoche zugrunde gelegt, so daß ein Arbeitnehmer, der an drei Tagen arbeitet, auch dann drei Sechstel des vorgesehenen Höchstsatzes erhält, wenn in seinem Unternehmen eine Fünftagewoche gilt[173]. Ist der Arbeitnehmer an vier Tagen in der

---

[168] Whyte, Part-time Workers, 74, 90.

[169] Vgl. Stationery Office (Hrsg.), Report of the Commission on Social Welfare, Ch. 16, S. 338.

[170] Vgl. oben 4. Kapitel, § 1 I 1 b) aa); *Section 29 (1), (4) (a), 135 (5), 138 (1) (b)* des *Social Welfare (Consolidation) Act, 1981;* Vaughan, 7.2.2.

[171] Vgl. Whyte, Part-time Workers, 74, 90.

[172] Whyte, Part-time Workers, 74, 91; Stationery Office (Hrsg.), Report of the Commission on Social Welfare, Ch. 16, S. 338, 339.

[173] *Section 2 (1), 29 (4) (d)* und *(6)* des *Social Welfare (Consolidation) Act, 1981;* Whyte, Part-time Workers, 74, 91.

Woche beschäftigt, kann er hinsichtlich der verbleibenden Tage keine Zahlungen verlangen, da dann eine dreitägige Periode der Arbeitsunterbrechung nicht vorliegt. Gem. *Section 146 (1) (b) (ii)* des *Social Welfare (Consolidation) Act, 1981* läßt das Einkommen aus der Teilzeitbeschäftigung den Anspruch auf *Unemployment Assistance* unberührt.

Dieser Anspruch Teilzeitbeschäftigter auf *Unemployment Benefit* oder *Unemployment Assistance* beruht auf gesetzlichen Regelungen, die für Vollzeitarbeitnehmer geschaffen wurden. Ihre praktischen Auswirkungen für Teilzeitbeschäftigte hat der Gesetzgeber offenbar nicht bedacht. Denn die Ergänzung von Arbeitslosengeld oder Arbeitslosenhilfe durch das Einkommen aus einer Teilzeitbeschäftigung kann dazu führen, daß der Verdienst des Teilzeitbeschäftigten letztlich größer ist als der eines vergleichbaren Vollzeitbeschäftigten; ein Anreiz zur Vollzeitarbeit wird in einem solche Falle nicht gegeben[174]. Zudem werden arbeitslose Vollzeitbeschäftigte, die die Sozialleistung durch Teilzeitarbeit ergänzen, rechtlich gleichbehandelt mit regelmäßig Teilzeitbeschäftigten, die außerdem *Unemployment Benefit* verlangen. Hinsichtlich der zweiten Gruppe von Arbeitnehmern ist zu bezweifeln, ob die Sozialversicherungsleistung ihre Einkommensersetzungsfunktion erfüllt, da die regelmäßig Teilzeitbeschäftigten im allgemeinen keine Vollzeitbeschäftigung anstreben. Ein Mißbrauch der Leistung läßt sich daher nicht ausschließen.

Während sich die genannten Konsequenzen aus den allgemeinen Anspruchsvoraussetzungen für *Unemployment Benefit* und *Unemployment Assistance* ergeben, gestatten eigens erlassene gesetzliche Regelungen einen Nebenverdienst des Arbeitnehmers. Sie sind Ausdruck einer staatlich verfolgten *„disregards policy"*: Die *Social Welfare (Disability, Unemployment and Marriage) Regulations, 1953*[175] und die *Social Welfare (Amendment of Miscellaneous Social Insurance Provisions) (No. 2) Regulations, 1986* regeln eine Ausnahme zu dem Grundsatz, daß der gleichzeitige Bezug von *Unemployment Benefit* und eine Nebenbeschäftigung einander ausschließen. Hat der Arbeitnehmer in den letzten drei Jahren vor der Arbeitslosigkeit für weniger als 78 Wochen Beiträge geleistet, bleibt sein Anspruch auf *Unemployment Benefit* unberührt, wenn der Verdienst aus der Nebenbeschäftigung £ 4 am Tag nicht übersteigt. Sind für 78 oder mehr Wochen Beiträge geleistet worden, ist für den Anspruch auf *Unemployment Benefit* unerheblich, wieviel der Arbeitnehmer durch die Teilzeitbeschäftigung außerhalb seiner regelmäßigen Arbeitszeit verdient.

---

[174] Stationery Office (Hrsg.), Report of the Commission on Social Welfare, Ch. 16, S. 340; Vaughan, 7.5.7.

[175] S.I. No. 7 of 1953, geändert durch die Social Welfare (Amendment of Miscellaneous Social Insurance Provisions) (No.2) Regulations, 1986 (S.I. No. 237 of 1986).

Darüberhinaus können Arbeitnehmer, die *Unemployment Assistance* erhalten oder aufgrund des *Social Employment Scheme* beschäftigt sind, seit Mai 1988 an einem *Part-time Job Incentive Scheme* teilnehmen[176]. Es eröffnet ihnen die Möglichkeit, bis zu 23 Stunden in der Woche zu arbeiten, ohne den Anspruch auf eine finanzielle Unterstützung zu verlieren. An die Stelle der *Unemployment Assistance* tritt ein Anspruch auf *Part-time Job Allowance* von £ 30 beziehungsweise £ 50 in der Woche, der von dem Verdienst aus der Teilzeitarbeit nicht berührt wird. Da das Programm bezweckt, einen Übergang zur Vollzeitarbeit zu schaffen, ist der Arbeitnehmer während seiner Tätigkeit aufgefordert, weiterhin eine Vollzeitbeschäftigung zu suchen[177].

Die Teilnahme an dem staatlich geförderten *Social Employment Scheme* hat dagegen zur Folge, daß der Anspruch auf *Unemployment Benefit* oder *Unemployment Assistance* ruht. Arbeitnehmer, die älter als 25 Jahre sind und *Unemployment Assistance* oder seit mehr als zwölf Monaten *Unemployment Benefit* erhalten, können für die Dauer von einem Jahr durchschnittlich zweieinhalb Tage in der Woche arbeiten. Dafür wird ihnen ein Wochenlohn von £ 60 gezahlt, der sich durch eine Zulage von £ 25 für unterhaltsberechtigte Erwachsene und £ 10 für jedes unterhaltsberechtigte Kind erhöht[178].

Auch wenn der Arbeitnehmer wegen Krankheit oder Invalidität außerstande ist, seine ursprüngliche Beschäftigung fortzusetzen, ist ihm ausnahmsweise gestattet, eine Tätigkeit auszuüben: Empfänger von *Disability Benefit* können eine Nebenbeschäftigung aufnehmen, die entweder eine leichte Tätigkeit beinhaltet oder ihrer Rehabilitation dient, wenn das wöchentliche Einkommen nicht größer als £ 12 ist[179]. Hingegen sind Personen, die *Invalidity Benefit* beziehen, lediglich berechtigt, sich zu wohltätigen Zwecken zu engagieren oder eine leichte Arbeit zu verrichten, für die gewöhnlich kein Entgelt gezahlt wird[180].

Hinsichtlich des Anspruchs auf *Retirement Pension* ist die Voraussetzung des Ausscheidens aus dem Arbeitsleben erfüllt, wenn der Arbeitnehmer seine sozialversicherungspflichtige Beschäftigung aufgegeben hat[181]. Demzufolge kann die

---

[176] Department of Social Welfare, Annual Report 1987 and 1988, S. 14; Whyte, Part-time Workers, 74, 90.

[177] Department of Social Welfare, The Part-time Job Incentive, SW 69.

[178] FAS, Social Employment Scheme, Temporary Information Brochure; Department of Labour, Annual Report 1990, Ch. 4, S. 28.

[179] *Art. 7 der Social Welfare (Disability, Unemployment and Marriage Benefit) Regulations, 1953 (S.I. No. 7 of 1953) i.V.m. den Social Welfare (Amendment of Miscellaneous Social Insurance Provisions) (No. 2) Regulations, 1986 (S.I. No. 237 of 1986).*

[180] *Art. 4 der Social Welfare (Invalidity Pension) Regulations, 1970 (S.I: No. 218 of 1970).*

[181] *Art. 3 der Social Welfare (Retirement Pension) Regulations, 1970 (S.I. No. 225 of 1970),*

Retirement Pension durch eine Teilzeitbeschäftigung mit einem Verdienst bis zu £ 24 in der Woche oder durch eine als *„subsidiary employment"* geltende Beschäftigung ergänzt werden. Für den Anspruch auf *Contributory Old Age Pension* ist keine Aufgabe der sozialversicherungspflichtigen Beschäftigung erforderlich. Daher wird die Altersrente durch eine Teilzeitbeschäftigung, unabhängig von ihrem Umfang, nicht betroffen.

Die Teilzeitarbeit und der Bezug von Sozialhilfeleistungen, wie *Non-Contributory Widow's Pension, Non-Contributory Old Age Pension, Deserted Wife's Allowance, Unmarried Mother's Allowance* und *Supplementary Welfare Allowance,* schließen einander nicht von vornherein aus. Jedoch hat das Einkommen aus der Teilzeitbeschäftigung Einfluß auf die Bedürftigkeit des Antragstellers. Der Verdienst, der einen etwaigen Freibetrag übersteigt, wird von dem für die Leistung vorgesehenen Höchstsatz abgezogen. Ist er insgesamt größer als die festgesetzte Bedürftigkeitgrenze, entfällt der Anspruch auf die Sozialhilfeleistung[182].

§ 2 Die Ungleichbehandlung der Teilzeitbeschäftigten durch das geltende Sozialrecht

I. Einführung

Wie oben gezeigt, unterscheiden neben arbeitsrechtlichen Regelungen auch sozialrechtliche Regelungen zwischen Teilzeit- und Vollzeitbeschäftigten. Insbesondere sind Teilzeitbeschäftigte mit niedrigem Einkommen von der Sozialversicherung ausgeschlossen[1].

Fraglich ist, inwieweit diese unterschiedliche Behandlung einer rechtlichen Überprüfung standhält. Stellt man allein auf die gesetzliche Differenzierung zwischen Teilzeit- und Vollzeitbeschäftigten ab, findet sich dafür kein Prüfungsmaßstab: Ein Verstoß gegen ein allgemeines europäisches Gleichbehandlungsgebot kommt nicht in Betracht, denn der Rat der Europäischen Gemeinschaft hat die jüngsten Richtlinienvorschläge der Kommission, die unter anderem die Gleichbehandlung bestimmter Teilzeitbeschäftigter mit Vollzeitbe-

---

geändert durch die *Social Welfare (Miscellaneous Provisions for Self-Employed Contributors) Regulations, 1988 (S.I. No. 62 of 1988).*

[182] Vgl. oben 4. Kapitel, § 1 I 2.

[1] Vgl. oben 4. Kapitel, § 1 I 1 a) aa) (b).

schäftigten durch das nationale Sozialrecht gebieten[2], bis heute nicht angenommen[3].

Auch aus dem verfassungsrechtlichen Gleichbehandlungsgebot des *Art. 40.1*[4] läßt sich kein Grundsatz herleiten, nach dem der Gesetzgeber gleiche sozialrechtliche Rahmenbedingungen für Teilzeit- und Vollzeitarbeitnehmer zu schaffen hat. Nach höchstrichterlicher Rechtsprechung erstreckt sich der Schutzbereich von *Art. 40.1* ausschließlich auf die zum Menschsein gehörenden Essentialia und nicht auf den Menschen als Mitglied einer bestimmten Gruppe der Gesellschaft[5].

Als Prüfungsmaßstab für das geltende Sozialrecht bleibt daher nur die Richtlinie 79 / 7 / EWG[6], die die Gleichbehandlung von Männern und Frauen im Bereich der sozialen Sicherheit gebietet. Angesichts des hohen Anteils der weiblichen Teilzeitbeschäftigten kann die unterschiedliche Behandlung der Teilzeit- und Vollzeitbeschäftigten eine mittelbare Geschlechterdiskriminierung begründen.

II. Das europäische Gleichbehandlungsgebot:
Die Richtlinie 79 / 7 / EWG

1. Geltungsbereich

Wie bereits in Art. 1 der Richtlinie 76 / 207 / EWG[7] angekündigt, verabschiedete der Rat der Europäischen Gemeinschaft am 19. Dezember 1978 die Richtlinie 79 / 7 / EWG zur schrittweisen Verwirklichung des Grundsatzes der Gleichbehandlung von Männern und Frauen im Bereich der sozialen Sicherheit[8]. Mit dieser dritten, auf Art. 235 EWGV gestützten Gleichbehandlungsrichtlinie, griff die Europäische Gemeinschaft erstmals in das Sozialrecht der Mitgliedstaaten ein[9].

---

[2] ABl. EG 1990 Nr. C 224 / 4; ABl. EG 1990 Nr. C 224 / 6, modifizierend ABl. EG 1990 Nr. C 308 / 5.

[3] Vgl. oben 3. Kapitel, § 1 II 1 a) bb).

[4] Vgl. oben 3. Kapitel, § 1 III 2 a).

[5] Vgl. oben 3. Kapitel, § 1 III 2 a).

[6] ABl. EG 1978 Nr. L 6 / 24.

[7] ABl. EG 1976 Nr. L 39 / 40.

[8] ABl. EG 1978 Nr. L 6 / 24.

[9] van Buggenhout, Gleichbehandlung von Männern und Frauen im Bereich der sozialen

Nach Art. 2 findet die Richtlinie auf die gesamte Erwerbsbevölkerung Anwendung. Darunter fallen abhängig und selbständig Beschäftigte, Arbeitssuchende und Personen, die aufgrund der Verwirklichung eines von der Richtlinie erfaßten sozialen Risikos zeitweilig nicht mehr beschäftigt sind[10]. In sachlicher Hinsicht erstreckt sich das Gleichbehandlungsgebot gem. Art. 3 auf die gesetzlichen Systeme, die vor den Risiken Krankheit, Invalidität, Alter, Arbeitsunfall, Berufskrankheit und Arbeitslosigkeit schützen sowie auf Sozialhilfeleistungen, die diese Systeme ergänzen oder ersetzen sollen. Leistungen an Hinterbliebene und Familienleistungen sind vom Geltungsbereich der Richtlinie ausgenommen, es sei denn, sie werden als Zuschläge zu den Leistungen aufgrund der genannten Risiken gewährt.

Art. 4 Abs. 1 der Richtlinie definiert den Grundsatz der Gleichbehandlung als das Gebot, jede unmittelbare oder mittelbare Diskriminierung aufgrund des Geschlechts, insbesondere unter Bezugnahme auf den Ehe- oder Familienstand, zu beseitigen. Das Gleichbehandlungsgebot gilt ausdrücklich hinsichtlich des Anwendungsbereiches der Systeme und der Bedingungen für den Zugang zu den Systemen, der Beitragspflicht und Beitragsberechnung sowie der Berechnung der Leistungen, einschließlich der Zuschläge für den Ehegatten und unterhaltsberechtigte Personen und hinsichtlich der Bedingungen, die die Geltungsdauer und Aufrechterhaltung des Anspruchs auf die Leistungen betreffen. Vorschriften zum Mutterschutz stehen gem. Art. 4 Abs. 2 dem Grundsatz der Gleichbehandlung nicht entgegen. Nach Art. 7 sind die Mitgliedstaaten allerdings befugt, einige Bereiche vom Anwendungsbereich des Gleichbehandlungsgrundsatzes auszunehmen. Dazu gehören unter anderem die Festsetzung des Rentenalters und die Hinterbliebenen- und Ehegattenversorgung.

Art. 5 der Richtlinie gibt den Mitgliedstaaten auf, die dem Gleichbehandlungsgebot zuwiderlaufenden Rechts- und Verwaltungsvorschriften zu beseitigen; gem. Art. 6 ist den Arbeitnehmern oder Selbständigen die gerichtliche Geltendmachung ihrer Rechte zu ermöglichen.

Die Richtlinie sollte gem. Art. 8 bis zum 22. Dezember 1984 in nationales Recht umgesetzt sein. Dieser ungewöhnlich lange Zeitraum von sechs Jahren wurde aufgrund der Komplexität des Sozialrechtes gewählt, die Schwierigkeiten bei der praktischen Durchführung des europäischen Gleichbehandlungsgebotes erwarten ließ[11].

Sicherheit, in: von Maydell (Hrsg.), Soziale Rechte in der EG: Bausteine einer zukünfigen europäischen Sozialunion, S. 78, 81.

[10] EuGH, Urt. v. 24. 6. 1986, Drake / Chief Adjudication Officer, Rs 150 / 85, Slg. 1986, 1995, 2009; vgl. Watson-Olivier, Europäische Gemeinschaft und Soziale Sicherheit, ZIAS 1991, 53, 60.

[11] van Buggenhout, 78, 81, 82.

2. Unmittelbare und mittelbare Geschlechterdiskriminierung

Eine vom Anwendungsbereich der Richtlinie 79 / 7 / EWG erfaßte unmittelbare Geschlechterdiskriminierung liegt vor, wenn sozialrechtliche Vorschriften offen an das Geschlecht des Beschäftigten anknüpfen[12].

Schwieriger zu beantworten ist, unter welchen Voraussetzungen eine mittelbare Geschlechterdiskriminierung i.S.v. Art. 4 der Gleichbehandlungsrichtlinie zu bejahen ist. Während inzwischen eine umfangreiche Rechtsprechung zur mittelbaren Geschlechterdiskriminierung im Entgeltbereich ergangen ist[13], hatte der EuGH bislang nur zwei Fälle zur mittelbaren Geschlechterdiskriminierung im Bereich der sozialen Sicherheit zu entscheiden: In *Teuling / Bestuur van de Bedrijsvereniging voor de Chemische Industrie*[14] wurde ihm die Frage vorgelegt, ob das niederländische System der sozialen Absicherung bei Arbeitsunfähigkeit, das Leistungen in Höhe des gesetzlichen Mindestlohnes unabhängig vom vorherigen Verdienst und Beitragsleistungen nur jenen Arbeitnehmern gewährt, die Unterhaltspflichten zu erfüllen haben, gegen das Verbot der mittelbaren Geschlechterdiskriminierung aus Art. 4 der Richtlinie 79 / 7 / EWG verstößt.

Der EuGH entschied in Fortsetzung seiner Rechtsprechung zur mittelbaren Geschlechterdiskriminierung im Entgeltbereich, daß ein System von Leistungen, das Zuschläge vorsieht, die nicht unmittelbar an das Geschlecht des Anspruchsberechtigten anknüpfen und nach dem wesentlich weniger Frauen als Männer Anspruch auf diese Zuschläge haben, mit Art. 4 der Richtlinie unvereinbar ist, es sei denn, es läßt sich aus Gründen rechtfertigen, die eine Diskriminierung aufgrund des Geschlechts ausschließen[15].

Hinsichtlich der Rechtfertigung stellte der EuGH auf den Zweck der prima facie diskriminierenden Regelungen ab, bei Fehlen anderer Einkünfte aus Berufstätigkeit ein Existenzminimum zu gewährleisten[16]. Gelangt das innerstaatliche Gericht zu dem Ergebnis, daß die fraglichen Leistungen geeignet und erforderlich sind, dieses Ziel zu erreichen, begründe allein der Umstand, daß sie wesentlich mehr verheirateten Männern als verheirateten Frauen zugute kommen, keine von Art. 4 der Richtlinie verbotenc mittelbare Geschlechterdis-

---

[12] van Buggenhout, 78, 91; vgl. Bieback, Mittelbare Diskriminierung der Frauen im Sozialrecht, ZIAS 1990, 1, 7.

[13] Vgl. oben 3. Kapitel, § 1 III 2 b) bb) (1).

[14] EuGH, Urt. v. 11. 6. 1987, Rs 30 / 85, Slg. 1987, 2497.

[15] EuGH, Urt. v. 11. 6. 1987, 2497, 2521.

[16] EuGH, Urt. v. 11. 6. 1987, 2497, 2521.

kriminierung[17]. Der EuGH wies in seiner Entscheidung darauf hin, daß die Garantie eines Existenzminimums Bestandteil der Sozialpolitik der Mitgliedstaaten ist[18]. Damit klang bereits die in *Rinner-Kühn / FWW Spezialgebäudereinigung GmbH & Co KG*[19] verfolgte Argumentation an, nach der eine mittelbare Geschlechterdiskriminierung durch gesetzliche Vorschriften gerechtfertigt ist, welche einem notwendigen Ziel staatlicher Sozialpolitik dienen[20].

In *Ruzius-Wilbrink / Bestuur van de Bedrijsvereniging voor Overheidsdiensten*[21] hatte der EuGH erstmals die Vereinbarkeit einer sozialrechtlichen Regelung der Teilzeitarbeit mit dem Verbot der mittelbaren Geschlechterdiskriminierung aus Art. 4 der dritten Gleichbehandlungsrichtlinie zu prüfen. Aufgrund niederländischer Vorschriften erhielten Teilzeitbeschäftigte Leistungen bei Arbeitsunfähigkeit, deren Höhe sich nach ihrem früheren Einkommen richtete, während allen anderen Personengruppen Leistungen auf der Grundlage des gesetzlichen Mindestlohnes gewährt wurden. Dies hatte zur Folge, daß die Leistung für Teilzeitbeschäftigte unter dem sozialen Minimum lag.

Der EuGH entschied, daß die fragliche Regelung, die wesentlich mehr Frauen als Männer benachteiligte, gegen den Gleichbehandlungsgrundsatz verstößt, wenn sie nicht durch objektive Faktoren gerechtfertigt ist, die nichts mit einer Diskriminierung aufgrund des Geschlechts zu tun haben. Die Begründung, daß es unbillig wäre, Teilzeitbeschäftigten eine Leistung zuzuerkennen, die ihr früheres Einkommen übersteigt, erkannte der EuGH als objektive Rechtfertigung nicht an. Auch andere Personen könnten nach dem niederländischen Gesetz eine Leistung verlangen, die höher sei als das vorherige Einkommen[22]. Das Argument der Existenzsicherungsfunktion des den Teilzeitbeschäftigten vorenthaltenen Betrages, auf das sich der EuGH in *Teuling / Bestuur van de Bedrijsvereniging voor de Chemische Industrie* stützte, war hier nicht anwendbar. Die Teilzeitarbeit eignet sich — anders als eine Unterhaltspflicht — nicht als Differenzierungskriterium für die Gewährung des Existenzminimums.

Während das Gericht in *Bilka Kaufhaus / Karin Weber von Hartz*[23] für die Rechtfertigung einer Ungleichbehandlung ein „wirkliches Bedürfnis des Unternehmens" verlangte, hat es hier einen weniger konkreten Prüfungsmaßstab angelegt. Aus seiner Entscheidung in *Teuling / Bestuur van de Bedrijsvereniging*

---

[17] EuGH, Urt. v. 11. 6. 1987, 2497, 2522.
[18] EuGH, Urt. v. 11. 6. 1987, 2497, 2521.
[19] EuGH, Urt. v. 13. 7. 1989, Rs 171 / 88, Slg. 1989, 2743.
[20] Vgl. oben 3. Kapitel, § 1 III 3.
[21] EuGH, Urt. v. 13. 12. 1989, Rs C-102 / 88, Slg. 1989, 4311.
[22] EuGH, Urt. v. 13. 12. 1989, 4311, 4332.
[23] EuGH, Urt. v. 13. 5. 1986, Rs 170 / 84, Slg. 1986, 1607.

voor de Chemische Industrie folgt, daß Art. 4 Abs. 1 eine Ausnahme bestimmter Arbeitnehmergruppen von Leistungssystemen nicht schlechthin verbietet; allerdings muß sie von einem systemimmanenten Leistungszweck getragen und zur Erreichung dieses Zweckes geeignt und erforderlich sein[24]. Diesen funktionalen Ansatz unterstrich der EuGH in *Ruzius-Wilbrink / Bestuur van de Bedrijsvereniging voor Overheidsdiensten:* Der Ausschluß Teilzeitbeschäftigter von einer Begünstigung könne nicht durch einen unerwünschten Nebeneffekt dieser Begünstigung gerechtfertigt werden, wenn sich der Nebeneffekt aufgrund der Gestaltung des Systems auch für die nicht benachteiligte Arbeitnehmergruppe auswirkt[25]. Danach ist als objektive Rechtfertigung einer mittelbaren Geschlechterdiskriminierung durch sozialrechtliche Regelungen stets zu prüfen, ob die unterschiedliche Behandlung von einem systemimmanenten Zweck getragen ist und sie zur Erreichung diese Zweckes geeignet und erforderlich ist.

3. Unmittelbare Anwendbarkeit

Verstoßen nationale sozialrechtliche Regelungen gegen dieses Verbot der unmittelbaren oder mittelbaren Geschlechterdiskriminierung, ist fraglich, inwiefern sich der Betroffene dagegen zur Wehr setzen kann. Als Rechtsgrundlage vor den innerstaatlichen Gerichten kommt — anders als im Arbeitsrecht — nur die Gleichbehandlungsrichtlinie selbst in Betracht.

Der EuGH bejahte in mehreren Entscheidungen die horizontale Geltung der Richtlinie 79 / 7 / EWG. Art. 4 Abs. 1 sei hinreichend genau und unbedingt, so daß der einzelne sich ab dem 23. Dezember 1984 darauf vor den nationalen Gerichten berufen kann, wenn geeignete Durchführungsmaßnahmen des Mitgliedstaates fehlen[26]. Die betroffenen Arbeitnehmerinnen haben in diesem Falle Anspruch auf Anwendung der gleichen Regelung wie die übrigen Leistungsempfänger; mangels ordnungsgemäßer Umsetzung der Richtlinie bleibt die fragliche Regelung das einzig gültige Bezugssystem[27].

---

[24] Vgl. Bieback, 1, 14, 15; vgl. Curtin, Equal Treatment and Social Welfare: The European Court's Emerging, Case-Law on Directive 79 / 7 / EEC in: Whyte (Hrsg.), Sex Equality, Community Rights and Irish Social Welfare Law, S. 16, 33.

[25] EuGH, Urt. v. 13. 12. 1989, Ruzius-Wilbrink / Bestuur van de Bedrijsvereniging voor Overheidsdiensten, Rs C-102 / 88, Slg. 1989, 4311, 4332.

[26] EuGH, Urt. v. 4. 12. 1986, Niederländischer Staat / Federatie Vakbeweging, Rs 71 / 85, Slg. 1986, 3855, 3876; Urt. v. 24. 3. 1987, McDermott und Cotter / Minister for Social Welfare und Attorney General, Rs 286 / 85, Slg. 1987, 1453, 1467; Urt. v. 24. 6. 1987, Clarke / Chief Adjucation Officer, Rs 384 / 85, Slg. 1987, 2865, 2880, 2881; Urt. v. 13. 12. 1989, 4311, 4332.

[27] EuGH, Urt. v. 4. 12. 1986, 3855, 3876; Urt. v. 24. 3. 1987, 1453, 1468; Urt. v. 24. 6. 1987, 2865, 2881; Urt. v. 13. 12. 1989, 4311, 4333.

III. Die Vereinbarkeit des nationalen Rechts mit dem europäischen Gleichbehandlungsgebot

Im folgenden soll untersucht werden, inwieweit das irische Sozialrecht mit dem europäischen Gleichbehandlungsgebot vereinbar ist.

1. Unmittelbare Geschlechterdiskriminierung

Eine unmittelbare Geschlechterdiskriminierung durch sozialrechtliche Regelungen liegt vor, wenn diese unmittelbar an das Geschlecht einer Person anknüpfen. Da das irische Sozialrecht sozialversicherungspflichtige Teilzeitbeschäftigte und Vollzeitbeschäftigte gleichbehandelt, ist die unmittelbare Geschlechterdiskriminierung von Teilzeitarbeitnehmerinnen kein typisches Problem der Teilzeitarbeit. Ebenso wie Vollzeitarbeitnehmerinnen sind sie von Vorschriften betroffen, die zwischen Männern und Frauen unterscheiden. Deshalb soll hier nur kurz auf die Vereinbarkeit des geltenden Sozialrechtes mit dem Verbot der unmittelbaren Geschlechterdiskriminierung aus Art. 4 Abs. 1 der Gleichbehandlungsrichtlinie eingegangen werden.

Bis Mai 1986, als die ersten Vorschriften des *Social Welfare (No.2) Act, 1985* in Kraft traten[28], wurden insbesondere verheiratete Frauen gegenüber Männern oder alleinstehenden Frauen diskriminiert. So erhielten sie aufgrund des geltenden Rechts niedrigere Sozialversicherungsleistungen bei Arbeitslosigkeit, Krankheit, Invalidität und bei Arbeitsunfällen; sie konnten für einen kürzeren Zeitraum *Unemployment Benefit* verlangen und hatten vorwiegend keinen Anspruch auf *Unemployment Assistance*[29]. Darüberhinaus standen ihnen im allgemeinen keine Zuschläge für unterhaltsberechtigte Erwachsene zu, da sie automatisch als Unterhaltsberechtigte des Ehemannes galten, während der Ehemann nur dann Unterhaltsberechtigter seiner Frau war, wenn er sich aufgrund körperlicher oder geistiger Mängel nicht selbst unterhalten konnte[30]. Ebenso hatten verheiratete Frauen in der Regel keinen Anspruch auf Zuschläge für unterhaltsberechtigte Kinder[31].

---

[28] Whyte, Council Directive 79 / 7 / EEC in Ireland, 39, 40.

[29] *Section 34, 43, 136* und *139* des *Social Welfare (Consolidation) Act, 1981.*

[30] *Section 2 (1)* des *Social Welfare (Consolidation) Act, 1981.*

[31] *Section 21, 32, 44, 55, 81, 86, 91* des *Social Welfare (Consolidation) Act, 1981.*

Diese unmittelbaren Diskriminierungen wegen des Geschlechtes, die in den Anwendungsbereich von Art. 4 Abs. 1 der Richtlinie fielen, wurden durch den *Social Welfare (No.2) Act, 1985* und den *Social Welfare Act, 1986* eineinhalb Jahre nach Ablauf des vorgesehenen Durchführungszeitraumes beseitigt[32].

Die einzig ersichtliche Vorschrift, die Frauen heute unmittelbar gegenüber Männern benachteiligen könnte, ist *Section 50 (4)* des *Social Welfare (Consolidation) Act, 1981*. Danach erlischt der Anspruch der Witwe auf *Death Benefit*, wenn sie eine nichteheliche Lebensgemeinschaft eingeht; der Anspruch des Witwers bleibt hingegen im selben Falle unberührt. Allerdings ist problematisch, ob diese Leistung der Unfallversicherung als eine Hinterbliebenenleistung i.S.v. Art. 3 Abs. 2 der Richtlinie einzuordnen ist, auf die sich das Gleichbehandlungsgebot nicht erstreckt[33].

Im Ergebnis ist davon auszugehen, daß das geltende Sozialrecht Teilzeitarbeitnehmerinnen nicht unmittelbar wegen ihres Geschlechtes diskriminiert. Es ist insoweit mit der Richtlinie 79 / 7 / EWG vereinbar[34].

2. Mittelbare Geschlechterdiskriminierung

Wie oben gezeigt[35], sind Arbeitnehmer, die aufgrund einer oder mehrerer Beschäftigungen weniger als £ 25 in der Woche verdienen, nicht sozialversicherungspflichtig. Sie haben lediglich Anspruch auf Leistungen der Unfallversicherung. Verwirklicht sich ein anderes soziales Risiko oder reichen die finanziellen Mittel der Teilzeitbeschäftigten zur Bestreitung eines angemessenen Lebensunterhaltes nicht aus, können ihnen allenfalls Leistungen der Sozialhilfe zustehen.

---

[32] Whyte, Council Directive 79 / 7 / EEC in Ireland, 39, 40. Bemerkenswert ist, daß die Verwirklichung des Gleichbehandlungsgrundsatzes hinsichtlich der Zuschläge für Unterhaltsberechtigte für viele Familien zu Einkommensverlusten bis zu £ 50 in der Woche führte. Zur Minderung dieser Folgen wurde eine Übergangsregelung geschaffen, auf deren Grundlage eine finanzielle Unterstützung gewährt wurde. Demzufolge gestattet die Gleichbehandlungsrichtlinie den Mitgliedstaaten, das Familieneinkommen zu senken, Whyte, Council Directive 79 / 7 / EEC in Ireland, 39, 41, 58; Curtin, Equal Treatment and Social Welfare, S. 16, 36.

[33] Für eine Einbeziehung von *Death Benefit* in den Anwendungsbereich der Richtlinie: Curtin, Equal Treatment and Social Welfare, 16, 26; Whyte, Council Directive 79 / 7 / EEC in Ireland, 39, 53.

[34] Jedoch erscheint eine unmittelbare Geschlechterdiskriminierung von Männern nicht ausgeschlossen. Einige Leistungen, wie *Single Woman's Allowance* und *Deserted Wife's Benefit* und *Allowance*, greifen nur zugunsten von Frauen ein, vgl. Curtin, Equal Treatment and Social Welfare, S. 16, 26; Whyte, Council Directive 79 / 7 / EEC in Ireland, 39, 54.

[35] Vgl. oben 4. Kapitel, § 1 I 1 a) aa) (2).

Obwohl seit dem Ersatz der 18-Stundengrenze durch die Einkommensgrenze erheblich mehr Teilzeitbeschäftigte in die irische Sozialversicherung einbezogen sind, stellt sich nachwievor die Frage nach der Vereinbarkeit der *Social Welfare (Employment of Inconsiderable Extent) (No. 2) Regulations, 1991* mit Art. 4 Abs. 1 der Richtlinie 79 / 7 / EWG, der i.V.m. Art. 5 die Beseitigung mittelbarer Geschlechterdiskriminierungen hinsichtlich des Zuganges zu den Leistungssystemen gebietet. Legt man bei Arbeitnehmern mit einem wöchentlichen Verdienst von £ 24 eine Arbeitszeit von höchstens acht Wochenstunden zugrunde, so sind etwa 81 % der Arbeitnehmer, die durch die geschlechtsneutral formulierte Regelung benachteiligt werden, Frauen[36].

Nach der Rechtsprechung des EuGH in *Teuling / Bestuur van de Bedrijsvereniging voor de Chemische Industrie* und *Ruzius-Wilbrink / Bestuur van de Bedrijsvereniging voor Overheidsdiensten* begründet eine solche überwiegende Betroffenheit weiblicher Teilzeitbeschäftigter nur dann keine von Art. 4 Abs. 1 der Richtlinie verbotene mittelbare Geschlechterdiskriminierung, wenn sie durch Gründe gerechtfertigt ist, die eine Diskriminierung aufgrund des Geschlechtes ausschließen. Dies setzt voraus, daß die Begünstigung oder Benachteiligung einem Zweck dient, der im Zusammenhang mit der Systemgestaltung steht sowie zur Erreichung dieses Zweckes geeignet und erforderlich ist[37].

Anders als im Fall *Teuling / Bestuur van de Bedrijsvereniging voor de Chemische Industrie* läßt sich der Ausschluß weiblicher Teilzeitbeschäftigter von der irischen Sozialversicherung nicht mit dem Leistungszweck der Garantie eines Existenzminimums rechtfertigen, da bei den beitragsfinanzierten Sozialversicherungsleistungen nicht der Zweck der Existenzsicherung im Vordergrund steht. Unabhängig von einer tatsächlichen finanziellen Bedürftigkeit ersetzen sie im Falle der Verwirklichung eines sozialen Risikos das Erwerbseinkommen[38]; es wird vermutet, daß der Lebensunterhalt des Arbeitnehmers von dem Einkommen abhängig ist. Dem steht nicht entgegen, daß das irische Sozialversicherungsrecht nur einen begrenzten Zusammenhang zwischen der Höhe des früheren Verdienstes und der Sozialversicherungsleistung kennt[39]; die erwerbsabhängige Beitragspflicht entscheidet immerhin über das „Ob" der Leistungsgewährung.

Zu bezweifeln ist, ob die Sozialversicherungsleistungen eine Einkommensersetzungsfunktion für Beschäftigte mit einem wöchentlichen Einkommen von weniger als £ 25 überhaupt erfüllen könnten. Während das Erwerbseinkommen

---

[36] Vgl. oben 3. Kapitel, § 1 III 3.

[37] Vgl. oben 4. Kapitel, § 2 II 2.

[38] Farley, Ch. 11, S. 110; Vaughan, 6.3.2.

[39] Vgl. oben 4. Kapitel, § 1 I a) bb).

der besser verdienenden Arbeitnehmer gewöhnlich der Bestreitung des Lebensunterhaltes dient, kann der Verdienst dieser Teilzeitbeschäftigten nur eine
Ergänzung zu anderen Einkünften, wie den des Ehegatten, sein. Sie sind daher
weniger von ihrem Einkommen abhängig, so daß auch ein geringeres Bedürfnis
dafür besteht, einen Verlust auszugleichen, den der Arbeitnehmer infolge der
Realisierung eines sozialen Risikos erlitten hat. Insoweit dient der Ausschluß der
wenig verdienenden Teilzeitbeschäftigten einem systemimmanenten Zweck der
irischen Sozialversicherung.

Etwas anderes würde nur dann gelten, wenn die *Social Welfare (Employment
of Inconsiderable Extent) (No. 2) Regulations, 1991* die Zusammenrechnung der
Einkünfte aus verschiedenen, für sich betrachtet nicht sozialversicherungspflichtigen Beschäftigungsverhältnissen ausschließen würden. Da Arbeitnehmer,
die mehrerern Teilzeitbeschäftigungen nachgehen, ebensoviel verdienen können
wie vollzeitbeschäftigte Arbeitnehmer, wäre in diesem Falle eine sachliche
Rechtfertigung für eine unterschiedliche Behandlung beider Arbeitnehmergruppen nicht ersichtlich.

Auch wenn sozialversicherte Arbeitnehmer mit einem wöchentlichen Einkommen zwischen £ 25 und £ 70 in Zukunft anteilige Ansprüche auf *Disability
Benefit, Unemployment Benefit* und *Invalidity Pension* erhalten sollen[40], folgt
daraus nicht zwingend, daß Arbeitnehmer, die weniger als £ 25 in der Woche
verdienen, anteilig an dem Sozialversicherungssystem zu beteiligen sind. Die
geringe Höhe der zu erwartenden Sozialversicherungsleistungen wäre nicht
geeignet, ihren Zweck — die Einkommensersetzung — sinnvoll zu erfüllen. Die
derzeitige Ausgestaltung des Leistungssystems läßt jedenfalls keinen Raum für
eine proportionale Anspruchsberechnung: Das Kriterium der Sozialversicherungspflicht schafft ein „Alles oder Nichts-Prinzip" hinsichtlich des Mindest-
anspruches auf die einzelnen Leistungen. Sind die gesetzlichen Mindestbeitragsvoraussetzungen erfüllt, hat der Arbeitnehmer Anspruch auf den für die jeweiligen Leistungen vorgesehenen Mindestbetrag. Die Höhe der geleisteten Beiträge, die sich nach dem Einkommen bestimmt, findet keine Berücksichtigung[41].

Keine Rechtfertigung für den Ausschluß einer Gruppe der Teilzeitbeschäftigten von der irischen Sozialversicherung könnte dagegen die den *Social Welfare
(Employment of Inconsiderable Extent) Regulations, 1979* zugrunde liegende
Erwägung liefern, daß Arbeitnehmer, die geringe Beiträge leisten, nicht gleichzubehandeln sind mit Vollzeitarbeitnehmern, die infolge ihres höheren Einkommens höhere Beiträge leisten. Die Zahlung von Beiträgen ist auch für eine

---

[40] Vgl. oben 4. Kapitel, § 1 I 1 a) bb).
[41] Vgl. oben 4. Kapitel, § 1 I 1 a) bb).

andere Gruppe von Arbeitnehmern nicht mehr zwingende Voraussetzung für die Anspruchsberechtigung. Arbeitnehmer, die weniger als £ 60 in der Woche verdienen, sind seit dem 6. April 1990 von der Beitragspflicht befreit[42]. Auch die Argumentation, daß die als Pauschale gewährten Sozialversicherungsleistungen für Teilzeitarbeitnehmer höher sein könnten als das vorherige Einkommen, würde einer Einbeziehung aller Teilzeitbeschäftigten in die Sozialversicherung nicht entgegenstehen, da Arbeitnehmer, die wöchentlich zwischen £ 25 und etwa £ 50[43] verdienen, ebenfalls Sozialversicherungsleistungen erhalten, die das frühere Einkommen entweder übersteigen oder diesem entsprechen[44].

Im Ergebnis spricht einiges dafür, daß die irischen *Social Welfare (Employment of Inconsiderable Extent) Regulations, 1991* mit dem Verbot der mittelbaren Geschlechterdiskriminierung im Bereich der sozialen Sicherheit i.S.v. Art. 4 der Richtlinie 79 / 7 / EWG vereinbar sind.

§ 3 Zusammenfassung und Bewertung

Kurz nach der Verabschiedung des *Worker Protection (Regular Part-Time Employees) Act, 1991*, am 6. April 1991, traten in der Republik Irland neue Regelungen zur Sozialversicherungspflicht teilzeitbeschäftigter Arbeitnehmer in Kraft. Sie führten gegenüber den bis dahin geltenden Vorschriften zu einer beträchtlichen Ausweitung des Sozialverversicherungsschutzes, der über die soziale Absicherung der Teilzeitbeschäftigten in der Bundesrepublik hinausgeht.

Nach den *Social Welfare (Employment of Inconsiderable Extent) (No. 2) Regulations, 1991*[1] sind Teilzeitbeschäftigte, die aufgrund einer oder mehrerer Beschäftigungen weniger als £ 25 in der Woche verdienen, nicht sozialversicherungspflichtig. Zuvor waren Arbeitnehmer, die wöchentlich weniger als 18 Stunden arbeiteten, von der Sozialversicherung ausgenommen, wenn ihr Lebensunterhalt nicht im wesentlichen von dem Erwerbseinkommen abhängig war[2].

---

[42] Siehe die *Social Welfare (Contributions) (Amendment) Regluations, 1990 (S.I. No. 88 of 1990)*; vgl. oben 4. Kapitel, § 1 I a) aa) (1) (a).

[43] Dieser Betrag entspricht etwa der durchschnittlichen Höhe der Sozialversicherungsleistungen; vgl. Department of Social Welfare, Social Welfare Statistics 1990.

[44] Vgl. EuGH, Urt. v. 13. 12. 1989, Ruzius-Wilbrink / Bestuur van de Bedrijsvereniging voor Overheidsdiensten, Rs C-102 / 88, Slg. 1989, 4311, 4332.

[1] *S.I. No. 72 of 1991.*

[2] Siehe die *Social Welfare (Employment of Inconsiderable Extent) Regulations, 1979 (S.I. No. 136 of 1979).*

Die *Social Welfare (Subsidiary Employments) Regulations, 1991*[3], die an die Stelle der *Social Welfare (Subsidiary Employments) Regulations, 1979*[4] traten, nehmen vor allem Beschäftigte des öffentlichen Dienstes und Angehörige der Streitkräfte von der Sozialversicherung aus. Diese Arbeitnehmer werden in der Regel von besonderen staatlichen Systemen der sozialen Sicherheit aufgefangen.

In der Bundesrepublik liegen demgegenüber die Geringfügigkeitsgrenzen erheblich höher: Teilzeitbeschäftigte, die weniger als 15 Wochenstunden arbeiten, sind nur dann kranken- und rentenversichert, wenn ihr Monatseinkommen 500,- DM[5] übersteigt[6]. Die Mitgliedschaft in der Arbeitslosenversicherung setzt voraus, daß der Arbeitnehmer nicht geringfügig oder kurzzeitig beschäftigt ist[7]. Eine kurzzeitige Beschäftigung liegt vor, wenn die wöchentliche Arbeitszeit der Natur der Sache nach auf weniger als 18 Stunden beschränkt zu sein pflegt oder im voraus durch den Arbeitsvertrag beschränkt ist[8]. Dies hat zur Folge, daß in der Bundesrepublik ein weitaus größerer Anteil der Teilzeitbeschäftigten von der Arbeitslosen- und Rentenversicherung ausgenommen ist als in der Republik Irland. Ein Vergleich hinsichtlich der Krankenversicherung kommt nicht in Betracht, denn in Irland ist die Finanzierung der Leistungen des Gesundheitswesens nicht von der Sozialversicherungspflicht, sondern der Bedürftigkeit des Antragstellers abhängig. Kein Unterschied besteht bei der Unfallversicherung; sie greift in beiden Ländern unabhängig von dem Erreichen der Geringfügigkeitsgrenzen ein.

Neben einer geringeren sozialen Absicherung führen die relativ hohen Schwellenwerte in der Bundesrepublik dazu, daß bevorzugt sozialversicherungsfreie Teilzeitarbeit angeboten wird[9]. In der Republik Irland besteht dagegen kein nennenswerter Anreiz, Teilzeitarbeitnehmer unterhalb der £ 25-Grenze zu beschäftigen; die Einstellung vieler so geringfügig beschäftigter Teilzeitkräfte ist kaum mehr wirtschaftlich.

Die Neuregelung der Sozialversicherungspflicht der Teilzeitarbeit in Irland geht einerseits auf nationale Bestrebungen zur Reformierung der *Social Welfare (Subsidiary Employments) Regulations, 1979* zurück. Andererseits war sie eine

---

[3] *S.I. No. 73 of 1991.*

[4] *S.I. No. 136 of 1979.*

[5] 300,- DM in den neuen Bundesländern.

[6] Krankenversicherung: § 7 SGB V i.V.m. § 8 Abs. 1 Nr. 1 lit. b SGB IV; Rentenversicherung: § 5 Abs. 2 Nr. 1 SGB VI i.V.m. § 8 Abs. 1 Nr. 1 lit. b SGB IV.

[7] § 8 Abs. 1 SGB IV; § 104 Abs. 1 AFG i.V.m. § 168 Abs. 1 AFG i.V.m. § 169a AFG.

[8] § 169a Abs. 1 S. 2 AFG.

[9] Bertelsmann / Rust, Arbeits- und sozialrechtliche Nachteile bei Teilzeitarbeit, RdA 1985, 146, 152.

Reaktion auf die Bemühungen der Kommission der Europäischen Gemeinschaft, die sozialrechtlichen Rahmenbedingungen für die Teilzeitarbeit auf europäischer Ebene zu harmonisieren. Die 18-Stundengrenze in Verbindung mit der *dependency condition* wäre mit den Richtlinienvorschlägen der Kommission über bestimmte Arbeitsverhältnisse[10] unvereinbar gewesen. Nicht zuletzt wurde eine Notwendigkeit dafür gesehen, das Sozialrecht den geänderten arbeitsrechtlichen Rahmenbedingungen anzupassen.

Es ist davon auszugehen, daß die *Social Welfare (Employment of Inconsiderable Extent) (No. 2) Regulations, 1991* nach der jüngsten Rechtsprechung des EuGH[11] mit dem Verbot der mittelbaren Geschlechterdiskriminierung aus Art. 4 Abs. 1 der Richtlinie zur schrittweisen Verwirklichung des Grundsatzes der Gleichbehandlung von Männern und Frauen im Bereich der sozialen Sicherheit[12] vereinbar sind. Der Ausschluß überwiegend weiblicher Teilzeitbeschäftigter von der Sozialversicherung läßt sich mit dem der Sozialversicherung immanenten Zweck, Einkommen zu ersetzen[13], begründen. Dagegen wäre es der irischen Regierung kaum gelungen, die Versagung des Sozialversicherungsschutzes durch die *Social Welfare (Employment of Inconsiderable Extent) Regulations, 1979* zu rechtfertigen.

Teilzeitbeschäftigte, die weder aufgrund der *Social Welfare (Employment of Inconsiderable Extent) (No. 2) Regulations, 1991* noch der *Social Welfare (Subsidiary Employments) Regulations, 1991* von der Sozialversicherungspflicht ausgenommen sind, gehören ebenso wie Vollzeitbeschäftigte der Beitragsklasse A an, die einen umfassenden Versicherungsschutz bietet. Arbeitnehmer, die weniger als £ 60 in der Woche oder £ 260 im Monat verdienen, sind von der Beitragspflicht befreit[14]. Trotz der wachsenden Bedeutung der Teilzeitarbeit liegt dem irischen Sozialversicherungssystem nachwievor das Konzept des „Normalarbeitsverhältnisses" zugrunde. Besondere Regelungen für Teilzeitkräfte sind bislang kaum geschaffen worden. Dies hat zur Folge, daß sich das System der sozialen Sicherheit teils zum Vorteil und teils zum Nachteil für teilzeitbeschäftigte Arbeitnehmer auswirkt: Während sich in der Bundesrepublik die Höhe der Sozialversicherungsleistungen im wesentlichen nach dem früheren Einkommen

---

[10] ABl. EG 1990, Nr. C 224 / 4; ABl. EG 1990 Nr. C 224 / 5, modifizierend ABl. EG 1990, Nr. C 305 / 8.

[11] EuGH, Urt. v. 11. 6. 1987, Teuling / Bestuur van de Bedrijsvereniging voor de Chemische Industrie, Rs 30 / 85, Slg. 1987, 2497; Urt. v. 13. 12.1989,Ruzius-Wilbrink / Bestuur van de Bedrijsvereniging voor Overheidsdiensten, Rs C-102 / 88, Slg. 1989, 4311.

[12] ABl. EG 1978 Nr. L 6 / 24.

[13] Farley, Ch. 11, S. 110; Vaughan, 6.3.2.

[14] *Social Welfare (Contributions) (Amendment) Regulations, 1990 (S.I. No. 88 of 1990).*

bestimmt[15], findet es in dem *Pay-Related Social Insurance System* grundsätzlich keine Berücksichtigung. Die meisten Leistungen werden als feste Pauschale gewährt. Daher müssen Teilzeitbeschäftigte im Unterschied zu Vollzeitbeschäftigten im Falle der Verwirklichung eines sozialen Risikos in der Regel keine Minderung ihres Lebensstandards hinnehmen. Im Gegenteil ist nicht ausgeschlossen, daß die Sozialversicherungsleistung das frühere Einkommen übersteigt. Entsprechendes kann gelten, wenn der Arbeitnehmer Sozialleistungen durch Einkünfte aus Teilzeitarbeit ergänzt.

Für Beschäftigte, die in einem wöchentlichen Wechsel arbeiten, kann es dagegen schwierig sein, Anwartschaften auf Sozialversicherungsleistungen zu erlangen. In der Regel steht ihnen hinsichtlich der verbleibenden Wochen kein Arbeitslosengeld zu, so daß eine Fiktion der fehlenden Beitragswochen nicht eingreift. Liegt das Einkommen des Arbeitnehmers in einer Woche unterhalb und in der darauffolgenden Woche oberhalb der £ 25-Grenze, kann dem Anspruch auf Sozialversicherungsleistungen entgegenstehen, daß die gesetzlichen Beitragszeiten für das vorhergehende Steuerjahr nicht erfüllt sind. Eine Möglichkeit für die Kreditierung der ausgefallenen Beitragszeiten ist nicht vorgesehen.

Bis spätestens 1993 sollen einige sozialrechtliche Regelungen der geänderten Beschäftigungsstruktur angepaßt werden. Der *Social Welfare Act, 1991* sieht vor, daß Beschäftigte mit niedrigem Einkommen auch nur anteilige Leistungen im Krankheitsfalle, bei Invalidität und Arbeitslosigkeit erhalten sollen.

Die Mitgliedschaft in der freiwilligen Sozialversicherung bildet aufgrund ihrer Voraussetzungen und des Umfangs des Sozialversicherungsschutzes für die meisten Teilzeitbeschäftigten keine echte Alternative zur Pflichtversicherung.

Teilzeitbeschäftigte, die nicht sozialversichert sind oder die erforderlichen Beitragszeiten nicht erfüllen, werden von dem Netz der Sozialhilfe aufgefangen. Die meisten Leistungen der irischen Sozialhilfe knüpfen neben der Bedürftigkeit auch an die Verwirklichung eines sozialen Riskos an. Besondere Bedeutung für die soziale Sicherung Teilzeitbeschäftigter mit niedrigem Einkommen hat die *Supplementary Welfare Allowance*. Der Anspruch setzt gerade voraus, daß der Arbeitnehmer keine Vollzeitbeschäftigung ausübt[16]. Im Unterschied zu den Ansprüchen auf Sozialversicherungsleistungen sind die Sozialhilfeleistungen nicht unabhängig von den Einkünften des Ehepartners. Daher können verheiratete Teilzeitarbeitnehmerinnen — auch im Falle der Verwirklichung eines sozialen Risikos — keine Sozialhilfeleistung verlangen, wenn das Einkommen des Ehe-

---

[15] Arbeitslosenversicherung: §§ 111, 112 AFG; Rentenversicherung: §§ 1253 ff RVO, §§ 30 ff AVG; Krankenversicherung: § 47 Abs. 1 SGB V; Unfallversicherung: §§ 561, 581 RVO.

[16] *Section 201 (1)* des *Social Welfare (Consolidation) Act, 1981.*

gatten einen bestimmten Betrag übersteigt. Die Leistungen der Sozialhilfe sind nicht erheblich niedriger als die der Sozialversicherung.

Konflikte zwischen dem irischen Sozialrecht und den Richtlinienvorschlägen der Kommission der Europäischen Gemeinschaften über bestimmte Arbeitsverhältnisse hinsichtlich der Arbeitsbedingungen[17] und im Hinblick auf Wettbewerbsverzerrungen[18] sind nicht zu erwarten. Zwar sieht der erste Richtlinienentwurf für die Gleichbehandlung bei den gesetzlichen Systemen der sozialen Sicherheit eine 8-Stundengrenze als Schwellenwert vor[19]. Das Niveau der sozialen Sicherung, der in der Republik Irland an ein wöchentliches Einkommen von £ 25 anknüpft[20] bleibt damit nicht hinter dem von der Kommission der Europäischen Gemeinschaft angestrebten Mindeststandard zurück. Die soziale Absicherung durch Sozialhilfeleistungen geht in Irland über den von der Kommission im zweiten Richtlinienentwurf vorgesehenen Mindeststandard[21] hinaus: Nach irischem Recht ist das Eingreifen der Sozialhilfe nicht von einer achtstündigen wöchentlichen Arbeitszeit abhängig.

---

[17] ABl. EG 1990 Nr. C 224 / 4.

[18] ABl. EG 1990 Nr. C 224 / 6, modifizierend ABl. EG 1990 Nr. C 305 / 8.

[19] Art. 2 i.V.m. Art. 1 Abs. 3 des Richtlinienvorschlags.

[20] Siehe die *Social Welfare (Employment of Inconsiderable Extent) Regulations, 1991*.

[21] Siehe Art. 3 i.V.m. Art. 1 Abs. 3 des Richtlinienvorschlags.

Schlußbetrachtung

Die geschichtliche Entwicklung der rechtlichen Grundlagen der Teilzeitarbeit hat gezeigt, daß das irische Arbeits- und Sozialrecht sich während der letzten Jahre in Richtung auf das europäische Gemeinschaftsrecht entwickelt hat: Nicht nur das bindende primäre und sekundäre Gemeinschaftsrecht zur Verwirklichung des Grundsatzes der Gleichbehandlung von Männern und Frauen hat die Rechtssetzung und Rechtsanwendung in der Republik Irland beeinflußt. Auch die Richtlinienvorschläge der Kommission vom 29. Juni 1990 über bestimmte Arbeitsverhältnisse[1] hatten Auswirkungen auf die Gestaltung des innerstaatlichen Rechts. Obwohl ungewiß ist, ob die Richtlinienentwürfe jemals in ihrer derzeitigen Fassung angenommen werden, bildeten sie den äußeren Rahmen für die Ausweitung des sozialen Schutzes des Teilzeitarbeitsverhältnisses. Ein Abwarten auf die zukünftige europäische Entwicklung kam angesichts eines wachsenden Handlungsbedarfs nicht in Betracht, zumal der Reformierung der arbeits- und sozialrechtlichen Rahmenbedingungen der Teilzeitarbeit im April 1991 eine über drei Jahre andauernde Diskussion vorausgegangen war[2].

Während der arbeitsrechtliche Schutz des Teilzeitarbeitsverhältnisses in Irland weniger umfassend ist als in der Bundesrepublik[3], geht die sozialrechtliche Sicherung der Teilzeitbeschäftigten über den deutschen Standard hinaus[4]. Anders als das irische Sozialrecht hat sich das Sozialrecht in der Bundesrepublik bislang nicht gemeinschaftskonform entwickelt. Der Standard der arbeits- und sozialrechtlichen Sicherung stimmt in Irland trotz unterschiedlicher Anknüpfungskriterien überein: Teilzeitbeschäftigte, die sich auf gesetzlich geregelte Mindestarbeitsbedingungen berufen können, sind in der Regel gleichzeitig in das irische Sozialversicherungssystem einbezogen.

Der *Worker Protection (Regular Part-time Employees) Act, 1991* und die *Social Welfare (Employment of Inconsiderable Extent) (No. 2) Regulations,*

---

[1] ABl. EG 1990 Nr. C 224 / 4; ABl. EG 1990 Nr. C 224 / 6, modifizierend ABl. EG 1990 Nr. C 305 / 8.

[2] Vgl. oben 3. Kapitel, § 1 II 2 a) bb) (2), (3).

[3] Vgl. oben 3. Kapitel, § 3.

[4] Vgl. oben 4. Kapitel, § 3.

1991[5] sind — wie auch die Richtlinienvorschläge der Kommission der Europäischen Gemeinschaften — nicht mehr als eine Kompromißlösung. Die 8-Stundengrenze und die Einkommensgrenze von £ 25 sollen eine Einschränkung der Beschäftigungsmöglichkeiten und der Wettbewerbsfähigkeit verhindern; die Förderung der Beschäftigung zählt wegen der steigenden Arbeitslosigkeit zu den vordersten Zielen irischer Regierungspolitik[6]. Die Kommission vertrat in ihrem Aktionsprogramm zur Anwendung der Gemeinschaftscharta der sozialen Grundrechte der Arbeitnehmer vom 29. November 1989 die Auffassung, daß der Richtlinienvorschlag von 1982/83, der ein allgemeines Gleichbehandlungsgebot vorsah[7], den „heutigen Gegebenheiten" anzupassen sei[8]. In den Begründungserwägungen zu den Richtlinienvorschlägen heißt es, daß eine praktische Umsetzung schwierig sein könne beziehungsweise sich eine Angleichung nicht empfehle für Arbeitsverhältnisse, bei denen die wöchentliche Arbeitszeit wesentlich kürzer ist als die durchschnittliche gesetzliche, tarifliche oder gewöhnliche Arbeitszeit[9].

Es ist selbstverständlich, daß ein solcher Kompromiß zu Abstrichen von der Verwirklichung des in Art. 117 EWGV und Art. 7 der Gemeinschaftscharta niedergelegten Ziels führt, eine Angleichung der Lebens- und Arbeitsbedingungen der Arbeitnehmer „auf dem Wege des Fortschritts" zu erreichen[10]. Dies gilt um so mehr, als Art. 119 EWGV und die Richtlinien zur Verwirklichung des Grundsatzes der Gleichbehandlung von Männern und Frauen[11] gleichermaßen Instrumente europäischer Sozialpolitik sind. Da mehr als zwei Drittel der Teilzeitbeschäftigten in der Europäischen Gemeinschaft Frauen sind[12], begründen Geringfügigkeitsgrenzen im Arbeits- und Sozialrecht in der Regel den Tatbestand einer mittelbaren Geschlechterdiskriminierung.

Das Spannungsverhältnis zwischen den jüngsten Richtlinienvorschlägen der Kommission und der Rechtsprechung des EuGH löst sich auf, wenn es dem einzelnen Mitgliedstaat gelingt nachzuweisen, daß der Ausschluß einer be-

---

[5] *S.I. No. 72 of 1991.*

[6] Stationery Office (Hrsg.), Programme for Economic and Social Progress, Section I, S. 7; vgl. oben 3. Kapitel, § 1 III 3.

[7] ABl. EG 1982 Nr. C 62 / 7, modifizierend ABl. EG 1983 Nr. C 18 / 5, siehe Art. 2.

[8] Kommission der Europäischen Gemeinschaften, Mitteilung der Kommission über ihr Aktionsprogramm zur Anwendung der Gemeinschaftscharta der sozialen Grundrechte, KOM (89) 568 endg., S. 16, 17.

[9] Siehe ABl. EG 1990 Nr. C 224 / 4 und 224 / 7.

[10] Vgl. von der Groeben, 359, 364.

[11] ABl. EG 1975 Nr. L 45 / 19; ABl. EG 1976 Nr. L 39 / 40; ABl. EG 1976 Nr. L 225 / 40; ABl. EG 1978 Nr. L 6 / 24.

[12] IWD, Informationsdienst des Instituts der deutschen Wirtschaft, 17. Oktober 1991, S. 4.

stimmten Gruppe der Teilzeitbeschäftigten vom Anwendungsbereich gesetzlicher Regelungen einem notwendigen Ziel der Sozialpolitik dient und zur Erreichung dieses Ziels geeignet und erforderlich ist[13]. Die Richtlinienvorschläge erhalten den Mitgliedstaaten durch die vorgesehene Geringfügigkeitsgrenze einen Gestaltungsspielraum, der es ihnen erlaubt, bis zu der Grenze der mittelbaren Geschlechterdiskriminierung nationalen Gegebenheiten Rechnung zu tragen. Dies kommt insbesondere den wirtschaftlich schwächeren Mitgliedstaaten, wie der Republik Irland, zugute.

Die von den Richtlinienvorschlägen der Kommission vorgesehene Kompromißlösung ist daher — jedenfalls für eine Übergangszeit — hinzunehmen. Rechtsangleichungsvorhaben haben sich nicht nur an dem sozialpolitisch wie dogmatisch optimalen Ziel, sondern auch an den Chancen ihrer politischen Realisierbarkeit zu orientieren[14]. Diese bestimmen sich nicht zuletzt nach dem status quo des Rechtes in den Mitgliedstaaten, denn Rechtsangleichung geschieht nicht losgelöst von der Wirklichkeit des nationalen Rechts[15]. Das Beispiel der Republik Irland belegt, daß die Richtlinienvorschläge der Kommission immerhin eine pragmatische Lösung des Interessenkonfliktes zwischen der Schutzbedürftigkeit der Teilzeitbeschäftigten einerseits und dem Streben nach mehr Beschäftigung und Flexibilität andererseits bieten. Unabhängig von ihrer normativen Wirkung haben die Richtlinienentwürfe eine nationale Rückkoppelung erfahren. Letztlich wird es von der Streuung der vorausgesagten wirtschaftlichen Vorteile des Europäischen Binnenmarktes[16] abhängen, ob der Gestaltungsspielraum der nationalen Gesetzgeber langfristig zugunsten eines weiteren Schritts auf dem Weg der Fortschrittsangleichung eigeschränkt werden kann.

Offen ist nach dem gegenwärtigen Stand der Diskussion, ob sich selbst diese „vorsichtige" Fortschrittsangleichung realisieren läßt. Insbesondere wird kritisiert, daß sich der Richtlinienvorschlag über bestimmte Arbeitsverhältnisse im Hinblick auf Wettbewerbsverzerrungen[17] auf die Handlungsermächtigung des Art. 100a EWGV stützt, der ausnahmsweise für den Bereich der Sozialpolitik eine qualifizierte Mehrheitsentscheidung im Rat vorsieht[18]. Es ist kaum davon auszugehen, daß der Binnenmarkt entsprechend dem in den Richtlinienentwürfen

---

[13] Siehe EuGH, Urt. v. 13. 7. 1989, Rinner-Kühn / FWW Spezial-Gebäudereinigung GmbH & Co. KG, Rs 171 / 88, Slg. 1989, 2743, 2761.

[14] Ipsen, Europäisches Gemeinschaftsrecht, § 23, S. 488, 489.

[15] von der Groeben, 359, 364; vgl. Pipkorn, S. 229, 235, 236.

[16] Cecchini, Europa '92, Der Vorteil des Binnenmarktes.

[17] ABl. EG 1990 Nr. C 224 / 6, modifizierend ABl. EG 1990 Nr. C 305 / 8.

[18] Vgl. oben 3. Kapitel, § 1 II 1 a) bb).

vorgesehenen Terminplan[19] am 31. 12. 1992 durch eine soziale Dimension für Teilzeitarbeitnehmer ergänzt sein wird.

Der Maastrichter Gipfel vom 9./10. Dezember 1991 scheint jedoch neue Perspektiven für die europäische Sozialpolitik eröffnet zu haben. Neben der Zwölfergemeinschaft soll eine „Gemeinschaft der Elf" ohne Beteiligung Großbritanniens erweiterte Aufgaben auf dem Gebiet der Sozialpolitik wahrnehmen können. Ebenso ist eine Lockerung des Einstimmigkeitsprinzips vorgesehen[20]. Erklärtes Ziel dieser Gemeinschaft ist es, auf dem durch die Gemeinschaftscharta von 1989 vorgezeichneten Weg weiterzugehen[21]. Gem. Art. 118 des Abkommens zwischen den Mitgliedstaaten der Europäischen Gemeinschaft mit Ausnahme des Vereinigten Königreichs erstreckt sich die Zuständigkeit dieser Gemeinschaft auf eine Angleichung der Arbeitsbedingungen, mit Ausnahme des Arbeitsentgelts, sowie des sozialen Schutzes der Arbeitnehmer. Dies läßt für die Zukunft einen größeren Erfolg europäischer Sozialpolitik erwarten, der über eine indirekte Wirkung der Rechtsangleichung auf innerstaatliche Reformvorhaben hinausgeht.

---

[19] Siehe Art. 10 Abs. 1 des Richtlinienvorschlags über bestimmte Arbeitsverhältnisse hinsichtlich der Arbeitsbedingungen und Art. 6 Abs. 1 des Richtlinienvorschlags über bestimmte Arbeitsverhältnisse im Hinblick auf Wettbewerbsverzerrungen.

[20] Siehe das Protokoll über die Sozialpolitik und das Abkommen zwischen den Mitgliedstaaten der Europäischen Gemeinschaft mit Ausnahme des Vereinigten Königreichs, Dok. SN / 252 / 1 / 91.

[21] Siehe das Protokoll über die Sozialpolitik, Dok. SN / 252 / 1 / 91.

Anhang

Worker Protection (Regular Part-Time Employees) Act, 1991

An Act to extend certain provisions of Acts relating to employment to employees who are normally expected to work not less than 8 hours per week for an employer and, where appropriate, have so worked for not less than 13 weeks continuously for the employer, and to provide for other matters connected with the matters aforesaid.

[*26th March, 1991*]

BE IT ENACTED BY THE OIREACHTAS AS FOLLOWS:

1.—(1) In this Act—

"the Act of 1967" means the Redundancy Payments Act, 1967;

"the Act of 1984" means the Protection of Employees (Employers' Insolvency) Act, 1984;

"excluding provision" means—

    (*a*) (i)   subsection (1) of section 4 of the Act of 1967 in so far as it has the effect of excluding employees from the application of that Act by virtue of the Social Welfare (Subsidiary Employments) Regulations, 1979 (S.l. No. 127 of 1979), the Social Welfare (Employment of Inconsiderable Extent) Regulations, 1991 (S.1. No. 28 of 1991), or any other regulations for the time being prescribed by the Minister under *subsection (3) (a)* of this section, or

         (ii) subsection (2) of the said section 4,

    (*b*) section 3 (1) (*a*) of the Minimum Notice and Terms of Employment Act, 1973,

    (*c*) (i)   in relation to annual leave entitlement, section 3 of the Holidays (Employees) Act, 1973, in so far as it has the effect of excluding employees from the application of that Act by reference to the number of hours worked, or

         (ii) in relation to public holiday entitlement, section 4 (2) of that Act,

(d)   the definition of "employee" in section 1 (as amended by the Worker Participation (State Enterprises) Act, 1988) of the Worker Participation (State Enterprises) Act, 1977, in so far as it has the effect of excluding employees from the application of that Act by reference to the number of hours worked,

(e)   paragraph 8 (as amended by the Act of 1984) of the First Schedule to the Minimum Notice and Terms of Employment Act, 1973, as applied for the purposes of the Unfair Dismissals Act, 1977, by virtue of section 2 (4) of the latter Act,

(f)   (i)   the definition of "employee" in section 2 (1) of the Maternity Protection of Employees Act, 1981, in so far as it has the effect of excluding employees from the application of that Act by virtue of the Social Welfare (Subsidiary Employments) Regulations, 1979, the Social Welfare (Employment of Inconsiderable Extent) Regulations, 1991, or any other regulations for the time being prescribed by the Minister under *subsection (3) (a)* of this section, or

      (ii) paragraph (a) of the definition of "employer" in section 2 (1) of that Act,

      or

(g)   section 3 of the Act of 1984, in so far as it has the effect of excluding employees from the application of that Act by virtue of the Social Welfare (Subsidiary Employments) Regulations, 1979, the Social Welfare (Employment of Inconsiderable Extent) Regulations, 1991, or any other regulations for the time being prescribed by the Minister under *subsection (3) (a)* of this section;

"the Minister" means the Minister for Labour;

"regular part-time", in relation to an employee under a relevant enactment, means an employee who works for an employer and who—

      (a) has been in the continuous service of the employer for not less than 13 weeks, and

      (b) is normally expected to work not less than 8 hours a week for that employer,

and to whom, but for this Act, a provision of the relevant enactment would not apply because of an excluding provision;

"relevant enactment" means—

      (a) the Redundancy Payments Acts, 1967 to 1990,

      (b) the Minimum Notice and Terms of Employment Acts, 1973 and 1984,

      (c) the Holidays (Employees) Act, 1973,

      (d) the Worker Participation (State Enterprises) Acts, 1977 and 1988,

(e) the Unfair Dismissals Act, 1977,

(f) the Maternity Protection of Employees Act, 1981, or

(g) the Protection of Employees (Employers' Insolvency) Acts, 1984 and 1990;

"the Tribunal" means the Employment Appeals Tribunal.

(2) References in this Act to an employee or to an employer shall be construed, as is appropriate in the circumstances, by reference to an employee or an employer, respectively, for the purposes of one or more than one relevant enactment as amended by this Act.

(3) (a) The Minister may, for the purposes of *paragraphs* (a) (i), (f) (i) and (g), or any of them, of the definition of "excluding provision", by order prescribe any regulations made by the Minister for Social Welfare and to which either or both subsection (1) of section 4 of the Act of 1967 and section 3 of the Act of 1984 relates and may by order amend or revoke any order so prescribing.

(b) The Minister may by order amend the definition of "regular part-time" so as to alter either or both the minimum number of weeks of continuous service and the minimum number of hours a week that a person is normally expected to work, and may so amend where that definition has been previously amended by virtue of this subsection.

(c) Where an order is proposed to be made under this subsection, a draft thereof shall be laid before each House of the Oireachtas and the order shall not be made until a resolution approving of the draft has been passed by each such House.

2.—(1) For the purpose of calculating the 13 weeks continuous service, with an employer referred to in the definition of "regular part-time", the provisions of the First Schedule to the Minimum Notice and Terms of Employment Act, 1973, shall apply as if—

(a) references to employer and employee were to be construed in accordance with *section 1 (2)* of this Act, and references to employment and cognate words were construed accordingly, and

(b) the reference to "eighteen hours" in paragraph 8 of that Schedule were a reference to "8 hours".

(2) Notwithstanding *subsection (1)* of this section, the Tribunal shall have a discretion, when hearing a dispute referred to it under *section 5 (1)* of this Act, to consider whether—

(a) dismissal, whenever occurring, of an employee by the employer followed by re-employment of the employee within 26 weeks of such dismissal, or

(b) reduction, whenever occurring, of the weekly working hours of an employee by the employer, was used by the employer for the purpose of avoiding obligations arising or likely to arise by virtue of this Act and, where the Tribunal considers that such dismissal or reduction was so used, it shall be deemed not to operate so as to break the continuity or affect the computability of service of the employee.

(3)   (a)   Where, for the purpose of the application of any relevant enactment or part thereof, a period of continuous service (being service in accordance with the provisions, however expressed, of that enactment) of not less than 13 weeks is required, then in ascertaining the period under that enactment the 13 weeks continuous service referred to in *subsection (1)* of this section shall be included as if it were 13 weeks continuous service in accordance with the provisions, however expressed, of that enactment.

      (b)   For the purpose of calculating the part of a period of continuous service to which *paragraph (a)* of this subsection relates, but which is not calculable in accordance with *subsection (1)* of this section, that part shall—

         (i)   in respect of the Act of 1967, be calculated under that Act as if the reference therein in section 4 (2) (as amended by the Act of 1984) to "18 hours" were a reference to "8 hours",

        (ii)   in respect of the Minimum Notice and Terms of Employment Act, 1973, be calculated as if the reference in paragraph 8 of the First Schedule to that Act (as so amended) to "eighteen hours" were a reference to "8 hours",

      (iii)   in respect of the Unfair Dismissals Act, 1977, be calculated as if the reference in the said paragraph 8 of the said First Schedule (as so amended and as applied for the purposes of the said Act by virtue of section 2 (4) thereof) to "eighteen hours" were a reference to "8 hours".

(4) Except where provided for by this Act, no benefit or right shall accrue under any relevant enactment, including the Holidays (Employees) Act, 1973, to a regular part-time employee in respect of the 13 weeks continuous service referred to in *subsection (1)* of this section and no period shall be ascertained so as to include all or any part of the said 13 weeks.

(5) The provisions of this section are, in so far as they concern matters to which the European Communities (Safeguarding of Employees' Rights on Transfer of Undertakings) Regulations, 1980 (S.I. No. 306 of 1980), relate, in addition to and not in substitution for those Regulations.

3.—Subject to *section 2* of this Act and where appropriate, each relevant enactment, other than the Holidays (Employees) Act, 1973, shall apply to a regular part-time employee in the same manner as t applies, other than by virtue of this Act, to an employee to whom that enactment relates.

4.—(1) Subject to *section 2* of this Act and to the other provisions of this section and where appropriate, the Act of 1973 shall apply to a regular part-time employee in the same manner as it applies, other than by virtue of this Act, to an employee to whom the Act of 1973 relates.

(2) Notwithstanding *subsection (1)* of this section, subsections (2) and (3) of section 3, subsection (2) of section 4 and subsection (2) of section 5 of the Act of 1973 shall not apply to any regular part-time employee.

(3) For the purpose of the application of the Act of 1973 to regular part-time employees, that Act shall have effect—

(*a*) in the case of subsection (1) of section 3, as if that subsection read as follows:

"(1) An employee shall be entitled to paid leave in respect of a leave year (in this Act referred to as annual leave) at a rate of six hours for every 100 hours worked and to proportionately less where there are fewer hours worked.",

(*b*) in the case of subsection (7) of section 3, as if that subsection read as follows:

"(7) For the purposes of subsection (1) a day of annual leave shall be taken as if the employee worked thereon the hours he would have worked if not on leave.",

(*c*) in the case of paragraphs (*a*) and (*b*) of subsection (5) of section 3, as if those paragraphs read respectively as follows:

"(*a*) Where there are eight or more months of service, annual leave shall, subject to any registered employment agreement, employment regulation order or agreement with the employee's trade union, include an unbroken period equivalent to—

(i)   the leave entitlement earned over the first eight months of service, or of the appropriate leave year, or

(ii) two-thirds of the total leave entitlement earned in the first year of service, or subsequently in the appropriate leave year,

and for the purpose of ascertaining an unbroken period of annual leave, regard shall be had to the average period over which a number of hours (being the same number of hours as those representing the unbroken period of annual leave) would be worked.

(*b*) When ascertaining for the purposes of this subsection, whether a period is a period of unbroken leave, the fact that a day is a public holiday or a day of illness shall be disregarded.",

(*d*) in the case of subsection (1) of section 5, as if that subsection read as follows:

"(1) Where—

(*a*) an employee ceases to be employed, and

(*b*)   annual leave is due to him in respect of the current leave year or, in case the
cesser occurs during the first half of that year, in respect of that year, the
previous leave year or both,

the employer shall pay compensation to him in respect of the annual leave at a rate which
is proportionate to the normal weckly rate.",

(*e*)   in the case of subsection (3) of section 5, as if that subsection read as follows:

"(3) Where employment ceases during the five weeks ending on the day before a
public holiday and the employee has, during the part of that period before the cesser,
worked for the employer during at least four of those five weeks, the employer shall pay
compensation to him in respect of the public holiday consisting of an extra day's pay.",

and

(*f*)   in the case of paragraph (b) of subsection (3) of section 6, as if that paragraph read as
follows:

"(b) be at a rate which is proportionate to the normal weekly rate of remuneration,
and".

(4) For the purposes of the application of this Act to the Act of 1973, nothing in this Act shall
be construed as permitting any ascertainment of annual leave entitlement or public holiday entitlement from a date before the commencement date provided for in an order under *section 8 (9)* of this
Act and which relates to the Act of 1973.

(5) In this section "the Act of 1973" means the Holidays (Employees) Act, 1973.

5.—(1) Any dispute arising in respect of the calculation of the 13 weeks continuous service to
which *section 2 (1)* of this Act relates, and any dispute relating to the number of hours a week
actually worked or normally expected to be worked, shall be referred in the prescribed manner
to the Tribunal.

(2) Subject to a right of appeal to the High Court on a question of law, the determination of the
Tribunal by virtue of this section shall be final.

(3) In this section "prescribed" means prescribed by regulations made by the Minister under
section 6 of this Act.

6.—(1) The Minister may make regulations for the purpose of giving effect to *section 5* of this Act.

(2) Without prejudice to the generality of *subsection (1)* of this section, regulations made under
this section may provide for all or any of the following matters, that is to say:

(*a*)   the procedure to be followed regarding the referral of disputes under *section 5* of this Act to the Tribunal,

(*b*)   notices relating to hearings by the Tribunal,

(*c*)   the times and places of hearings by the Tribunal,

(*d*)   the representation of parties attending hearings by the Tribunal,

(*e*)   the procedure regarding the hearings by the Tribunal,

(*f*)   the publication and notification of determinations of the Tribunal,

(*g*)   the award by the Tribunal of costs and expenses in relation to such disputes as aforesaid and the payment thereof.

(3) Pending the making of regulations under this section, the regulations made by the Minister under section 17 of the Unfair Dismissals'Act, 1977, for the purposes of section 8 (8) of that Act, shall apply, with such modifications as are necessary, as if they had been made and duly laid in accordance with this section.

(4) Every regulation made under this section shall be laid before each House of the Oireachtas as soon as may be after it is made, and if a resolution annulling the regulation is passed by either such House within the next 21 days on which that House has sat after the regulation is laid before it, the regulation shall be annulled accordingly, but without prejudice to the validity of anything previously done thereunder.

7.—The expenses incurred by the Minister in the administration of this Act shall, to such extent as may be sanctioned by the Minister for Finance, be paid out of moneys provided by the Oireachtas.

8.—(1) This Act may be cited as the Worker Protection (Regular Part-Time Employees) Act, 1991.

(2) In so far as it relates to the Redundancy Payments Acts, 1967 to 1990, this Act and those Acts shall be construed together and may be cited together as the Redundancy Payments Acts, 1967 to 1991.

(3) In so far as it relates to the Minimum Notice and Terms of Employment Acts, 1973 and 1984, this Act and those Acts shall be construed together and may be cited together as the Minimum Notice and Terms of Employment Acts, 1973 to 1991.

(4) In so far as it relates to the Holidays (Employees) Act, 1973, this Act and that Act shall be construed together and may be cited together as the Holidays (Employees) Acts, 1973 and 1991.

(5) In so far as it relates to the Worker Participation (State Enterprises) Acts, 1977 and 1988, this Act and those Acts shall be construed together and may be cited together as the Worker Participation (State Enterprises) Acts, 1977 to 1991.

(6) In so far as it relates to the Unfair Dismissals Act, 1977, this Act and that Act shall be construed together and may be cited together as the Unfair Dismissals Acts, 1977 and 1991.

(7) In so far as it relates to the Maternity Protection of Employees Act, 1981, this Act and that Act shall be construed together and may be cited together as the Maternity Protection of Employees Acts, 1981 and 1991.

(8) In so far as it relates to the Protection of Employees (Employers' Insolvency) Acts, 1984 and 1990, this Act and those Acts shall be construed together and may be cited together as the Protection of Employees (Employers' Insolvency) Acts, 1984 to 1991.

(9) This Act shall come into operation on such day or days as may be fixed therefor by order or orders of the Minister either generally or with reference to any particular purpose or provision, and different days may be so fixed for different purposes and different provisions.

S.I. No. 72 of 1991

Social Welfare (Employment of Inconsiderable Extent) (No.2) Regulations, 1991

The Minister for Social Welfare, in exercise of the powers conferred on him by section 3 and paragraph 5 of Part II of the First Schedule to the Social Welfare (Consolidation) Act, 1981 (No. 1 of 1981), hereby makes the following Regulations:—

1.—These Regulations may be cited as the Social Welfare (Employment of Inconsiderable Extent) (No. 2) Regulations, 1991.

2.—These Regulations shall come into operation on the 6th day of April, 1991.

3.—In these Regulations —

"the Principal Act" means the Social Welfare (Consolidation) Act, 1981;

"employee" means an employed contributor in receipt of reckonable earnings;

"the Principal Regulations" means the Social Welfare (Employment of Inconsiderable Extent) Regulations, 1979 (S.I. No. 136 of 1979);

"reckonable earnings" has the meaning assigned to it in article 4 of the Social Welfare (Collection of Employment Contributions by the Collector-General) Regulations, 1989 (S.I. No. 302 of 1989);

4.—The Principal Regulations are hereby revoked.

5.—(1)   Subject to article 6 and article 7, employment in any contribution week (which apart from these Regulations would be insurable employment) in one or more employments (other than systematic short-time employment) where the total amount of reckonable earnings payable to or in respect of an employee from such employment or employments is less than £ 25 in or in respect of that contribution week is hereby specified as being employment of inconsiderable extent.

(2)   For the purposes of sub-article (1), systematic short-time employment shall deemed to occur in a firm or undertaking where the employees of such firm or undertaking had, prior to its introduction, been engaged in full-time remunerative employments and where, subsequent to the introduction of systematic short-time employment, the employees are working a lesser number of hours in the working week than was normal

to that firm or undertaking and where there is an expectation that the firm or undertaking will resume normal full-time working within a reasonable period.

6.—These Regulations shall apply only to an employment which, but for the provisions of these Regulations, would be an employment in respect of which the rate of employment contribution is that payable by virtue of section 10 (1) (b) of the Principal Act.

7.—Notwithstanding article 5, any employee who is in an employment specified in subsection (11) or subsection (12) (as inserted by section 3 of the Social Welfare (Amendment) Act, 1984 (No. 27 of 1984)) of section 38 of the Principal Act shall, irrespective of the amount of his reckonable earnings as derived from such employment, be treated as if he were in insurable (occupational injuries) emplyoment in respect of that employment.

8.—Where an employee is employed by more than one employer in any contribution week and where his reckonable earnings, derived from any one of such employments, is less than £ 25, such employee shall inform each employer of the amount of his reckonable earnings in respect of his other employment or employments, for the purposes of determining whether the provisions of Article 5 apply in his case.

> Given under Official Seal of the Minister for Social Welfare this 31st day of March, 1991
>
> **Michael Woods**
> Minister for Social Welfare

S.I. No 73 of 1991

Social Welfare (Subsidiary Employments) Regulations, 1991

The Minister for Social Welfare in exercise of the powers conferred on him by section 3 and paragraph 4 of Part II of the First Schedule to the Social Welfare (Consolidation) Act, 1981 (No. 1 of 1981), hereby makes the following Regulations:—

1.—These Regulations may be cited as the Social Welfare (Subsidiary Employments) Regulations, 1991.

2.—These Regulations shall come into operation on the 6th day of April 1991.

3.—The Social Welfare (Subsidiary Employments) Regulations, 1979 (S.I. No. 127 of 1979) are hereby revoked.

4.—Each of the employments set forth in the Schedule hereto is herby specified as being of such a nature that it is ordinarily adopted as a subsidiary employment only and not as the principal means of livelihood.

Schedule

1.—Any employment adopted by a person who is ordinarily and mainly dependent for his livelihood on an employment which is:—

   (a)   an excepted employment by virtue of paragraph 1 or paragraph 3 of Part II of the First Schedule to the Social Welfare (Consolidation) Act, 1981, or

   (b)   an employment set out in sub-article (1) of article 7 or in sub-article (1) of article 8 of the Social Welfare (Modifications of Insurance) Regulations, 1979 (S.I. No. 87 of 1979).

2.—Employment as attendant at or in connection with examinations held by the Department of Education.

3.—Employment, involving occasional service only, by a returning officer at Presidential elections, elections to the Assembly of the European Communities, general elections, bye-elections, local elections or at referenda.

Given under the Official Seal of the Minister for Social Welfare this 31st day of March, 1991
Michael Woods

Literaturverzeichnis

Ahern, Bertie, T.D., Minister for Labour, Government Policy and Low Pay, in: The Combat Poverty Agency and the Irish Congress of Trade Unions (Hrsg.), Low Pay — The Irish Experience, S. 23

Bahlmann, Kai, Der Grundsatz der Gleichbehandlung von Mann und Frau im Gemeinschaftsrecht, RdA 1984, 98

Barrington, Ruth / *Cooney*, John, Inside the EEC, An Irish Guide, Dublin 1984

Barry, Ellis, Part-time Workers and Discrimination Statuory Challengeable? (1990) I.L.T. 38
— Part-time Workers, Equal Treatment and Work Related Social Welfare Rights, M.L. Ruzius-Wilbrink v Bestuur van de Bedrijsvereniging, (1990) I.L.T. 86
— The Law Reform for Part-time Workers (1991) I.L.T. 26
— The Worker Protection (Regular Part-time Employees) Bill, 1990, (1991) I.L.T. 26
— Part-time Workers and Social Insurance, (1991) I.L.T. 78

Beck, David, Equal Pay and the Implementation of Article 119 of the Treaty of Rome, (1978) 13 I.J. 112

Becker, Friedrich / *Danne*, Harald / *Lang*, Walter / *Lipke*, Gert-Albert / *Mikosch*, Ernst / *Steinwedel*, Ulrich, Gemeinschaftskommentar zum Teilzeitarbeitsrecht, Neuwied und Darmstadt 1987

Bertelsmann, Klaus / *Rust*, Barbara, Arbeits- und sozialrechtliche Nachteile bei Teilzeitarbeit, RdA 1985, 146

Beutler, Bengt / *Bieber*, Roland / *Pipkorn*, Jörn / *Streil*, Jochen, Die Europäische Gemeinschaft — Rechtsordnung und Politik, 3. Aufl., Baden-Baden 1987

Beytagh, Francis X., Equality under the Irish and American Constitutions: A Comparative Analysis — I, (1983) 18 I.J. 56

Bieback, Karl-Jürgen, Mittelbare Diskriminierung der Frauen im Sozialrecht — nach EG-Recht und dem Grundgesetz, ZIAS 1990, 1

Blackwell, John, The changing role of part-time work in Ireland and its implications, (1990) 1 Labour Market Review 1

Blackwell, John / *Nolan*, Brian, Low Pay — The Irish Experience, in: The Combat Poverty Agency and the Irish Congress of Trade Unions (Hrsg.), Low Pay — The Irish Experience, S. 1

Blanpain, Roger, Labour Law and Industrial Relations of the European Community, Deventer, Boston 1991
— General Report, in: European Foundation for the Improvement of Living and Working Conditions / Blanpain / Köhler (Hrsg.), Legal and Contractual Limitations to Working-Time in the European Community Member States, Deventer / Netherlands, Antwerp, London, Frankfurt, Boston, New York 1988, Part I, S. 1

Bleckmann, Albert, Die Bindung der Europäischen Gemeinschaft and die Europäische Menschenrechtskonvention, Köln, Berlin, Bonn, München 1986
— Europarecht, Das Recht der Europäischen Gemeinschaft, 5. Aufl., Köln, Berlin, Bonn, München 1990

Boldt, Hans Julius, Grundrechte und Normenkontrolle im Verfassungsrecht der Republik Irland, JbÖR N.F. 19 (1970) 229

Buggenhout, Beatrice van, Gleichbehandlung von Männern und Frauen im Bereich der sozialen Sicherheit, in: von Maydell (Hrsg.), Soziale Rechte in der EG: Bausteine einer zukünftigen europäischen Sozialunion, Berlin 1990, S. 78

Bundesvereinigung der Deutschen Arbeitgeberverbände (Hrsg.), Stellungnahme der Bundesvereinigung zu den Richtlinienvorschlägen der EG-Kommission betreffend Teilzeitarbeit, befristete und Leiharbeitsverhältnisse, Der Arbeitgeber, 14. August 1990
— Stand der Umsetzung sozialpolitischer Richtlinien, Der Arbeitgeber, 22. Juli 1991

Byrne, Raymond / *McCutcheon,* Paul J.B., The Irish Legal System, 2. Aufl., Dublin 1989

Callendar, Rosheen, Women and Work: The Appearance of Reality of Change, (1990) 1 Labour Market Review 18

Cecchini, Paolo, in Zusammenarbeit mit Michel Catinat und Alexis Jacquemim, Europa '92, Der Vorteil des Binnenmarktes, Englischer Originaltext: John Robinson, Deutsche Bearbeitung: Michael Stabenow, Baden-Baden 1988

Central Bank of Ireland (Publications), Quarterly Report, Spring 1992, Irish Economic Statistics

Clark, Robert, Contract, 2. Aufl., London 1986

Clark, R.W., Social Welfare Insurance Appeals in the Republic of Ireland, (1978) 13 I.J. 265

Colneric, Ninon, Neue Entscheidungen des EuGH zur Gleichbehandlung von Männern und Frauen, Anmerkung aus bundesdeutscher Sicht zu den Urteilen in den Rechtssachen 109 / 88, C — 262 / 88, C — 33 / 89, C — 177 / 88 und C — 179 / 88, EuZW 1991, 75

Commission on the Status of Women, Interim Report to the Minister for Finance, Dublin 1971

Constantinesco, Leóntin-Jean, Das Recht der Europäischen Gemeinschaften, Band I: Das institutionelle Recht, Baden-Baden 1977

Curtin, Deidre, Equal Treatment and Social Welfare: The European Court's Emerging, Case-Law on Directive 79 / 7 / EEC, in: Whyte (Hrsg.), Sex Equality, Community Rights and Irish Social Welfare Law, Dublin 1988, S. 16
— Irish Employment Equality Law, Blackrock, Co. Dublin 1989
— The European Community Right to Sex Equality and its Implementation in Irish Labour Law, (1983) 5 D.U.L.J. 42

Daly, Mary, The hidden workers: The work lives of part-time women cleaners, Dublin 1987

Däubler, Wolfgang / *Kittner,* Michael / *Lörcher,* Klaus, Internationale Arbeits-und Sozialordnung, Dokumente, ausgewählt und eingeleitet von Wilhelm Adamy, Manfred H. Bobke, Wolfgang Däubler, Michael Kittner, Klaus Lörcher, Köln 1990

Däubler, Wolfgang / *Lecher,* Wolfgang, Die Gewerkschaften in den 12 EG-Ländern, Europäische Integration und Gewerkschaftsbewegung, Köln 1991

Dauses, Manfred A., Die neuere Rechtsprechung des Europäischen Gerichtshofes zum Arbeitsrecht, NZA 1986, Beil. 3, 11

Denecke, Johannes / *Neumann*, Dirk, Arbeitszeitordnung nebst der Arbeitszeitregelung für Jugendliche nach dem Jugendarbeitsschutzgesetz sowie die Vorschriften über Sonntagsarbeit, Lohnzahlungen an den Feiertagen und den Ladenschluß, Kommentar, begründet von J. Denecke, fortgeführt von Dirk Neumann und Josef Biebl, 11. Aufl., München 1991

Department of Finance, Circular 2 / 88: Amendments to job sharing and career break schemes, Dublin, unveröffentlicht

Department of Health, 1988 Summary of Health Services, Dublin

Department of Labour, A Guide to the Industrial Relations Act, 1990, Dublin 1990
— Annual Report 1989, Dublin 1990
— Annual Report 1990, Dublin 1991
— Discussion Document: Unfair Dismissals, Employment Equality, Payment of Wages, Dublin, November 1987
— Employers' Perception of the Effect of Labour Legislation, Dublin, August 1986
— Statement by Mr. Bertie Ahern, T.D., Minister for Labour, Community Charter of Fundamental Social Rights of Workers, Dublin 1989, unveröffentlicht

Department of Social Welfare, Annual Report 1987 and 1988, Dublin 1989
— Employees Guide to PRSI, SW 23, Dublin, October 1987
— Guide, Social Welfare Services, SW 4, Dublin, September 1988
— PRSI Rates of Contributions for the Income Tax Year 1990 - 91, SW 14, Dublin 1990
— PRSI, Guide for Part-time Workers, SW 57, Dublin 1990
— Retirement Pension and Old Age Contributory Pension, SW 18, Dublin 1989
— Social Welfare Statistics 1990 and Weekly Rates from July 1991, Dublin 1991
— The Part-time Job Incentive, SW 69, Dublin 1990
— Unemployment Benefit, SW 65, Dublin 1990
— White Paper, Containing Government Proposals for Social Security, Dublin, October 1949
— Widow's Pension, SW 25, Dublin 1989

Department of the Public Service, Circular 3 / 84: Pilot Job Sharing Scheme, Dublin, unveröffentlicht

Dersch, Hermann / *Neumann*, Dirk, Bundesurlaubsgesetz nebst allen anderen Urlaubsbestimmungen des Bundes und der Länder, Kommentar, 7. Aufl., München 1990

Dieball, Heike, Gleichbehandlung von Mann und Frau im Recht der EG, ArbuR 1991, 166

Dineen, Donal A., Changing Employment Patterns in Ireland, Report prepared for the National Pensions Board, Limerick 1989

Döse-Digenopoulos, Annegret, Der arbeitsrechtliche Kündigungsschutz in England. Eine Darstellung aus deutscher Sicht, Tübingen 1982

Doolan, Brian, Principles of Irish Law, 2. Aufl., Dublin 1986

Doyle, Padraig, Equal Pay in Ireland: ten years of legislation, TCD — Dissertation, Dublin 1986

Drew, Eileen, Who needs Flexibility? — Part-time Working: The Irish Experience, Dublin, October 1990

Employment Equality Agency, Code of Practice for the elimination of sex and marital status discrimination and the promotion of Equality of Opportunity in Employment, Dublin 1987
— Equality News, Newsletter of the Employment Equality Agency, December 1988, No. 8
— The Role of the Labour Court in Enforcement Procedures under Equality Legislation - Recommendations for Change (Policy Statement), Dublin, June 1984

Erman, Walter, Handkommentar zum Bürgerlichen Gesetzbuch mit Abzahlungsgesetz, Haustürwiderrufsgesetz, AGB-Gesetz, Erbbaurechtsverordnung, Wohnungseigentumsgesetz, Schiffsrechtsgesetz, Ehegesetz, Hausratsverordnung, Beurkundungsgesetz (teilkommentiert), Band 1, §§ 1 - 853, herausgegeben von Peter Westermann unter redaktioneller Mitwirkung von Klaus Küchenhoff, 8. Aufl., Münster 1989

European Foundation for the Improvement of Living and Working Conditions, Part-time Work in the European Community: Laws and Regulations, Luxembourg 1991

Farley, Desmond, Social Insurance and Social Assistance in Ireland, Dublin 1964

FAS (Foras Aiseanna Saothair / Training & Employment Agency), Social Employment Scheme, Temporary Information Brochure, Dublin, 1 May 1990

FIE / ICTU (Federation of Irish Employers), Bulletin, August / September 1991
— Joint Declaration on Employee Involvement in the Private Sector, Dublin, July 1991
— Submissions to the Minister for Labour, Dublin, March 1989

Feeney, Bernard, Social Welfare Policy and Low Pay, in: The Combat Poverty Agency and the Irish Congress of Trade Unions (Hrsg.), Low Pay — The Irish Experience, Dublin 1990, S. 37

Forde, Michael, Constitutional Law of Ireland, Cork and Dublin 1987
— Equality and the Constitution, (1982) 17 I.J. 295

Fianna Fail, Part-time Workers and Labour Legislation, Briefing Material, Dublin 1989, unveröffentlicht

Government Information Service, Speech by Mr. Bertie Ahem, T.D., Minister for Labour at the Opening of a Seminar on Part-time Work, in the Grasham Hotel, on 12th May, 1989 at 9.30 am

Grimes, Richard H. / *Horgan,* Patrick T., Introduction to Law in the Republic of Ireland. Its History, Principles, Administration & Substance, Portmarnock, County Dublin 1981

Groeben, Hans von der, Die Politik der Europäischen Kommission auf dem Gebiet der Rechtsangleichung, NJW 1970, 359

Groeben, Hans von der / *Thiesing,* Jochen / *Ehlermann,* Claus-Dieter, Kommentar zum EWG-Vertrag, Band 3, Art. 110 - 188, 4. Aufl., Baden-Baden 1991

Hamilton, Chetwode, Trusteeship and the Pensions Act 1990, (1991) 85 Gazette 75

Hanau, Peter / *Preis,* Ulrich, Zur mittelbaren Diskriminierung wegen des Geschlechts, ZfA 1988, 177

Harris, David, The European Social Charter, Virginia, Charlottesville 1984

Harvey, On Industrial Relations and Employment Law, Vol. I, General Editor: Bryn Perrins, Stand: November 1991, London

Henchy, Seamus, The Irish Constitution and the EEC, (1977) D.U.L.J. 22

Hepple, Bob, European Labour Law: The European Communities, in: Comparative Labour Law and Industrial relations in Industrialized Market Economies, Vol. 1, 4. Aufl., Deventer, Boston 1990, Ch. 12, S. 293
— Race, Jobs and the Law in Britain, 2. Aufl., London 1970

Hepple, Bob Alexander / *O'Higgins,* Paul, Employment Law, 4. Aufl. von B.A. Hepple, London 1981
— Encyclopaedia of Labour Relations Law, Vol. 1, Stand: 1988, London, Edinburgh

Herr, Robert, Gleichbehandlung im Arbeitsleben — ein europäisches Problem. Ein Kolloquium der EG-Kommission — Versuch einer Bestandsaufnahme, DRiZ 1985, 370

Hillery, Brian, An Overview of the Irish Industrial Relations System, in: Department of Industrial Relations, Faculty of Commerce, University College Dublin (Hrsg.), Industrial Relations in Ireland, Contemporary Issues and Devolopments, Dublin 1989, S. 1

Hogan, Gerard / *Morgan, David Gwynn,* Administrative Law, London 1989

Hughes, Gerard, Social Insurance and Absence from Work in Ireland, Dublin 1982

Humphreys, Peter C., Worksharing and the Public Sector, Dublin 1983

Irish Congress of Trade Unions, A Programme for Progress, Equality Report, Dublin 1987
— Campaign on Low Pay, Dublin, February 1989
— Equal Rights for Part-time Workers, Dublin 1986
— Campaign to improve the rights of part-time workers, Dublin 1986
— Implemention of Equality Report „Programme for Progress", Progress Report to Women's Conference, 1990, Dublin 1990
— Outline Proposals for Legislation on Part-time Workers submitted to the Minister for Labour, Dublin, April 1988
— Policy on Job Sharing, Dublin, January 1985
— Report of Executive Council 1989 / 90, Dublin 1990
— Seminar on Part-time Workers, Summary of Address by Mr. Peter Cassels, Dublin, 12 May 1989, unveröffentlicht

IDATU, Submission to the Minister for Labour on Review of Conditions of Employment Legislation, May 1989

Ipsen, Hans Peter, Europäisches Gemeinschaftsrecht, Tübingen 1972

Isele, Hellmut Georg, Arbeitsrechtliche Besonderheiten der Teilzeitarbeit, RdA 1964, 201

Jura Europae, Droit des pays de la Communauté Economique Européenne / Das Recht der Länder der Europäischen Wirtschaftsgemeinschaft, Droit du Travail / Arbeitsrecht, Tonse III / Band III, München, Stand: Dezember 1991

Käppler, Renate, Gemeinsame Anmerkung zu den Entscheidungen Nr. 84 - 86, AR-Blattei (D) Gleichbehandlung im Arbeitsverhältnis

Kelly, Aidan, The Rights Commissioner: Conciliator, Mediator or Arbitrator, in: Department of Industrial Relations, Faculty of Commerce, University College Dublin (Hrsg.), Industrial Relations in Ireland, Contemporary Issues and Developments, Dublin 1989, S. 185

Kelly, John M., Equality before the law in three European jurisdictions, (1983) 18 I.J. 259
— The Irish Constitution, Second Edition, Dublin 1984

Kerr, Tony / *Whyte,* Gerry, Irish Trade Union Law, Abdington 1985

Köhler, Eberhard, Part-time Work in Community Countries and Commission Initiatives, Paper presented to the Seminar on „Part-time Work: Reconciling Job Security and Flexibility", organized by the Department of Labour, Dublin and the Irish Productivity Center, 12 May, 1989, Gresham Hotel, Dublin

Kommission der Europäischen Gemeinschaften, Generaldirektion Beschäftigung, Arbeitsbedingungen und Soziale Angelegenheiten, Soziales Europa 3 / 90, Der Arbeitsmarkt, Sozialer Bereich: 1990, Initiativen und angenommene Texte, Brüssel, Luxemburg 1990

Lang, John Temple, Application of the Law of the European Communities in the Republic of Ireland, KSE Bd. 15, 1971, 47
— Legal and Constitutional Implications for Ireland of Adhesion to the EEC Treaty, (1972) 9 C.M.L.Rev. 167

Langenfeld, Christine, Die Gleichbehandlung von Mann und Frau im Europäischen Gemeinschaftsrecht, Diss. Baden-Baden 1990

Lörcher, Klaus, Ungeschützte Arbeitsverhältnisse, Der Personalrat 1991, 73

Löwisch, Manfred, Das Beschäftigungsförderungsgesetz 1985, BB 1985, 1200

Mackenzie Stuart, A. J. Lord / *Warner,* J.P., Judicial Decision as a Source of Community Law, in: Grewe, Rupp, Schneider (Hrsg.), Europäische Gerichtsbarkeit und nationale Verfassungsgerichtsbarkeit, Festschrift zum 70. Geburtstag von Hans Kutscher, Baden-Baden 1981, S. 273

Mansel, Heinz-Peter, Rechtsvergleichung und Europäische Rechtseinheit, JZ 1991, 529

McMahon, Bryan M.E. / *Murphy,* Finbarr, European Community Law in Ireland, Dublin 1989

Meenan, Francis, Temporary and Part-time Employees, (1987) 81 Gazette 191

Mückenberger, Ulrich, Neue Beschäftigungsformen, EG-Charta der Arbeitnehmerrechte und Ansätze europäischer Normsetzung, KJ 1991, 1

Murdoch, Henry, A Dictionary of Irish Law, Dublin 1988

Murphy, Finbarr, Community Law in Irish Courts 1973 - 1981, (1982) 7 E.L.Rev. 331

National Pensions Board, Report on Equal Treatment for Men and Women in Occupational Pension Schemes, Dublin 1989

Napier, Brian, The Contract of Employment, in: Lewis (Hrsg.), Labour Law in Britain, New York 1986, Part V, Ch. 12, S. 327ff.

Neumayer, Heinz, Grundriß der Rechtsvergleichung, in: David / Grasmann, Einführung in die großen Rechtssysteme der Gegenwart, Erster Teil, S. 1

O'Brien, James F., Pay Determination in Ireland, Retrospects and Prospects, in: Department of Industrial Relations, Faculty of Commerce, University College Dublin (Hrsg.), Industrial Relations in Ireland, Contemporary Issues and Developments, Dublin 1989, S. 133

O'Brien, Jim, An Employer Perspective, in: The Combat Poverty Agency and the Irish Congress of Trade Unions (Hrsg.), Low Pay — The Irish Experience, S. 43

O'Donovan, Patricia, The Trade Union Response, in: The Combat Poverty Agency and the Irish Congress of Trade Unions (Hrsg.), Low Pay — The Irish Experience, S. 49

Ogus, A.I. / *Barendt,* E.M., The Law of Social Security, 3. Aufl., London 1988

Pfarr, Heide M. / *Bertelsmann,* Klaus, Diskriminierung im Erwerbsleben, Ungleichbehandlung von Frauen und Männern in der Bundesrepublik Deutschland, Baden-Baden 1989

Pipkorn, Jörn, Die Bedeutung der Rechtsvergleichung für die Harmonisierung sozialrechtlicher Normen in den Europäischen Gemeinschaften, in: Zacher (Hrsg.), Sozialrechtsvergleich im Bezugsrahmen internationalen und supranationalen Rechts, Colloquium der Projektgruppe für Internationales und Vergleichendes Sozialrecht der Max-Planck-Gesellschaft, Tutzing 1977, Berlin 1977, S. 229
— Maßnahmen der Gemeinschaft im Bereich des Arbeitsrechts, NZA 1986, Beil. 3, 2

Prondzynski, Ferdinand von, Implementation of the Equality Directives, Luxembourg 1987
— The Changing Functions of Labour Law, in: Fosh / Littler (Hrsg.), Industrial Relations and the Law in the 1980s, Issues and Future Trends, Aldershot 1985

Prondzynski, Ferdinand von / *McCarthy,* Charles, Employment Law in Ireland, 2. Aufl. von Ferdinand von Prondzynski, London 1989

Redmond, Mary, Beyond the Net - Protecting the Individual Worker, (1983) 2 J.I.S.L.L. 1
— Dismissal Law in the Republic of Ireland, Dublin 1982
— Ireland, in: European Foundation for the Improvement of Living and Working Conditions / Blanpain / Köhler (Hrsg.), Legal and Contractual Limitations to Working-Time in European Community Member States, Deventer / Netherlands, Antwerp, London, Frankfurt, Boston, New York 1988, Ch. 6, S. 257
— Labour Law and Industrial Relations in Ireland, Redmond's Guide to Irish Labour Law, Dublin 1984
— Women and Minorities, in: Lewis (Hrsg.), Labour Law in Britain, New York 1986, Part V, Ch. 17, S. 472

Reid, Madeleine, The Impact of Community Law on the Irish Constitution, Dublin 1990

Rheinstein, Max, Die Struktur des vertraglichen Schuldverhältnisses im anglo-amerikanischen Recht, Berlin und Leipzig 1932

Rideout, Roger W., Rideout's Principles of Labour Law, 5. Aufl., London 1989

Robinson, Mary, How EEC Law Affects Practioners, Part I, (1985) 79 Gazette 5

Ryan, Bernard, Hours Thresholds after the Part-time Workers Act 1991, (1991) 13 D.U.L.J. 55

Schaub, Günter, Arbeitsrechtshandbuch. Systematische Darstellung und Nachschlagewerk für die Praxis, 7. Aufl., München 1992

Schüren, Peter, Der Anspruch Teilzeitbeschäftigter auf Überstundenzuschläge — „Frauendiskriminierung per Tarifvertrag"?, RdA 1990, 18

— Job Sharing — Arbeitsrechtliche Gestaltung unter Berücksichtigung amerikanischer Erfahrungen, Heidelberg 1983

Schlüter, Jörg, Überstunden bei Teilzeitbeschäftigungsverhältnissen, RdA 1975, 113

Schweizer, Michael / *Hummer,* Waldemar, Europarecht. Das institutionelle Recht der Europäischen Gemeinschaften. Das materielle Recht der EWG, 2. Aufl., Frankfurt am Main 1985

Smith, I.T. / *Wood,* John C., Industrial Law, 4. Aufl., London and Edinburgh 1989

Social Welfare Information Service, Social Welfare Rates of Payment 1991, SW 19, Dublin 1991

Söllner, Alfred, Grundriß des Arbeitsrechts, 10. Aufl., München 1990

Stationery Office, Programme for Economic and Social Progress, Dublin, January 1991

— Programme for National Recovery, Dublin, October 1987

— Report of the Commission on Inquiry on Industrial Relations, Dublin, 28 July 1981

— Report of the Commission on Social Welfare, Dublin, July 1986

— Statistical Information on Social Welfare Services 1990, Dublin 1991

Staudinger, Julius von, Kommentar zum Bürgerlichen Gesetzbuch mit Einführungsgesetz und Nebengesetzen, Zweites Buch, Recht der Schuldverhältnisse, §§ 611 - 615, Erläutert von Reinhard Richardi, Redaktor Dieter Reuter, 12. Aufl., Berlin 1989

Steindorff, Ernst, Gleichbehandlung von Mann und Frau nach dem EG-Recht, RdA 1988, 129

The National Social Sevice Board, Entitlements for the Unemployed, Dublin, April 1989

Thurman, Joseph E. / *Trah,* Gabriele, Part-time work in international perspective, (1990) 129 International Labour Review 23

Trine, A., Employers' Liabilities under Social Service Legislation in the Countries of the European Common Market, Brüssel, Stand: 1986

Vaughan, Anne, Social Insurance Implications of Part-time Employment, M Sc dissertation, Trinity College Dublin, 1985

Watson, Philippa, The Community Social Charter, (1991) 28 C.M.L.Rev. 37

Watson-Olivier, Philippa, Europäische Gemeinschaft und Soziale Sicherheit — Eine Bestandsaufnahme, ZIAS 1991, 53

Wayne, Naomi, Labour Law in Ireland, A Guide to Workers' Rights, Dublin 1980

Weber, Axel / *Leienbach,* Volker, Die Sozialversicherung in den Mitgliedstaaten der Europäischen Gemeinschaft, Baden-Baden 1989

Wedderburn, Kenneth William Lord, The Worker and the Law, 3. Aufl., Harmondsworth 1986

Wißmann, Hellmut, Lohnfortzahlung auch für geringfügig beschäftigte Arbeiter? — Zum Urteil des EuGH vom 13. 7. 1989, DB 1989, 1922

Wölke, Gabriele, Die Auswanderer. Zur Lage der irischen Gewerkschaftsbewegung, gr 8 / 1989, 27

Whyte, Gerry, Council Directive 79 / 7 / EEC in Ireland, Background to the Implementation of the Directive in Ireland, in: Whyte (Hrsg.), Sex Equality, Community Rights and Irish Social Welfare Law, The Impact of the Third Equality Directive, Dublin 1988, S. 39

—   Law and Poverty in Ireland, in: Duncan (Hrsg.), Law & Social Policy, Some Current Problems in Irish Law, Chapter Seven, Dublin 1987, S. 86

—   Part-time Workers under Labour Law and Social Welfare Law, (1989) 11 D.U.L.J. 74

—   Social Welfare Law in Ireland, A Guide to its Sources, Dublin 1987

—   Social Welfare Law 1988 / 89: Ten Years in Review, (1989) 8 J.I.S.L.L. 66

Whyte, Gerry / *Cousins*, Mel, Reforming the Social Welfare Appeals System, (1989) 7 I.L.T. 198

Zöllner, Wolfgang / *Loritz*, Karl-Georg, Arbeitsrecht. Ein Studienbuch, 4. Aufl., München 1992

Zweigert, Konrad, Die Rechtsvergleichung im Dienste der Europäischen Rechtsvereinheitlichung, RabelsZ 16 (1951) 387

Schriftenreihe
für Internationales und Vergleichendes Sozialrecht

1 **Methodische Probleme des Sozialrechtsvergleichs.** Hrsg. von Hans F. Zacher. 244 S. 1977 ⟨3-428-03870-3⟩ DM 56,– / öS 437,– / sFr 56,–

2 **Sozialrechtsvergleich im Bezugsrahmen internationalen und supranationalen Rechts.** Hrsg. von Hans F. Zacher. 280 S. 1978 ⟨3-428-04176-3⟩ DM 68,– / öS 531,– / sFr 68,–

3 **Bedingungen für die Entstehung und Entwicklung von Sozialversicherung.** Hrsg. von Hans F. Zacher. 428 S. 1979 ⟨3-428-04506-8⟩ DM 118,– / öS 921,– / sFr 118,–

4 **Die Rolle des Beitrags in der sozialen Sicherung.** Hrsg. von Hans F. Zacher. 517 S. 1981 ⟨3-428-04788-5⟩ DM 148,– / öS 1.155,– / sFr 148,–

5 **Sozialrecht und Recht der sozialen Sicherheit.** Die Begriffsbildung in Deutschland, Frankreich und der Schweiz. Von Felix Schmid. 446 S. 1981 ⟨3-428-04833-4⟩ DM 116,– / öS 905,– / sFr 116,–

6 **Ein Jahrhundert Sozialversicherung** in der Bundesrepublik Deutschland, Frankreich, Großbritannien, Österreich und der Schweiz. Hrsg. von Peter A. Köhler und Hans F. Zacher. 835 S. 1981 ⟨3-428-04882-2⟩ DM 168,– / öS 1.311,– / sFr 168,–

Die Landesberichte Deutschland, Österreich und Schweiz erscheinen gleichzeitig als Separatausgaben:

6a **Ein Jahrhundert Sozialversicherung in Deutschland.** Von Detlev Zöllner. 135 S. 1981 ⟨3-428-04920-9⟩ DM 28,– / öS 219,– / sFr 28,–

6b **Ein Jahrhundert Sozialversicherung in Österreich.** Von Herbert Hofmeister. 286 S. 1981 ⟨3-428-04900-4⟩ DM 56,– / öS 437,– / sFr 56,–

6c **Geschichte des schweizerischen Sozialversicherungsrechts.** Von Alfred Maurer. 103 S. 1981 ⟨3-428-04899-7⟩ DM 22,– / öS 172,– / sFr 22,–

7 **Soziale Sicherung im öffentlichen Dienst** in der Bundesrepublik Deutschland, den Niederlanden, Schweden, Belgien und den Europäischen Gemeinschaften. Hrsg. von Hans F. Zacher, Martin Bullinger und Gerhard Igl. 437 S. 1982 ⟨3-428-05061-4⟩ DM 118,– / öS 921,– / sFr 118,–

8 **Beiträge zu Geschichte und aktueller Situation der Sozialversicherung.** Hrsg. von Peter A. Köhler und Hans F. Zacher. 737 S. 1983 ⟨3-428-05294-3⟩ DM 156,– / öS 1.217,– / sFr 156,–

9 **Die Rechtsstellung des Sozialarbeiters in England.** Von Rolf Haberkorn. 511 S. 1983 ⟨3-428-05474-1⟩ DM 136,– / öS 1.061,– / sFr 136,–

10 **Die Rechtsstellung des Sozialarbeiters in Frankreich.** Von Armin Hörz. 504 S. 1983 ⟨3-428-05465-2⟩ DM 138,– / öS 1.077,– / sFr 138,–

11 **Der Versorgungsausgleich im internationalen Vergleich und in der zwischenstaatlichen Praxis.** Hrsg. von Hans F. Zacher. 677 S. 1985 ⟨3-428-05829-1⟩ DM 168,– / öS 1.311,– / sFr 168,–

12 **Wechselwirkungen zwischen dem Europäischen Sozialrecht und dem Sozialrecht der Bundesrepublik Deutschland.** Hrsg. von Bernd Schulte und Hans F. Zacher. 259 S. 1991 ⟨3-428-07172-7⟩ DM 84,– / öS 656,– / sFr 84,–

13 **Die Umgestaltung der Systeme sozialer Sicherheit in den Staaten Mittel- und Osteuropas.** Fragen und Lösungsansätze. Von Bernd Baron v. Maydell und Eva-Maria Hohnerlein. 498 S. 1993 ⟨3-428-07824-1⟩ DM 138,– / öS 1.077,– / sFr 138,–

Duncker & Humblot · Berlin

Arbeitsrecht

Schriften zum Sozial- und Arbeitsrecht

115 Jörg Janicki
**Aktuelle arbeitszeitrechtliche
Probleme und der Entwurf
des Arbeitszeitgesetzes**
134 S. 1992 (3-428-07480-7)
DM 78,– / öS 609,– / sFr 78,–

116 Klaus W. Tofahrn
Soziologie des Betriebssportes
Lehrbuch für Sport- und
Soziologiestudenten
233 S. 1992 (3-428-07354-1)
DM 98,– / öS 765,– / sFr 98,–

117 Thomas Baumann
**Die Delegation tariflicher
Rechtsetzungsbefugnisse**
188 S. 1992 (3-428-07562-5)
DM 84,– / öS 656,– / sFr 84,–

118 Christoph Weber
**Das aufgespaltene
Arbeitsverhältnis**
457 S. 1992 (3-428-07572-2)
DM 168,– / öS 1.311,– / sFr 168,–

119 Marc Bohr
**Rechtliche Regelungen des
Streikes und wirtschaftliche
Auswirkungen in der Bundesrepublik Deutschland, Österreich,
Belgien, Frankreich und Italien**
Eine rechtsvergleichende Untersuchung im Hinblick auf die Frage
nach der wirtschaftlichen Zweck-
mäßigkeit einer expliziten
positivrechtlichen Gewährleistung
des Streikrechtes
411 S. 1992 (3-428-07599-4)
DM 108,– / öS 843,– / sFr 108,–

120 Klaus Zapka
Passivrauchen und Recht
Eine kritische Bestandsaufnahme
der Rechtsprechung
148 S. 1993 (3-428-07575-7)
DM 98,– / öS 765,– / sFr 98,–

121 Susanne Wagner
**Die Besonderheiten
beim Arbeitsverhältnis
des Handlungsgehilfen**
192 S. 1993 (3-428-07644-3)
DM 98,– / öS 765,– / sFr 98,–

122 Thomas Raab
**Negatorischer Rechtsschutz
des Betriebsrats gegen mit-
bestimmungswidrige Maßnahmen
des Arbeitgebers**
Ein Beitrag zur Systematik des
betriebsverfassungsrechtlichen
Rechte- und Pflichtenverhält-
nisses und zum Organstreit
231 S. 1993 (3-428-07710-5)
DM 78,– / öS 609,– / sFr 78,–

123 Claus-Jürgen Bruhn
**Tariffähigkeit von
Gewerkschaften und Autonomie**
Eine Kritik der Mächtigkeits-
lehre des Bundesarbeitsgerichtes
232 S. 1993 (3-428-07645-1)
DM 86,– / öS 671,– / sFr 86,–

124 Martin Wesch
Neue Arbeitskampfmittel
am Beispiel von Betriebs-
besetzungen und Betriebsblockaden
239 S. 1993 (3-428-07620-6)
DM 98,– / öS 765,– / sFr 98,–

125 Michael Bossmann
**Die Auswirkungen des
Betriebsübergangs nach § 613 a
auf die Wettbewerbsverbote
der Arbeitnehmer**
343 S. 1993 (3-428-07849-7)
DM 98,– / öS 765,– / sFr 98,–

Duncker & Humblot · Berlin